라틴아메리카를 즐기다

라틴아메리카
문화 '흠뻑'

일러두기

- 이 책의 외래어 및 외국어 표기는 국립국어원의 표기 지침을 따르되, 표기 지침과 실제 발음에 다소 차이가 있거나 널리 쓰이는 단어일 경우에는 예외를 두어 실제 발음에 가깝게 표기했다.
- 외국 도서명, 동식물의 학명은 이탤릭체로 표기했다.

라틴아메리카를 즐기다

라틴아메리카
문화 '흠뻑'

이미정·김윤경·장수환·손호철·정승희·최상기·박수경·

김혜진·국선아·최한솔·김병선·윤지은·송기도·정혜주·

송병선·박구병·정재민 지음

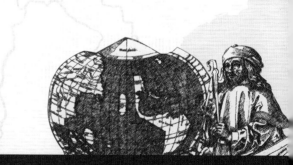

| 생 태 문 명 교 양 총 서 2 |

한울

차 례

라틴아메리카
문화 '흠뻑'

2부 문화 읽기 배경 알기

발간사

중남미의 경이로운 현실

500여 년 전 콜럼버스의 항해로 인한 구대륙과 신대륙의 만남은 서로의 존재를 몰랐던 이질적인 문명들이 사전 준비 없이 맞닥뜨린 지구 역사상 처음이자 마지막 사건이었다. 이 사건은 단순한 '만남'을 넘어 훗날 상상할 수조차 없는 천지개벽을 일으킨다. 눈앞에 펼쳐지는 '경이로운 현실'에 압도된 유럽인들은 그토록 열망하던 지상낙원을 목격했지만 원주민들에게 그것은 비극의 시작이었다. 현지에서 '콜럼버스 이후post colombian'로 분류하는 이후의 역사를 가리켜 우리는 '근대'라 부른다.

땅을 빼앗기고 영혼까지 탈탈 털린 원주민들의 비극보다 더 심각한 근대의 부산물은 중심부/주변부의 이분법에 기반한 세계 체제가 작동하고, '타자他者'에 대한 왜곡과 억압이 시작되었다는 점이다. 사실 인간 존엄성과 자유를 확장해 온 서구의 근대는 얼마나 위대한 시대였던가? 문제는 그것이 '타자'의 존엄성과 자유를 박탈하고 얻은 그들만의 리그였다는 점이다. 내적으로는 자신의 자유를 확장하지만 외적으로는 타자의 종속을 강요한 모순과 위선의 역사가 아닌가. 이런 의미에서 월터 미뇰로는 근대성과 식민성이 동전의 양면이라 간파한다.

폭력적인 식민주의는 인위적으로 중남미 문화의 지형도를 바꾸었다. 원주민 문화는 모진 억압과 박해 속에 멸절의 수준에 이르렀음에도 면면히 살아남았고 지배계급의 유럽 문화가 신대륙에 부과되었다. 그런가 하면 아프리카 노예의 수입과 함께 흑인 문화가 대거 유입된다. 이를 바탕으로 아메리카 원주민, 백인, 그리고 흑인이 피를 섞는 가운데 아메리카는 어느 대륙에서도 볼 수 없었던 혼혈의 문화를 탄생시킨다. 단일 민족을 강조해 온 한국의 정서와 달리, 혼혈은 질병이 아니라 관용과 개방성을 허락해 주는 은총이라 할 수 있다. 이러한 인종 혼합이 보여주는 이종 혼합은 중남미 문화의 가장 큰 특징이다.

중남미 대륙은 카리브해와 안데스 고원으로부터 아마존 삼림과 드넓은 팜파스를 거쳐 남극에 이르기까지 세계 생물다양성의 60%를 차지하는 지구 생태계의 보고다. 그런데 인간의 서식 환경을 생태계에 비유할 때 생물다양성 못지않게 중요한 자원이 문화의 다양성이다. 문화생태계가 건강하지 않은 곳에 자연생태계가 온전할 리는 없기 때문이다. 이종 혼합의 중남미 문화는 생물다양성만큼이나 다양하고 풍요로운 천의 얼굴을 보여준다.

현재 한국외국어대학교 중남미연구소의 인문한국 플러스 사업단은 인문학, 사회과학, 자연과학이 융합해 라틴아메리카의 생태문명을 연구하고 있다. 본 사업의 일환으로 기획된 이 책에서 내로라하는 중남미 전문가들이 재미있는 이야기보따리를 풀어놓는다. 이를 통해 우리는 '500년의 고독'에 빠졌던 타자를 따뜻하고 개방적인 마음으로 이해하고 서로를 환대하는 만남을 고대할 수 있으리라. 좋은 글을 써주신 모든 필자 선생님들께 감사드린다.

한국외국어대학교 중남미연구소장 신정환

1부
라틴 사람들,
라틴 하루들

콜럼버스 항해에 담긴
음식과 음식문화
정승희

멕시코 역사로
맛보는 타코
박수경

'오, 오, 오, 오빠
쿠바 스타일!'
손호철

라틴아메리카,
커피를 탐하다
최상기

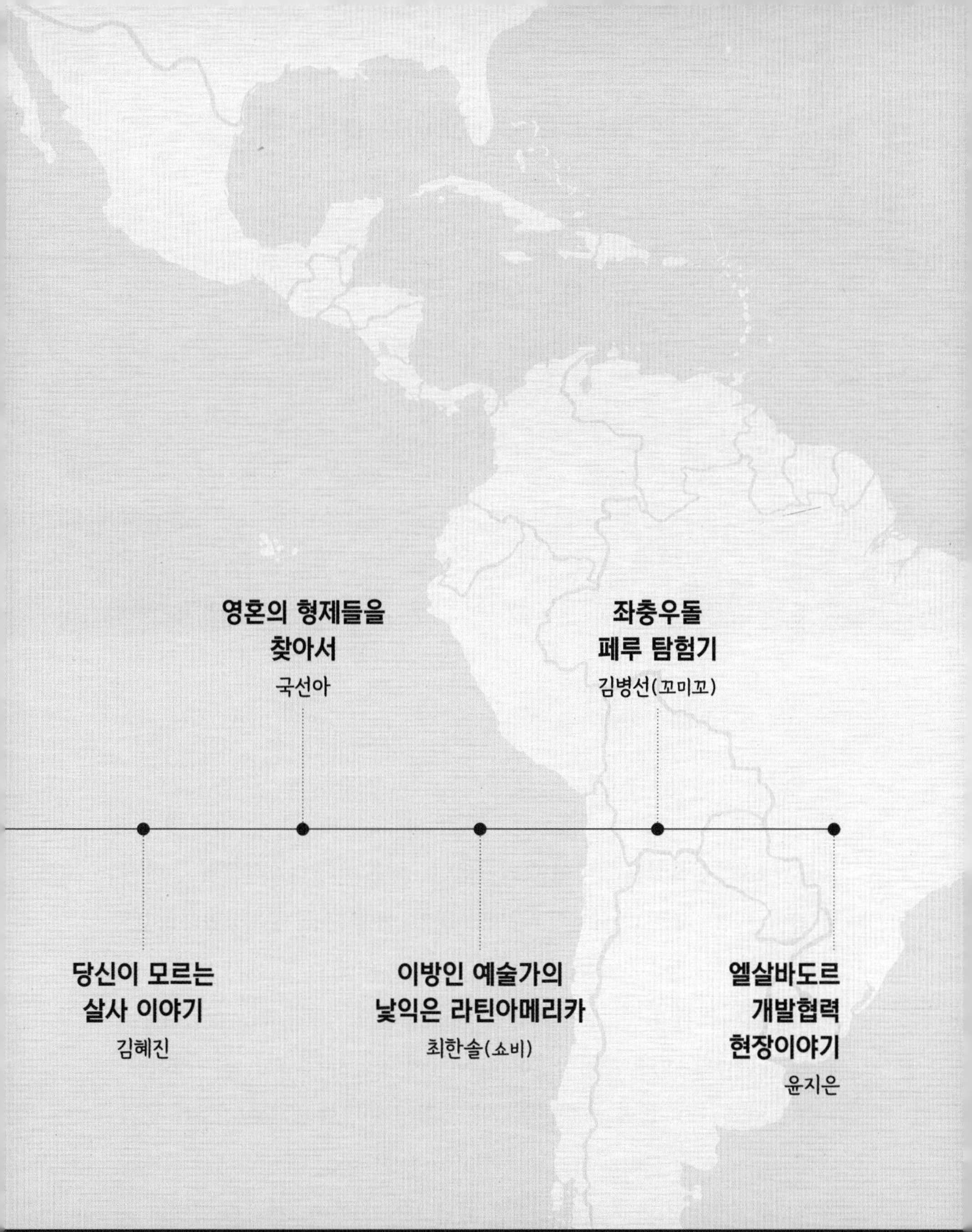

영혼의 형제들을 찾아서
국선아

좌충우돌 페루 탐험기
김병선(꼬미꼬)

당신이 모르는 살사 이야기
김혜진

이방인 예술가의 낯익은 라틴아메리카
최한솔(쇼비)

엘살바도르 개발협력 현장이야기
윤지은

'오, 오, 오, 오빤 쿠바 스타일!'

즐거운 혁명의 나라 쿠바를 생각한다

손호철

오빤 강남 스타일, 강남 스타일

오, 오, 오, 오빤 강남 스타일

2018년 8월, 전설적인 쿠바의 음악클럽인 '부에나비스타소셜클럽'의 아바나 공연장에는 때 아닌 싸이의 「강남 스타일」이 울려 퍼지고 있었다. 그뿐만 아니라 나는 사회자가 씌워준 카우보이모자를 쓰고, TV에서 보기는 했지만 추어본 적은 없는 「강남 스타일」의 말춤을 엉거주춤 추고 있었다.

2019년 1월 1일은 쿠바혁명이 일어난 지 정확히 60년이 되는 해이다. 2018년 여름, 쿠바혁명 60주년을 앞두고 혁명 60년의 빛과 그림자를 보기 위해 쿠바의 서쪽 끝이자 카스트로의 고향인 산티아고 데 쿠바에서 시작해 카스트로와 게바라가 게릴라 생활을 했던 시에라 마에스트라의 혁명기지, 쿠바혁명의 승기를 잡은 산타바바라를 거쳐 아바나까지 쿠바혁명 루트를 따라 답사를 하고 마지막으로 아바나에 도착했다.

아바나 답사를 끝내고 마지막 날 전설적인 재즈클럽인 부에나비스타소셜클럽을 보러 왔다. 감동적인 공연이 끝난 뒤 사회자가 나에게 다가와 어디서 왔느냐고 물어 한국서 왔다고 하자 화면에 태극기가 나타나고 강남 스타일이 울려 퍼졌다. 사회자는 나를 무대로 끌고 가 춤까지 추게 한 것이다. 팔자에 없이, 쿠바까지 와서 한 번도 춰본 적 없는 강남 스타일 말 춤을 추다니! 말 춤을 추고 있자, 나와 쿠바의 인연, 그리고 2주간의 쿠바혁명 기행이 주마등처럼 지나가고 여러 생각이 교차했다.

"나는 3심제를 믿지 않습니다. 낭신들이 내게 유죄를 선고하더라노 나는 마지막 심판인 '역사의 심판'은 내게 무죄를 선고할 것을 잘 알고 있습니다." 대학 2학년 때인 1971년, 박정희 대 김대중의 대통령선거에서 관권 부정선거를 막기 위해 대학생선거참관인단을 조직해 선거를 참관하고 많은 부정선거를 목격했다. 이에 김대중의 신민당사를 방문해 당대표를 만나 화기애애한 분위기에서 대선 부정선거 규명 때까지는 국회의원선거를 보이콧하라고 제안하고 나왔다. 박정희 정권은 이를 신민당사 난입사건으로 몰고 가 나를 정당법과 선거법 위반으로 구속기소했다. 나는 최후진술을 하려는데 책에서 읽은 카스트로의 유명한 최후진술이 갑자기 떠올랐다.

미국 플로리다 앞바다에 껌딱지처럼 자리 잡고 있는 작은 나라 쿠바는 콜럼버스가 유럽인으로는 처음 '도착'('발견'이 아니라)하고 정복해 스페인의 식민지가 됐다. 20세기 들어 미국의 압력을 등에 업고 스페인으로부터 독립했지만 미국의 '신식민지'로 예속과 가난, 그리고 군사독재에 시달려 왔다. 아바나 법대생이었던 카스트로는 1953년 군사독재를 무너트리기 위해 무장 혁명을 일으켰다가 체포됐고 최후진술에서 "역사는 나에게 무죄를 선고한 것이다"라는 유명한 연설을 했다. 나는 나의 최후진술에서 이를 흉내낸 것이다.

이렇게 맺은 쿠바와의 인연은 이후 미국 유학시절 여러 서적을 통해 이

어쩌다가 서강대학교 교수 시절 2000년 안식년이 큰 계기가 되었다. 쿠바 방문이 쉽지 않던 2000년, 나는 쿠바를 방문해 한국 언론으로는 처음으로 ≪동아일보≫에 두 면에 걸쳐 쿠바 기행을 연재했다. 이후 이와 다른 남미 기행을 모아 『마추픽추 정상에서 라틴아메리카를 보다』라는 책을 냈다.

「강남 스타일」의 말 춤을 추면서, 이 같은 인연을 회상하고 나자, 여행 내내 나를 압도했던 강남 스타일과 '쿠바 스타일'의 대비가 떠올랐다. 부유하고 사치스럽지만 돈의 노예로 세계 최고의 자살률과 노동시간, 산재율을 '자랑'하는 '강남 스타일'이라는 '대한민국 스타일'과 가난하지만 즐겁고 행복한 '아바나 스타일' 내지 '쿠바 스타일', 즉 쿠바의 '라틴 사회주의'와의 대비였다. 우리와 쿠바는 단순히 자본주의와 사회주의라는 체제의 차이를 넘어서 정반대점에 서 있다.

"그동안 돈 많이 버셨습니까?" 2000년대 초 브라질을 여행하다가 세계 최대의 폭포인 이과수 폭포에서 우연히 1960년대 브라질로 농업이민을 온 교포 노인을 만났다. "돈은 무슨! 돈을 별로 못 벌었지만 대신 원 없이 놀고 즐겁게 살았지." 아니 '돈은 무슨! 대신 원 없이 놀고 즐겁게 살았다'고? 예상을 깬 충격적인 그의 답은 그동안 살아온 나의 고정관념을 깨고 나의 인생관을 바꿔놓았다.

우리는 식민지를 경험하고 제2차 세계대전 후 독립한 신생국 중 유일하게 경제발전과 민주주의를 이룬 나라라고 자랑스럽게 생각한다. 대만도 있으니 유일은 아니고 '유이'이지만, 우리가 전후 독립국 중 드물게 경제성장과 민주주의를 이룬 것은 사실이고 자랑할 만하다. 하지만 그 뒤에 숨겨진 어둠도 잊지 말아야 한다. 즉 이 같은 경제적 성공을 위해, 우리는 돈의 주인이 아니라 돈의 노예로 일만 하며 살아왔다. 우리가 누리고 있는 강남 스타일은 이처럼 일개미 같은 '호모 파브르(작업인)'의 결과이고 세계 최장의 노동시간과 세계 최고의 산재율, 세계 최고의 자살률 등 심각한 부작용을 낳고 있다.

반면에, 과잉 단순화의 위험이 있기는 하지만, 중남미의 '라틴문화'는 기본적으로 돈의 노예가 되는 것이 아니라 덜 일하고 덜 부유해도 자신의 삶을 즐기는 호모 루덴스(유희인)의 문화, '베짱이의 문화'이다. 사실 남들이 일할 때 게으름을 피우고 놀면 그 결과가 어떻게 되는가를 일러주기 위한 이솝 우화의 개미와 베짱이에는 노동을 미화하고 노는 것을 경멸하게 만들어 인간을 일만 하는 '일의 노예'로 만들기 위한 '지배계급과 자본의 이데올로기'가 숨어 있다. 특히 중남미 중에서도 쿠바

카스트로가 게릴라로 활동한 시에라 마에스트라에 있는 카스트로 숙소에 선 필자.

는 자본주의적 물질문명과는 거리가 있는 라틴 사회주의 국가라는 점에서 더욱 그러하다.

다시 말해, 쿠바는 우리의 시각에서 보면 이중적으로 대척점에 있다. 우선 자본주의의 물질문명을 비판하는 사회주의이다. 특히 쿠바는 1980년대 말 소련 동구 몰락 이후 남은 몇 되지 않는 사회주의 국가(중국, 베트남, 북한, 쿠바) 중 하나이다. 그러나 '중국적 특색을 가진 사회주의'라는 이름 아래 시장경제를 전면적으로 도입해 자본주의식의 저임금 장시간 노동에 의존하는 고도성장을 추구하는 중국, 나아가 베트남 등 '동아시아 사회주의'와 달리, 쿠바는 노동보다는 삶의 즐거움을 강조하는 '라틴적 특징'을 가진 라틴 사회주의이다.

"쿠바는 중국이나 베트남처럼 장시간 노동에 의존하는 고도성장 발전 모형을 추구하는 것이 불가능할 것 같은데, 어떻게 생각하세요?" 아바나에

도착해 무역투자진흥공사^{KOTRA} 쿠바관을 찾아가 현지 사정을 잘 아는 관계자에게 물었다. "문화적으로 불가능할 겁니다. 이들은 덜 일하고 가난하게 살지, 잘살기 위해 바둥바둥 일하며 살려고 하지 않을 것입니다."

부에나비스타소셜클럽에서 강남 스타일과 쿠바 스타일을 생각하며 말춤을 추고 난 다음 날 새벽 3시, 나는 2주간의 쿠바혁명 답사를 마치고 멕시코시티행 비행기를 타기 위해 아바나에서 30분 떨어진 호세마르티국제공항으로 향했다. 아직 깊은 잠에 빠져 있는 어둠 속의 아바나 시내를 빠져나오며 그동안 여러 자료를 찾아보고 2주간 직접 돌아본 쿠바혁명 60년에 대해 곰곰이 생각했다.

이제 많은 사람이 쿠바 여행을 하고 쿠바 여행을 꿈꾸게 되었지만, 여전히 쿠바하면 우리가 떠올리는 것은 가난한 사회주의국가에 카스트로의 장기집권과 공산주의 독재이다. 이 같은 우리의 선입견은 옳은 것인가? 쿠바혁명 60주년을 맞은 현시점에서, 카스트로와 게바라가 피로 이룬 쿠바혁명의 성과와 한계는 무엇인가?

쿠바를 이해하는 데 중요한 비교 대상으로 삼을 수 있는 것은 북한이다. 둘 다 초강대국인 미국에 대항해 '자주'를 강조해 온 작은 나라로 전략적 위치 때문에 냉전 시기 소련으로부터 막대한 지원을 받았지만, 소련 동구 몰락 후 이 같은 지원이 끊기면서 생존의 위기에 처했던 사회주의국가다. 그러나 쿠바는 북한과 매우 다른 나라이다. 물론 두 나라는 둘 다 사회주의를 표방하고 있으며 1인이 수십 년간 장기집권한, 서구의 기준으로 보자면, '독재국가'이다. 김일성은 1948년부터 1994년 사망 때까지 46년간 집권을 했고, 카스트로는 1959년에서 2008년까지 49년간 집권해서 둘 다 세계에서 가장 오래 집권한 지도자들이다. 그러나 중요한 차이가 있다.

김일성은 죽을 때까지 종신지배를 하고 봉건적 왕조처럼 아들에게 권력을 물려주는 세습까지 한 반면 카스트로는 살아 있을 때, 즉 죽기 8년 전에

쿠바 서쪽 끝에 있는 산티아고데쿠바시의 산타이피아니아에 있는 카스트로 묘지.

권력을 내주었고 세습을 하지 않았다. 혁명동지였던 동생 라울이 권력을 이어받았지만, 그 역시 2018년 포스트 혁명 세대인 미겔 디아스-카넬에게 권력을 넘겨줬고 최고지도자 임기를 5년 연임으로 제한하고 있다.

'FIDEL(피델).' 2주간의 쿠바 여행에서 가장 인상적인 장면 하나만 뽑으라면 산티아고데쿠바의 산타이피아니아 공동묘지에 있는 바로 이 다섯 글자다. 카스트로는 유언에 따라 수도 아바나가 아니라 고향인 산티아고데쿠바에 묻혔으며 그의 무덤에 '쿠바혁명의 아버지', '전 쿠바국가평의회의장'과 같은 수식어 하나 없이 그의 성(카스트로)도 아니고 이름인 FIDEL이라는 다섯 자만 써놓았다. 그것만이 아니라 쿠바 어디에도 그의 동상이나 그의 이름을 딴 기념관, 거리가 없다. 그는 유언으로 "내 동상이나 기념물을 만들지 말고 내 이름을 딴 거리, 기념상품 등을 만들지 말라"고 부탁했다. 김일성을 신격화한 북한과는 너무도 다르다. 북한과 같은 개인숭배가 없다는 것이 쿠바의 또 다른 특징이다.

쿠바는 사회주의 국가치고는 상대적으로 사상의 자유, 종교의 자유 등 자유권을 상당히 보장하고 있다는 것도 주목할 만하다. 2000년 쿠바를 방

아바나 시내 대형서점 진열장, 유명한 극우작가 이름도 쓰여 있어 충격적이다.

문하고 놀란 것은 서점에서 자본주의의 대부인 아담 스미스의 『국부론』을 팔고 있는 것이었다. 이번에도 서점 유리에 극우사상가로 자위대의 무장을 촉구하며 할복자살한 일본의 미시마 유키오를 써놓은 것을 보고 충격을 받았다. 쿠바는 일찍이 종교의 자유도 허용해 1998년 요한 바오로 2세를 시작으로 교황이 세 차례나 방문했다. 물론 서구와 같은 사상의 자유, 집회와 언론의 자유는 허용되지 않지만, 반정부 시위가 가끔 열리기도 한다. 1980년 반정부세력, 경제적 빈곤층 등이 보트피플로 미국으로 밀항을 시도하자 카스트로는 "떠나고 싶은 사람은 다 떠나라"고 국경을 개방해 12만 5000명을 내보냈다. 나아가 최근에는 헌법 개정을 통해 동성애 등에 대한 차별금지를 헌법으로 명문화했고 동성애 결혼까지 허용하는 준비를 하고 있다(이 점에서는 쿠바가 보수 종교계의 반대 등으로 동성애자들의 결혼 허용은커녕 차별금지법 제정조차 못하고 있는 우리보다 '선진국'이다).

자유권은 조금 후에 이야기하겠지만 빛만 아니고 그림자도 많은 주제이고, 쿠바혁명의 가장 큰 성과는 '자주'라고 할 수 있다. 혁명 전 쿠바는 스페인의 오랜 식민지였고 이후 형식적으로 독립을 했지만 미국의 신식민지로 미국의 마피아들이 지배하는 호텔 사업과 매춘 등이 주요 산업인 '미국의 하수구'였다. 쿠바혁명은 쿠바를 미국의 지배로부터 해방시켰고 미국의 피그만 침공, 카스트로에 대한 수많은 암살 위협 등에도 주권을 지켜냈다. 특히 소련 동구의 몰락으로 보호막이 사라졌음에도 불구하고 세계 최강대국인 미국이 재채기를 하면 날아갈 근거리에서도 미국의 경제제재를 이기고 살아남아 당당하게 미국과 국교정상화를 이루었다.

또 다른 성과는 만인에 대한 만인의 투쟁인 자본주의, 특히 1980년대 이후 세계를 휩쓸고 있는 시장만능의 '신자유주의'의 무한경쟁(그 결과가 바로 '1대 99의 사회'와 '헬조선'이다)으로부터 자유로운, 쿠바 특유의 낙천성과 라틴문화 특유의 유희 정신을 지켜낸 것이다. 쿠바에서 만나는 일반인들의 넉넉한 미소와 느긋함이, 경쟁에 찌들지 않은 건강한 표정이 이를 잘 보여주고 있다.

이를 가능하게 해준 것은 바로 쿠바가 자랑하는 의료와 교육과 같은 '기본욕구basic needs' 내지 기본적인 사회권의 충족이다. 의료와 교육은 단연 쿠바혁명의 가장 큰 업적으로, 소련 동구 몰락으로 모든 것을 포기해야 했던 체제존망의 '특별한 시기'에도 "다른 것은 다 포기해도 이 둘은 지켜야 한다"고 카스트로가 강조했던 것이다. 당시 쿠바는 이를 지키기 위해 국방비를 줄여서 부족한 의료 예산을 충당했다. 국방비를 줄여 의료비를 충당하는 나라, 그런 나라가 쿠바이다.

무료의료의 성과는 평균수명과 영아사망률이 잘 보여주고 있다. 쿠바는 이 둘 모두에서 자본주의적 길을 가고 있는 다른 라틴아메리카 국가들과 비교할 수 없

쿠바 어린이들의 가난하지만 맑은 표정은 쿠바사회를 상징적으로 보여주고 있다.

을 정도로 앞서 있다. 아니 선진국인 미국까지도 앞서고 있다. 그것은 쿠바의 주장이 아니라 미국 중앙정보국이 발표한 자료이다.

의료에 관한 한 쿠바가 '선진국'이고 미국은 사실상 '후진국'이다. 미국은 엄청난 의료비에도 불구하고 국민의료보험조차 안 돼 있는 나라다. 오바마가 이를 해결하기 위해 오바마케어를 도입했지만, 트럼프가 이를 없애려고 난리를 피웠고 결국 텍사스연방법원이 '모든 국민의 의무가입' 조항을 이유로 오바마케어를 위헌이라고 판결했다. 미 중앙정보국에 따르면, 2010년대 초 기준으로 쿠바의 평균수명은 77.4세로 미국(56위)보다 네 단계 앞선 52위이다. 이는 남미에서 가장 발전한 칠레(54위), 아르헨티나(64위)보다 앞선 것이고, 인접한 중미 국가들은 아예 비교가 되지 않는 수준이다. 중미의 경우 멕시코 71위, 엘살바도르 117위, 과테말라 141위 등이며 특히 같은 카리브해의 경우 도미니카공화국 99위, 자메이카 104위, 아이티 179위이다.

영아사망률도 마찬가지다. 영아사망율은 아이들이 적게 죽을수록 좋은 것이기 때문에 순위가 낮은 것(다시 말해, 순위를 가리키는 숫자가 큰 쪽)이 오히려 좋은 것이다. 2015년 기준으로 쿠바는 1000명당 4.3명이 죽어 180위로 미국(167위)보다도 우수하다. 라틴아메리카와 비교할 경우 가장 우수한 칠레(8.80명)가 160위이고, 중미는 멕시코(20.91명)가 122위, 과테말라 77위이다. 카리브해는 도미니카 128위이고 자메이카 112위, 아이티는 40위이다. 특히 쿠바의 라틴아메리카 의과대학은 내국인만이 아니라 외국인에 대해서도 무상교육을 실시해 자국민만이 아니라 제3세계의 의료 개선에도 기여하고 있다.

쿠바는 제3세계의 의료교육지원 이외에도 직접적인 의료지원에 적극적이다. 베네수엘라의 차베스가 선거로 대통령에 당선되어 기층민중과 빈곤층에 대한 교육과 의료지원 등 볼리바르혁명이라는 급진적인 프로그램을 추진하자 쿠바는 대규모의 의료진을 파견해 이를 지원했다. 세계적인 산유국인 베네수엘라는 이에 상응하여 쿠바에 석유를 보내줬다.

쿠바는 룰라에 이어 브라질 대통령이 된 노동당의 지우마 호세프 시절인 2013년 '더 많은 의사들Mais Medicos'이라는 프로그램을 돕기 위해 도시 빈민 지역과 아마존 오지 인디오 마을에 1만 명 이상의 의사를 파견했다. 이들은 현재 인구 2만 명 이하 소도시 의료의 80%를 담당하고 있다. 그런데 룰라가 부패혐의로 투옥되고 세계적인 극우포퓰리즘의 흐름 속에 극우적인 보우소나루가 대통령에 당선되면서 이들 의사들의 월급 중 일부가 쿠바정부에 지급되는 것을 문제 삼았고, 이에 화가 난 쿠바정부가 파견 의사 중 일부를 철수시켰다(이후 감옥에서 풀려난 룰라는 다시 대선에 출마해 결선투표 끝에 보우소나루를 누르고 다시 대통령 자리에 올랐다).

쿠바는 코로나 19의 위기 속에서도 '압달라'라는, 중남미 최초의 백신을 자체 개발하는 데 성공했다. 3회 접종 시 예방효과가 92%대라고 하는 이 백신을 쿠바는 베네수엘라와 베트남에 제공하는 한편 기술이전을 해주기로 하고 기술이전 팀을 파견하기로 했다.

교육도 쿠바혁명의 중요한 성과다. 쿠바는 가난하지만 고등학교까지 의무교육이고 대학도 무상교육이다. 돈이 없어 공부를 못 하는 일은 절대 없다. 비싼 등록금을 마련하기 위해 편의점 등에서 최저임금 이하의 아르바이트로 밤을 새워야 하는 우리의 대학생들과는 차이가 많다. 박근혜는 대학의 반값 등록금을 대선공약으로 내걸고 당선된 뒤 우리나라의 대학 등록금이 세계적으로 비싸다는 통계를 제시하며 대학들에 대대적인 감사를 벌리고 등록금 인하를 압박한 바 있다. 이에 따라 대학들이 등록금을 인하하고 수년간 동결했다. 반값 등록금 정책은 맞았다. 아니 틀렸다. 맞는 정책은 쿠바처럼, 그리고 유럽처럼 대학교육의 무상화이다.

2018년 가을의 중간선거와 관련해 하버드대학이 실시한 여론조사에 따르면, 보수적인 미국에서까지도 18~29세의 유권자들은 58%가 대학의 무상교육을 지지하는 것으로 나타났다. 그러나 우리나라는 대학교육은커녕 경제협력개발기구 OECD 국가 중에서 최근까지 고등학교 교육을 무상화하지 않은 유일한 국가이다! 우리가 쿠바보다 우리가 얼마나 더 잘사는가? 그런데도 고등학교 무상교육을 실시하고 있지 않다가 2021년부터 비로소 실시하기 시작했으니, 창피한 이야기이다.

　박근혜식의 반값 등록금 정책은 또 다른 측면에서 틀렸다. 이 정책은 등록금 삭감의 부담을 대학에 전가함으로써 대학들이 교수 채용을 중단하거나 개설 강의 수를 줄임으로써 교육의 질을 떨어뜨리고 말았다. 박근혜식이 아니라 반값 등록금에 따라 어려워진 대학의 재정을 국가가 부담하는 대신 이 같은 지원을 받는 사립대학들에 대한 사회적 통제를 강화하여 대학교육을 공영화하는 방식으로 전환시켜야 했다. OECD 국가들은 고등교육재정을 국가가 66% 부담하고 있는 반면 우리는 절반 수준인 36%만을 부담하고 있다. 얼마 전 교수단체들이 국내총생산의 0.58% 수준인 고등교육예산을 OECD 수준인 1.1%로 올리라는 시위를 했다. 2018년 정기국회에서 시간강사의 처우를 개선하라는 법이 통과되자 각 대학들은 시간강사를 대량 해고해서 시강강사 처우개선법이 시간강사 대량해고법이 되고 있는 것이 대한민국의 교육현실이다. 정부가 고등교육예산을 늘려 대량 해고에 따른 차세대 학문 기반의 붕괴를 막아야 한다.

　교육의 주요 지표인 문자해독률 국제비교가 쿠바혁명의 성과를 잘 보여주고 있다. UN에 따르면, 쿠바의 문자해독률은 99.8%로 공동 세계 1위이다. 100명중 99.8명이 글을 읽고 이해한다. 우리나라와 미국은 공동 17위이고 라틴아메리카는 상위권인 아르헨티나가 54위, 칠레가 64위이며 하위권인 브라질(88.6%)이 95위이다. 중미는 멕시코 82위, 과테말라 137위이고 카리브해는 자메이카 122위, 아이티(54.8%) 154위이다.

소련 동구 몰락 후 이제 세계에는 네 나라 정도가 자신들이 사회주의를 추구한다고 주장하고 있다. 북한과 중국, 베트남, 쿠바이다. 중국은 시장경제를 적극적으로 추구하고 있지만 자신들을 '중국적 특색의 사회주의'라고 주장하고 있다. 또 고구려가 중국의 지방역사였다는 '동북공정'에 수십 배의 예산을 들이고 수백 명의 학자들을 동원해 '마르크스공정'을 하고 있다. 구체적으로, 마르크스의 고전 등을 연구해 지금 자신들이 추구하고 있는 시장경제도 사회주의라는 것을 마르크스를 통해 증명하기 위한 마르크스공정을 진행하고 있는 것이다. 중국과 비슷한 노선을 추구해 온 베트남도 중국과 마찬가지로 자신들이 사회주의라고 주장하고 있다. 그러나 이들이 시장경제를 적극적으로 추구하고 있고 기본적인 생필품조차도 국가가 배급하는 것이 아니라 인민들이 사서 써야 한다는 점에서 사회주의라고 보기 어렵다.

북한은 이들처럼 적극적으로 시장경제를 추구하고 있지 않다. 그러나 고난의 행군들을 거치며 국가의 기초생필품 배급제가 무너지고 인민들이 스스로 의식주를 알아서 해결하도록 하고 있다. 따라서 이 역시 사회주의라고 보기 어렵다. 이들과 달리 쿠바는 아직도 무상의료와 무상교육, 그리고 부족하지만 기본 생필품에 대한 배급제 등을 유지하고 있다는 점에서 실질적으로 이 '지구상의 유일한 사회주의국가'라고 볼 수 있다.

그러나 혁명은 빛만 있는 것은 아니다. 쿠바혁명은 많은 어둠을 안고 있다. 우선 정치적 민주주주의, 자유의 문제이다. 물론 혁명 전의 쿠바가 자유권이 보장되는 체제는 아니었고, 혁명의 전복을 호시탐탐 노려온 미국의 위협이란 외부적 요인이 있다. 또 앞에서 지적했듯이, 쿠바는 북한 나아가 중국이나 베트남 등 다른 사회주의국가들에 비해 상대적으로 다양한 자유를 많이 허용하고 있다. 나아가 북한과 같은 세습이나 개인숭배는 찾아볼 수 없다. 그러나 정치적 민주주의와 자유는 글로벌 스탠더드를 기준으로 볼 때 쿠바의 취약점이다.

　흔히 사회주의는 빵의 문제인 사회권을 중시하고 사상과 표현, 언론의 자유와 같은 자유권은 '부르주아적'인 것이라고 보고 경시하는 경향이 있고 실제 존재했던 사회주의국가들도 그러했다. 사회권이 뒷받침되지 않는 자유는 문제가 많다. 굶주리는 사람에게 자유는 사치로 들릴 수 있다. 또 자기가 가고 싶은 데 가고, 살고 싶은 데에서 살 수 있는 거주이전의 자유는 중요하지만 이 역시 돈 없는 사람에게는 그림의 떡일 뿐이다. 노숙자에게 거주의 자유가 무슨 의미가 있겠는가? 이 같은 문제를 알고 있기에 자유주의진영도 한때는 자유를 단순히 하고 싶은 것을 못 하도록 제재를 하지 않는 '소극적 자유'를 넘어서 이 자유를 실질적으로 추구할 수 있는 '적극적 자유'를 추구하려 했었다. 루스벨트가 주장한 기아로부터의 자유, 행복추구권이 그것이다(이 같은 적극적 자유는 대처, 레이건의 작은 정부론과 시장 만능의 신자유주의론 이후 자취를 감추었다).

　그러나 이 모두에도 불구하고, 사회권이 중요하고 자유는 두 번째 문제라는 생각은 잘못이다. 자기가 하고 싶은 것을 하고, 말하고 싶은 것을 말하고, 믿고 싶은 것을 믿는 사상, 표현, 결사, 언론의 자유 등 자유는 빵 못지않게 중요하다. 따라서 '진정한 사회주의'는 사회권만이 아니라 자유권도 보장해야 한다. 이 점에서 쿠바는 사회권을 발전시켰는지 모르지만 자유권에는 문제가 많다.

　쿠바혁명의 가장 큰 그림자는 낙후와 가난이다. 쿠바 어디를 가나 서민들의 생활은 낙후하고 가난이 묻어난다. 소련 동구 몰락 이전만 해도 쿠바경제는 괜찮았고 민중들의 삶도 좋았다고 한다. 어느 면에서는 한국과 쿠바가 비슷한 점이 있다. 한국이 냉전의 최전선에 있어 미국이 막대한 원조를 퍼부었듯이, 미국의 코앞에 있는 쿠바의 전략적 필요성 때문에 소련은 쿠바에 대한 지원을 아끼지 않았다. 당시에는 풍족하지는 않았지만 정부의 배급으로 그런대로 살 수 있었다.

그러나 소련 동구 몰락 후 모든 것이 달라졌다. 소련의 원조가 끊기면서 쿠바는 혹독한 생존의 시간을 거쳐야 했다. '특별한 시기'라는 이 생존 위기의 시기는 끝났고 관광수입 등으로 경제가 좋아졌지만, 민중들의 삶은 여전히 고달프기만 하다. 소련 동구 몰락 전에는 배급으로 충분히 먹고 살았지만 쌀 12kg에서 6kg으로, 설탕 6kg에서 3kg으로 줄이는 등 정부가 배급을 절반으로 줄였기 때문이다. 이제 한 달의 반은 배급으로, 나머지 반은 시장에서 사 써야 하게 된 것이다.

쿠바에는 두 가지 종류의 페소가 있다. 쿡^{CUC}이라는, 달러로 환전이 되는 태환페소와 일반인이 쓰는 페소이다. 쿡으로는 돈만 있으면 뭐든지 살 수 있을 정도로 물건이 넘쳐난다. 그러나 일반 페소가 통용되는 생필품 가게는 전혀 다르다. 물건들이 있기는 하지만 물건을 사기 위해서는 긴 줄을 서야 하고 물건의 질도 저급하다. 여행 내내 그 같은 광경을 직접 목도했다. 그리고 일반인들은 월 20~30달러의 월급으로 부족한 물건들을 여기서 사서 살아가야 한다. 쿠바의 낙후와 가난은 시골을 지나가는 교통수단들을 보면 잘 알 수 있다. 우마차로부터 너무도 낡은 버스 등 낙후와 가난이 철철 묻어난다.

이를 전제로, 다만 겉으로 보이는 가난을 그대로 받아들여서는 안 된다는 이야기를 덧붙이고자 한다. 쿠바의 월급이 대개 20~30달러에 불과하니 이를 1인당 국내총생산^{GDP}으로 환산하면 500달러 미만이다. 중남미에서도 꼴찌 수준이다. 국제통화기금^{IMF}이 발표한 2016년 현재 1인당 GDP를 보면, 남미는 칠레 1만 3576달러(57위), 아르헨티나 1만 2778달러(59위), 브라질 8727달러(72위)이고, 중미는 멕시코 8554달러(73위), 엘살바도르 4343달러(104위), 과테말라 4088달러(107위)이고, 카리브해는 자메이카 4930달러(99위) 등이다. 쿠바는 어떠한가? 이 통계에 쿠바는 나오지 않고 있다.

그러나 나는 놀라운 사실을 발견했다. 우리 무역투자진흥공사가 발표한 자료에 따르면 2017년 현재 쿠바의 1인당 GDP는 놀랍게도 1만 2565달러였다. 라틴아메리카에서 두 번째로 높은 아르헨티나 수준이다. 쿠바 정부도 아니고 KOTRA가 이를 뻥튀기해서 발표할 리는 없기에, 이상해서 문의해 봤다. 답은 의료와 교육 등 쿠바가 자랑하는 무료서비스들을 돈으로 환산할 경우 이 같은 숫자가 나온다는 것이었다. 1만 2565달러라는 숫자에 연연할 필요는 없다. 다만 눈에 보이는 쿠바의 가난 이면에는 인간으로서 최소한 누려야 하는 사회적 기본권들의 충족이 숨겨져 있다는 것을 잊지 말아야 한다는 이야기이다.

쿠바가 안고 있는 문제는 단순히 가난이 아니다. 카스트로는 마지막에 행한 공개연설에서 "쿠바혁명에 대한 가장 큰 위협은 미국과 같은 외부에 있는 것이 아니고 내부에 있으며 그것은 비효율성, 부패, 그리고 불평등"이라고 경고한 바 있다(이 점에서도 카스트로는 존경할 만하다. 다른 지도자라면 "최대의 적은 미국 제국주의"라고 외부로 책임을 돌렸을 것인데 그는 그러지 않았다). 그렇다. 그중에서도 가장 심각한 문제는 '비효율성'이다. 가난은 단지 사회주의체제의 비효율성의 결과일 뿐이다. 좌파이론은 '사회주의는 단순히 자본주의보다 평등할 뿐 아니라 더 효율적이고 더 생산성이 높다'고 주장해 왔다. 하지만 역사는 그렇지 못했다. 그 결과가 소련 동구의 몰락이다.

마오쩌둥은 사회주의가 자본주의보다 생산성이 떨어지는 것은 우리가 이윤 동기에 의해 움직이도록 교육되었기 때문이라고 비판하며 문화혁명을 통해 이기심이 아니라 인류애와 이타심에 의해서도 더 열심히 일할 수 있는 새로운 인간을 만들려고 했다. 환자를 고치는 것은 돈을 벌기 위해서가 아니라 인간을 구할 수 있기 때문이라고 생각하는 '맨발의 의사'들을 키워서 산간벽지로 내려 보냈다. 의술은 90살에 죽을 부자 한 명을 백 세까지 살게 만드는 것이 아니라 60살까지 살 수 있는 99명의 가난한 사람들이 의료부족으로 40세에 죽는 것을 막는 것이어야 한다고 주장했다.

결국 인간의 가치관을 형성하는 데 결정적인 역할을 하는 가정, 학교, 언론을 근본적으로 고치지 않고는 인간개조는 어렵다고 생각한 마오는 문화혁명을 통해 이들에 전면적인 공격을 가했다. 자식이 부모를, 학생이 선생을 고발했다. 당의 지도자들과 지식인들은 혹독한 자기비판을 하고 농촌으로 내려가 기층 민중에게서 배워야 했다. 사회의 상층부를 밑으로, 아래로 푼다는 '하방운동'이다. 그러나 이 시도는 실패했다. 그런 사고가 가져온 극단적인 결과가 인간 개조라는 이름하에 수많은 사람들, 특히 지식인들을 집단학살한 캄보디아의 킬링필드이다.

나이가 들면서 좋아하게 된 말이 있다. 괴테의 『파우스트』에 나오는 "모든 이론은 회색이고, 영원한 것은 저 푸른 생명의 나무이다"라는 말이다. 그렇다. 아무리 이론이 옳으면 무엇 하나? 중요한 것은 현실 아닌가? 분명히 인간의 가치를 바꾸는 것이 중요하다. 황금만능의 삶, 일의 노예인 호모 파브르, 화려한 강남 스타일을 벗어나 공동체적이고 인류애적이며 삶의 질을 추구하는 삶, 일의 노예를 넘어선 호모 루덴스, 가난하지만 행복한 쿠바 스타일을 추구하는 것이 필요하다. 그러나 20세기의 이탈리아 좌파사상가 그람시가 이야기했듯이, 이는 시민사회에서 언론, 문화활동, 서클, 다양한 모임 등을 통한 장기간의 밑으로부터의 '진지전'을 통해 이루어져야 하는 것이지 킬링필드나 마오쩌둥의 문화혁명식의 폭력적이고 강압적 방식으로 이루어 져서는 안 된다.

결국 사회주의는 자신들의 주장과 달리 '평등하지만 비효율적이고 가난한 체제'가 되고 말았다. 쿠바가 그 대표적인 예이다. 스스로 사회주의라고 주장하는 나라 중 시장경제를 적극 추진하는 중국과 베트남은 쿠바와 달리 더 이상 "평등하지만 비효율적이고 가난한 나라"가 아니라 오히려 "효율적

낡은 마차와 현대식 버스의 대비는 전통 부문과 관광 부문의 양극화를 잘 보여주고 있다.

이고 부유해졌지만 불평등한 나라"에 가깝다. "평등하면서 효율적이고 부유한 사회"는 아직까지는 존재하지 않는 이상일 따름이다. 그나마 현존하는 사회 중 이에 가장 가까운 것은 자본주의체제이지만 사회주의적 요소를 가장 많이 도입한 북유럽 국가들일 것이다. 이들은 자본주의 국가 중 평등하면서도 기업 운영의 주요 결정에 노동자들이 직접 참여하는 작업장 민주주의를 통해 생산성과 효율성도 높고 부유한 사회이다.

그러나 쿠바가 이 같은 비효율성과 낙후를 벗어나기 위해 도입한 시장경제와 자본주의는 새로운 문제를 가져오고 있다. 즉 '자본주의를 통해 사회주의를 지키겠다'는 모순된 전략은 쿠바를 경제위기로부터 벗어나게 만들어줬지만 동시에 불평등이라는 심각한 문제를 가져오고 있다(물론 그 불평등이 아직은 시장경제를 오래전부터 적극 추진한 중국이나 베트남 수준은 아니다. 중국은 불평등을 측정하는 지니지수가 0.5를 넘어서 대부분의 '악덕 자본주의' 사회보다도 불평등이 심한 '사회주의가 아닌 사회주의'가 되고 말았다). 한때, 학자들은 남미를 선진적인 '근대 부문'과 낙후한 '전통 부문' 등으로 나누어진 '이중구조'라고 분석한 적이 있었다. 현재의 쿠바도 그런 것 같다. 이중구조는 '관광 부문'과 '비관광 부문'이다. 관광 부문은 선진적 문명을 다 누리며 엄청난 부를 축적하고 있다. 이 같은 이중구조를 가장 잘 보여주는 것이 여행 중 자주 마주치게 되는 최신 관광버스와 낡디 낡은 현지 교통수단의 대비이다.

아니, 한 연구자의 지적대로, 쿠바는 국가 부문, 민간 부문, 비공식 부문의 삼중구조로 분절화되고 있다. 전통적인 국가 부문 이외에 시장화로 새로생겨난 자영업자 등의 민간 부문과 관광산업과 관련되어 팁 수입 등 관리가 어려운 지하경제의 비공식 부문이 급속히 성장하고 있다. 커다란 자영식당들은 한 달에 수만 달러를 벌어들이고 있고, 관광가이드들은 하루에 일반인들의 몇 달치의 월급을 팁으로 챙기고 있다(물론 이는 세계적인 코로나 19 유행에 따른 전 세계적 여행 제한 때문에 일시적으로 중단됐다). 가이드는 일정액을 국영관광회사에 가져다주면 회사는 이 중 30% 정도를 정부에 내서 의료, 교육 등에 사용하고 나머지는 내근자에게 나누어준다고 한다. 하지만 가이드의 수입은 이를 제하고도 엄청나다. 그 결과 관광 부문이 우리의 사법고시 이상으로 들어가기 어려운 '신의 직장'이 되고 있고 명문대학 졸업생이 고임금의 관광버스 기사를 하는 일이 적지 않다고 한다.

특히 이 같은 시장경제의 도입은 쿠바에 새로운 문제들을 야기하고 있다. 하나는 자본주의적인 소비문화, 소비주의의 확산이다. 소비주의가 확산되면서 과거 혁명정신으로 뭉쳤던 공동체가 빠르게 해체되고 있다. 또 다른 하나는 인종 문제의 대두이다. 쿠바는 일찍이 스페인이 아프리카에서 노예들을 대량으로 잡아와 아프리카계가 인구의 다수를 차지하고 있고 인종 문제가 상대적으로 없던 곳이었다. 그러나 관광과 개방이 백인 위주로 이루어지고 아프리카계가 배제되면서 인종 간 격차가 심화되고 인종 문제가 대두하고 있다.

얼마 전 집권한 미겔 디아스-카넬 국가평의회의장이 개방을 가속화시키겠다고 약속한 만큼 이 같은 추세는 더욱 강화될 것으로 보인다. 자본주의보다 더 효율적이고 부유한 사회주의가 가능하지 않는 현실 속에서, 쿠바의 '자본주의화'는 속도가 문제일 뿐 불가피한 추세인 것으로 보인다. 그러나 이 같은 자본주의화로 쿠바가 중국처럼 악질 자본주의보다 더 불평등한 '사회주의 아닌 사회주의'가 되지 않기를 쿠바를 떠나며 빌었다.

진보운동이 폭발했던 1990년 초반 진보적인 소장 정치학자들의 모임인 한국정치연구회의 회장을 여러 해 맡았었다. 연구회에서 소련 동구의 몰락과 관련해, 일찍이 『8억인과의 대화』와 중국의 '맨발의 의사' 문제 등을 알려 중국사회주의에 대해 우리가 눈을 뜨도록 만들어준 리영희 선생님을 모셔다가 특강을 들었다. 언론에도 크게 보도됐지만, 노교수는 그 날 소련 동구의 몰락을 지켜본 진보 지식인의 고뇌를 털어놓았다. 맨발의 의사, 그리고 공동체가 이타심으로 똘똘 뭉쳐 재난을 극복한 대표적인 사례로 자신이 소개한 당산 대지진에 대해 다시 생각하게 됐다는 이야기였다. 극우반공체제하에서 평생을 사회주의자를 지지하며 살아온 노학자의 고뇌어린 고백이 지금도 생생하다.

> "시장경제 도입 후 당산에 가보니 사람들이 다들 돈독이 올라 돈 벌기 경쟁에 눈이 멀어 있었다. 당산 대지진의 신화는 당산 시민들이 탐욕에 타락할 기회가 봉쇄됐기에 가능했던 신화에 불과하다. 나는 최근 들어 그동안 인간의 이기심에 대해 과소평가하고 살아왔다는 것을 절감한다. 인간의 이기심을 생각할 때 사회주의는 불가능한 체제이다. 그러나 사회주의적 이상을 포기할 수는 없다. 우리는 70%의 이기심과 30%의 사회주의적 이상, 즉 이타심과 공동체적인 인류애를 함께 가지고 나아가야 한다고 생각한다."

사회주의는 불가능할지 모르지만, 우리가 강남 스타일 일변도를 벗어나 70%의 강남 스타일과 30%의 쿠바 스타일이 필요하다는 이야기이다. 쿠바는 역으로 강남 스타일의 폭발이 아니라 70%의 쿠바 스타일에 30%의 강남 스타일이 필요한 것인지 모르겠다.

2주간의 쿠바혁명기행을 마치고 아바나공항을 떠나며 나는 빌었다. 쿠바가 지금보다는 부유해지되 의료, 교육처럼 그동안 지켜온 기본욕구의 인간적 가치들을 훼손시키지 않고 특유의 라틴적 유희정신과 넉넉함이 파괴되지 않을 만큼만 부유해져서, 가난하지만 자기의 삶을 즐기며 살아가는 '라틴 사회주의'를 더욱 발전시켜 나가기를. 그리고 화려하지만 돈의 노예로 살아가는 '강남 스타일의 과잉'인 우리에게 이에 균형을 잡아줄 수 있는, 가난하지만 삶을 즐기며 자기 삶의 주인으로 사는 쿠바 스타일이 도입되기를, 그리고 요즈음 젊은 층을 중심으로 일어나고 있는 워라밸Work-Life Balance 즉 '일삶균형'으로 나아가기를.

"잘 하고 있어Vas Bien, 쿠바"
"아디오스, 쿠바!"
"비바, 쿠바!"
"오빠 쿠바 스타일, 쿠바 스타일
오, 오, 오, 오빠 쿠바 스타일"

❂ COLUMBUSE ❂

콜럼버스 항해에 담긴 음식과 음식문화

정승희

콜럼버스의 1차 항해의 기록과 음식문화

15세기 말 서방으로 항해하여 동방에 도달하고자 한 크리스토퍼 콜럼버스 Christopher Columbus 의 계획과 그 맥락에 대해서는 잘 알려져 있다. 유럽인들에게 동방은 오랫동안 인디아 India 1)라고 불리던 미지의 세계였으나 13세기 몽골인들의 침입 이후 많은 기독교인들과 상인들이 중국까지 여행하여 기록을 남길 수 있었고, 어느 정도 동방에 대한 정보가 축적된 상황에서 콜럼버스는 서쪽 바다로 항해하여 동방에 갈 수 있다고 확신한 것이다. 그는 인

---

1)　　인디아는 고대 그리스 시기 인더스강 유역을 지칭해서 만들어진 이름이며, 중세 시대에 인디아는 오늘날의 인도 아대륙이 아니라 이슬람 세계 너머 잘 알려지지 않은 동방을 통칭해서 부르던 지명이자 관념이었다. 동방은 매우 광대하고 유럽인들이 온전히 탐사하지 못한 땅이었으므로 4세기 이후에는 인디아를 2~3개로 나누어 대인도, 소인도, 중인도 등으로 구분하는 관행이 생겼고, 거기에 근거해 콜럼버스는 종종 자신이 도착한 곳을 인디아의 복수형 인디아스(Indias)로 지칭하기도 한다.

디아, 더 구체적으로는 부유한 중국과 일본에 가서 외교관계를 맺고 교역의 가능성을 탐색한다는 목표를 가졌으며, 스페인 가톨릭 양 왕의 후원을 받아 1492년 8월 3일 산타마리아호, 니냐호, 핀타호 세 척의 배로 스페인 우엘바의 팔로스 항구를 떠나 항해를 시작하였다. 콜럼버스 일행은 카나리아 제도를 거쳐 서쪽으로 33일간 항해하여 육지를 발견했고, 오늘날 바하마 제도와 쿠바, 에스파뇰라섬 등 카리브해의 섬 지역을 탐사한 뒤 이듬해 3월 15일 팔로스 항구로 귀환했다. 콜럼버스는 항해가 있는 날이면 항상 성실히 항해록을 썼으나 그 원본과 필사본은 분실되고 콜럼버스와 동시대에 살았던 라스카사스 Las Casas 신부가 자신이 참조할 요량으로 콜롬버스의 필사본 원고를 요약적으로 편집해 둔 것이 원본에 가까운 유일한 원고로 남았다. 보통 이 기록을 『일지 Diario 』 혹은 『항해일지 Diario de a bordo 』라고 한다. 2)

콜럼버스는 비록 자신이 의도한 대로 아시아의 어딘가에 도달하지는 못했지만 그의 항해는 이후 스페인과 포르투갈, 그리고 앞으로 아메리카라고 불리게 될 한 대륙의 운명을 바꾸어놓았다. 이 항해를 계기로 이질적인 두 인간 집단, 즉 이베리아 반도의 서유럽인들과 아메리카 대륙의 원주민들이 만나게 되고, 인종, 문화, 언어, 종교 등의 층위에서 매우 복합적인 변화가 뒤따랐기 때문이다.

두 문화의 만남과 충돌 속에서 군사력이 월등했던 스페인은 정복전쟁에서 승리하였지만 긴 시간을 두고 보면 모든 영역에서 유럽의 문화가 일방적인 우위를 차지했다고만은 할 수 없다. 현재 지구의 재배작물 60%가 아메리카 대륙에서 온 것을 생각해 보면 식재료와 음식문화에서는 아메리카의 요소들이 스페인을 통해 세계로 퍼져나간 것이 매우 중요했기 때문이다. 콜

---

2)   일지 내용의 인용은 모두 필자의 번역본에서 가져왔다. 크리스토퍼 콜럼버스, 『콜럼버스 항해일지』, 바르톨로메 데 라스 카사스 편저, 정승희 역(나남, 2022).

럼버스의 업적과 항해의 의미에 대해서는 칭찬이든 비난이든 누구라도 한 마디씩 할 수 있을 정도로 자주 다루어지는 주제이지만 이 글에서는 『항해일지』에 집중하여 콜럼버스가 기록한 신대륙의 동·식물상을 살피고 그 안에 담긴 식재료, 음식의 교환과 그 의미를 살펴보려고 한다. 이는 우리 일상의 음식에도 필수적인 수많은 아메리카의 식재료들, 즉 고추나 호박, 고구마, 강낭콩 등을 떠올려 보면서 상대적으로 간과되어 왔던 아메리카의 농업과 문명의 기여를 한번 생각해 보자는 의도도 담고 있다.

대서양 항해와 선상의 음식

콜럼버스 항해의 가장 큰 목표는 카타이^{Cathay}(중국 북부)나 지팡구(일본)같이 부유한 동방의 땅에 도달해 대칸을 만나 외교관계를 모색하고 황금과 향신료를 구하는 것이었다. 그러다 보니 새로운 땅을 관찰하고 기록하는 데 있어서 음식에 대한 정보는 최우선순위는 아니었다. 하지만 처음 가보는 항로를 개척하며 생존을 위해 적절한 음식을 구하는 것이 중요했고, 교역의 가능성을 탐색해 볼 만한 식물들도 있어서 음식과 동식물에 대한 기록이 아주 적지는 않다. 오히려 콜럼버스가 스페인에서 어떤 음식을 배에 실었는지 거의 언급되지 않아 육지를 발견하기까지 무엇을 먹었는지는 일반적인 정보에 근거해 추측해 볼 따름이다.

　대서양 항해 시 배에 실을 수 있는 식료품은 제한적이었다. 가장 기본이 되었던 식량은 빵, 염장한 생선이나 고기, 콩류, 치즈, 건조 과일, 마늘, 양파, 올리브유, 식초, 꿀, 설탕, 소금 정도였고, 마실 것으로는 포도주와 물을 구비하였다고 한다. 주식은 비스코초^{bizcocho}라는 빵이었는데,[3] 발효를 거

---

3)　　라틴어 어원으로 두 번 구웠다는 뜻이다(bis+coctus). 영어 비스킷(bicuit)도 동일한 어원이다.

의 하지 않고 두 번 구워 딱딱
하게 만든 것이라 수분이 최
소화되어 환경이 맞으면 1년
에서 2년까지도 보존이 가능
하다.

선상에서 먹었던 음식은
화려할 것도 없고 매번 먹기
에 고역이었을 정도로 단순했

비스코초 (자료: 스페인 문화체육부 인디아스 문서고 홈페이지 https://
www.culturaydeporte.gob.es)

을 것이므로 원주민들이 물물교환을 위해 배로 찾아왔을 때 친교의 의미로
약간의 음식을 나누어주며 간단히 언급되는 정도이며, 이후 돌아가는 배에
서 뽑기에 병아리콩을 활용하는 모습을 보며 콩류를 식량으로 활용했다는
것을 짐작해 볼 수 있다. "저는 그의 통나무배를 범선에 싣고 그가 가져온
모든 것을 배에 보관하도록 했고, 그에게 먹을 것으로 빵과 꿀을 주고 마실
것도 내주도록 명했습니다"(10월 15일 일지). "또한 저는 그들이 범선으로 왔
을 때 먹을 것과 당밀糖蜜을 내주라고 명했습니다"(10월 16일 일지). 『항해일
지』는 철저히 콜럼버스와 유럽인의 입장에서 쓰인 기록이지만 10월 15일
의 기록은 이름 모를 한 타이노인의 입장에서는 유럽의 밀빵을 처음 먹어본
순간이기도 했다.

꿀과 당밀이라는 두 감미료

10월 15일과 16일 일지에 감미료인 꿀과 당밀이 등장하는 것이 흥미롭다.
꿀은 자연 상태의 것을 채취하든 양봉을 통해서 구하든, 단맛을 내는 가장
오래되고 보편적인 재료이며, 당밀은 스페인인들이 새로이 발견한 단맛의
원천이었던 설탕 제조 과정에서 생기는 부산물이었다. 당밀은 사탕수수의

즙을 짜서 설탕을 만들 때 결정화되지 못하고 남은 시럽으로서 설탕 대용이나 조미료로 사용된다. 사탕수수 재배와 설탕 생산은 인도에서 시작되어 이슬람 세계 여러 지역으로 퍼져나갔고, 이슬람 세계의 지배를 받았던 스페인과 포르투갈은 이 사탕수수 재배를 배워 15세기부터 각각 대서양의 마데이라 제도와 카나리아 제도에서 사탕수수 플랜테이션을 시작하였다. 콜럼버스는 카리브해의 섬들이 사탕수수 재배에 적합하다고 생각했던지 2차 항해 시 카나리아 제도에서 사탕수수를 가져와 심었고, 이후 수세기 동안 카리브해 지역은 노예노동을 동반한 설탕 생산의 중심지가 되었다.

꿀은 보편적인 감미료였기 때문에 원주민들도 잘 알고 있었고, 콜럼버스도 그곳에서 발견한 꿀과 밀랍에 대한 정보를 종종 기록해 둔다. "선원들은 한 집에서 밀랍 덩어리 1개를 발견했고, 제독은 그것을 폐하들께 가져가기로 했다"(11월 29일 일지). 이 기록만으로는 카리브해 섬 지역에 양봉이 존재했는지 확신할 수는 없으며, 라스카사스 신부는 『인디아스의 역사*Historia de las Indias*』 1권 44장에서 이 밀랍이 유카탄 반도의 원주민들과 교역을 통해 얻게 된 것이라고 보고 있다.[4]

꿀은 벌의 노동으로 얻어지는 산물로 아메리카에는 꿀벌과는 다른 고유한 벌들이 살았다. 특히 멜리포나*melipona*라고 불리는 벌은 크기가 상당히 작고 침이 없으며, 아메리카의 생태계에서 매우 중요한 역할을 한 곤충이다. 일례로 꽃의 모양이 닫힌 형태라 큰 곤충으로는 수분이 힘든 바닐라 꽃이 멜리포나 벌과 작은 벌레들을 통해 수분되어 멕시코에서 바닐라를 생산하고 활용하는 식문화가 만들어질 수 있었다. 카카오 음료에 고추, 바닐라 등의 향신료를 가미해 마시는 멕시코의 방식이 스페인을 통해 프랑스로 퍼

---

4) 라스카사스 신부가 신대륙의 역사에 대해 3권의 분량으로 저술한 책으로 『항해일지』의 내용을 가져오며, 필요한 경우 일지의 특정 주제에 대해 더 자세한 설명을 덧붙이기도 한다.

지게 되자 프랑스인들은 바닐라를 직접 재배하려고 애썼으나 멕시코의 벌과 곤충 없이는 열매를 맺지 않아 바닐라는 오랫동안 관상용으로만 활용되었다.[5]

라스카사스의 기록처럼 유카탄 지역의 마야인들은 멜리포나 벌의 양봉을 해왔으며 유럽인들이 꿀벌을 들여온 이후에도 지금까지 멜리포나 양봉의 명맥은 유지되고 있다. 메소아메리카에는 멜리포나 외에도 호박만 집중적으로 수분하는 호박벌 Peponapis속, Xenoglossa속 벌도 있어 그 벌들 덕분에 수십 가지의 호박 품종이 생겨났다. 이처럼 독특한 아메리카의 벌과 작물을 통해 유럽인들이 오기 전 그곳의 농업과 생태계가 상당히 고유하고 자족적으로 유지되어 온 모습을 엿볼 수 있다.

낯선 곳에서의 명명의 방식들

콜럼버스는 자신이 도달한 곳이 인디아, 즉 아시아의 어딘가라고 생각했고 그곳이 아시아든 아메리카든 그로서는 처음이었기 때문에 새로운 사람, 동식물, 사물들을 호명할 만한 적절한 어휘가 없었다. 원주민들과 말이 통하지 않고, 또 차분히 말을 익힐 만한 상황도 아니었으므로 그는 자신이 이미 가지고 있던 정보와 인식 체계, 이름을 활용한다.

그가 최초로 도착한 과나아니섬에서 가장 먼저 기록한 먹을거리는 풍경으로서의 '과일'이다. "그들이 육지에 상륙해서 보니 나무들이 매우 푸르고 물이 풍부했으며 다양한 종류의 과일이 있었다"(10월 11일 일지). 모양이나 색이 상술되어 있지 않아 어떤 과일인지 짐작할 수 없지만 타이노인들이 가

---

5) 19세기 중반 프랑스 식민지였던 레위니옹섬에서 에드몽 알비우가 바닐라 꽃을 수분시키는 법을 개발한 이후 멕시코 바깥에서 바닐라 생산이 가능해졌으며, 현재는 멕시코뿐만 아니라 멕시코 바깥에서 생산되는 거의 대부분의 바닐라가 인간의 손으로 수분한 것이다.

구아바, 껍질과 속살의 색이 다양하다

장 중요하게 생각했고 또 흔했던 과일로 과야바(구아바)가 있다. 콜럼버스의 2차 항해에 동행한 라몬 파네 수사가 타이노인들에 대해 남긴 글에 나온 과야바에 대한 서술이다. "그들이 말하길 망자들은 낮에는 유폐되어 있고, 밤에는 나다니며 과야바 guayaba 라는 과일을 먹는다. 과야바는 멤브리요(퀸스)와 비슷한 맛이다. 밤에는 망자들이 과일로 변하고 파티를 벌이고 산 자와 함께 논다."[6] 이후 콜럼버스는 종종 아름다운 자연과 나무, 풍성한 과실들에 대해 찬사를 하는데, 그가 카리브해의 자연에서 중세인들이 동방의 끝에 있다고 믿은 지상낙원의 이미지를 떠올렸기 때문인 듯싶다.

16세기 이후 유럽의 나라들이 열대의 식민지를 갖게 되자 그곳의 산물들을 온실에 키우게 되고, 증기선까지 발명되어 과일들을 운송하게 되면서 열대 과일은 화려한 색감과 맛, 풍요로움을 의미하게 되었고, 과거와 비교할 수 없을 정도로 쉽게 이러한 과일들을 구할 수 있게 된 지금까지도 열대 과일에 대한 이러한 심상은 어느 정도 남아 있다. 스페인, 포르투갈 외에도 프랑스, 영국, 네덜란드 등 유럽의 식민주의 국가들은 아메리카와 동남아시아에도 식민지를 구축하였으므로 열대 아메리카의 파인애플, 파파야, 구아바, 안노나,[7] 패션프루트, 캐슈 등은 동남아시아로 이식되었고, 이 열대의 과일들은 원산지 밖에서 번성하고 뿌리내리게 되었다.

6)   Ramón Pané, *Relación de las antigüedades de los indios*, siglo XXI(2001), p.22.
7)   울퉁불퉁한 껍질 안에 부드럽고 단 과육이 든 치리모야, 과나바나, 슈거애플 등의 안노나(*Annona*)속 과일.

사물을 명명하지 않은 채로는 현실을 파악하거나 일지를 기록하는 것은 불가능했으므로 콜럼버스는 여러 방법을 동원해 처음 보는 산물들을 명명하며, 새로운 현실을 자신이 이해할 수 있는 어휘들로 바꾸어나간다. 가장 쉬운 방식은 자신이 알고 있는 가장 유사한 동식물의 이름을 그대로 가져오는 것으로, 이름 모를 열매와 설치류를 인디아의 호두, 인디아의 쥐라고 부르는 식이다. 그가 무엇을 보고 호두라고 했는지 알 수 없지만 아메리카에는 집쥐가 없었으므로 인디아의 쥐는 아마도 카리브해의 설치류인 우티아 hutia 로 추정된다.

그가 마주친 신대륙의 가장 중요한 작물은 옥수수, 담배, 고추, 유카yuca 였으며, 이것들은 앞으로 세계로 퍼져나가 중요한 식량, 기호품, 향신료로 자리 잡게 될 것들이었다. 그는 옥수수를 보고는 외양이 비슷한 기장panizo 으로 확신했으며, 담배의 경우 원주민들이 말린 풀을 막대기처럼 말아서 연기를 내고 있는 것을 보았으나 정확한 용도를 파악하지 못하고 그저 풀이라고 기록한다. 고추의 경우는 타이노인들이 음식에 넣어서 먹는 것을 보았으므로 이름을 익혀 아히ají라고 정확히 기록하고 있다.

구분이 어려운 얌, 유카, 고구마

그렇다면 그가 관찰한 카리브해 지역의 주식은 무엇이었을까? 타이노인들은 남아메리카에서 이주해 온 자들로서 남아메리카에서 농업, 도기 제조, 면직물 직조 등의 기술을 가져오며 여러 농작물도 들여왔고, 그중 유카는 덩이뿌리로서 이들의 주식이 되었다. 유카는 쓴 유카와 단 유카로 나뉘는데, 두 종 모두 시안화물 독이 있으며 특히 쓴 유카는 독의 비중이 높아 세심하게 잘 처리한 다음 음식으로 만들어야 한다.

유카 외에도 아메리카 전역에는 덩이뿌리, 덩이줄기들이 다양하며 콜럼

인디오들의 빵이라고 불렸던 카사베를 굽는 모습
(사진: Luis Adolfo Ovalles)

버스도 여러 종류를 보았을 것이다. 그는 과거에 아프리카 기니로 항해를 가서 얌을 본 적이 있으므로 지금 자신이 보고 있는 것이 얌이라고 단언한다. 얌은 흔히 마라고 부르는 것으로 아시아, 아프리카, 북미에서 자라지만 북미에서는 텍사스까지 재배되었으므로 그가 맛본 것은 얌은 아니었다. 여러 뿌리작물 중 그가 확실히 보고 관찰한 것은 유카이다. 그는 유카로 만드는 타이노인들의 주식 카사베casabe를 여러 차례 맛보았다. 카사베는 쓴 유카를 사용하기 때문에 독을 제거하는 과정이 매우 세심해야 하는데 원주민들은 이 독을 제거하고 활용하는 데 매우 능숙했다. 유카의 껍질을 벗기고 갈아서 최대한 즙을 제거한 뒤 유카의 조직 부분만 넓게 퍼서 구워내고 보존성을 높이기 위해 햇빛에 말리기도 한다. 쓴 유카에서 추출한 즙은 맹독이며, 이를 야레yare라고 한다. 야레는 주로 사냥을 하는 데 사용되었지만 놀랍게도 특정한 음식에 활용되기도 한다. 유카는 카리브해 지역뿐만 아니라 남아메리카에서도 광범위하게 활용되는데 베네수엘라에서는 쿠마체kumache라는 독특한 소스를 만들 때 이 야레를 넣는다. 아주 매운 고추, 야레, 그리고 쿨로나culona8)라는 식용개미가 들어가며, 오랜 원주민의 방식으로서 상당히 장시간 조리를 거친다고 한다.9)

8)   중앙아메리카와 남아메리카에서 서식하는 개미로 학명은 아타 라에비가타(*Atta laevigata*)이며 과테말라 등지에서는 솜포포(zompopo)라고 한다. 메소아메리카에서 곤충과 벌레를 활용하는 식문화가 광범위했고, 이 솜포포도 많이 활용되었다.

『항해일지』에는 아헤 aje라는 덩이뿌리도 종종 언급되는 데, 이는 속살과 겉껍질이 흰색에 가까운 고구마의 한 종류로 간주된다. "이곳 사람들은 밭에 아헤를 심어두었는데, 작은 줄기들을 심으면 땅속에서 당근 같은 뿌리가 자라고 이를 빵의 재료로 삼으며 갈아서 반죽한 뒤 아헤빵을 만든다. 줄기를 다른 곳에 심으면 거기서 다시 4~5개의 덩이뿌리가 자라고, 이는 매우 맛이 좋으며 밤과 같은 맛이 난다"(12월 16일 일지). 하지만 빵을 만든다는 대목에서 이것이 아헤가 아니라 유카와 카사베일 것이라는 생각이 든다. 유럽에는 덩이뿌리가 흔치 않은 데다가 유카와 아헤, 얌의 외양이 비슷하므로 콜럼버스가 느꼈을 혼란은 어쩌면 당연했다. 사실 카리브해 몇몇 나라들을 여행하며 덩이뿌리들이 정말 다양한 것을 보았는데 가장 흔한 유카 외에는 오랜 시간 재배하고 식재료로 사용해 보지 않는 이상 눈으로 구분해 내기가 거의 불가능했다. 이후 스페인으로 전파된 감자와 고구마를 두고도 비슷한 일이 일어났다. 스페인어로 감자를 뜻하는 단어가 파타타 patata 인데, 이는 고구마를 뜻하는 바타타 batata 와 감자를 뜻하는 파파 papa 가 교차되면서 만들어진 것이다. 어휘의 혼선이기도 했지만 감자든 고구마든 품종과 색이 매우 다양하므로 스페인인들이 이 낯선 뿌리작물들을 정확히 구분해 내지 못했기 때문에 일어난 일이었다.

유카와 고구마, 그리고 콜럼버스가 탐사한 곳은 아니지만 안데스 고산지대의 감자는 외부로 퍼져나간 가장 중요한 뿌리작물이 되었고, 감자는 북미와 유럽에, 고구마는 중국, 그리고 유카는 아프리카와 동남아시아에 뿌리내려 각 지역의 식문화에 큰 영향을 미쳤다. 특히 필리핀에서 중국 남부로 들어간 고구마는 19세기 중국의 인구가 4억 명으로 폭증하게 만든 가장 큰

9)   https://www.bonviveur.es/gastroteca/el-kumache-la-salsa-mas-peligrosa-del-mundo

요인이 되기도 했다.[10)]

후추를 대신할 고추를 발견하다

고대 그리스 시대에도 동방의 향신료에 대한 수요는 있었고, 그중 가장 잘 알려진 것이 바로 후추이다. 당시 유통되던 후추는 오늘날 우리가 아는 작고 둥근 후추뿐만 아니라 길쭉한 형태의 후추도 있었으나 이 긴 후추^{Piper longum}는 거의 잊혀지고, 검고 둥근 후추^{Piper nigrum}가 보편화되었다.

콜럼버스는 계피나 후추, 유향 등 여러 귀하고 비싼 약재와 향신료를 찾아다녔으나 아시아가 아닌 그 지역에서 원하던 식물들을 발견할 수 없었다. 그때 그가 발견한 것이 바로 고추, 즉 아히였다. "또한 이곳에는 아히^{ají}가 많으며, 이는 그들의 후추로서 후추보다 더 가치가 있다. 모든 사람들이 아히 없이는 식사를 하지 않고 이것이 매우 건강에 좋다고 생각하며, 에스파뇰라섬에서 아히를 매년 카라벨^{caravel}선 50척에 실을 수 있을 것이다"(1월 15일 일지). 고추의 품종은 수없이 다양하므로 그가 보았던 것이 어떤 형태와 색의 고추인지 알 수는 없지만 그는 고추의 교역 가능성에 대해 과장된 전망을 내놓고 있다. 매운맛을 내는 이 향신료에서 후추 정도의 가능성을 보았을 수도 있지만 후추를 발견하지 못한 것을 상쇄하기 위한 과장법에 가까운 듯하다. 고추는 후추보다 재배가 쉽고 기후 조건도 까다롭지 않아 현지 생산이 가능한 작물이었으므로 그가 기대한 만큼의 교역 기회는 없었다. 포르투갈인들이 아프리카와 인도, 아시아에 고추를 말린 형태나 씨앗으로 가져가자 고추는 놀랄 정도로 빨리 현지 식문화로 스며들었다. 즉, 동방의 향신료들처럼 특정 향신료가 자라는 장소를 상인들만의 비밀로 유지해야

---

10) 미야자키 마사카츠, 『하룻밤에 읽는 중국사』, 이규원 옮김(랜덤하우스, 2008), 198쪽.

한다거나 바다와 육지의 장벽을 건너 큰 비용을 들여 운반하는 수고 없이 고추는 어디서나 잘 자라고, 놀라울 정도로 음식의 맛을 변화시키는 강력한 향신료로 자리 잡게 되었다.

고추의 원산지는 안데스 지역으로 페루에 350가지 정도의 가장 다양한 품종이 있으나 세계로 퍼져나간 것은 멕시코의 카프시쿰 아눔 *Capsicum annuum* 종이 대부분이어서 한국서 볼 수 있는 맵고 긴 고추나 맵지 않고 둥근 피망류의 고추는 모두 이에 속한다. 카프시쿰 아눔이라는 학명은 "1년생의 속이 빈 상사 모양의 열매"라는 뜻이다. 라틴어로 된 학명은 붙이는 사람의 기분이나 잘못된 믿음에 근거한 것도 많아서 문자 그대로 해석해 보면 매우 괴이하거나 식물의 특징과 맞지 않는 경우가 많은데, 카프시쿰 아눔은 과일처럼 속이 꽉 찬 것이 아니라 빈 공간이 있는 구조에 주목해서 붙게 된 이름으로 고추의 특징을 상당히 잘 드러내고 있다고 생각된다.

스페인어로 고추는 크게 두 이름으로 불리는데, 멕시코 등 메소아메리카 지역에서 칠레 chile, 카리브해와 남아메리카 지역에서는 아히 ají 라고 한다. 칠레는 멕시코의 나우아틀어에서 온 것으로 우리에게는 영어 단어 칠리 chili 로 익숙하다. 반면 콜럼버스가 기록으로 남긴 아히는 지금까지도 카리브해와 남아메리카의 스페인어 어휘로 남았다. 모양과 색에서 매우 다양한 고추가 유럽으로 들어가자 향신료의 대명사인 후추의 이름에 기대어서 이 새로운 작물의 이름이 만들어졌다. 후추와 고추는 원산지나 식물의 계통, 외양에 있어서 전혀 공통점이 없지만 후추의 수요와 가격이 높던 유럽에서 신대륙에 고추가 들어오자 매운맛을 내는 향신료라는 특징이 부각되었던 듯하다. 영어권에서 고추는 레드페퍼나 핫페퍼, 혹은 벨페퍼 bell pepper 11) 라고 해서 후추, 즉 페퍼와 대별시키기도 하지만 단순히 '페퍼'라고만 해도 고

---

11) 둥글고 맵지 않은 파프리카류의 고추를 의미한다.

추로 이해되기도 한다. 즉, 기본적으로는 후추도 페퍼, 고추도 페퍼인 것이다. 한국에서 맵지 않은 고추를 지칭하기 위해서 사용되는 프랑스어 피망 piment 이나 헝가리어 파프리카 paprika 역시 그 어원은 라틴어 피페르 piper, 즉 후추이다. 이탈리아어로 각각 맵지 않은 고추, 매운 고추를 뜻하는 페페로 네 peperone, 12) 페페론치노 peperoncino 역시 마찬가지이다.

고추는 어디에서나 잘 자랐고 고추가 정착한 지역의 식문화는 크게 변화하였다. 김치나 고추장이 중요한 한국뿐 아니라 인도, 중국, 동남아시아 등 여러 지역과 나라에서 고추가 없는 식문화는 상상하기 어렵다. 고추의 사용에서 한 가지 특기할 점은 서유럽 나라들이 고추를 가장 먼저 접했지만 이들 나라에서 매운맛에 대한 선호나 고추의 사용이 아시아나 아프리카 지역보다는 높지 않다는 점이다. 그 이유를 살펴보면, 유럽에서는 중세까지 향신료에 대한 선호가 높았으나 아시아 항로가 개척된 이후 향신료는 덜 귀한 자원이 되어 향신료를 사용하는 것이 평범한 일이 되고, 심지어 이를 거부하는 경향까지 생겨났다고 한다. 북유럽과 동유럽은 정향, 생강, 계피 등 이국적 향신료 사용이 유지되었으나 남유럽은 토착 허브를 쓰는 방향으로 돌아갔으며,13) 프랑스의 경우를 보면 버터 등 유제품 사용이 많아 매운 고추의 사용이 기존의 음식 안으로 스며들기 어려웠을 것으로 짐작된다.

기호품이자 환각제였던 담배

담배는 옥수수, 고추와 더불어 콜럼버스가 기록으로 남긴 중요한 아메리카 원산의 식물이며, 수백 년간 담배가 인류에 끼친 영향은 지대하였다. 담배

---

12) 곱게 간 고춧가루를 넣어 붉은색을 낸 미국식 살라미인 페페로니(peperoni)는 페페로네의 복수형이다. 어원은 후추이지만 고추가 들어간 음식이다.

13) 아니 위베르 외, 『향신료』, 노정규 옮김(창해, 2001), 74쪽.

는 안데스 지역이 원산이라 그곳에서 씹고, 연기로 흡입하고, 코로 들이마시는 등 다양한 방식으로 담배를 흡수하는 방식이 고안되었으나 이 모든 방식이 다른 지역으로 온전히 전파된 것은 아니었다. 북미 원주민들은 주로 파이프 담배를 피우고 가장 가난한 부족조차 유산으로 파이프는 남길 정도였으며, 끽연은 담배를 재배할 수 없을 정도로 추운 지역이 아닌 다음에야 아메리카 대륙의 대부분의 지역에서 필수적인 문화가 되었다.[14]

타이노인들은 담배를 즐겼고 과나아니섬에서 그들은 담뱃잎으로 추정되는 말린 잎을 콜럼버스에게 선물로 주기도 한다. 그는 이 풀을 대수롭지 않게 여겼으나 이후 탐사가 진행되면서 그들이 담뱃잎을 말아 막대기처럼 된 것, 즉 시가 형태의 담배를 태워 연기를 내는 것을 보게 된다. "2명의 기독교인들은 돌아오는 길에서 많은 사람들을 만났는데, 남자와 여자들이 마

시가를 피는 한 원주민의 모습(콜롬비아 보고타의 예술 박물관 전시)

을을 다니고 있었고 손에는 타고 있는 나뭇조각을 들고 있었는데 이는 그들이 향을 피우곤 하던 풀이었다"(11월 6일 일지).

담뱃잎을 말아 시가 형태로 끽연하던 형식이 정확히 어디서 고안되었는지 알 수 없지만 시가라는 단어는 마야-키체어인 시야르 siyar 에서 왔으며,[15] 식물과 물질로서의 담배를 뜻하는 타바코 tabaco 와 더불어 잎담배를 뜻하는 시가 cigarro 는 담배를 둘러싼

14) 이언 게이틀리, 『담배와 문명』, 정성묵·이종찬 옮김(몸과 마음, 2003), 24~30쪽.
15) https://dle.rae.es/cigarro

가장 중요한 두 단어로 남았다.

담배속屬에 속한 종은 60가지가 넘으나 약용이든 기호품이든 실제 사용되는 것은 니코티아나 타바쿰*Nicotiana tabacum*과 니코티아나 루스티카*Nicotiana Rustica* 두 가지이다. 니코티아나 타바쿰이 전 세계로 퍼져나간 보통의 담배이며, 후자의 루스티카종은 타바쿰종에 비해 그 성분과 약리적 작용이 훨씬 강한 것으로 알려져 있다.

아메리카 원주민들은 식물의 약성과 환각성분을 잘 이용할 줄 알았기 때문에 자연에서 구한 여러 식물들, 즉 선인장, 버섯, 나팔꽃 씨앗, 담배, 여러 나무와 약초들의 성분을 적절히 활용하여 필요한 경우 환각 상태에 도달할 수 있었고, 주로 부족의 집단적 정체성을 만들고 이를 확인하는 의례에서 활용하였다.

환각성분이 있는 식물이나 이 루스티카종 담배의 사용에 대한 정보는 대부분 원주민 세계에 봉인된 채로 남았으나 타바쿰종으로 만든 담배는 상당히 빠른 시일 내에 세계로 퍼져나가 다양한 끽연 문화와 거대한 담배 산업을 만들어내었다. 20세기에 최고의 전성기를 누렸던 담배는 21세기에 와서는 상당히 그 지위가 추락하게 되었는데 앞으로 담배의 위상과 형식이 또 어떤 변화를 겪게 될지 궁금하다.

스페인보다 다양한 콩이 자라는 땅

강낭콩속*Phaseolus*의 콩은 모두 아메리카 대륙의 원산이다. 강낭콩속에 여러 종의 콩이 포함되나 가장 다양하고 흔한 것은 바로 강낭콩*Phaseolus vulgaris*으로, 멕시코 등 메소아메리카에 그 다양성이 압도적이다. 콜럼버스는 이 다양한 콩을 관찰하고 기록했으며, 그곳에서 본 콩들이 스페인의 것과 다르다는 것을 정확히 인지하였다. "땅은 매우 비옥했고, 얌과 스페인과는 다른 콩류가 심어져 있었고… "(11월 6일 일지), "우리보다 훨씬 다양한 종류의 콩이 있고, 목화가 많은데 이는 심은 것이 아니라 산에 큰 나무처럼 자생하고 있습니다"(11월 14일 일지).

콩은 보편적인 작물이고 유럽에서도 많이 활용되는 식재료여서 그는 일지에서 스페인에서 가장 흔히 소비되는 세 종류의 콩을 언급한다. "잠두콩보다 더 큰 황금 조각"(1월 6일 일지), "렌틸콩 크기 정도의 금"(1월 8일 일지), "뽑기를 위해 그는 배에 있던 사람들 숫자만큼 병아리콩을 가져와서 그중 한 알에 칼로 십자가 표시를 한 뒤…"(2월 14일 일지).

콩을 뜻하는 스페인어는 다양하나 아메리카의 강낭콩은 주로 프레홀fréjol, 프리홀frijol, 아비추엘라habichuela, 포로토poroto 등으로 불린다. 콜럼버스가 관찰하듯 아메리카의 콩은 다양하고 이들의 식단에서도 가장 중요한 한 축을 이루었다. 콩은 중요한 단백질원이 되었으며, 특히 메소아메리카에서는 석회 처리한 옥수수 반죽으로 만든 토르티야와 콩 요리의 조합은 식단의 기본을 구성하며, 토르티야에 콩 요리를 곁들이면 매우 수수하지만 최소한의 비용으로 영양적으로 괜찮은 한 끼가 된다.

음식에 대한 지식이 별로 없었을 때 멕시코를 여행하며 아침 식사에 수프보다 조금 더 걸쭉한 콩죽이 항상 곁들여 나오는 것을 보면서 '맛이 없는 것은 아니지만 너무 자주 내놓는 건 아닌가?' 싶었는데 그들에게 옥수수와 콩의 조합이 얼마나 중요한지 모르는 대부분의 방문객들은 그리 생각했을 것이다.

멕시코에서 콩을 조리하는 방법으로는 익히고 으깨서 기름에 볶아 되직하게 만든 프리홀레스 레프리토스frijoles refritos도 있으나 약간의 부재료를 넣고 콩을 뭉근히 끓여낸 것이 가장 흔하고 보편적이다. 이 스튜 형식의 음식은 카리브해의 도미니카공화국이나 쿠바 등지에서도 가장 기본 요리 중의 하나이다. 도미니카공화국에서는 이 콩 요리를 아비추엘라스 기사다스

habichuelas guisadas라고 하며, 쿠바에서는 검정콩 스튜frijoles negros를 흰쌀밥에 곁들여 먹는다. 메소아메리카에서 콩과 옥수수가 결합했다면 옥수수 식문화가 약한 카리브해에서는 콩과 쌀로 그 조합이 바뀐 것이다.

남아메리카로 가더라도 콩 요리는 보편적이다. 페루, 아르헨티나, 에콰도르, 아르헨티나 등에는 강낭콩, 옥수수, 호박이나 감자, 고기까지 들어간 로크로locro를 먹으며, 칠레에는 이와 유사한 요리지만 고기가 들어가지 않은 포로토스 그라나도스porotos granados를 여름 음식으로 먹는다. 브라질의 페이조아다feijoada도 돼지고기와 검정콩을 끓여낸 브라질을 대표하는 콩 스튜이다.

콩은 워낙 보편적인 식재료에다 영양가도 높으므로 16세기 이후 강낭콩이 유럽이나 다른 지역으로 들어갔을 때 감자나 토마토처럼 경계의 대상이 되지 않고 무난히 현지의 음식문화 속으로 스며들거나 기존의 콩을 대체하기도 했다. 프랑스에서는 흰 강낭콩16)으로 끓인 스튜인 카술레cassoulet가 유명하며, 스페인의 파바다fabada나 미국의 칠리 콘 카르네chili con carne 역시 이러한 강낭콩 스튜의 계보에 넣을 수 있는 요리라고 하겠다.

신대륙의 독특한 동물상: 짖지 않는 개, 이구아나, 마나티

아메리카 대륙에는 짐을 나르고 고기를 활용하기 위해 가축으로 만들 만한 동물은 적었으나 그 동물상 자체가 단조로웠던 것은 아니다. 또한 아주 먼 옛날 지구는 하나로 연결되어 있었고 또 식물의 경우는 해류를 통해 씨앗이나 열매가 이동할 수 있었기 때문에 구대륙과 신대륙의 동식물상은 일정 부

---

16)   프랑스어에서 강낭콩을 뜻하는 단어는 아리코(haricot)이다. 멕시코의 강낭콩 종류인 아야코틀 (ayacotle)에서 온 단어이다.

분 겹치기도 한다. 『항해일지』에 야자나무와 호리병박, 소나무, 면화에 대해 기록하고 있는데, 이는 구대륙에도 있는 식물들이다. 콜럼버스가 가장 먼저 발견한 동물은 앵무새와 개였으며, 구대륙에도 있는 동물들이어서 이미 알고 있는 이름으로 이 두 동물을 쉽게 지칭한다.

처음 원주민을 만난 날 그들은 콜럼버스가 가진 신기한 물건들과 교환하기 위해 앵무새를 가져왔고, 그가 앵무새를 좋아하는 것을 보고 원주민들이 지속적으로 선물로 주기도 하여 스페인으로 돌아가는 배에는 수십 마리의 앵무새를 실었다. 앵무새는 아프리카, 인도, 오스트레일리아 등 남반구 지역에 두루 서식하며, 인도를 통해 유럽에도 이미 알려진 새라 콜럼버스는 이 새를 유럽 어휘인 파파가요papagayo로 부르고 있다.

10월 17일 일지에는 두 가지 종류의 유럽종 개를 보았다고 말하며 이후에는 짖지 않는 개를 보았다고 두 번이나 언급한다. 개는 중앙아시아에서 가축화되었으며, 베링해를 건너 유라시아에서 인간이 이주할 때 개는 함께 건너왔다. 멕시코나 페루 등지에는 아직까지도 토착종 개들이 남아 있어 개를 보았다는 콜럼버스의 기록에는 신빙성이 있다. 하지만 특정 품종의 유럽종 개를 보았다고 언급한 것은 외양의 유사함만을 본 것이다. 짖지 않는 개는 이후 스페인인들의 기록에서도 반복되고 있으며, 또 아프리카에는 소리를 내지만 짖지 않는 바센지 같은 품종의 개도 있다고 하므로 흥미로운 기록이나 현재는 이를 입증할 만한 품종의 개를 아메리카 대륙에서 찾을 수 없다.

앵무새와 개처럼 익숙한 두 동물 외에는 비슷한 듯 다른 여러 동물들이 있었고 아직 그 이름을 알지 못하고 또 의사소통이 불가능하였으므로 그는 자신이 알던 단어들로 새로운 동물들을 호명했다. 섬들을 둘러보며 그는 매우 큰 뱀, 즉 시에르페sierpe를 자주 발견하게 되는데, 이는 이구아나iguana에 대한 기록이었다. 콜럼버스 이후에도 이구아나라는 타이노인들의 어휘를

이구아나(사진: Jakob Owens)

습득하기까지 스페인인들은 이 특이한 파충류를 종종 시에르페로 지칭하
곤 하였다. 이구아나는 중앙아메리카와 카리브해 지역에 가장 많이 서식하
며, 과거부터 지금까지 식량의 하나로 여겨지고 있다. 주로 식물과 곤충을
먹고 사는 이구아나는 조리하였을 때 닭고기같이 담백한 맛이 난다고 하며,
수프로 많이 먹는다. 니카라과에서는 사순절 시기에 이구아나 요리를 먹는
것이 하나의 풍습으로 자리 잡았는데, 사순절 기간 동안 가톨릭교회가 육고
기 소비를 금지하였으나 이구아나는 이 금기에 포함되지 않아 먹기 시작한
것이 이 풍습의 시작이었다.[17] 아메리카에서 가축화된 동물은 조류인 칠면
조, 머스코비오리, 안데스의 야마와 알파카, 기니피그쿠이, cuy 정도였으나 이
구아나, 사슴, 타피르맥, 貘, 토끼, 멧돼지의 일종인 페커리peccary, 남아메리
카의 과나코 등 사냥을 통해서 섭취할 만한 야생동물의 종류는 적지 않았다

17)   https://yucatanliving.com/environment/iguanas-part-i

고 할 수 있다.

지금의 관점에서 콜럼버스의 기록 중 가장 의아한 것은 인어를 보았다는 기록이다. "제독은 그 전날 황금의 강에 갔을 때 물 위로 상당히 높이 뛰어오른 인어 세 마리를 보았다고 했으며 그림에서 본 것처럼 아름답지는 않았지만 어느 정도 사람의 얼굴 모습을 하고 있었다고 했다. 제독은 전에 기니의 마네게타^{Manegueta} 해안에서도 인어를 몇 번 본 적이 있다고 했다"(1월 9일 일지). 그가 본 것은 아마도 매너티였을 것이다. 바다소목 ^{sirenia}에는 매너티 3종과 듀공 1종이 속하는데, 매너티는 아프리카 매너티, 서인도 매너티, 아마존 매너티 이렇게 세 종으로 나뉘며 모두 대서양에 서식하므로 일지의 내용과 맞아떨어진다.

뱃사람들이 여러 종류의 바다소를 보고 인어라고 생각한 일이 적지 않았으므로 전설의 존재 사이렌^{Siren}이 바로 바다소목의 학명이 되었다. 현재 매너티는 개체수가 많이 줄어들어 보호받는 동물이 되었으나 당시만 해도 타이노인들은 이 매너티를 식용하였던 듯하다. 콜럼버스는 섬들을 돌아다니며 소뼈를 발견했다고 생각하고 소가 있을 것이라고 짐작하는데, 라스카사스는 『인디아스의 역사』 1권 44장에서 다음과 같이 덧붙이고 있다. "이 머리뼈들은 매너티의 것일 테다. 그것은 양처럼 아주 큰 바다 동물로서 그 표면은 고래처럼 비늘이 없으며, 머리는 거의 소처럼 생겼다. 이 동물은 양보다 훨씬 맛있으며, 특히 작은 양처럼 어릴 때 잡아서 양념해서 익히면 그러하다. 이것을 모르는 사람이 먹으면 누구도 바다 생물이라고 보지 않고 육고기라 여길 것이다."

음식을 나누고 교환하는 행위의 의미

타이노인들은 금을 가공하여 장신구로 사용할 줄 알았지만 철을 사용하지 않았기 때문에 그들의 무기 수준은 스페인인들이 보기에는 매우 낮았고 천으로 성기를 가리는 정도 외에는 대부분 나체로 생활하고 있었다. 스페인인들은 소수의 방문자 집단이었으므로 콜럼버스가 판단하기에 아무리 수준이 낮은 사람들이라 할지라도 그들과 문제를 일으켜서 좋을 것이 없었기 때문에 체류하는 동안 부하들에게 신중히 행동하고 혹시 있을지도 모를 무력충돌에 항상 대비하도록 했다. 원주민들은 이상한 복장을 하고 피부색이 다른데다 수염까지 난 스페인인들을 매우 경계하여 그들이 나타나는 낌새만 보이면 엄청난 공포심을 느끼고 도망치곤 했으나 스페인인들이 조심스레 행동하고 원주민들이 좋아할 만한 사소한 물건들을 선물해 주자 서서히 경계심을 풀게 된다.

완전히 다른 두 집단이 만났고 말도 통하지 않은 상태에서 그들이 할 수 있었던 것은 물건을 교환하고 음식을 나누며 서로를 알아가는 것이었다. 호기심이 많은 몇몇 원주민들은 물과 음식을 들고 스페인인들의 배로 찾아왔다. 콜럼버스 역시 물건을 교역하기 위해 배에 찾아온 원주민들에게 빵, 꿀, 당밀 등의 간단한 음식을 내놓았다. 이후 그는 배를 방문한 한 왕에게 음식을 대접하였다. "제가 왕 앞에 두게 한 음식에 대해 왕은 음식이 안전한지 검증하듯 각 음식을 조금씩만 맛보고, 남은 것을 아랫사람에게 주면 그들이 그것을 먹었습니다. 그는 마실 것도 그렇게 했고, 단지 입에만 갖다 댄 뒤 그것을 다른 이들에게 주었는데 이 모든 것은 놀랄 정도로 위엄 있고 거의 말없이 진행되었습니다"(12월 18일 일지).

콜럼버스는 산타마리아호가 난파한 상황에서 에스파뇰라섬의 통치자 중 한 명이었던 과카나가리왕의 도움을 받았으며, 그는 콜럼버스를 초대하여 상당히 융숭한 대접을 하며 실의에 빠진 콜럼버스를 위로하였다. "왕은 그에게 두세 가지 방식으로 조리한 아헤, 새우, 사냥한 고기로 만든 음식, 그리고 그들이 갖고 있던 다른 음식들과 카사비(카사베)라고 부르는 빵을 대접했다. 왕은 또 제독에게 집 근처에 심어둔 나무에서 난 먹거리들을 보여주었다"(12월 26일 일지).

타인이나 타 집단과 선물과 음식을 교환하는 것은 인간의 가장 기본적인 사회적 행동이다. 콜럼버스의 주장에 의하면 원주민들이 스페인인들을 하늘에서 온 신적인 존재로 여기고 대우해 주었다고 하며, 그는 타이노인들의 선의나 이러한 순진함을 이용하였다. 콜럼버스는 벌거벗은 원주민들이 욕심이나 계산 없이 먹을 것과 물건을 내놓는 태도를 높이 평가하기도 하지만 물질적인 수준이 너무 낮고 무기를 모르는 그들을 언제든 마음만 먹으면 쉽게 제압할 수 있는 존재로 여긴다. 그는 많은 원주민들을 납치하여 통역에 활용하고, 스페인으로 십여 명의 원주민들을 데려갔다. 결국 1월 13일 스페인인들과 원주민들 사이에 작은 전투가 벌어지고 스페인인들이 일방적인 승리를 거두게 되는데, 이는 더 큰 싸움으로 번지지는 않았지만 앞으로 이 섬에서 벌어지게 될 일을 잘 예고하고 있다.

서로를 탐색하며 보였던 조심스러운 태도와 호의를 표하기 위해 나누었던 음식의 의미는 곧 하찮은 것이 되었다. 콜럼버스는 1차 항해에서 많은 원주민들의 의사에 반해 그들을 납치하여 스페인으로 데려갔을 뿐만 아니라 2차 항해에서는 노골적으로 본심을 드러내며 이들에게 황금을 채취하는 노동을 강제하였고 그런 상황에서 많은 이들이 죽거나 유카 독을 먹고 자살하였다. 납치당한 수많은 원주민들은 노예가 되어 스페인으로 귀환하는 배에 태워졌다.

귀환 항해에 실은 아헤

12월 25일 산타마리아호가 난파하게 되자 세 척의 배로 왔던 모든 인원이 배 두 척에 나누어 탈 수 없었으므로 39명은 에스파뇰라섬에 만든 나비다드 요새에 남게 되고, 나머지 50명가량의 인원은 스페인으로 귀환을 준비하였다. 이때 콜럼버스는 인디아스의 아헤를 식량으로 실어가게 된다. "제독은 육지의 아름다운 해안에 보트를 보내 식량으로 쓸 아헤를 구해 오라고 했고"(1월 14일 일지), "선원들은 돌고래 1마리와 매우 큰 상어 1마리를 잡았다. 제독은 먹을 것이 빵과 포도주, 인디아스의 아헤밖에 없었기 때문에 그것이 꼭 필요했다고 말했다"(1월 25일 일지).

귀환 항해에서 콜럼버스 일행은 극심한 폭풍우를 겪게 되고 대서양의 포르투갈 영토인 아소르스 제도의 산타마리아섬에 간신히 도착하여 스페인을 떠난 지 수개월 만에 포르투갈인이 내준 제대로 된 빵을 맛볼 수 있었다. "제독이 보트를 보냈더니 사육제謝肉祭 날이라고 닭과 신선한 빵을 가져왔고, 섬의 지휘관인 주앙 다 카스타네이라라는 사람이 보낸 다른 것들도 가져왔다"(2월 19일 일지).

그들은 포르투갈인들의 섬에서 밀빵과 닭고기를 얻었고, 예수의 탄생과 죽음, 부활을 중심에 두고 짜인 가톨릭교의 의례와 시간으로 되돌아왔다. 하지만 앞으로의 시간은 과거와 같을 수 없었고, 대서양을 사이에 둔 유럽과 신세계는 지속적으로 만나고 교차하게 될 운명이었다. 즉, 서유럽의 종교와 세계관, 음식과 물질문화는 곧 카리브해와 멕시코, 중앙아메리카로 이식되었으며, 스페인으로 돌아가는 배에 실린 카리브해의 아헤와 십여 명의 타이노인들, 화려한 앵무새는 그 반대 방향으로의 이동도 동시에 시작되었음을 의미한다.

카리브해의 섬 지역은 스페인인들이 원하는 만큼 무한정 황금을 공급해 줄 수가 없었으므로 오히려 아헤를 시작으로 아메리카에서 가져간 식물들이 시간을 두고 유럽과 아프리카, 아시아의 식량 생산과 식문화, 경제를 크게 바꾸는 요인으로 작용하였다. 아메리카는 성서에 언급되지 않는 대륙이었으므로 그곳의 사람, 산물들을 어떻게 받아들이고 해석해야 할지 유럽의 학자들과 성직자들의 고민이 있었다. 예를 들어, 감자만 해도 땅속에서 자라고 지금의 개량된 모습보다 훨씬 더 울퉁불퉁한 데다 자르면 표면이 시커멓게 변하는 등 불길하고 악마적이라고 간주되어 보편적으로 활용되기까지 상당히 오랜 시간이 걸렸다. 그럼에도 전 세계 재배작물의 절반 이상이 아메리카 대륙의 것이라 이 작물들이 퍼져나가는 흐름은 막을 수 없었고, 그 과정은 딱히 누군가를 주체로 특정할 수도 없을 정도로 여러 방향에서 전면적으로 이루어지게 된다.

아시아를 두고 생각해 보면 포르투갈이 브라질과 아프리카, 인도, 그리고 동남아시아와 일본까지 연결하며 이 흐름을 시작하였고, 스페인 역시 멕시코를 정복한 뒤 필리핀을 식민화함으로써 멕시코와 필리핀의 교류가 정례화되고, 이 교류를 통해 필리핀은 중국과 동남아시아까지 아메리카의 산물이 퍼져나가는 중요한 거점이 되었다.

마닐라 갤리온의 의미

마젤란 일행의 세계일주 이후(1519~1522년) 스페인은 필리핀을 식민지로 삼게 되고, 이후 멕시코를 통해 필리핀을 통치하게 되자 두 지역 사이에는 정기적으로 교역과 통치를 위해 배가 오가게 되었다. 스페인은 태평양을 두고 호기롭게 "스페인의 호수"라고 불렀으며, 필리핀 마닐라와 멕시코 아카풀코가 각각 갤리온선의 출발점이자 종착지였기 때문에 이 배는 마닐라 갤리온, 혹은 아카풀코 갤리온으로 불렸다.

이 교류는 16세기에 시작되어 19세기 초까지 250년 이상 지속되었다. 언어의 차원에서는 멕시코 스페인어가 타갈로그어로 상당히 많이 들어갔다. 특히 두 지역의 식생과 산물이 많이 다르므로 멕시코의 식물, 과일, 음식의 이름은 필리핀에 자연스레 정착하였다. 음식의 차원에서는 많은 식재

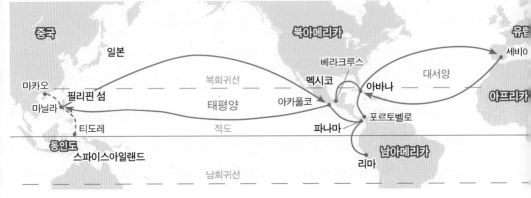

마닐라 갤리온의 물자 수송 루트(자료: 위키백과)

료가 건너갔으나 필리핀의 주식은 쌀이었으므로 옥수수를 알칼리 처리하여 대부분의 음식을 만드는 멕시코식 식문화는 크게 살아남지 못했고, 여러 음식들도 이름만 남고 재료나 조리법은 현지화되는 경우가 많았다. 멕시코의 경우는 필리핀에서 타마린드, 라임, 망고 등이 전해졌으며, 중국의 비단, 자수, 도자기, 칠기, 종이 등이 수입되어 수공예품과 민속 문화에 적지 않은 영향을 받았다.

물자의 교역은 두 지역에 이국의 물품을 파는 시장인 파리안Parián과 창게Tiangge로 남았다. 파리안은 원래 스페인 당국이 필리핀에서 계속 늘어나는 중국 상인들을 통제하기 위해 마닐라, 세부 등의 도시에 지정한 중국인 주거지역을 의미했는데 이 단어가 멕시코로 전해져 '중국에서 가져온 물건들을 파는 시장'을 의미하게 되었다.

특히, 태평양에 면한 할리스코주나 아카풀코 항구가 있는 게레로주와 멕시코시티에는 19세기까지 파리안이 존재했다. 멕시코 중부의 도시 푸에블라Puebla를 방문해 보니 기념품을 파는 시장 골목의 이름이 파리안이었고, 중국에서 온 물건을 파는 곳이라는 의미는 이제 사라졌지만 그 이름과 상거래 기능은 유지되고 있는 것을 확인할 수 있었다. 한편, 필리핀에는 시장을 뜻하는 멕시코 스페인어 티앙기스tianguis가 전해져 타갈로그어 창게가 되었다. 창게는 필리핀에서 지금까지도 시장, 가게, 벼룩시장을 의미하는 단어로 두루 사용된다.

스페인과 포르투갈 이후 뒤늦게 식민지 사업에 열을 올리게 된 네덜란드와 영국, 프랑스 등도 유럽과 아메리카, 아프리카, 동남아시아를 잇는 이 복잡한 교역로와 항해를 통한 음식과 식물의 이동이라는 큰 그림의 모자이크를 구성하며 흥미로운 이야깃거리와 많은 먹을거리를 만들어내었다.

17세기 말 쉐독Shaddock이라는 영국인 제독이 본국으로 돌아가는 길에 말레이 반도의 포멜로pomelo 씨앗을 자메이카에 가져가 심은 것이 스페인인들이 심거나 씨앗을 버려 자라난 오렌지와 교배되어 그레이프프루트grapefruit가 탄생하였고, 네덜란드가 인도네시아에 심은 커피를 1718년경 수리남에 가져가면서 남아메리카에 처음으로 커피가 재배되기 시작하였다. 18세기 프랑스 해군이자 스파이였던 프레지에 Frézier가 칠레에서 크고 흰색이 도는 딸기를 발견하고 프랑스에 가져간 것이 북미의 버지니아에서 온 딸기 묘목과 자연 교배되어 오늘날 먹는 크고 붉은 딸기가 처음으로 만들어진 이야기도 무척 흥미롭다.

이처럼 오늘날 우리가 먹는 것들의 바탕은 자연의 다양성 위에 인간의 정주(농업)와 이동이 만들어낸 복잡하고 아름다운 모자이크라는 생각이 든다.

프레지에가 프랑스로 가져간 칠레 칠로에섬의 크고 흰 딸기. 오늘날 모든 딸기의 어머니 격이다.

한반도에서 이루어진 아메리카 산물의 전파 역시 이러한 큰 그림의 일부였으나 이 과정에 대해 지금까지는 주로 중국과 일본이 개입된 부분만 언급된 측면이 있다. 여러 유럽 세력이 교차하고 열대 기후에 속한 동남아시아로 시야를 확대해 이 퍼즐을 맞춰나가 본다면 지금보다 훨씬 더 흥미로운 방식으로 이 방대한 주제에 접근할 수 있을 것이라 생각된다.

참고문헌

게이틀리, 이언. 2003. 『담배와 문명』. 정성묵·이종찬 옮김. 몸과 마음.
마사카츠, 미야자키. 2008. 『하룻밤에 읽는 중국사』. 이규원 옮김. 랜덤하우스.
위베르, 아니 외. 2001. 『향신료』. 노정규 옮김. 창해.
콜럼버스, 크리스토퍼. 2022. 『콜럼버스 항해일지』. 바르톨로메 데 라스 카사스 편저. 정승희 옮김.
　　　나남.
21세기연구회. 2008. 『진짜 세계사, 음식이 만든 역사』. 홍성철·김주영 옮김. 월간쿠겐(주)베스트홈.

Las Casas, Bartolomé de. 1986. *Historia de las Indias I*. Biblioteca Ayacucho.
Pané, Ramón. 2001. *Relación de las antigüedades de los indios*. siglo XXI.

웹사이트
https://rae.es
https://www.bonviveur.es/gastroteca/el-kumache-la-salsa-mas-peligrosa-del-mundo
https://www.culturaydeporte.gob.es/cultura/areas/archivos/mc/archivos/agi/destaca
　　　dos/quedateencasa/bizcocho.html
https://yucatanliving.com/environment/iguanas-part-i

✪ *COFFEE* ✪

라틴아메리카, 커피를 탐하다

최상기

들어가며

오늘날 온 지구인의 음료가 된 커피는 열대 지역에 걸쳐 있는 대륙 어디서나 재배된다. 아프리카, 아시아, 라틴아메리카 지역이다. 물론 열대의 모든 나라에서 커피가 생산되는 것은 아니다. 적어도 우리가 주로 마시는 아라비카^{Arabica} 커피는 남북 회귀선 사이의 고산지대에서만 재배된다. 열대의 고산은 한마디로 지상낙원이다. 일 년 내내 춥지도 덥지도 않은 더없이 온화하고 쾌적한 날씨, 아름다운 숲으로 둘러싸인 천혜의 자연환경, 그 속에서 커피가 자란다.

중남미는 커피의 고향이 아니다. 오히려 커피가 가장 늦게 개화된 곳이다. 인류와 함께한 커피의 역사가 아닌, 커피 본래의 시간으로 보면 중남미 커피는 막 걸음을 뗀 아기 수준도 되지 못한다. 수십, 수백만 년 전 에티오피아 아비시니아^{Abyssinia} 고원에서 발원한 커피는 15세기경 예멘과 인도를 거쳐 인도네시아에 전파됐고, 18세기에 이르러서야 유럽에서 보내온 커피의 씨가 중남미로 전해졌다.

하지만, 커피와 커피 산지를 얘기할 때 우리는 가장 먼저 라틴아메리카의 풍경을 떠올린다. 카우보이모자를 쓴 농부가 노새에 커피를 싣고 가는 콜롬비아 커피 농부 후안 발데스의 이미지. 실제로 커피대국 브라질부터, 콜롬비아, 페루의 안데스, 그리고 과테말라, 코스타리카, 파나마, 쿠바, 그리고 멕시코에 이르는 대부분 중미 국가들까지 커피는 라틴을 대표하는 작물이다. 라틴을 이해하고, 라틴을 얘기할 때 커피가 빠질 수 없는 이유인 것이다.

우리 땅에서 재배되는 신토불이 농산물이 이웃 국가의 것들과는 형태나 맛이 조금씩 다르듯, 중남미 커피를 하나의 커피로 뭉뚱그려 얘기할 수 없다. 해마다 새로운 품종이 소개되고, 다양한 가공 처리 기술도 개발되면서 커피의 종류는 곱절로 늘어난다. 한정된 지면에 모든 나라의 커피를 다루긴 어려워 남미 커피를 아우르는 브라질과, 중미를 대표하는 과테말라 커피 산지 여행을 통해 라틴 커피를 소개한다.

브라질

상파울루

브라질에서의 커피 여행은 남미 최대 도시, 상파울루 São Paulo 에서 시작됐다. 이 도시는 16세기 중반 예수회의 신부들이 풍토병을 피해 내륙 고원에 사도 바울의 이름을 따서 선교 취락을 세운 것이 연원이 됐다. 당시 부의 원천이던 사탕수수 재배에도 적합하지 않아 상파울루는 수 세기 동안 해안도시에서 오지로 가는 중간 기착지 정도에 불과했다. 이 작은 도시를 인구 1100만 명의 남미 최대 도시로 키운 것은 커피였다. 에티오피아에서 커피

브라질 상파울루의 올드타운. 한때 커피 거래로 흥청거리던 이 거리는 남미 최대의 금융 허브가 되었다. 브라질의 행정 수도는 브라질리아지만, 경제와 문화의 중심지는 상파울루다.

가 잉태됐다면 절정의 화려한 꽃을 피운 곳은 브라질 상파울루다. 아프리카의 커피가 어떻게 브라질로 전해졌으며, 무엇이 브라질을 오늘날 세계 최대의 커피 산지로 만들었을까?

수십만 년 이상 에티오피아의 계곡에서 서식하던 커피나무는 정확히 알수 없는 시점에 홍해를 건너 아라비아 반도의 예멘에 전해졌고, 오랫동안 이슬람의 차茶 문화로 정착됐다. 이후 십자군 전쟁과 지중해 무역을 통해 커피는 유럽에 전해졌으며, 18세기 초 유럽인들이 카리브해의 아이티와 수리남, 그리고 프랑스 해외 영토인 마르티니크섬으로 커피 종자를 들여오면서 세계 커피의 중심이 중남미로 이동하는 단초를 만들었다. 그리고 1727년 브라질 인접국인 프랑스령 가이아나에서 씨앗을 몰래 들여와 심은 티피카 Typica 품종의 커피나무가 오늘날 커피 대국, 브라질의 커피 시대를 열어주었다.

수십 년 후, 또 다른 루트로 브라질에 커피가 들어왔다. 프랑스가 아프리카 마다가스카르 옆에 있는 부르봉섬(현재의 레위니옹섬)에서 재배하던 커피로, 섬 이름을 따서 버본 Bourbon 종으로 불리는 커피다. 이것이 브라질로 들어오면서 아라비카 커피의 2대 원류인 티피카와 버본 품종이 브라질에서 만나게 되고, 오늘날 이들의 후손과 이 두 가지 원종에서 나온 씨앗이 자연적, 또는 인위적인 교배와 변이를 일으키면서 다양한 향미의 변종들이 양산됐다.

그러나 이렇게 브라질에 처음 커피가 상륙한 이후 상파울루주의 고원에서 만개하는 데까지는 100년의 세월이 걸렸다. 해발 약 800m의 널따란 고원지대. 연중 기온의 변화가 별로 없어 가장 추운 7월에도 10도 아래로 내려가지 않고, 가장 더운 1월에도 30도를 넘지 않는다. 사시사철 온화하고 쾌적한 기후와 더불어 유기물이 풍부한 고원의 붉은 토양 terra roxa 은 상파울루를 커피 생산의 최적지로 만들었고, 커피 자본의 성장을 기반으로 상파울루는 남미 최대 도시가 됐다.

때마침 대서양 건너 유럽의 산업혁명과 19세기 초 미국 경제의 부흥은 급격한 커피 수요를 불러일으켰다. 금광석을 나르기 위해 건설된 철도는 브라질 커피 산업의 동맥이 되었고, 상파울루시 남동쪽 해안에 개발된 산투스 Santos 항은 세계 최대 커피 집산지이자, 남미를 대표하는 무역항이 됐다.

상파울루주를 중심으로 급속도로 발전한 브라질 커피는 19세기 후반 유럽과 미국이라는 거대한 커피 시장을 지배하면서 전 세계 커피 생산량의 80% 이상을 차지하기에 이르고, 상파울루는 세계 커피의 중심으로 발돋움한다. 현지인들이 콜로니얼 양식이라 부르는 유럽식 건물들과 그곳에 들어찬 은행과 상점, 그리고 바쁘게 움직이는 상파울루 시민들의 모습에서 한

때 커피 산업의 부흥으로 흥청거렸을 도시의 모습을 상상해 본다.

황금 낟알Golden Bean로 불리던 커피. 이 도시를 황금기로 만든 것은 커피였으며, 도시의 많은 탐욕과 권력은 커피를 중심으로 돌아갔다. 그러나 정작 브라질을 커피 대국으로 만든 주역은 자본가와 대지주가 아니라 아프리카에서 강제 이주된 노예와 유럽의 가난한 이민자들이었다.

상파울루 구도심을 걷다 보면 다른 도시에 비해 유난히 자주 눈에 띄는 홈리스들을 보게 된다. 그들은 도심의 광장과 골목에 모포와 낡은 배낭을 두른 채 드러누워 있다. 내개 흑인이거나, 아프로-라티노라고 불리는 혼혈들이다.

이들 홈리스들은 브라질 이주의 역사와 무관하지 않다. 브라질은 노예무역으로 가장 많은 아프리카 인들이 강제 이주한 나라로 알려져 있다. 실제로 브라질의 아프리카 노예는 미국으로 보낸 노예의 10배가 넘는 500만 명에 육박했다. 아울러, 가장 늦게까지 노예무역이 허용되어 영국보다 80년 이상 늦은 1888년에 이르러서야 공식적으로 노예제도가 폐지됐다.

브라질 노예 이주사는 브라질 산업 발전과 깊은 관계가 있다. 모잠비크나 앙골라 등 포르투갈의 아프리카 식민지에서 강제로 이송된 노예들이 처음 도착한 곳은 사탕수수 밭이었다. 다니엘 디포가 쓴 소설『로빈슨 크루소』는 브라질 사탕수수 농장에서 필요한 노예를 구하러 가다가 조난당한 얘기일 정도로 당시의 노예무역은 매우 활발했다.

이후 브라질 중부의 미나스제라이스Minas Gerais주를 중심으로 금과 다이아몬드가 발견되면서 많은 노예들이 금광으로도 보내졌고, 19세기 상파울루를 중심으로 커피 붐이 일면서 다수의 노예가 커피 농장으로도 흘러들었다. 고원의 자연 삼림을 정리하고, 커피 묘목을 심고, 커피 열매를 수확하는 모든 고단한 노동은 노예들의 몫이었다. 지금도 200년 이상의 전통을 자랑하는 기업형 플랜테이션 농장들은 대개 이런 노예들의 손으로 만들어졌다.

그리고 노예제 폐지 이후에도 한동안 피부색에 대한 편견은 여전해 흑인은 육체노동을 한다는 사회적 인식은 바뀌지 않았다.

노예무역이 금지되면서 부족해진 일손을 메꾼 사람들은 유럽계 이민자들이었다. 1880년대부터 이탈리아를 중심으로 포르투갈, 스페인, 독일 등 유럽의 빈민들이 큰 꿈을 갖고 브라질로 몰려왔고, 당시 노동력이 부족했던 브라질 정부가 이들을 적극 수용하면서 400만 명이 넘는 이민자들이 브라질에 들어오게 된다. 그러나 공유지를 불하받지 못한 이민자들은 저임금을 받고 커피를 비롯한 대규모 농장에서 일할 수밖에 없었으며, 농장의 험한 일을 견디지 못한 상당수 이민자들은 다시 본국으로 돌아가기도 했다. 가난을 피해 먼 타지로 왔지만, 브라질 커피 농장에서의 노동은 비참한 현실에서 벗어나기 힘든 또 하나의 굴레일 뿐이었다.

규모가 큰 플랜테이션형 커피 농장들을 방문해 보면 농장주는 대개 백인인 반면, 농장에서 거친 일을 하고 있는 작업자들은 흑인이거나, 토착 원주민, 유럽의 이민자와 이들 사이의 혼혈들이다. 노예제는 오래전에 폐지됐지만, 약 400만 명의 토지 없는 농업 노동자들과 그 가족들은 할아버지 때부터 이어온 가난과 고된 노동에서 벗어나지 못하고 있다.

미나스제라이스

상파울루와 이웃한 미나스제라이스주를 차로 달리다 보면 평평한 구릉을 따라 커피나무들이 줄을 지어 빼곡히 서 있는 모습을 마주한다. 커피 밭이 아닌 곳에는 바이오 연료 생산을 위한 사탕수수 밭과 소들을 방목해 키우는 목장이 이어진다. 커피와 사탕수수, 목초지가 지루하게 이어지는 풍경, 브라질은 농업과 목축업의 대국이다. 몇 시간을 달려도 끊어질 듯 이어지는 커피나무들을 보면 문득 '이 많은 커피를 누가 다 마실까'라는 생각이 든다.

브라질은 광활하다. 러시아, 캐나다, 미국과 중국에 이어 세계 5위의 대국. 남한의 85배가량 되는 엄청난 면적이다. 여기에 천혜의 토양과 기후 조건이 더해져 브라질은 농업 분야의 선진국으로 발전할 수 있었으며, 발달한 농기계 산업과 품종개량 등 과학적인 혁신으로 브라질은 농업에 관한 한 세계적인 수준을 자랑하고 있다.

넓은 농지에서 거대한 농기계로 수확하는 이런 농장fazenda들의 주인은 대부분 포르투갈계 백인의 후손들이다. 19세기경 이들의 선조는 노예와 유럽 이민자들의 풍부하고 저렴한 노동력을 기반으로 유럽과 미국의 커피 수요를 맞추기 위해 농장을 확장해 갔다. 드넓은 영토와 저렴한 노동력, 그리고 선진국의 빠르게 증가하는 커피 수요는 브라질 커피 산업 발전의 지렛대가 되었고, 커피는 브라질 경제를 살린 구원자이자, 황금 낟알로 자리매김했다.

19세기 라티푼디아리우(대농장주)들은 브라질의 새로운 상류 계급을 형성하고, 정·재계로 진출하면서 돈과 권력을 거머쥐었으며, 많은 면적의 삼림과 자연 상태의 들판을 농지로 개간했다. 여기에 농업의 기계화는 불에

브라질 미나스제라이스주의 대규모 커피 농장. 사진 왼쪽으로 넓게 보이는 지역에는 커피가 심어져 있고, 오른쪽으로는 목초지가 펼쳐져 있다. 드론을 띄워 촬영했다.

기름을 끼얹듯 엄청난 면적의 개간과 생산량의 급격한 증가를 이끌어냈다.

그런데 좀 더 깊게 들여다보면 브라질의 농업은 외국의 자본이 지배한다. 브라질 트랙터 제조업체들은 모두 외국인 소유다. 비료나 제초제, 종자 등도 다국적기업들이 쥐락펴락하고, 농산품 가격은 거대 글로벌 기업들에 의해 결정된다. 농장주인 브라질의 농업자본가들은 해외 자본의 중요한 협력자 역할을 한다. 다국적기업이 생산에 필요한 요소들을 공급하는 동시에 판매를 책임지는 한편, 지주들은 그들의 영농투입재를 바탕으로 생산을 책임지는, 보이지 않는 일종의 동맹관계가 맺어지는 셈이다.

커피가 주로 생산되는 지역은 브라질의 남동부다. 브라질 전체 커피 생산 면적은 약 250만 헥타르로 강원도와 경기도를 합친 면적 정도가 모두 커피 밭인 셈이다.

과거에 상파울루주에서 많은 커피가 재배됐다면 요즘은 상파울루와 인접한 미나스제라이스주가 전체 생산량의 약 절반을 차지하며 브라질 커피를 대표한다. 커피 산지로 알려진 세하도 Cerrado, 술지미나스 Sul de Minas, 마타스지미나스 Matas de Minas 등의 드넓은 지역이 이 주에 속해 있다. 미나스제라이스주에서만 매년 1000억 잔 분량의 커피가 생산되는데, 하루 17억 잔의 커피를 마시는 지구인들이 두 달 정도를 소비할 수 있는 양이다.

뒤를 이어 미나스제라이스주의 동쪽에 위치한 이스피리투산투 Espirito Santo주가 20%가량을 차지한다. 대서양에 인접한 저지대의 아열대 기후 조건으로 로부스타(현지에서는 코닐론 Conilon이라고 부른다)가 많이 생산된다. 한때 브라질 커피의 최대 산지였던 상파울루주의 생산량은 브라질 전체의 10% 정도이며, 미나스제라이스주와 경계 지역에 위치한 모지아나 Mojiana가 중심이다. 흔히 세하도, 술지미나스, 모지아나를 브라질 3대 커피 생산지로 부른다.

세하도 지역의 드넓은 커피 농장을 돌아보려면 차를 타고 이동해야 한다. 집채만 한 기계차가 커피밭 사이를 느릿하게 움직이며 커피체리를 털어낸다. 먼저 익은 윗부분을 수확하고, 나중에 나무 아래로 내려가면서 두세 차례에 걸쳐 수확한다. 옆으로 기계차와 나란히 컨테이너 운반차가 이동하며 수확한 커피체리를 받는다. 체리와 잎사귀를 털어낸 커피나무는 가지만

대당 3억 원가량 되는 집채만 한 기계차는 브라질 농업의 대량생산 시스템을 보여주는 대표적인 농기계다. 두세 시간의 기계 수확으로 컨테이너 운반차에 커피 열매를 가득 채운다.

앙상하게 남기고 이듬해 휴지기에 들어간다.

컨테이너 안의 커피는 짙은 자주색으로 완숙된 열매부터 붉은색 체리, 채 익지 않은 초록색 열매까지 뒤섞여 있다. 운반차는 농장 내 가공 시설로 이동해 커다란 호퍼 안에 이들을 붓는다. 커피 열매는 무게와 밀도로 분류하는 설비를 지나면서 잘 익은 커피체리와 그렇지 않은 커피체리가 분류된다. 완전히 익어 물에 뜨는 커피체리(현지에서는 보이아 Boia라고 부른다)는 따로 모아 내추럴(태양 건조) 커피로 가공한다. 나머지 커피체리들은 물의 압력으로 커피 과육을 벗겨내는데, 벗기는 정도에 따라 펄프드 내추럴(세미 워시드), 워시드 등으로 나뉜다. 채 익지 않은 초록색 열매는 단단해서 과육이 잘 벗겨지지 않아 따로 분리된다. 이들 미성숙 체리는 별도로 모아 주로 국내 소비용으로 판매한다.

파츄 pátio 라 불리는 운동장처럼 넓은 마당에서 이렇게 분류, 가공된 커피들을 햇볕에 말린다. 보통 열흘에서 2주가량 말려 수분 함량이 20% 이하로 내려오면 대형 건조 기계에 넣어 이상적인 수분 함량(11~12%)이 될 때까지 추가적인 건조작업을 진행한다. 이후에는 오크통에 담아 나무로 만든 저

장고로 이동하는데, 이곳에서 3개월 이상 숙성한 후에 탈곡하여 커피 생두로 판매한다.

대부분의 커피 수확 작업은 기계로 진행된다. 브라질은 농기계 분야에서 세계 최고의 기술과 노하우를 자랑한다. 과거 노예와 가난한 이민자들의 노동력은 상당 부분 기계로 대체됐다. 물론, 아직도 기계가 들어가지 못하는 경사면의 커피 수확은 사람의 손에 의존하지만, 작업자의 노동력이 차지하는 비중은 현저히 줄어들었다. 이는 다른 아라비카 커피 생산국들에서는 보기 어려운 장면이다. 가파른 비탈에 위태롭게 붙어 서서 손으로 하나씩 커피체리를 따는 중미 국가 농부들이나, 손으로 커피체리를 햇볕에 펼쳐 말리는 아프리카 농부들의 모습과는 전혀 다른 풍경이다.

이처럼 브라질 커피 산업의 가장 큰 특징은 대량생산 시스템이다. 브라질 최대 파젠다인 몬테 알레그레Monte Alegre 농장은 여의도 면적의 10배 정도 되는 광활한 토지에 800만 그루의 커피나무를 재배한다. 이런 대규모 농장 운영과 대량생산이 가능해진 것은 광활한 영토와 기계 영농에 따른 것이다. 특히, 브라질에서는 지금도 중장비로 개척한 경작지와 목초지 면적이 계속 증가하고 있어 일부 선진국들을 비롯한 국제사회와 마찰을 빚고 있다.

브라질은 지구의 허파라 불리는 아마존 유역을 비롯해 전 세계 숲의 30%를 보유하고 있다. 지구상의 모든 생명체를 위한 최후의 보루로 보존해야 하는 숲이 브라질에 있는 것이다. 하지만 브라질은 토지와 기후 면에서 농업을 위한 최적지이기도 해서 임야의 농지화는 지금도 계속 이어지고 있다. 브라질 도로를 달리다 보면 불에 탄 들판을 자주 목격하게 된다. 이런 산불 가운데는 농지를 만들기 위해 일부러 불을 지르는 경우도 많은데, 때론 엄청난 면적의 삼림이 방화로 소실되기도 한다. 불에 타 황폐해진 땅은 쉽게 농지로 전용된다. 브라질의 자연 생태계는 늘어나는 세계인들의 농축산물 수요에 맞추기 위해 조금씩 파괴되고 있는 것이다.

다행히, 커피는 생산 지역의 생태계를 초토화시키지는 않는다. 사탕수수나 목축과 마찬가지로 전 지구적 소비를 위해 재배되지만, 다른 작물에 비해서는 비교적 친환경적이다. 물론 생산에 많은 양의 물과 에너지 자원을 필요로 하고, 화학비료 사용으로 인한 토질 오염과 가공 처리 과정에서 발생하는 수질오염 등의 위험은 있지만, 콩, 옥수수 등 플랜테이션 형태의 재배 작물들에 비하면 생태계를 위협하는 수준은 높지 않다.

하지만 그럼에도 불구하고 브라질의 대규모 농장 형태의 대량 재배 방식은 우리가 즐기는 커피 한 잔을 위해 지불해야 하는 생태적인, 또는 환경적인 부담이 남는다. 에티오피아의 숲 커피나, 중미 국가 농장들이 하는 그늘 재배 방식의 친환경적 경작에 비하면 대량 생산에 따른 후유증은 간과하기 어렵다.

카파라오

상파울로에서 차로 12시간쯤 북동쪽으로 달리면 카파라오 Caparaó 국립공원에 이른다. 브라질에서 가장 많은 커피를 생산하는 미나스제라이스주와 두 번째로 커피 생산량이 많은 에스피리투산투주가 만나는 경계선상에 있는 지역이다.

이곳은 이과수나 아마존 유역처럼 빼어난 절경이나, 지구의 신비를 느낄 수 있는 특별함은 없다. 우리의 산골마을 풍경과 비슷한 친근한 느낌. 그럼에도 이 지역이 국립공원으로 지정된 가장 큰 이유는 멸종 위기의 생태계와 대서양 연안의 숲을 보호하기 위해서다.

차를 타고 카파라오산맥의 능선을 오르다 보면 여기저기 커피 농장들이 펼쳐진다. 브라질의 익숙한 풍경 중 하나인 드넓은 커피 농장과는 확연히 다르다. 기계가 들어가기 어려운 비탈진 경사면에 여유롭게 식재된 커피나무들은 산에서 흘러내린 맑은 계곡과 자연 상태의 식물 군락들과 함께 어우러져 아름다운 풍경을 연출하고 있다.

커피에서도 와인처럼 테루아 terroir 라는 말을 사용한다. 프랑스어로 땅, 혹은 특정한 지역을 뜻하는 용어인데 농업에서는 토양과 기후, 지형 등 작물 생산에 영향을 주는 모든 요소를 포괄하는 말로 쓰인다. 기후와 토질의 특성은 커피의 품질에 짙은 흔적을 남긴다. 누군가는 산세와 계곡 등 커피 산지의 지형만 봐도 그 지역의 커피 품질을 판단할 수 있다고 한다. 아무튼 테루아로 본다면 카파라오 커피는 완벽하다.

미나스제라이스주의 대농장들과 달리 대부분의 카파라오 농장은 소농들이다. 재배 면적이 넓지 않을 뿐 아니라, 모두 손 수확을 하다 보니 생산성은 떨어진다. 평생 커피 농사만 짓고 살아온 어느 농부의 집을 방문했다. 다른 여느 브라질 농장들처럼 온 가족이 나와 멀리서 온 이방인을 반겨주었다. 카사바 전분과 치즈를 넣어 만든 브라질 전통 빵인 빵지케주 pão de queijo 와 함께 커피가 나왔다. 와인 같은 산미와 달콤한 단맛이 어우러진 훌륭한 커피다.

열 살가량의 초등학생으로 보이는 농장주의 손자는 커피에 우유를 타서 마셨다. 최대 커피 생산국이면서 동시에 세계 2위의 커피 소비국답게 브라질의 아이들은 밀크 커피인 카페지뉴 café zinho 를 마신다. 아이가 커피를 마

카파라오 지역의 커피 농장은 대부분 가족 단위의 소농장들이다. 아이들이 맨발로 나와 햇볕에 말린 커피를 그러모으고 있다. 규모는 작아도 정감이 가는 풍경이다.

서도 되는지 물었더니 학교 급식으로 카페지뉴가 나온다고 대답한다. 적어도 탄산음료보다는 커피우유가 몸에 이롭다는 설명을 덧붙였다.

산골의 해는 일찍 떨어진다. 해지기 전에 파츄(커피를 말리는 마당)에 널어놓은 커피체리를 걷어야 커피가 밤이슬에 젖는 것을 피할 수 있다. 커피 농사에 대한 얘기가 무르익어 갈 무렵 아이들은 쪼르르 마당으로 나가더니 능숙하게 일을 시작한다. 14살인 손녀딸은 작은 번지 기계를 이리저리 움직이며 커피를 모으고, 어린 동생들도 고무래 같은 기구로 커피체리를 그러모은다. 카파라오의 커피 농사는 할아버지부터 나이 어린 손주까지 온 가족의 일이다. 전형적인 브라질의 플랜테이션형 커피 농장과는 사뭇 다른 풍경이다.

카파라오의 소농들이 대규모 농장들에 맞설 수 있는 유일한 경쟁력은 품질이다. 한정된 생산량과 부족한 생산성을 극복하기 위해서는 커피 바이어들이 충분한 금액을 지불하고 사갈 수 있는 커피를 재배하는 것 외에 다른 방법이 없다. 고급스러운 풍미와 일관된 품질을 가진 스페셜티 커피가 정답인 것이다.

카파라오의 농부들은 일반 판매용commodity 커피와 차별화된 특별한 커피를 생산하기 위해 다양한 품종의 커피 종자를 심고, 적극적으로 유기농법을 도입하고 있으며, 발효 커피 등 새로운 가공 방식에 대한 실험들을 진행한다. 큰 규모의 대회

카파라오 민박집에서 진행된 커피 테이스팅. 인근의 여러 농장에서 갓 수확한 커피를 맛보며 구매할 커피를 선별했다. 같은 지역에서 생산된 커피들이지만 각각의 향미 차이가 뚜렷하다.

는 물론, 지역 대회와 커뮤니티 중심의 커피 품평회에 자신들이 애써 키운 커피들을 출품하는 등 마케팅 노력도 열심이다.

시장과 바이어들로부터 인정받으면 애써 농사지은 커피를 헐값에 팔지 않아도 된다. 그들이 카파라오산맥의 비탈에서 커피를 재배해서 생계를 이어갈 수 있는 첫 번째 키워드는 품질이었고, 해답은 스페셜티 커피였다. 천혜의 자연이 준 테루아와 재배 농가들의 노력들이 인정받으면서 카파라오는 엄청난 생산량을 자랑하는 커피 산지와는 비교되지 않지만, 고급 커피 생산지로 급부상하고 있다. 그리고 좋은 커피가 나오는 곳이라면 구석구석 찾아다니는 해외의 바이어들을 카파라오의 산기슭까지 찾아오게 만들고 있다.

카파라오의 숙소 주인이 커피 바이어들을 위해 직접 로스팅해서 준비해둔 다양한 커피들을 맛보았다. 카파라오의 여러 농가에서 갓 수확한 커피들이다. 커피들은 종종색색 각각의 독특한 향미와 개성을 뿜어낸다. 레드 와인의 눅진한 산미를 가진 커피, 다크 초콜릿의 무거운 마우스필을 가진 커피, 오랫동안 입안에 감도는 여운이 매력적인 커피. 재배 농장마다, 미세기후microclimate가 다른 테루아마다, 품종과 가공 방식에 따라 향미의 차이는 다르다. 우리가 이렇게 다양하고 화려한 커피를 '브라질 산토스'라 부르며 단정적으로 얘기하는 것은 무지한 일이다.

마타스지미나스

너무나 아름다웠던 카파라오를 서쪽으로 떠나 마타스지미나스Matas De Minas의 마누아수Manhuaçu 라는 지역에 도착했다. 유칼립투스가 빽빽이 들어차 있는 숲속으로 비교적 키가 큰 편인 버번종의 커피나무들이 대오를 이루고 서있다. 농장주는 17년 전 자신이 산언덕을 오르내리며 유칼립투스 묘목을 손수 심었다고 자랑했는데, 나무들은 당장 재목으로 써도 손색없을 만큼 아

름드리나무로 자랐다. 유칼립투스가 그
늘을 드리워서인지 그 아래의 커피나무
들이 유난히 짙푸르게 보였다.

차에서 내린 후 무릎까지 올라오는
고무 보호대를 찼다. 뱀에 물리지 않기
위한 보호장구다. 농장주가 성큼 밭으로
들어가 커피나무의 가지를 들어 올리자
잎사귀 아래 숨어 있던 붉은색 커피체리
들이 드러났다. 농장의 규모는 조금 큰
편이지만, 재배 방식은 카파라오의 작은
농장들과 크게 다르지 않다. 많은 부분
을 수작업에 의존하고 있으며, 그늘 나
무 등을 이용해 친환경적으로 커피를 재
배하고 있다.

마타스지미나스의 커피 농장 풍경. 브라질의 대규모 농
장들과 달리 다양한 나무들을 활용한 그늘 재배 방식으
로 커피를 수확한다. 덕분에 이곳에서 재배한 커피는 비
교적 좋은 가격을 받는다.

차가 들어가기 어려운 곳까지 좀 더 걸어 올랐다. 고도계는 1300m를 가
리킨다. 브라질 커피 농장치고는 상당히 높은 위치다. 물론 적도가 지나는
콜롬비아나 케냐의 커피 농장이라면 이 높이는 비교적 낮은 편에 속할 것이
다. 이들 나라에서는 1200m 이하의 고도에서는 아라비카 커피의 재배가
불가능하기 때문이다. 하지만, 남위 17~25도 사이에 위치한 브라질에서는
1400m 이상의 높이에서는 커피가 자랄 수 없다. 그래서 이 높이라면 가장
높은 곳에서 수확하는 브라질 커피라 해도 무방하다.

고도와 커피 품질의 상관관계에 대해서는 논란이 있다. 대부분의 전문
가들은 고도에 따른 기압의 영향은 크지 않다고 본다. 대신 같은 위도인 경
우 고도에 따른 기온의 차이가 있고, 이로 인해 커피 조직의 밀도와 특성이
달라진다는 주장이 우세하다. 대체로 고도가 높을수록 좀 더 산미가 강하거

나, 복합적인 풍미가 나타나고, 낮을수록 향미는 묵직하고 강해진다. 같은 산지라도 고도에 따른 뉘앙스의 차이가 있기 때문에 한 농장 안에서도 재배 구역의 위치에 따라 다른 가격으로 거래되기도 한다.

브라질 커피 중에서는 생산 가능 고도의 한계에 다다른 이들 커피는 마셔보지 않아도 일반적인 브라질 커피의 특징과는 다소 거리가 멀 것이라 짐작할 수 있다. 그보다는 과일의 산미와 초콜릿의 단맛이 잘 어우러진 좋은 커피일 터이고, 그만큼 가격도 높을 것이다.

남들이 외면하는 높은 산을 매입해 농장으로 확장시킨 억척스러움을 보여온 농장주는 일찌감치 브라질 최고 커피를 생산한 농장주의 반열에 이름을 올렸지만, 여전히 새로운 커피 품종과 가공 처리 방식에 대한 관심과 열의가 넘쳐 보였다. 물론, 이는 이 농장주뿐 아니라, 브라질의 모든 커피 생산자들에게 도전이자, 기회이기도 한 변화다.

스페셜티 커피에 대한 관심이 소비국에서 생산지로 옮겨가면서 새로운 커피에 대한 커피 생산국과 재배 농가들의 관심이 급격히 높아지고 있다. 아울러 종자학과 유전학의 발전으로 각국마다 경쟁적으로 품종 개발에 나서면서 국가별 커피의 전형성이 사라지고 있다. 특히 이런 추세는 브라질을 비롯한 중남미 국가에서 두드러지고 있으며, 종자 개량 등으로 새로운 품종이 개발되면 금세 이웃한 나라들로 전파되고 있다. 특히 에티오피아의 게샤 ᴳᵉˢʰᵃ

커피 나뭇가지를 들추어 수확기에 접어든 커피체리를 보여주는 농장주. 5대째 커피를 생산하는 그에게 최고의 관심사는 바이어들이 좋아하는 새로운 품종과 커피 가공 방식이다.

숲에서 자라던 야생종이 탄자니아와 코스타리카를 거쳐 파나마에서 화려한 게이샤Geisha 커피의 꽃을 피운 것은 국가를 넘나드는 품종 개량의 서막을 알리는 신호탄이 됐다.

전통적인 커피 품종인 티피카, 버번, 카투아이, 카투라 등은 새로운 관심의 대상이 아니다. 지난 세기에 게이샤를 비롯해 파카마라, 파체, 타비, 빌라사치 등 수많은 변종들이 야생에서 발견되거나, 인위적으로 개량되어 왔다.

21세기 들어서도 콜롬비아의 카스티요, 케냐의 바티안 등 새로운 품종들이 커피 명부에 이름을 올리는가 하면, 인도네시아의 자바와 니카라과 품종이 이종 교배하여 자바니카란 품종으로 재탄생되거나, 에티오피아의 수단 루메와 중남미의 사치모르를 교잡시킨 센트로아메리카노 품종이 재배되는 등 커피는 더욱 복잡하고 현란해졌다. 커피 생산 국가의 커피 연구소들은 종자 교환 등 상호 협력을 통해 수많은 하이브리드 품종들에 대한 실험을 계속하고 있어 커피의 복잡성은 더욱 빠르게 증가할 것으로 보인다.

내추럴(태양 건조)과 워시드(수세식), 또는 허니 프로세싱(반수세식) 등 몇 가지로 설명되던 커피 가공 처리 방식에서도 최근 다양한 변화들이 나타나고 있다. 보졸레 누보 와인을 만드는 기술인 카르보니크 마세라시옹(탄산침용) 방식을 채택해 가공 처리한 커피가 소개된 이후, 발효를 이용한 가공 기법은 커피의 다양성과 가능성을 더욱 넓혀놓았다.

커피를 채운 탱크에 이산화탄소를 넣어 밀폐한 후 유산균의 생성을 촉진해 발효시키는 이 방법과 함께, 탱크 안의 산소를 제거해 독특한 향미를 생성시키는 에네로빅(무산소) 발효법, 커피체리를 천연 효모(이스트)와 함께 탱크에 넣거나, 오렌지 등의 과일과 함께 발효시킨 커피까지 새로운 발효 처리 실험들이 우후죽순 쏟아지고 있다.

대를 이어 전통적인 농법으로 커피를 재배하던 농부들은 급변하는 시장의 트렌드에 귀를 기울이지 않을 수 없게 됐으며, 새로운 품종과 가공 처리 기술을 도입하고 익혀야 하는 불가피한 변화에 직면하게 됐다. 물론, 새로운 변화가 늘 성공적이지는 않기 때문에 농부들은 여러 차례 시행착오와 실패를 경험하기도 한다.

커피는 빠르게 진화 중이다. 우리나라를 비롯한 주요 커피 소비국들은 새로운 커피에 열광하고 있다. 아울러 소비자들의 변화하는 취향을 예상하고 품종 개량과 가공 처리 기술을 발전시키고 있는 커피 생산지의 변화는 더욱 빠르다.

우리가 오늘 맛있다고 느끼는 커피는 십 년 전의 커피와 분명 다르다. 마찬가지로 앞으로 우리가 경험하게 될 커피의 세계는 전혀 새로운 맛과 향으로 다가올 것이다. 그 변화의 앞머리에는 브라질을 비롯한 중남미의 열정 가득한 커피 농가들이 있다.

모지아나

커피 산지로는 비교적 남쪽인 상파울루주의 모지아나 Mojiana 는 미나스제라이스주의 술지미나스와 산맥을 경계로 맞닿아 있는데, 세하도, 술지미나스와 함께 브라질 3대 커피 산지 중 하나로 꼽히는 지역으로 오래전부터 커피를 재배해 온 전통을 자랑한다.

차로 드넓게 펼쳐진 커피 생산 지역을 달리던 중에 마치 물감을 드리운 듯 갈색 빛이 도는 커피 밭들이 눈에 띄었다. 어떤 곳은 커피가 심어진 가장자리로만 갈색 빛이 도는가 하면, 어떤 곳은 농장 전체가 갈색으로 변해버린 곳도 있다. 서리를 맞은 커피나무들이다. 커피는 추위에 취약해 차가운 안개가 내린 곳은 모두 갈색으로 변한다. 냉해 피해를 본 나무는 당해 수확은 물론, 더 이상 커피 생산이 불가능해져 모두 패서 버려야 한다. 그리고 그 땅에 다시 묘목을 심어 커피를 수확하려면 3~4년을 기다려야 하기 때문

수확 철에 내린 서리로 커피나무가 갈색으로 변했다. 냉해는 브라질 남부 커피 산지의 가장 두려운 자연재해로, 전 세계 커피 가격을 폭등시키는 중요한 원인 중 하나다.

에 냉해는 커피 농장주에게 가장 치명적인 피해다. 심각한 피해를 받지 않았다 하더라도 잎에 작은 균열이 생기는 등 손상을 받아 다른 병에 걸릴 위험이 높아진다.

브라질은 비교적 적도에서 멀리 떨어진 곳에서도 커피를 재배하기 때문에 가끔씩 무자비한 서리 피해를 겪는다. 피해를 본 커피 농장은 재앙과 같은 일이지만, 브라질 커피 산업 전체로 보면 꼭 나쁜 일만은 아니다.

1975년 7월 어느 겨울날 새벽, 당시 브라질 주요 커피 산지였던 파라나 Paraná주 북부 지역이 몇 시간 동안 영하로 떨어졌다. 파라나는 상파울루 아래에 위치한 주다. 20세기 초 상파울루주가 커피 가격의 안정을 위해 지역 내에 새로운 커피 농장 허가를 내주지 않으면서 대체지로 급부상한 곳이다. 이 지역은 남미에서 커피 생산이 가능한 한계 위도에 놓여 있어서 간간이 냉해 피해를 보곤 했는데, 그해 겨울에는 검은 서리라고 불리는 한파가 꽤 넓은 지역으로 내려왔다.

수확기를 앞둔 파라나주의 거의 모든 커피나무들이 일순간 갈색으로 변해버렸다. 커피 가격은 곧바로 반응했다. 뉴욕의 커피 선물 시세는 3배가량 폭등했고, 냉해를 보지 않은 다른 지역의 커피 농장들은 뜻밖의 행운을 만나게 됐다. 이 후에도 서리 피해는 4~7년 간격으로 반복되어 나타났는데, 그때마다 커피 가격이 출렁이면서 브라질 커피업계는 이를 신의 선물로 여기기도 한다.

그러나 웬만한 자연재해에도 커피 가격은 크게 오르지 않는다. 기후 조건이 좋지 않을 때는 평상시의 두 배가량 오르기도 하지만, 국제 시세는 곧 제자리로 돌아가게 된다.

1979년 12월 뉴욕의 상업시장에서 커피의 선물 거래가 시작된 이후 40년이 흐른 오늘날 커피 시세는 당시 개장 초기 가격(파운드당 1.8달러) 수준에 머물러 있다. 지난 40년 동안 전 세계 GDP는 9.9조 달러에서 2021년 80.7조로 여덟 배가량 올랐지만, 커피 가격은 제자리를 맴돈 것이다. 물론, 이 가격은 브라질 산토스에서 거래되는 커머더티 커피의 선물 기준가이지만, 전 세계 커피 가격은 이 지수를 기준으로 오르내리기 때문에 모든 커피 생산 농가들에 영향을 줄 수밖에 없다.

커피 거래 가격은 자연재해뿐 아니라, 여러 복잡한 요인들에 의해 움직인다. 1994년 브라질에 들이닥친 이상 한파로 파운드당 2.09달러까지 오르는가 하면, 1990년대 베트남의 로부스타 생산량이 1400%나 늘어나면서 2001년 0.43달러 수준까지 폭락하기도 했다. 지난 2011년에는 중미에 불어닥친 엘리뇨의 기상이변과 커피 녹병의 기습으로 2.99달러까지 치솟았다. 최근 수년간은 글로벌 커피 수요가 지속적인 증가세를 이어감에도 불구하고 이보다 가파른 공급량의 증가로 국제 커피 가격은 파운드당 1~2달러 사이를 오르내리고 있다.

커피 시세가 떨어지면 브라질의 커피 생산 농가들 중에서도 밭을 갈아엎거나, 담배나 콩 등 대체 작물을 심는 농장들이 나온다. 주로 소규모 생산 농가다. 대형 농장들은 오히려 규모의 경제를 달성할 수 있는 수준까지 키피 재배 면적을 넓히기도 한다. 농가에 따라 차이는 있지만, 국제 커피 가격의 하락은 규모에 관계없이 대부분의 브라질 커피 농장들을 위협한다. 더구나 생산 규모나 생산성 면에서 브라질보다 열악한 다른 나라 커피 재배 농가들의 어려움은 말할 필요도 없을 것이다.

커피나무 아래 덤불을 그러모아 커피체리만 골라내고 있다. 기계 수확이 많은 브라질에서도 농장에서 일하는 작업자들의 하루 일과는 힘들고 고달프다.

다른 1차 산업도 마찬가지겠지만, 농업이라는 차원에서 커피는 그다지 수익성이 좋은 작물이 아니다. 자연재해로 큰 낭패를 보거나, 반대로 작황이 좋아 생산량이 늘더라도 이래저래 어려운 결과만 따라올 뿐이다. 아울러 이로 인한 커피 생산 지역의 빈곤은 가정 해체나 공동체 해체로 이어지기도 한다.

우리가 커피 한 잔을 마시면서 그 커피를 생산한 농가와 농민의 삶까지 헤아리기는 어렵다. 또 40년 전 우리가 마셨던 한 잔의 커피 가격이 얼마였던가를 우리는 기억조차 할 수 없다. 분명한 것은 전 세계 대부분의 커피 생산 농가들이 지긋지긋한 가난과 사투를 벌이고 있다는 것, 그리고 지구 반대편 커피 생산 농가들이 시장에서 받는 커피 가격은 40년 전 수준이라는 점이다. 커피나무 아래로 떨어진 커피체리를 주워 담거나, 하루 종일 땅바닥에 앉아 좋지 않은 커피를 골라내는 일을 하는 커피 농가 가족들이 결코 빈곤에서 벗어날 수 없는 이유다.

브라질을 포함해 국제커피기구^{ICO}가 밝힌 전 세계 커피 농가는 2600만 가구이며, 적어도 1억이 넘는 사람들이 커피 농사로 생계를 이어가고 있다.

과테말라

안티구아

과테말라는 멕시코만으로 불쑥 튀어나온 유카탄반도의 하단 부분에 위치한다. 태평양에 접해 있는 중남부 지역은 시에라마드레^{Sierra Madre}, 쿠추마타네스^{Cuchumatanes} 산맥이 가로로 이어지면서 높은 고원지대를 이루고, 북쪽은 비교적 평평한 밀림 지역이다. 커피는 주로 남쪽과 서쪽의 산악 지역

안티구아에서 바라본 아구아 화산. 산 아래에는 대규모 커피 농장이 자리하고 있고, 산 중턱까지 이어진 가파른 언덕에는 소규모 농가들의 커피 밭이 있다. 유명한 안티구아 커피가 이곳에서 자란다.

에서 재배된다. 과테말라는 위로는 멕시코와 국경을 나누고, 오른쪽으로는 벨리즈, 아래로는 온두라스와 엘살바도르 등과 맞닿아 있다. 남한보다 약간 더 넓은 면적에 1800만가량의 인구를 가진 대표적인 중미 국가다.

화산이 많은 과테말라의 원주민들은 고대 원시 문명 때부터 화산의 분출을 두려워하고, 이를 신성하게 여겼다. 티칼 Tikal 등 마야의 고대도시가 북동부 저지대 밀림 지역에 자리 잡은 이유에는 화산 폭발의 두려움이 한몫을 했을 것이다. 과테말라가 스페인의 식민 통치를 받은 이후 두 번이나 수도를 옮긴 것도 화산 폭발과 지진으로 도시가 폐허가 됐기 때문이다. 안티구아는 과테말라의 두 번째 수도였지만, 1773년 지진으로 파괴된 후 현재의 과테말라시티로 수도가 옮겨졌다.

서른여 개의 화산을 머리에 이고 있는 불의 땅, 과테말라. 오랜 기간 동안 화산과 지진은 과테말라 사람들에게 큰 재앙으로 다가왔지만, 과테말라인들은 별다른 두려움을 느끼지 않는 듯하다. 마치 우리가 해마다 태풍이나 홍수로 인한 재난을 겪으면서도 그런 자연재해에 대한 불안에 휩싸여 살지 않는 것과 비슷한 것일지 모른다. 물론 화산이나 지진의 재앙은 예고 없이 벼락처럼 들이닥치니 공포의 강도가 다를 수도 있겠지만, 과테말라인들은 지구적 재앙에 순응해 살고 있는 듯 보였다. 물론, 화산이 원망스러운 재앙의 대상인 것만은 아니다.

안티구아 Antigua에서 처음 방문한 커피 농장으로 들어서면서 가장 먼저 눈에 띈 것은 흙이었다. 잿빛의 고운 흙. 아프리카나 브라질에서 본 붉은색 토질과는 사뭇 다르다. 화산재와 흙이 섞여 만들어진 화산토다. 이 화산성 토질로 인해 안티구아 커피는 스모키한 풍미로 널리 알려져 있다.

안디솔이라고도 불리는 화산재 토양은 인 성분을 비롯해 미네랄, 유기물을 많이 포함하고 있어서 커피를 재배하기에는 더할 수 없이 비옥한 토양 조건을 제공한다. 아울러 화산재 토양은 습기를 잘 머금고 있어 커피를 재배하는 데 필요한 수분을 충분히 공급한다.

화산이 많은 과테말라의 커피 농장이 모두 화산재 토양에서 커피를 재배하는 것은 아니다. 지역에 따라 붉은색 토양이 있는가 하면, 썩은 유기물이 층층이 쌓여 검고 기름진 흙이 있는 곳도 있다. 생산지에 따라 흙 빛깔이 모두 다르게 보이는 만큼 다양한 토양이 존재한다. 잿빛 화산질 토양은 안티구아처럼 활화산 주변 지역에서 많이 보일 뿐이다. 그래서 같은 품종과 가공 방식의 커피라 하더라도 토양에 따른 미묘한 맛의 차이도 과테말라 커피에서 즐길 수 있는 흥미 요소가 된다.

안티구아의 아구아 화산처럼 과테말라의 높게 솟아오른 화산들은 사람들에게 향미 좋은 커피를 생산할 수 있는 풍요로운 땅을 제공했고, 화산이 토해 놓은 회색 용암들은 양질의 안티구아 커피가 자라나는 비옥한 흙을 선물했다. 이것은 커피를 재배하는 농민들뿐 아니라, 과테말라 커피를 즐기는 전 세계 사람들에게 자연이 내린 축복이다.

시우다드비에하

안티구아를 내려다보는 아구아 화산 산자락에는 시우다드비에하 Ciudad Vieja 라는 작은 도시가 있다. 안티구아에서 차로 20분가량 아구아 화산 쪽으로 더 들어간 산자락에 위치해 있는 마을이다. 지금은 인구 3만 명의 작은 소도시지만, 16세기경에는 과테말라의 수도였던 곳이다. 1541년 아구아 화산이 폭발하면서 도시는 폐허가 됐고, 수도는 인근의 안티구아로 옮겨졌다. 시우다드비에하는 오래된 도시라는 뜻이다.

이 도시 가구 중 약 80%는 커피 농사를 짓거나, 커피와 관련된 일을 한다. 비교적 평지인 안티구아에는 규모가 크고 자본력 있는 농장들이 많다면, 이 언덕배기 도시 주변의 커피 밭은 대부분 영세한 농민들이 경작한다. 커피는 마을에서 아구아산으로 더 올라가 해발 1600m부터 2200m 사이의 고도에서 주로 재배된다.

안티구아는 오랫동안 과테말라 커피의 대명사였다. 에티오피아의 이르가체페나 자메이카의 블루마틴처럼 전 세계 커피 애호가들에게는 하나의 브랜드로 인식될 만큼 유명한 커피 산지다. 한때 과테말라의 다른 지역 커피들도 안티구아라는 이름을 붙여야 판매가 용이했기 때문에 수십 년 동안 안티구아는 과테말라 커피와 동급의 이름으로 인식됐다. 그러자 중대형 농장들로 구성된 안티구아 커피 생산자 연합은 이 지역에서 생산된 커피에 '진짜 안티구아 Genuine Antigua'라는 인증서를 발행해 다른 지역 커피들과 구별했다. 해외의 바이어들은 이 인증서가 붙은 커피들에 더 높은 가치를 부여했고, 그만큼 비싼 가격을 주고 구매해 갔다.

그러나 안티구아 생산자 연합은 고도가 낮은 지역의 중대형 농장들의 연합체였고, 산 중간의 소규모 재배 농가들은 비싼 인증서를 받기가 어려워 진짜 안티구아 커피를 생산하면서도 제대로 그 가치를 인정받지 못했다.

21세기 들어 커피 소비국에 불어 닥친 스페셜티 커피 문화는 과테말라 커피 농가들에게도 영향을 미쳤다. 과거 스모키하면서 다소 묵직한 플레이버 대신 꽃 향과 달콤한 체리의 풍미가 선호되면서 우에우에테낭고 등 높은 고도에서 재배된, 좋은 산미가 부각된 커피들이 고급 커피로 대접받게 된 것이다.

컵 오브 엑셀런스 Cup Of Excellence 등 해외 소비국의 심사위원들이 주축이 된 커피 품평대회에서도 안티구아 지역 커피들이 외면을 받으면서 인증서까지 발행하면서 차별을 꾀했던 과거의 영예에서 멀어지게 됐다. 그런데 권토중래라 했던가. 최근 안티구아를 재평가하는 움직임이 일고 있다. 하지만 그것은 평지의 중대형 농장들의 커피가 아니라, 아구아의 가파른 산언덕에서 재배한 영세 농가들의 커피다. 비록 재배 환경은 열악하고, 생산 규모도 초라하지만, 높은 고도의 지리적 조건이 외려 스페셜티 커피가 지향하는 까다로운 속성에 부응하면서 인증서 없는 진짜 안티구아 커피에 대한 관심이 높아지게 된 것이다.

18세기 중반 과테말라에 커피가 전해진 이후부터 산허리를 개간해 커피를 재배해 온 가난한 커피 농가들. 그들은 화산재가 켜켜이 쌓인 산기슭을 뒤져 커피나무를 심고, 훌륭한 안티구아 커피를 생산해 냈다. 국제적 명성의 부침과 상관없이 그들의 가난과 고된 일상은 한결같이 이어지고 있지만, 진짜 안티구아 커피는 아구아 화산 구릉에서 화려한 꽃을 피우고 있다.

아티틀란

동트지 않은 이른 새벽에 지상낙원 중 하나로 손꼽히는 아티틀란^{Atitlan} 호수로 향했다. 아티틀란은 식민시대 고도 안티구아와, 마야 유적지 티칼과 함께 대표적으로 손꼽히는 과테말라의 관광지다.

안티구아 읍내를 벗어난 차는 산악지형의 굽은 도로를 느릿하게 달려 파나아첼^{Panajachel}이라 불리는 작은 마을에 도착했다. 아티틀란 호수에 접한 12개 원주민 마을로 가는 출발지이자, 아티틀란을 찾는 관광객들이 주로 머무르는 마을이다.

탁 트인 전망대에 올라 아티틀란 호수 주변 풍광을 돌아봤다. 마침 부드러운 햇살을 받으며 반짝이는 호수는 너무나 아름답다. 호수의 표면 고도는 1562m지만, 주변에 산 페드로, 톨리만, 아티틀란 등 3000m가 넘는 세 개의 화산이 근위병처럼 호수를 에워싸고 있어 그 높이가 느껴지지 않는다. 호수의 둘레는 120km가 넘어 백두산 천지의 열네 배쯤 된다. 마치 호수는 바다이고, 호수 저편의 고봉들은 섬처럼 느껴진다.

약 8만 년 전에 생긴 아티틀란 호수는 화산이 폭발하면서 내뿜어진 마그마가 차 있던 공간이 붕괴하면서 생긴 칼데라 호수다. 독일의 탐험가 훔볼트와 영국의 소설가 헉슬리가 세계에서 가장 아름다운 호수로 극찬했다.

제국주의와 싸우기 위해 과테말라에서 총을 들었던 체 게바라가 남긴 말도 유명하다. 그는 과테말라 출신의 첫 번째 부인 일다 가데아와 결혼한 후 새로운 혁명에 대한 그림을 그리면서 아티틀란 호수 주변에 머물렀는데, 게바라는 일다에게 아티틀란은 혁명가의 꿈도 잊게 한다며 호수의 아름다움을 표현했고, 이 말은 지금까지 아티틀란을 찾는 사람들에게 회자되고 있다.

톨리만 화산 Volcan Toliman 아래의 커피 농장으로 가기 위해서는 보트를 타고 호수를 건너야 한다. 배를 타러 선착장으로 내려가니 바람이 강하다. 이 바람으로 호수는 마치 바다처럼 파도를 만들고 물결은 거세게 일렁였다. 주로 늦은 아침과 이른 오후에 부는 이 강한 바람을 쇼코밀 Xocomil 이라 부른다. 우리말로 죄를 씻어 내리는 바람이란 뜻이다.

거친 물살을 가르며 달리던 보트는 40분쯤 후 호숫가에 멈췄고, 다시 미

전망대에서 내려다본 아티틀란 호수. 영국의 소설가 헉슬리는 세상에서 가장 아름다운 호수로 극찬했고, 체 게바라는 혁명의 꿈도 잊게 한다고 말한 아름다운 칼데라 호수다.

리 약속한 농장주가 운전하는 픽업트럭을 타고 톨리만 화산의 좁고 가파른 경사면을 거침없이 올랐다.

농장은 언덕을 몇 개씩 지나도록 숲과 농장이 계속 이어질 만큼 꽤 규모가 컸다. 커피 농장이 보이는가 하면, 곧 울창한 숲이 나타나고, 또다시 커피나무들이 이어지는 형태로 숲과 농장은 혼재되어 있었다. 왜 커피 농장을 띄엄띄엄 개간해 놓았는지 궁금했다. 농장주는 소유한 땅의 30% 정도에만 커피를 심고, 나머지는 삼림보호 구역으로 남겨두었다고 설명했다. 자연환경을 파괴하는 농업은 지속가능한 경작이 어려울 뿐 아니라, 많은 생산 비용을 유발시킨다고도 덧붙였다.

자연의 산물인 커피를 재배하는 농장은 자연 자원에 의존할 수밖에 없다. 토양, 물, 생물다양성, 기후, 그리고 생태계를 구성하는 수많은 상호 작용들이 모두 자연 자원이다. 커피는 삼림 보존과 조화를 이룰 수 있는 몇 안 되는 작물 중 하나다. 지속가능성 sustainability이란 단어가 유독 커피 경작에서 많이 불려지는 것만 봐도 삼림과 토양, 물과 생명체 들 간의 균형이 커피 재배에 얼마나 중요한지 알 수 있다.

농장주는 커피나무 아래의 검고 부드러운 흙을 손으로 파서 냄새를 맡아보라고 내밀었다. 화산재 토양인 안티구아의 흙과는 완전히 다르다. 커피와 함께 심은 차광 나무의 낙엽이 썩어 검게 변한 다공질의 부엽토는 미생물 등 유기 물질이 풍부해 커피의 생육에 많은 영양소를 공급한다. 경제적으로는 값비싼 비료 사용량을 줄이고, 토양의 수분을 조절함으로써 관개 수요를 줄여준다. 토양을 잘 결합하게 하여 가파른 경사지에서도 침식과 산사태의 위험을 낮추고, 땅의 온도를 적절하게 유지시켜 온도 변화로부터 커피나무를 보호한다.

브라질의 대규모 플랜테이션 농장은 환경적 측면에서 결코 자연 친화적이라고 말하기 어렵다. 커피 경작과 삼림 벌채는 불가분의 관계였고, 농장은 커피를 얻는 대신 숲속 생태계를 잃었다. 브라질의 대표적 커피 산지 중 하나인 세하도는 관목과 숲으로 덮였던 지역이었지만, 지금은 자연 삼림이 20% 정도에 불과하다. 대부분 커피나 사탕수수, 콩 등의 작물이나, 목축을 위한 초지로 바뀐 것이다.

그러나 아티틀란 호수 주변의 농장들은 숲을 그대로 유지한 채 중간중간의 산지에 커피를 경작해 숲과 어우러지게 하고 있다. 또한 커피나무 사이로 적절한 차광 나무를 심어 지력을 유지하고, 숲의 생태계와 이어지게 했다.

삼림이 있는 곳의 커피 농장은 병해충 구제 측면에서도 안정적이다. 작은 곤충들은 해충을 잡아먹어 커피나무를 보호하고, 숲속의 새들은 곤충들을 먹이로 한다. 다양한 새들이 살고 있는 농장은 그 자체로 생물다양성과 균형 잡힌 생태계를 이루고 있다는 증거가 된다. 이런 농장은 생태 순환이라는 측면에서 숲과 별 차이가 없다. 농장주가 보여준 동영상에는 어슬렁거리며 커피나무 사이를 오가는 퓨마의 모습이 담겨 있었다. 숲과 농장의 경계가 없다는 얘기다.

농장을 내려오는 길에 중간중간 놓여 있던 양봉 통이 눈에 띄었다. 꿀벌들은 하얀 커피 꽃을 주로 모으지만, 커피 꽃이 피지 않을 때는 숲속의 다른 꽃에서 꿀을 딴다. 이 농장은 1년 동안 에이커(약 4000m²)당 125파운드(약 57kg)의 꿀을 수확한다. 커피나무는 대개 자가수분을 하지만, 벌 등 곤충이 수분해 줄 경우 커피 생산량이 25%가량 증가한다. 양봉을 통해 좋은 꿀도 생산하고, 커피 수확량도 늘릴 수 있어 일거양득인 셈이다.

농장을 내려온 뒤, 아티틀란 호수가 보이는 곳에서 농장주가 내려주는 커피를 마셨다. 시원한 바람과 새들의 지저귀는 소리, 무엇보다 향긋하게 다가오는 커피향은 지상에 낙원이 있다면 이곳일 것이란 생각이 들게 했다. 대자연과 조화롭게 융화하여 대자연의 물과 흙, 미세한 생명체와 다양한 동식물이 만든 커피. 그 한 잔의 커피 안에는 호수가 만들어낸 안개와 수없이 많은 벌레들의 움직임, 벌꿀의 달콤함과 새들의 지저귀는 소리까지 모두 담겨 있는 듯했다.

치말테낭고

안티구아에서 차로 한 시간쯤 떨어진 치말테낭고 Chimaltenango 라는 지역의 어느 농가에 도착했다. 농장으로 들어가는 출입문은 경비가 삼엄하다. 기관총을 든 경비원이 큰 철문을 두 개나 열어주고 나서야 농장으로 들어설 수 있었다. 흡사 군부대 정문 같은 출입문은 무장한 갱들이나, 강도의 침입에 대비하기 위함이다.

출입문의 분위기와 달리 농장은 더없이 평화롭다. 날렵해 보이는 경주용 말들이 한가로이 풀을 뜯고 있었고, 정갈하게 가꾼 정원은 야외 식물원을 방불케 한다. 1910년에 세워진 이 농장은 대를 이어 백년가업을 이어오고 있었으며, 선조 대에 지어진 집은 고색창연한 외관 그대로 농장 하우스와 창고로 이용되고 있었다.

농장주와 픽업트럭을 타고 농장을 돌아보았다. 이 농장은 마치 커피 연구소가 아닐까 착각할 만큼 다양한 실험들을 하고 있었다. 가장 먼저 눈에 띈 것은 수질 관리다. 환경적 측면에서 농장의 수질 관리는 매우 중요하다. 커피 한 잔을 마시기 위해서는 약 350리터 정도의 물이 소모될 만큼 커피를 재배하고 가공하기 위해서는 엄청나게 많은 물이 필요하다. 특히 커피 열매를 수확한 다음 이를 가공 처리하기 위해서는 많은 양의 지하수가 사용되는데, 이렇게 사용된 폐수는 벗겨낸 커피 과육과 함께 하천 등으로 자연 방류되면서 수질을 오염시킨다.

차에서 내린 농장주는 허리춤까지 오는 수풀을 헤치며 성큼성큼 들어갔다. 그를 따라 풀숲으로 들어가 보니 늪처럼 보이는 연못이 나온다. 커피 과육을 벗겨낸 물을 1차적으로 담그는 자연 수조다. 수조에서 어느 정도 시일이 지나 산성도가 떨어진 물은 수문을 통해 2차, 3차 수조로 옮겨 저장되고 이런 과정을 통해 정화된 물은 다시 농업용수로 재활용된다. 다소 과장된 표현이겠지만, 농장주는 농장에서 사용하는 한 방울의 물도 자연 하천으로 방류하지 않는다고 설명했다. 커피 농장을 방문할 때면 항상 느껴지는 과육 등 커피 부산물의 썩는 냄새가 이 농장에서는 전혀 나지 않는다. 친환경적인 수질 관리 시스템 덕분이다.

농장의 이곳저곳을 돌며, 유쾌한 설명을 이어가던 농장주의 얼굴이 갑자기 어두워졌다. 그가 손으로 가리킨 잎은 갈색으로 변해 있었다. 포마 곰팡이Phoma Fungus라는 이름의 전염병이 공격한 것이다. 농장주는 병에 걸린 커피나무를 베어내라고 곁에 있는 농장 직원에게 얘기했다. 포마는 커피나무 잎과 열매를 공격하는 토양 곰팡이다. 곰팡이 공격을 받은 커피의 잎은 갈색이나 검은색 반점이 생기고, 곧 다른 나무로 빠르게 전염된다. 커피나무가 개화하거나, 열매가 채 성숙하지 않을 때, 그리고 춥고 습하며 바람이 많은 기후에서 잘 생긴다.

포마 곰팡이는 익숙한 전염병은 아니다. 그보다 몇 해 전 커피 가격을 폭등시켜서 널리 알려진 커피 녹병Coffee Leaf Lust, CLR이 좀 더 낯익다.

2013년 과테말라에 커피 녹병이 유행했다. 이 병에 걸린 커피나무는 잎사귀 아래쪽에 마치 녹이 슨 것처럼 노란색이나 주황색 또는 갈색의 반점이 나타나는데, 잎사귀에 반점이 퍼지면 잎은 떨어지고, 광합성을 하지 못한 나무는 결국 말라 죽는다. 사실 녹병은 언제든 감염될

농장주가 포마 곰팡이의 공격을 받아 갈색으로 변해버린 커피 잎사귀를 보여주었다. 포마는 커피 녹병에 이어 과테말라 커피 농장을 괴롭히는 새로운 곰팡이다.

가능성이 있는 병으로 커피나무에 영양분이 부족하거나 날씨가 습해지는 등 급작스러운 환경 변화가 생기면 곧바로 나무에 파고든다. 인간이 신체 리듬이 깨지거나, 환절기의 변화하는 날씨에 적응하지 못할 때 감기에 드는 것과 비슷하다. 확산 속도가 빨라 한 번 퍼지기 시작하면 나무를 베어내 태우거나 땅에 묻는 것 외에 별다른 방법이 없을 만큼 치명적인 병이다.

일찍이 커피 녹병은 19세기 말 당시 대표적인 커피 생산지 중 하나인 실론(현재의 스리랑카)을 덮쳤다. 이로 인해 커피나무의 90%가 고사했고, 그 이후로 실론은 더 이상 커피를 재배하지 않는 땅이 됐다.

금세기에 들어 녹병은 중남미 지역으로 넓게 퍼졌다. 2008년 남미 지역, 2011년에는 중미의 온두라스와 니카라과처럼 고도가 낮은 산지부터 타격을 받기 시작했다. 그러나 지구온난화로 인한 이상기후는 점차 높은 고도로 녹병의 확산을 부추겼다. 2013년 안티구아에서 시작한 녹병은 북쪽 고산지대까지 번지며 과테말라 전역을 강타했다. 커피 재배지의 70%에 녹병이 확산되자 과테말라 정부는 농업 비상사태를 선포하고, 살충제 구매를 위한 재정을 응급 지원했다. 하지만 그해 과테말라의 커피 생산량은 30%가량 줄어들었고, 수만 개의 일자리가 사라졌다.

커피나무의 흑사병으로 불리는 커피 녹병은 아직도 이곳저곳에서 생겨나고 있지만, 그동안의 경험에서 얻은 치료 방법론과 효과적인 살충제 덕분에 대규모 확산은 막을 수 있게 됐다.

커피 곰팡이에 대한 얘기를 들으면서 문득 인간의 전염병과 비슷하다는 생각이 들었다. 태고적부터 지금까지 인간을 가장 크게 위협해 온 것은 전쟁도 기아도 아닌 바이러스라는 미생물이다. 일상적인 독감부터 천연두, 신종플루, 에이즈, 그리고 최근 우리 생활의 양태까지 바꾼 코로나 19 covid-19까지 모두 바이러스라는 미생물이 원인이다.

바이러스가 인류에게 가장 큰 위협의 대상인 것처럼 곰팡이는 커피나무에 가장 무서운 적이다. 바이러스나 곰팡이 모두 숙주 세포에 침투해 복제되고 결국은 숙주를 파괴하면서 증식해 커다란 재앙을 불러온다는 점에서 비슷하다. 또한 어렵게 특정 바이러스나 곰팡이를 극복하더라도 또다시 미지의 미생물과 맞닥뜨리게 된다는 유사한 특징도 갖는다. 현대에 들어 새로운 돌연변이 병원체가 계속 발생하는 데는 생태계 파괴나 기후 변화와 결코 무관하지 않다는 것도 공통점일 것이다.

결국 인류는 대응해 갈 뿐이다. 새로운 바이러스에 대해 치료제와 백신을 만들어 대응하듯 커피를 재배하는 농부들은 새로운 곰팡이와의 지난한 싸움에 대응한다. 전염병으로 인한 사회적 혼란은 쉽게 끝나지 않을 것처럼 보이지만, 결국 어려움은 극복되고 질병은 종식된다. 그렇게 인류와 커피는 지금까지 생존을 이어왔고, 앞으로도 도전과 응전을 거치며 조금씩 더 진화해 갈 것이다.

엘살바도르 국경

며칠 후 과테말라 남쪽 엘살바도르와의 국경에 인접한 깊은 산악 지역을 찾았다. 과테말라에서 커피가 자라는 곳이 오지 아닌 곳이 별로 없지만, 이날 찾은 농장은 가파른 산길을 몇 시간 굽이굽이 돌고 돈 다음 도착할 만큼 깊은 산속에 위치해 있었다.

농장에 거의 다다를 즈음, 길거리에서 크고 작은 봇짐을 짊어진 일행과 마주쳤다. 그들은 가던 걸음을 멈추고 손을 들어 우리의 차를 세웠다. 이들이 말로만 듣던 마약 조직일까 생각했지만, 일행 중에는 여자와 아이들도 있어서 잠깐의 두려움은 곧 사라졌다. 뭔가 애걸하는 듯한 표정으로 손을 모으는 그들에게 과테말라 친구들은 차에 있던 생수 몇 병을 내주고는 다시 차를 몰았다.

카라반^{caravan}. 정치, 경제적인 어려움을 피해 미국과 멕시코의 국경을

과테말라 오지의 커피 산지를 찾을 때는 신변을 보호하기 위해 권총을 휴대해야 한다. 허리춤에서 잠시 내려놓은 권총 옆에 커피체리를 놓고 사진을 찍었다. 때로 커피와 위험은 공존한다.

향해 떠나는 엘살바도르의 난민들이었다. 온두라스, 과테말라, 엘살바도르 등 중미 3국과 아이티 등 카리브해의 가난한 사람들을 난민으로 내몰고 있는 주범은 빈곤이다. 먹고사는 기본적인 생존의 문제가 지역사회에서는 좀체 해결되지 않는 것이다. 마약 조직과 갱단으로 인한 치안의 불안도 이들을 국경 밖으로 내모는 중요한 이유다. 특히, 오랜 기간 형성되어 온 마약 카르텔과 갱단들은 중미 국가들의 치안을 위협하는 심각한 문제 중 하나다.

과거에는 안데스산맥에 인접한 남미의 콜롬비아, 페루, 볼리비아에서 주로 코카인이 생산되고, 과테말라는 미국으로 들어가는 육상 루트로 활용 됐지만, 최근에는 과테말라의 동쪽 산악 지역을 중심으로도 많은 양의 코카인이 재배되면서 이 나라의 치안을 불안하게 만들고 있다. 주로 깊은 산속에 은닉한 마약 조직으로 인해 주변 커피 농장에서 일하는 인부들이 조직에 휩쓸려 들어가기도 한다.

과테말라 친구들은 일부 커피 소농들이 마약 조직의 유혹과 협박 속에 커피나무 대신 코카인의 원료인 코카나무를 심기도 한다는 얘기를 전했다. 그리고 최근 과테말라 정부의 대대적인 마약 소탕작전으로 집과 농토를 버리고 카라반의 길을 떠나는 이들도 적지 않다고 덧붙였다. 대낮임에도 어두컴컴한 깊은 산 속에서 이런 얘기를 듣고 있으니, 문득 카라반이 아닌 무장한 집단이 길을 막고 나타나지는 않을까 두려움이 들었다.

조수석에 앉은 과테말라 친구가 허리춤에서 권총 한 자루를 꺼내 보여준다. 오지의 커피 농장을 찾을 때는 신변을 보호하기 위해 실탄을 장전한 총은 항상 휴대하고 다녀야 한다. 다행히 산에서 강도를 만나 돈과 휴대폰을 빼앗긴 적은 있었지만, 총을 써야 했던 적은 없었다고 한다. 과테말라의 산악 지역에서 총은 몸에 지녀야 할 물건이기는 하나, 어디까지나 최후의 방어수단일 뿐이다.

커피 산지를 다녀보면 커피와 위험은 불가분의 관계임을 느끼게 된다. 아프리카 우간다의 게릴라 반군들이나, 콜롬비아의 마약 카르텔, 에티오피아의 극단적인 빈곤과 예멘의 오랜 내전들은 모두 커피 농장 주변에 머물러 있는 위험들이다. 우리가 마시는 한 잔의 커피는 지구 곳곳의 폭력과 공존하는 커피 농가들이 생명을 담보로 한 위험하고 힘겨운 노동의 대가일지 모른다. 그래서 여러 나라의 커피 산지들을 다녀본 사람들에게 커피는 단순히 음료 이상의 남다른 의미로 느껴지게 된다.

농장에 들어가 젊은 농장주의 안내를 받았다. 경사면이 60도쯤 되어 보이는 가파른 산등성이를 따라 커피나무가 줄지어 서 있다. 산비탈에는 아슬아슬하게 붙어 선 채 일을 하는 작업자들이 보인다. 커피나무 아래 액체비료를 부어주는 작업이 진행 중이다. 경사가 워낙 가팔라 서 있기조차 힘든 곳에서 이들은 위태롭게 일을 하고 있었다.

놀라운 것은 일을 하는 부모와 함께 있는 아이들이다. 어른들도 서 있기 힘든 가파른 경사지에 어린 아이들이 앉아 있었다. 이곳뿐만 아니라, 여러 과테말라의 커피 농장에서 부모를 따라 나온 아이들을 자주 볼 수 있다. 어린아이들만 집에 둘 수 없어서 일터까지 데리고 온 듯했다. 일과 육아를 병행하는 어려움은 커피 농장에서 일하는 노역자들도 마찬가지다. 다만, 보기에도 아슬아슬한 위험 속에 아이들이 있는 것이 마음이 쓰인다.

아버지로부터 농사일을 배우는 젊은 농장주는 부친의 영농 방식에 대한 불만이 가득했다. 화학비료를 사용하면 쉽게 재배할 수 있는 일을 굳이 유기농 비료를 만들어 뿌리느라 원가는 비싸고, 작업 효율은 떨어진다는 것이다. 아마도 이 젊은 농부의 부친은 단순히 경제적 이윤의 차원을 떠나, 생산지 주변의 재배 환경이나, 지력의 보존을 감안했을 것이다.

물론, 유기농 비료를 사용했다고 해서 좀 더 비싼 가격으로 커피를 내다 파는 것은 아니다. 하지만 자식과 먼 후세대까지 농장과 농사일을 물려주기 위해서는 어렵게 개간한 산비탈을 비옥하고 건강한 농토로 만드는 것이 중요한 과제임을 알고, 비록 비용이 더 들고 위험하더라도 꿋꿋이 실천하고 있는 것이 아닐까라는 생각이 들었다.

산비탈을 돌아서 나오니, 낡은 창고 앞에서 몇몇 작업자들이 검은 부엽토를 뒤섞고 있었다. 롬브리 콤포스트 lombri-compost. 과테말라 유기농 커피를 얘기할 때 가장 많이 언급되는 말이다. 우리말로 지렁이 퇴비 정도로 해두자. 지렁이가 배설한 분변토를 유기농 비료로 사용하는 것이다. 지렁이는 하루 동안 자기 몸무게의 반에 해당하는 무게의 음식을 먹는다. 특히 지렁이는 달콤한 음식을 좋아해서 썩은 과일이나 당밀을 넣어준다. 먹은 양의 20%만 소화하고 나머지는 몸 밖으로 배출하는데 체내에서 각종 효소, 암모니아 등과 섞이며 분변토를 생성한다.

농장주는 창고 앞에 목관처럼 놓여 있는 기다란 나무 상자들을 열어 보여주었다. 얼핏 보니 검은 흙처럼 보인다. 농장주가 부삽으로 흙을 뒤적여 보여준다. 흙 반, 지렁이 반이다. 롬브리 콤포스트의 지렁이는 비교적 가늘고, 몸길이도

부엽토와 썩은 과일, 당밀 등을 버무려 지렁이 밥을 만들고 있다. 이를 커다란 나무상자에 넣어주면 지렁이가 분변토를 만들어내고 이는 커피나무에 좋은 유기농 비료가 된다.

짧은 편이다. 수분 증발을 막고 빛을 차단하기 위해 상자 지붕을 잘 덮어줘야 한다. 소의 분뇨와 당밀, 썩은 열매, 톱밥 등을 부엽토와 함께 섞어 지렁이 상자 안에 넣어준다.

수용성 영양소를 함유한 지렁이 퇴비는 영양이 풍부한 유기 비료로 커피나무가 잘 흡수할 수 있다. 특히 지렁이는 미네랄 성분을 매우 작은 입자로 공급하기 때문에 커피나무가 이를 쉽게 흡수하게 해준다. 유기 비료를 만드는 작업을 직접 보고 있으니 젊은 농장주가 왜 부친의 지침에 불만을 갖고 있는지 이해가 됐다. 유기농 재배를 고수하기 위해 농장 사람들이 감수해야 하는 일들은 더럽고 손이 많이 갈 뿐 아니라 위험한 작업들이다. 우리가 쉽게 생각하는 친환경 재배가 생산지에서는 얼마나 힘들고 위험한 일인지를 소비자들도 알아야 할 필요가 있다.

에필로그

어쩌면 감미로운 커피를 마시면서 생산지의 현실을 떠올리는 것은 산지를 오가며 커피 일을 하는 사람의 숙명일지 모르겠다. 검게 일렁이는 커피 잔 안에는 그 색깔만큼 어둡고 각박한 커피 재배 농가들의 현실이 녹아 있다. 우리가 향기로운 커피를 마실 수 있는 것은 커피 산지에서 이루어지는 고달픈 노동과, 빈곤, 위험, 땀과 눈물 때문이다. 커피 한 잔을 마시면서 생산지의 사람들까지 기억하는 것은 무리일지 모른다. 하지만 생산지와 소비국의 격차가 가장 큰 작물이 커피이고, 커피는 우리가 일상생활에서 가장 자주 대하는 음료라는 점에서 커피 산지의 사람들을 생각하지 않을 수 없다.

지금 마시는 커피의 이력을 따라가 보면 찢어지는 가난 속에서 생계를 이어가는 부룬디의 커피 농가나, 절벽에 매달리다시피 해서 커피를 수확하는 늙은 예멘 농부들, 수확한 커피를 머리에 이고 가파른 비탈길을 오르내리는 인도네시아 수마트라섬의 아낙네들, 기계가 훑고 지나간 흙먼지 속에서 커피열매를 뒤지는 브라질 이민자의 후손들, 어두컴컴한 창고 바닥에 쭈그리고 앉아 결점 있는 커피와 이물질을 손으로 골라내는 우간다의 여인들, 온종일 70kg에 달하는 커피자루를 등짐으로 나르는 콜롬비아 수출항의 부두 노동자들, 그리고 고사리 같은 손으로 건조대 아래로 떨어진 커피열매를 줍는 에티오피아 이르가체페 고원의 어린아이들과 만나게 된다.

그들은 자기 손으로 딴 커피가 얼마나 향기로운지 모른다. 한 줌의 커피 체리가 누군가에게 생활의 활력이 되고 얼마나 큰 위로가 되는지 잘 모른다. 반대로 커피를 마시는 우리는 산지의 사람들이 어떻게 커피를 재배하는지 잘 모른다. 식료품점에서 판매되는 저렴한 원두 한 봉지의 커피를 생산하기 위해 얼마나 많은 노동과 자원을 필요로 하는지도 모른다. 커피에는 전 세계 1억이 넘는 커피 농가 사람들의 가난과 눈물이 녹아 있음을 도시의 소비자들은 짐작조차 하기 어렵다. 한 잔의 커피를 사이에 두고 지구인의 삶은 이렇게 다르지만, 그 한 잔의 커피로 두 다른 삶은 연결되어 있다.

지구는 평평하지 않다. 지구는 둥글다. 그래서 지구 반대편의 사람은 보이지 않고, 보이지 않는 현실은 기억되지 못한다. 하지만 지구 저편에서 보내온 커피를 마시면서 가끔씩 이 향기로운 커피를 생산해 준 사람들을 생각해야 하지 않을까? 아주 가끔은 그들의 땀과 눈물에 마음으로부터 감사함을 느껴야 하지 않을까? 비록 그들이 누구인지 모호하더라도 말이다.

멕시코 역사로 맛보는 타코

박수경

타코의 따로 또 같이

타코. 전 세계 누구라도 쉽게 발음할 수 있을 것만 같은 두 음절짜리 이름처럼, 이 음식은 간편하고 친근하다. 우리에게 타코란 토르티야 위에 고기, 치즈, 양파, 양상추, 고수 등 각종 채소를 놓은 후 살사 소스를 얹어 먹는 멕시코 음식이다. 하지만 스페인왕립학술원에서 편찬한 스페인어 사전에는 타코의 의미가 27가지나 기재되어 있다. 그 가운데 열 번째 항목에 이르러서야 "재료를 넣어 돌돌 만, 멕시코의 옥수수 토르티야"라는 설명을 찾아볼 수 있다. 물론 멕시코에서 편찬한 스페인어 사전에는 "강낭콩, 채소와 허브, 살사 소스, 고기 등을 감싸기 위해 반으로 접거나 돌돌 만 옥수수 혹은 밀가루로 만든 토르티야"가 타코의 첫 번째 의미로 기재되어 있다.

사전적 의미를 가만히 들여다보면, 타코란 속에 무언가를 품기 위해 준비하고 있는 토르티야이거나 무언가를 감싸기 위해 자신을 반으로 접은 토

타코스 데 비스텍

플라우타

르티야다. 그래서 타코는, 타코라는 이름만으로는 자신을 온전히 드러내지 못한다. 그것이 품고 있는 속을 들여다봐야 한다. 그러고 보면 정작 멕시코에서 '타코'라는 이름만으로 타코 가게, 즉 타케리아 Taquería 에서 주문에 성공하기는 불가능하다. '타코'는 그 위에 얹혀 나오는 재료의 종류에 따라 특정되어야만 비로소 하나의 메뉴로 완성된다. 얇게 구운 소고기가 들어간 타코스 데 비스텍 tacos de bistec, 돼지고기를 넣은 타코스 데 카르니타스 tacos de carnitas, 튀긴 돼지 껍데기로 만든 타코스 데 치차론 tacos de chicharrón, 양고기나 소고기를 특별한 방법으로 익혀서 속을 넣은 타코스 데 바르바코아 tacos de barbacoa 같은 것들이다. 그래서 '타코'라는 명사는 재료의 종류를 의미하는 명사와 손을 잡기 위해 '소유'를 나타내는 전치사 de가 잇달아 나오는 일을 피할 수 없다. 아마도 전치사 de를 뿌리치고 새로운 이름을 얻는 경우는 '플라우타 flauta' 정도일 것이다. 돌돌 말린 채로 노르스름하게 완전히 튀긴 타코는 더 이상 타코라고 불리지 않고, 플라우타라는 새로운 음식이 된다. '피리'라는 뜻처럼 플라우타에서 토르티야와 그것이 감싸고 있는 속의 음식은 분리되지 않고 하나의 튀김이 된다.

이렇게 생각해 보면, 타코란 토르티야와 그 속으로 들어가는 재료가 '따로 또 같이' 한 접시에 공존하고 있는 '상태'를 의미하는 말로 들린다. 그래서 토르티야가 반쯤 열린 틈으로 속을 들여다볼 수 있는 이 음식은, 그 안에 들어 있는 각각의 재료를 눈으로 확인할 수 있다. 이 음식을 앞에 놓은 사람은 그 모든 재료가 흩어지지 않도록 성의껏 이 음식을 대하게 된다. 타코의 세계에서는, 완전히 뒤섞여 버려 원재료가 무엇인지 절대 미각을 가진 사람들만 알아낼 수 있을 것 같은 음식이 아니라, 나의 혀가 뒤섞어 주길 기다리는 신선하고 개성적인 재료들이 마련될 뿐이다. 그리하여 타코는 무한히 확장될 수 있는 유연한 세계를 만든다.

토르티야 위에 무엇을 얹더라도 그것은 타코가 될 수 있다. 그것은 마치 멕시코라는 공통의 기반 위에 놓여 있는 문화적 다원성과도 같다. 어디에서 어떤 문화적 요소가 멕시코에 발을 들인다 해도, 그것의 고유한 특징은 짓이겨지지 않은 채 멕시코 사회 안에서 공존한다. 그러나 토르티야 덕분에 각기 다른 재료가 타코라는 음식이 되듯이, 멕시코 사회는 각기 다른 문화적 요소를 멕시코적인 것으로 변신시킨다.

토르티야의 세계와 고기의 세계가 만났다

멕시코는 다원적 사회다. 현재 멕시코에서는 스페인어를 포함하여 69가지의 언어가 사용된다. 인구의 12%는 스페인어를 제외한 68개 언어 가운데 한 가지를 구사하는 원주민이다. 그들은 의복, 관습, 삶의 양식 등을 통해 독자적인 정체성을 표현한다. 멕시코의 면적은 대한민국의 20배에 이른다. 옛 할리우드 서부영화의 배경을 떠올리게 하는 북부의 건조한 기후와 광활한 사막부터 열대성 스콜이 한번 쏟아질 때마다 풀이 10cm씩 자라는 것이 아닐까 싶을 만큼 빽빽한 우림이 자리 잡고 있는 남부 저지대까지 다양한 기후와 지형은 사람 사는 모습도 다양하게 만들었다. 하지만 삶의 모습을 다양하게 만든 것은 자연환경 때문만은 아니다. 최근 500여 년 동안 멕시코

멕시코의 다양성을 보여주는 1885년 제작된 멕시코 지도

땅에는 다양한 곳에서 출발한 이방인의 발걸음이 이어졌다.

　16세기 초반까지 현재 멕시코 땅에는 수십 개의 서로 다른 언어를 사용하지만, 서로 교류하며 옥수수로 만든 토르티야를 먹고, 피라미드 형태의 건축물을 만들고, 365일 태양력과 260일 의례력을 통해 같은 방식으로 우주를 이해했던 사람들이 살고 있었다. 지금 우리는 그들을 메소아메리카인이라고 부른다. 메소아메리카인이 살던 멕시코 땅에 처음 도착한 이방인은 카리브해의 섬들을 징검다리로 삼아 도착한 스페인인이었다. 1492년 콜럼버스가 대서양을 건너 카리브해에 발을 디뎠고, 그로부터 약 30년 후인 1521년 에르난 코르테스는 오늘날 멕시코시티 위치에 세워져 있던 아스테카 제국의 중심지 테노치티틀란을 함락시켰다. 첫 번째 이방인은 그 후 300

년 동안 멕시코 땅을 통치했다. 멕시코 역사에서 식민지 시대로 불리는 1521년부터 1821년까지의 일이다. 그리고 이 기간 동안 스페인인은 아프리카로부터 두 번째 이방인을 데려왔다. 노예 신분이었던 이들은 대도시의 하인이나 농장의 일꾼으로 살아갔다.

이 시기까지는 '타코'라는 말이 존재하지 않는다. 국명으로서 '멕시코'가 존재하지 않았던 것과 마찬가지다. 후에 타코가 될 식문화의 조짐이 보였고, 후에 멕시코가 될 땅의 경계와 멕시코인의 정체성을 형성할 문화가 마련되고 있었을 뿐이다. 타코의 등장으로 이어질 첫 번째 조짐은 "목테수마가 음식을 집는 데 토르티야를 사용했다"는 멕시코 연대기 작가들의 기록에서 발견된다. 1519년 스페인 원정대를 이끌고 쿠바 섬에서 멕시코 땅으로 진입한 에르난 코르테스는 당시 멕시코 땅을 통치하던 목테수마와 처음으로 대면했다. 군사작전을 시작하기 전까지 수개월 동안 목테수마로부터 융숭한 대접을 받은 스페인인들은 목테수마를 비롯하여 아스테카 사회를 관찰할 기회를 얻었다. 아스테카 사회에서 강렬한 인상을 받은 몇몇 스페인인들은 군사적 정복 이후 그들이 보고 들은 일들을 기록으로 남겼다. 그 가운데 군인이었던 베르날 디아스 델 카스티요에 따르면, 목테수마를 위해 하루 저녁에 300가지의 요리가 준비되었다. 아스테카 제국의 넓은 영토 각지에서 공물로 납부된 지역 특산물 요리였다. 또한 목테수마는 토르티야를 숟가락처럼 사용해서 음식을 먹었다고도 적었다.

토르티야는 약 2000년 전부터 지금까지 멕시코 땅에 사는 사람들이 옥수수를 이용해 만들어온 중요한 음식 가운데 하나이다. 토르티야를 만드는 방식은 과거부터 현재까지 크게 변하지 않았다. 먼저 줄기에 붙은 그대로 옥수수를 말린 후, 건조된 옥수수를 거두어들인다. 그 후 옥수수 껍질을 벗기고 옥수숫대 그대로, 혹은 알갱이만 모아서 보관한다. 이렇게 보관해 둔 옥수수 알갱이를 가지고 토르티야를 만들려면 먼저 알칼리 용액에 12시간

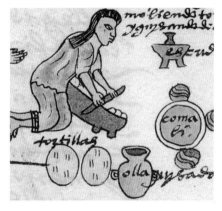
16세기 초에 제작된 코디세에 묘사된 토르티야와 코말

에서 18시간 옥수수 알갱이를 불린다. 불린 옥수수 알갱이를 씻은 후 젖은 상태에서 빻으면 토르티야를 만들 반죽이 만들어진다. 알칼리 용액을 이용해 반죽을 만드는 이 과정을 닉스타말화 nixtamailización라고 부른다. 구운 달팽이 껍질 등을 물에 풀어 만든 알칼리 용액에 옥수수 알갱이를 담그는데, 이 과정을 통해 단백질에 대한 알칼리 작용으로 옥수수에 결핍되어 있는 필수 아미노산 성분을 증가시킨다. 이 과정은 옥수수 섭취를 영양학적으로 완성시키는 매우 중요한 조리법이다. 스페인인이 세계 각지에 옥수수를 소개할 때 닉스타말을 만드는 이러한 조리법을 함께 전달하지 못했는데, 그 결과 펠라그라 같은 결핍성 질병이 발생한 곳도 있었다. 즉 닉스타말화 과정은 옥수수를 주식으로 섭취할 때 발생할 수 있는 치명적인 단점을 보완하는 조리법이었다. 닉스타말이라고 부르는 반죽은 메타테를 이용해 얇게 편 후 동그란 모양으로 된 코말 위에 놓아 굽는다. 토르티야의 이러한 조리법도, 메타테나 코말 같은 조리기구도 지난 수백 년 동안 크게 달라지지 않았다.

하지만 오늘날 우리가 먹는 타코에 한층 더 가깝게 다가서기 위해서는 메소아메리카인이 먹던 토르티야 이외에도 다양한 식재료가 들어와야 했다. 식문화의 변화는 '콜럼버스의 교환'이라 불리는 대서양 서쪽과 동쪽 사이에서 이루어진 광범위한 동식물의 교류와 함께 이루어졌다. 스페인인이 도착하기 이전 겨우 칠면조 정도의 사육 동물이나 곤충 식품을 통해 단백질을 섭취했던 멕시코 땅에서 콜럼버스의 교환 덕분에 식재료의 폭이 상상할 수 없을 만큼 넓어졌다. 옥수수, 감자, 고추, 담배, 카카오 등이 대서양 서쪽에서 동쪽으로 건너간 대신 돼지, 소, 양, 닭과 같은 가축이 대서양 동쪽에서 서쪽으로 건너 왔고, 스페인인들의 수요를 감당하기 위해 축산이 발달하기 시작했다. 이리하여 소고기와 돼지고기가 멕시코 땅에서 중요한 식재료가 되었다.

식민지 시대는 토르티야의 세계와 육류 고기의 세계가 접점을 찾기는 어려웠다. 토르티야를 만들고, 먹는 원주민은 피식민자라는 사회적 지위에 갇혀 있었고, 고위 성직자, 왕실 관료, 상인 등은 유럽의 식문화에 속해 있었다. 이들 모두는 가톨릭이라는 하나의 종교, 규범, 문화 아래 살아가는 가톨릭교도이자, 스페인 왕실의 신민이기는 했지만, 도시 중심부와 도시 외곽, 도시와 촌락, 도시적 삶과 농경 사회의 삶, 무엇보다도 유럽 문화와 원주민 문화로 분할된 각자의 세계에서 살아가고 있었다. 오늘날의 타코가 등장하기 위해 밟아야 할 다음 단계는 분할된 두 세계가 서로를 침범하는 일이었다. 토르티야가 고기를 감싸듯, 고기가 토르티야에 담기듯.

서민의 길거리 음식이 된 타코

타코가 많은 사람의 먹거리가 된 것은 19세기 후반의 일이다. 1821년 신생 국가로 탄생한 멕시코는 한동안 혼란한 시기를 보냈다. 새로운 국가를 어떻게 통치할지, 어떤 경제적 모델을 수립할지, 식민지 시대의 중심이었던 교회의 역할을 어떻게 재조정할지를 두고 내부의 격렬한 갈등은 멈추지 않았다. 1830년대와 1860년대 두 차례에 걸친 프랑스의 침입과 1846년부터 1848년까지 미국과의 전쟁은 신생국가의 출발을 더욱 어렵게 만들었다. 내외부의 이러한 혼란과 위기는 결국 내전까지 경험한 후에야 일단락이 되었다. 1861년 자유주의 개혁파가 내전에서 승리하고, 포르피리오 디아스의 독재가 시작되면서 멕시코는 연방제 중심의 근대 산업화 국가를 모델로 삼게 되었다.

1890년대 멕시코에서는 항구와 철도 등 사회기반시설이 발달하고, 소규모 수공업이 점차 제조공장으로 대체되며 근대적 공장이 등장했다. 이러한 변화 속에서 농촌에서 도시로 역내 이주가 활발해졌다. 황폐한 광야였던 북부 건조 사막지대의 작은 도시들은 산업화의 무대가 되면서 대규모 이주민을 받아들였다. 그들은 공장 노동자가 되었다. 멕시코만 해안의 베라크루스는 유럽으로 향하는 중요한 항구가 발달하며 사람들을 끌어들였다. 여전히 대부분의 멕시코인이 농촌에 살았지만 도시로 이주한 노동자의 등장은 멕시코의 새로운 모습을 반영하고 있었다.

타코는 도시 노동자의 먹거리로 제 몫을 톡톡히 해냈다. 19세기 타코는 토르티야를 이용해 고기, 강낭콩 등 음식을 휴대용으로 싼 것이었다. 공장으로 일하러 집을 나서는 남성의 손에 들려주던 끼니였던 셈이다. 1895년에는 '타코'가 멕시코 스페인어 사전에 등장한다. 이때 타코는 "식사 시간 외에 먹는 간식"으로 풀이되었다. 1890년 무렵 출간된 멕시코의 소설 『프리오강의 무뢰배들 Los bandidos de Río Frío』에도 타코가 등장한다. "사람들은 교회 밖에 모여 전통적으로 기리는 이날을 축하하는데, 토르티야에 싼 말린 고기 위에 살사 보라차 소스를 얹어 먹고, 잘 익은 풀케 술을 마시고 … 아이들은 아보카도를 넣은 토르티야 타코를 손에 들고 뛰어다닌다." 사회상을 묘사하는 소설의 한 장면에 등장할 정도로 타코는 19세기 말의 일상적 음식이었다.

이렇게 휴대 가능한 간식으로 널리 애용된 음식이었다는 점에서 '타코'가 나우아어 이타카테itacate에서 유래했다는 주장은 설득력을 얻는다. 아스테카 제국의 주요 언어였던 나우아어는 식민지 시대를 거쳐 현재에도 멕시코의 대표적인 원주민 언어 가운데 하나인데, 나우아어 이타카테는 '음식을 운반하기 위한 포장'을 뜻한다. 또 다른 나우아어 단어 틀라코tlaco에서 타코가 유래했다는 주장도 있다. 틀라코가 '절반'을 뜻하기에, 반원 모양의 음식을 부르는 타코라는 단어로 바뀌었으리라는 추정이다. 또 다른 언어학자들은 타코가 멕시코 원주민어가 아니라 유럽어에서 유래한 것이라고 주장한다. 중세 라틴어와 게르만어 계열에 이미 존재하는 단어였던 타코는 '화승총의 부속품 명칭'이자 '포도주 한 잔'을 의미하는 말이었다. 19세기 중반 스페인어 사전에는 타코의 의미에 '포도주와 곁들여 먹는 작은 안주' 혹은 '식사 시간 외에 먹는 간식이나 술 한 잔'이라는 뜻이 덧붙여졌다. 오늘날 스페인에서 식사 전 술과 함께 간단히 먹는 음식인 타파tapa와 타코가 발음상 매우 유사한 까닭이 같은 의미에서 유래했기 때문이 아닌가 추정한다.

그 이름의 정확한 기원을 확인하기는 어렵지만 20세기가 시작되던 무렵 타코는 도시 노동자가 쉽게 접근할 수 있는 저렴한 길거리 음식으로 널리 사랑받은 것은 분명하다. 후에 타코스 수다도스tacos sudados 혹은 타코스 데 카나스타tacos de canasta라고 불리게 될 타코였다. '땀을 흘리는 타코'라는 뜻의 타코스 수다도스와 '바구니 타코'라는 뜻의 타코스 데 카나스타는 고기나 강낭콩을 넣어 반으로 접은 토르티야를 바구니에 층층이 쌓아서 담은 후 뜨거운 기름을 그 위에 둘러주고 종이로 덮기 때문에 눅눅해져서 붙은 이름이다. 멕시코시티에 모습을 드러내기 시작한 이 타코들은 지금도 멕시코 도시의 경관을 이루는 중요한 부분이다. 정오 무렵 관청, 학교, 상점가 등 직장인이 몰려 있는 곳 근처를 지나다 보면 바구니를 뒷좌석에 실은 자전거 주변에 사람들이 모여 있는 것을 볼 수 있다. 사무실 근처에서 간단히 점심을 해결하려는

타코스 데 카나스타

직장인들이 살사 데 피피안salsa de pipián이라고 부르는 녹색 살사를 얹은 타코를 선 채로 먹고 있다. 이른 아침이나 밤에는 볼 수 없는 풍경이다.

20세기 초반이 되면 가정에서 도시락을 싸듯 타코를 요리해서 직장에 가져오는 것이 아니라, 도시 시내 중심가 모퉁이마다 바구니에 타코를 담아 와 파는 사람들을 만나게 된다. 당시 멕시코는 산업화와 도시화를 경험하고 있었고, 1910년부터는 혁명의 소용돌이에 휩싸였다. 20세기 초반의 이러한 사회적 환경은 멕시코시티를 메트로폴리탄으로 바꾸어놓았다. 1910년경 멕시코시티의 인구는 이미 5000만 명에 육박했는데, 19세기에 껑충 성장한 철도와 전신 등 교통·통신시설의 발달로 과거보다 멕시코시티로의 이주가 손쉬워졌기 때문이다. 이에 덧붙여 멕시코 혁명으로 혁명군이 멕시코시티로 모여들었다. 그러나 멕시코시티는 거주민이 증가하는 속도에 맞춰 도시의 기반 서비스를 확충할 수가 없었다. 그 결과 멕시코시티에 갓 도착한 사람들은 화장실은 물론이고 부엌도 없는 집에서 도시 생활을 시작했다. 그들은 길거리 타코로 종종 끼니를 해결했다. 동시에 낯선 도시에서 새로운 삶의 터전을 일구기 시작한 사람들은 타코를 만들어 파는 것으로 돈벌이를 하기도 했다. 처음에는 여성들의 일터였던 타코 장사는 얼마 지나지 않아 남성들까지 달려들 정도로 쏠쏠한 수입을 안겨주었다. 타코는 도시화 과정에서 성장한 음식이자, 도시 서민의 삶을 부양하는 음식이었다. 먹거리로서 도시민을 부양했고, 수입원으로 도시민의 생계를 유지시켰다.

길거리에서 타코를 파는 사람들과 노점들이 늘어났다. 1918년 멕시코시티에서는 집에서 만든 타코를 노점에서 판매하는 사람들에게 영업면허증을 발급했는데, 시내 중심지에만 71개의 노점이 있었다. 타케리아라고 불리는 이런 노점은 특히 멕시코 혁명 기간 동안 멕시코시티로 모여든 군인과 피난민들의 회합 장소가 되었고, 타코를 먹는 사람들은 스스로 타코의 재창조자로 거듭나기도 했다. 어떤 음식이든 토르티야로 감싸면 새로운 종류의 타코가 만들어지고, 후에 널리 사랑받으며 이름을 얻으면 타코의 세계는 그만큼 확장된다. 가령 1908년 모렐로스 지역에 사는 펠리시타 산체스 부인은 익힌 쌀, 삶은 계란을 토르티야 한 장 위에 얹고, 내용물을 보호하기 위해 토르티야 한 장을 그 위에 덮었다. 타코스 아코라사도스^{tacos acorazados}는 그렇게 탄생했다. 스페인어 코라사^{coraza}는 '보호용 장갑판'을 뜻하는 스페인어로, 타코 아코라사도는 '장갑판을 두른 타코'로 옮길 수 있을 것이다.

혁명과 타코

20세기 전반기 멕시코에서는 멕시코시티를 비롯해 급격히 근대화된 도시와 국토의 대부분에 산재한 인구 대다수가 살아가는 농촌 사회 사이의 격차가 점차 가속화되고 있었다. 이는 단순히 도시와 농촌이라는 두 가지 공간의 분할이 아니었다. 한쪽에는 도시를 중심으로 정치적·경제적 권력을 독점하고, 근대성이라는 유럽의 가치관을 수용한 이들이 있었다. 다른 한쪽에는 전통적인 삶의 방식을 고수하며, 멕시코의 국민으로서보다는 촌락 단위의 정체성에 뿌리를 둔 이들이 있었다. 과거 식민지 시대 식민자의 사회와 피식민자의 사회가 병렬적으로 공존했다면, 19세기 초 신생국가 멕시코의 수립은 두 개 사회가 멕시코 국민 사회라는 하나의 지붕 아래 단일화됨을 의미했다. 그러나 이러한 단일화는 형식적인 것에 불과했으며, 역사적으로, 경험적으로 두 개 사회는 서로 쉽게 스며들지 못했다. 20세기 초반은 두 사회 사이 정치적·경제적 자원의 불평등이 외면할 수 없을 정도로 뚜렷해진 시기였다. 이러한 불평등은 1910년 시작된 멕시코 혁명을 촉발시킨 불씨 가운데 하나였다.

　　멕시코 혁명은 포르피리오 디아스의 장기 독재에 대한 반발로, 정치권력을 둘러싸고 벌어지는 엘리트 집단 내의 갈등에서 출발하였다. 그러나 에

타말

밀리아노 사파타와 판초 비야 등 노동자 및 농민 등 일반 대중이 혁명군에 가담하며, 혁명의 양상은 사뭇 복잡해졌다. 엘리트 집단은 그들 나름대로 지역 파벌을 형성했고, 사파타가 이끄는 농민 세력은 토지 개혁을, 도시 노동자는 노동자의 권리를 요구하며 하위 계급 역시 그들 나름대로 다양한 정치적 주체를 탄생시켰다. 수년 동안 계속된 혁명 동안 멕시코인들은 각기 다른 이해관계, 각기 다른 정치적 지향, 각기 다른 경제적 모델을 요구하며 다양한 혁명 분파를 형성했고, 이합집산을 거듭했다.

혁명의 소용돌이가 잠잠해진 것은 다양한 분파의 요구를 두루 반영한 1917년 헌법이 공표되고, 정치 체제가 새로 정비된 1920년대 들어서였다. 혁명으로 재탄생한 멕시코는 정치적으로나 사회문화적으로나 강력한 단합을 필요로 했다. 1940년대 메스티소 이데올로기는 그러한 필요에 의해 주창된 국민주의 성격을 지니고 있었다. 유럽인과 원주민 사이에 태어난 혼혈을 의미했던 '메스티소'는 20세기 중반이 되면서 문화적 혼합을 의미하는 말로 전용되었다. 혁명 이후의 멕시코는 자신의 정체성을 유럽 문화와 원주민 문화라는 두 개의 뿌리에서 찾으며 '메스티소의 나라'로 자기 선언을 했다.

혁명 이전까지 원주민 문화는 근대화를 통해 극복되어야 할 대상, 멕시코 발전의 장애물로 인식되었다. 유럽 식문화에서 밀가루로 만든 빵이 식사의 기본인 것과 달리, 원주민 문화에서는 옥수수로 만든 토르티야, 타말, 아톨레 등이 식문화의 꽃이었다. 익힌 쌀이나 강낭콩을 안에 넣은 타코는 유럽 문화에서 자신의 뿌리를 찾고 싶었던 엘리트 계층에게 영락없이 볼품없는 원주민의 먹거리를 의미했다. 그러나 20세기 중반이 되자 도시 중산층도 토르티야와 타코 등 원주민 문화에 뿌리를 두고 있는 음식을 수용하기 시작했다. 원주민이라는 존재는, 혁명 이후 멕시코의 문화적 정체성 한 자락을 책임졌다. 물론 이때의 원주민 문화는 박제된 과거의 것을 의미하는 것이지, 동시대를 살아가는 또 다른 국민, 즉 다원화된 국민 문화를 인정한다는 뜻은 아니었다.

그러므로 이러한 국민 문화 정체성의 형성이 식문화에까지 반영되있을 때, 도시 중산층은 서민의 길거리 음식인 타코를 즐기기 시작했지만 그것은 그들에 의해 재해석된 타코였다. 그들은 타코를 길거리 음식과 구분하려 애썼다. 그리하여 주로 프랑스 요리에 대한 선망이 담겨 있던 멕시코 요리책에 타코가 실리기 시작했다. 가령 멕시코 혁명 이전이었던 1903년 여성을 대상으로 한 잡지 ≪엘 디아리오 델 오가르 _El Diario del Hogar_≫에는 닉스타말이 아닌 "밀가루로 만든 타코"에 관한 글이 실렸다. 이 잡지에서 다루는 타코는 밀가루 반죽, 버터, 크림으로 피를 만들어 속을 넣은 빵 종류에 가까웠다. 1908년에는 '크림 타코'의 요리법이 실렸는데, 프랑스식 크레페와 다를 바 없었다.

그러나 1946년 부유한 대농장주 가문에서 태어난 여성 호세피나 벨라스케스 데 레온이 쓴 요리책 『멕시코공화국의 지역 음식 _Platillos regionales de la República Mexicana_』에는 포토시 지역의 타코가 실렸는데, 감자, 당근, 초절임한 돼지 족발 위에 칠레 콜로라도 살사 소스를 뿌린 것이었다. 1938년 멕시코 교육부가 국민 문화 증진을 위해 출간한 요리책인 『멕시코 여성 노동자와 농민의 사회생활과 가정생활 _Libro social y familiar para la mujer obrera y campesina mexicana_』에는 바르바코아, 소의 뇌 등으로 만든 타코의 요리법이 실렸다. 그리고 이러한 타코가 전국 장터마다 빠지는 일이 없고, 계층의 구분 없이 멕시코인 모두가 즐기는 음식이라는 점을 강조했다.

더구나 1950년대가 되면서 고급 레스토랑의 메뉴에서도 타코를 찾아볼 수 있게 되었는데, 이는 토르티야를 만드는 기계가 발명된 덕을 톡톡히 본 것이기도 했다. 오랜 시간을 매달려야 하는 토르티야 만들기가 간소화되면서 타코 시장은 더 활발해졌고, 강낭콩이나 익힌 쌀과 같은 소박한 음식만이 아니라 좀 더 귀하고 값비싼 재료를 사용하면서 타코의 종류는 더욱 다양해지고 고급화되었다. 소고기나 돼지고기의 살코기가 아니라 숯불에 구운 스테이크나 소갈비 타코가 생겨났다. 하위 계층의 음식이었던 타코는 20세기 중반에 이르면 명실공히 지역에 상관없이 전 계층이 즐기는 멕시코의 국민 음식으로 자리매김하게 된다.

이주의 시대, 확장되는 타코의 세계

체인점부터 노점까지 언제 어디서든 문을 열고 들어설 수 있을 만큼 동네 곳곳에 있는 타케리아의 상징은 트롬포 알 파스토르trompo al pastor라고 부르는 커다란 수직형 고기 불판이다. '팽이'를 뜻하는 트롬포라는 이름처럼 얇게 저민 돼지고기에 붉은 착색료와 각종 향신료를 넣어 준비한 것을 꼬챙이에 꽂아 올리며 팽이 모양으로 쌓는다. 거꾸로 세운 삼각뿔 모양이 된 고깃덩어리를 불 옆에 세우고 꼬챙이를 돌려가며 직화로 익힌다. 길거리 노점 분식의 빨간 떡볶이가 지나가는 행인을 불러 세우듯이 가게 밖에 서 있는 트롬포 알 파스토르는 그곳이 타케리아임을 알리는 간판이자 지나가는 행인의 시선을 사로잡는 매력덩어리다. 이끌리듯 그곳에 들어가서 타코스 알 파스토르tacos al pastor를 주문하면 트롬포를 돌려가며 긁어내듯 세로로 칼질을 해서 고기를 잘라낸다. 덩어리에서 떨어져 나오는 고기 조각을 접시 위에 놓은 토르티야로 받아낸다. 그 위에 양파와 고수를 얹는데, 타코스 알 파스토르의 화룡점정은 불에 살짝 구운 파인애플 한 조각이다. 트롬포를 만드는 꼬챙이 제일 끝에는 파인애플을 꽂아서 고기와 함께 굽는데, 고기를 자른 후 파인애플 한 조각을 베어서 고기 위에 얹는다. 이 파인애플의 상큼한 맛은 양념한 돼지고기의 강한 맛을 깔끔하게 마무리해 준다.

타코스 알 파스토르

사실 트롬포의 모습은 어디선가 본 듯 무척 친숙하다. 어디서 봤더라 생각해 보면 당장 케밥이 떠오른다. 터키식 요리인 케밥에는 여러 종류가 있는데 트롬포 알 파스토르는 도네르 케밥의 다른 이름이기도 하다. 터키의 이주 노동자들을 통해 유럽에 소개된 케밥이 도네르 케밥이라 우리에게도 케밥하면 떠오르는 것이 꼬챙이에 끼워서 쌓아올려 굽는 고기이다. 다만 도네르 케밥은 착색료를 사용하지 않아 트롬포보다 색깔이 흐릿해 보이고 팽이 모양으로 애써 다듬지 않아서 원통에 가까워 보인다.

중동 지역의 음식인 케밥은 1940년대 초반 몇몇 타케리아를 통해 소개되었고, 1950년대에는 멕시코시티에서 팔기 시작했다. 멕시코에서 케밥이 타코의 한 종류로 재탄생하게 된 데에는 중동인의 대규모 이주라는 배경이 있다. 이미 19세기 말 기독교도 레바논인이 멕시코로 대규모 이주한 바가 있는데, 당시 포르피리오 디아스 대통령이 경제발전을 위해 적극적으로 이주민을 받은 덕분이다. 당시 오스만 제국의 종교적 억압에서 벗어나기 위해 레바논의 기독교인들은 미국, 브라질, 아르헨티나 등으로 이주를 했는데 멕시코도 그들의 종착지 가운데 한 곳이었다. 오스만 제국의 몰락 이후에는 경제적 이유로 새로운 터전을 찾는 중동인이 많았다, 1926년부터 1950년 사이 멕시코에서 아랍인으로 등록된 이주민이 7533명이었다. 그들 가운데

도네르 케밥

타케리아의 트롬포 알 파스토르

절반 이상이 자기 사업을 가지고 있었고, 1950년 무렵 레바논 출신 이주민들은 주목할 만큼 경제적 성공을 이루었다. 1976년 시작된 레바논 내전으로 많은 레바논인들은 다시 한번 고향을 등졌고, 그 가운데 일부가 다시 멕시코에 도착했다. 1980년 멕시코는 약 십만 명의 레바논인을 받아들였다.

레바논인을 통해 전해진 중동의 음식, 케밥은 타코의 새로운 종류로 자리를 잡았고, 타코의 왕좌를 차지하고 있다. 국민 대표 음식이 된 타코는 다른 세계의 다른 음식을 만나 자기 세계를 확장한다. 무엇이든 토르티야 위에 얹으면 타코가 된다. 강낭콩과 치즈만 넣어 토르티야를 접어도, 다양한 조리법을 사용한 여러 가지 고기를 넣어도 타코가 된다. 식재료의 수만큼의 타코가 있고, 고기 부위 종류만큼의 타코가 있고, 고기의 조리법 종류만큼의 타코가 있다. 그래서 타코의 세계는 유연하고, 언제나 변형 가능하다.

20세기 후반 전 지구화라는 거대한 물결은 음식의 세계도 크게 바꾸어 놓았다. 사람들 사이의 교류가 낳은 새로운 식재료의 소개, 조리법의 확산, 새로운 음식과의 접합이라는 일상적 삶에서 추적되었던 변화들은 정부와 기업의 개입을 통해 더 대규모로, 더 체계적으로, 더 상업적 목적을 띠고 이루어졌다. 이러한 변화 속에서 타코는 멕시코 음식이라는 국적을 더욱 명확히 획득하는 한편, 멕시코 국경을 넘어서 수출되기 시작했다. 멕시코 이주민이 많았던 미국 캘리포니아주의 특징을 고려해서 텍스-멕스 Tex-Mex 로 분류되는 음식을 팔면서 출발한 외식기업 타코벨 Taco-Bell 은 1980년대부터 패스트푸드 체인점으로 성장했고 2022년 현재 서울에서도 6곳의 지점을 찾을 수 있다.

미국과 멕시코의 국경 지대이자 19세기까지 멕시코의 땅이었던 텍사스주는 많은 멕시코 이주민들의 새로운 터전이기도 하다. 미국 땅인 텍사스주와 텍사스주에서 살아가는 멕시코인들은 접경 지역에서 텍스-멕스라는 접경의 식문화를 만들어냈다. 그들은 자신들의 삶의 터전에 맞게 새로운 식문화의 창조자가 되었다. 옥수수가 아닌 밀가루 토르티야로 만든 타코인 부리토는 그렇게 미국 남부 지역과 멕시코 북부 지역에서 사랑받게 되었다. 그리고 미국으로 이주한 멕시코인들의 음식은 미국 기업을 통해 멕시코 음식의 대명사가 되어 전 세계에 소개된다. 그래서 미국 기업 타코벨을 통해 멕시코 음식을 접하는 우리는 타코보다 부리토가 더 친숙하기도 하다.

타코의 시작과 끝, 토르티야

타코는 전 세계 누구라도 쉽게 발음할 수 있는 쉬운 이름이지만 막상 타코를 먹는 일은 단순하지 않다. 이 음식은 한입에 쏙 들어가지 않는다. 예쁘게 포크로 찍어 먹는 음식이 아니다. 고기, 치즈, 야채를 흘리지 않도록 토르티야로 잘 감싸서 야무지게 한입 베어 물어야 한다. 식당에 자리를 잡고 앉아서 먹는다면 훨씬 수월하지만, 길거리 노점에서 선 채로 먹게 될 때는 오른손으로 타코를 아무리 잘 집어도 흘러내리는 살사 소스와 양파 조각들을 피하기가 어렵다. 그래서 왼손으로는 접시를 잘 대고 먹어야 한다.

토르티야

타코의 첫인상은 다양한 조리법으로 요리된 고기가 좌우한다. 타케리아에 들어서면서 이미 눈으로 확인한 트롬포 알 파스토르는 물론이고, 메뉴판을 살펴보면 우설을 넣은 타코스 데 렝구아, 튀긴 돼지껍질로 만든 타코스 데 치차론에 눈길을 주게 된다. 특히 한가득 기름을 채운 들통에 치차론을 튀기는 모습을 시장에서 본 적이 있다면, 이 기회에 치차론을 먹어보고 싶다는 생각이 든다. 하지만 타케리아의 메뉴판에 써 있는 여러 종류의 타코가 무엇인지 정확히 알기까지는 꽤 오랜 시간이 흐른다.

가령 한적한 도시 외곽으로 나들이라도 가는 길이라면 길가에 타코스 데 바르바코아라는 글씨를 꽤 많이 마주치게 되는데, 바르바코아는 땅에 구덩이를 파고, 구덩이 바닥에 뜨거운 돌과 숯을 간 후 마게이잎에 싼 생고기를 넣어 익히는 조리법이다. 강원도 삼척시의 전통 축제인 삼굿구이처럼 흙으로 덮어 밀봉한 구덩이는 그 자체로 화덕이 된다. 한국에서는 삼 껍질을 잘 벗기려고 땅속에서 찜을 하고, 그 불에 고기나 감자, 고구마, 옥수수를 익혀 먹었는데, 멕시코의 바르바코아는 주로 양고기를 조리하는 방법이었다. 그래서 바르바코아는 조리법이기도 하지만 양고기라고 생각해도 오해할 일은 많지 않다.

타코의 첫인상을 좌우하는 것, 타코의 종류를 구분하는 중요한 기준은 고기의 종류와 조리법이다. 그러나 타코라는 음식의 정체성을 결정하는 것은 맛도 색도 밋밋한 토르티야다. 토르티야가 없으면 타코라는 음식은 성립되지 않는다. 치차론도 바르바코아도 제각각 다른 음식이 된다. 토르티야로부터 떨어져 나온 음식들은 더 이상 타코가 아니다. 타코를 먹을 때도 어설프게 토르티야로 음식을 감싸는 수고를 덜기 위해 포크로 고기만 찍어서 먹을 때가 있다. 하지만 그렇게 먹고 나서 "맛있는 타코를 먹었다"라는 말이 나오거나, "타코를 참 맛있게 먹는다"라는 묘사가 가능하지는 않다. 다른 비슷한 음식과 타코를 구별시켜 주는 것이 손바닥만 한 작고 얇은 토르티야 두어 장이기 때문이다.

멕시코의 오래된 현재가 되어버려 종종 그 존재감이 희미해지지만 멕시코 사회를 본질적으로 이해하기 위해 결코 외면할 수 없는 원주민 문화처럼, 본질적으로 타코를 타코로 만들어주는 것은 토르티야다.

참고문헌

주경철. "필리핀에 건너간 옥수수 중국 제분기술 더해져 정착" https://www.hani.co.kr/arti/society/society_general/308708.html

Payno, Manuel. 2017. *Los bandidos de Río Frío*. CreateSpace Independent Publishing Platform.

Pilcher, Jeffrey. 2006. "Tacos Joven cosmopolitismo proletario y la cocina nacional." *Dimensión Antropológica*, Vol. 37.

웹사이트

https://www.gob.mx/bienestar/articulos/conoce-mas-de-nuestra-cultura-en-el-atlas-de-los-pueblos-indigenas-de-mexico?idiom=es

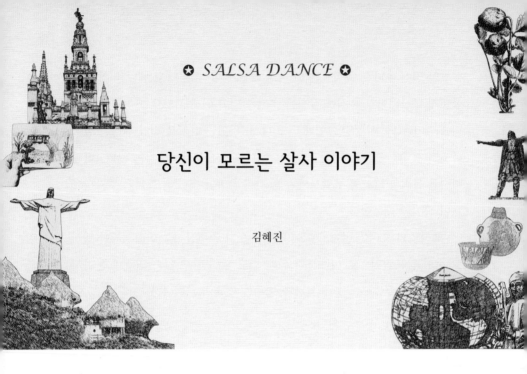

☆ *SALSA DANCE* ☆

당신이 모르는 살사 이야기

김혜진

살사

라틴 댄스의 대명사 살사. 강렬하게 서로를 유혹하는 매력적인 커플 댄스. 수많은 커플 댄스 중 유독 살사는 에너지가 넘치고, 정열과 유혹이라는 단어 없이는 설명하기 어렵다. 그래서인지 수많은 영화나 드라마에서 상대를 유혹하는 장면에선 곧잘 살사가 흘러나오곤 한다. 기본적으로 커플 댄스란 춤을 추는 상대에 대한 '신뢰'를 바탕으로 한다. '리딩 앤 팔로잉'이라는 파트너워크가 시작이다. 상대의 리드에 맞춰 걸고, 도는 '팔로잉'은 상대와 스스로에 대한 믿음이 있어야 가능하다. 이것이 커플 댄스다. 파트너와 한 손을 맞잡고 다른 한 손은 어깨에 올린 채 함께 걷기만 해도 교감을 한다면 그것은 춤이 될 수 있다. 파트너에 대한 신뢰와 존중 없이 추는 커플 댄스는 엉망이 될 것이 분명하다. 라틴 댄스는 커플 댄스 중에서도 상대와의 교감을 특히 중시하는데, 그중에서도 살사의 매력은 무엇일까? 바로 '자유'다.

이것은 여러 가지 의미로 나타난다. 우선 파트너와 손을 잡고 춤을 춘다는 것은 신체의 움직임에 제한이 생긴다는 것을 의미한다. 살사는 상대와의 파트너워크로 만들어진 서로와의 공간을 유지하면서 함께 추면서도 때론 혼자 즐기는 춤이다. 또 발레처럼 완벽한 동작이라는 것이 존재하지 않는다. 이끄는 대로 가기도 오기도 하고, 상대의 패턴 안에 구속되어 있기도 하다가 때론 그에서 벗어나 홀로 추기도 한다. 춤을 추는 각자의 성격과 개성

살사(사진: Sam Mardini)

이 고스란히 드러난다. 함께 하지만 홀로 추는 춤. 살사는 인생과 닮아 있다. 살사를 정의하자면 '자유와 교감'이다. 그러면서도 강렬한 에너지로 상대를 유혹한다. 살사를 추는 모습은 매력적일 수밖에 없다. 살사에 빠져드는 이유다. 그런데 어쩌다 살사는 이런 춤이 되었을까? 어쩌다 이 매력적인 춤이 양념 이름을 갖게 된 것일까? 이것저것 뒤섞였다는 살사, 무엇이 섞인 것인지 재료를 파헤쳐 보자. 살사의 원산지, 캐러비안의 춤과 음악의 나라 쿠바로 떠나보자.

쿠바

쿠바 원주민은 타이노족이 대부분이었다. 전쟁에서도 상대를 죽이지 않기 위해 목검을 썼다고 하는 선한 타이노 족은 유럽인이 가지고 온 천연두와 같은 전염병으로 거의 전멸했다. 쿠바 원주민들은 그 어떤 것도 남기지 못

하고 흔적도 없이 사라졌다. 캐러비안의 섬이라는 새로운 땅에 정복자와 노예로 만난 유럽인과 아프리카인. 혼혈로 만들어진 물라토의 나라. 전 세계에 쿠바가 전한 가장 큰 선물, '아프로쿠반afro-cuban'이라는 새로운 정체성은 우열을 가릴 수 없는 두 세계가 문화적이고 정신적으로 하나로 융합하여 태어났다.

유럽의 파트너 댄스

모든 것이 신 중심이었던 천 년의 중세를 거치며 유럽인들은 좀 심심한 사람들이 되었다. 예술은 신을 예찬하고 찬양하는 도구로 쓰였다. 개인의 즐거움이나 아름다움 자체를 위한 미학은 찾기 어려웠다. 춤은 즐길 거리보다는 축제 등에서 마을 사람들의 단합을 도모하는 요소로 쓰였다. 물론 중세 시대에도 춤을 췄다. 현대에 알려져 있는 유럽 중세의 춤은 남녀가 크게 원을 만들거나 두 줄로 길게 늘어서 음악에 맞춰 걷다가 가볍게 폴짝 뛰거나 앞에 있는 파트너와 위치를 바꾸는 정도다. 이런 형태에 가장 큰 영향을 미친 것은 영국의 지방 민속춤, 일명 컨트리 포크 댄스folk dance다. 지방과 이교도들 사이에서 더 활기찼을 것으로 예상되는 포크 댄스는 남녀가 짝을 지어 춤을 추고, 음악이 진행되는 동안 계속해서 파트너를 바꿈으로써 마을 전체의 친목과 유대를 강화시키는 역할을 하는 면모가 강했다. 이동수단이 발달하지 않았던 당시의 유행의 속도에 따라 포크 댄스는 느리게 퍼졌다. 개인의 역량 발휘가 아닌, 관계를 형성하는 춤이라는 점에서 귀족들에게 우아하고 교양 있는 문화생활로 받아들여졌을 것으로 생각된다. 포크 댄스는 왕권이 강화됨에 따라 권력의 성장과 함께 발전하면서 영국 지방에서 궁정으로, 그리고 유럽 전 지역으로 퍼져나간다. 스코틀랜드, 프랑스, 스페인 등 유행이 으레 그러하듯 그 지방의 고유한 음악적 색을 덧입으며 사교댄스로서 새로운 장르로 발전한다. 사교댄스는 절대 왕정 시기가 오고 귀족 문화가 화려한 꽃을 피울 때 연회와 함께 사교 문화의 정점에 선다. 귀족들에게 사교의 장으로서 무도회는 가장 중요한 역할을 했고, 파티의 꽃은 역시 춤이다. 춤은 필수 과목이자 교양으로, 춤에서의 에티켓을 갖추는 것은 아주 기본적인 예절이었다. 사교의 중심에 선다는 것은 연회를 열고 그 주인이 되는 것이었다. 무도회를 여는 것은 음식, 옷과 장신구, 연주자 등 엄청나게 많은 돈이 필요했기 때문에 춤은 권력과 이름을 나란히 하며 발전한다. 17~18세기 가장 유행한 사교 춤 중 하나가 포크 댄스의 영향을 가장 많이 받은 콘트라 댄스contra dance다.

남녀가 따로 원을 만들거나 길게 늘어서 만나게 되는 상대와 춤을 추는데, 규칙에 따라 계속 다른 상대를 만나 같은 동작을 반복한다. 한 사람과 춤을 추는 것이 아닌 전체와 추는 파트너 댄스라는 점에서 흥겨운 리듬의 콘트라 댄스는 무도회의 분위기를 띄우기에 아주 적절한 춤이었다. 유럽 전역에서 활기차게 유행한 콘트라 댄스는 스페인에서는 플라멩코의 원형을 만나 '판당고fandango'라는 새로운 커플 댄스로 유행한다.

당시의 유럽인들의 머릿속에 일반적인 춤이란 누군가와 함께 추는 '파트너 댄스'라는 이미지가 지배적이었다. 파트너 댄스의 본질은 '신체 접촉과 교감'이다. 타인과의 물리적인 접촉은 동질감을 키워준다. 신체 접촉이 많은 사람과는 마음의 거리가 가까워지기 마련이다. 파트너 댄스가 얼마나 많은 젊은이들의 가슴을 두근거리게 했을지 상상해 볼 수 있다.

콘트라 댄스는 이름 그대로 감상보다 춤을 추기에 적절한 리듬과 빠르기가 중요하다. 화성악, 조화와 음악 이론이 발달한 유럽의 음악과 파트너 댄스가 대서양을 건너 캐러비안의 나라 쿠바로 갔다.

아프리카의 리듬의 춤

아프리카는 전통적으로 부족 단위로 언어, 종교, 문화를 이뤘다. 그 문화를 살펴보면 두 가지 특징이 있다. 첫째, 공동체를 중시하고 둘째, 삶의 모든 순간에 음악과 춤이 깊숙이 관련되어 있다는 것이다. 태어나서 죽는 순간까지 삶의 대소사에 음악과 춤이 빠지지 않고 등장하며 공동체를 결속시키는 핵심 역할을 한다. '관짝소년단'으로 한국에서 크게 화제가 되었던 장례식에서 관을 어깨에 지고 옮기며 즐겁게 춤을 추며 노래하는 기니의 이색적인 장례문화가 한 가지 예다. 일곱 살에서 열 살쯤 된 아이들이 성인식을 위해 산이나 숲에서 한 달여간 야영을 마치고 돌아올 때 온 마을 사람들이 노래와 연주를 하며 맞이하면 아이들이 생에 단 한 번 성인식에서 추는 춤을 추는 것도 다른 예다. 결혼식이 있으면 온 마을이 일주일이 넘게 아침부터 저녁까지 연주하고 춤추는 문화가 흔하다. 일상이 음악과 춤으로부터 분리되어 있지 않다 보니 음악가 신분과 가문(그리요)이 존재한다. 노동과 일상이 예외가 아닌 리드미컬한 공동체적인 삶에 신에게 하는 제사가 예외일 수 없다. 신의 특성마다 찬양하는 노래와 춤이 다른 것 또한 당연하다. 이 춤과 음악이 어우러진 공동체성이 다시 두 가지 특징을 낳는다.

첫째, 다양한 리듬이다. 아프리카 음악에서는 북(타악기)이 메인 리듬을 만든다. 북은 몸통의 모양, 크기, 가죽에 따라 다양한 소리가 난다. 그중 아프리카의 대표적인 악기는 젬베(밑이 뚫린 북의 일종)다. 하나의 북은 보통 세 종류의 소리가 난다. 한 번에 하나의 소리만 낼 수 있다. 손으로 연주하는 젬베는 연주에 엄청난 힘이 필요하다. 들고 다니며 연주를 할 수 있는 젬베를 단독으로 처음부터 끝까지 일정한 빠르기로 연주하는 것은 불가능하다. 따라서 독주가 흔치 않다. 한 곡을 연주하기 위해 여러 타악기가 함께 연주한다. 여러 종류의 타악기가 모이기 때문에 한 박자를 쪼개고 쪼갠 미묘한 변박의 리듬과 엄청나게 다양한 서브 리듬을 만들어낸다. 하나의 리듬에 들어가는 여러 리듬이 음악에 정체성을 부여하는 것이 아프리카 음악의 가장 큰 특징이다.

둘째, 콜 앤 리스펀스 ^{call & response} 구조다. 부르고 답하는 구조인데, 악곡 안에서, 연주자와 연주자, 댄서와 연주자 사이에서 모두에 적용되는 보편적인 구조. 아프리카 음악은 메인 젬베가 그 음악의 시그널을 연주하면 서브 리듬이 연주되는 형태가 반복되는 구조로 이루어진다. 음악의 시작과 끝을 알리는 것도 시그널이다. 시그널이 나오면 춤이 시작하고 다음 동작으로 넘어가는 것도 시그널이 나와야 한다. 시그널을 주는 메인 젬베가 음악의 빠르기도 결정한다. 연주가 빨라지면 춤도 빨라져야 한다. 연주와 연주, 연주와 춤이 서로 화합을 맞춰가는 생동감 있는 구조를 만들어내는 콜 앤 리스펀스 구조는 아프로쿠반 음악의 빠지지 않는 특징이 된다.

아프리카 춤의 특징도 공동체적이다. 다만, 다 함께 춤을 추다가 솔로 댄스가 이어진다. 수많은 타악기들이 만들어내는 다채로운 리듬만큼 다양한 춤이 발달했다. 아프리카 춤의 특징을 달리 말하면 커플 댄스가 없다는 점이다. 아프리카 댄스는 다 함께 같은 춤을 추지만 개인이 즐기는 춤이다. 에너지를 발산하며 전체의 기운을 북돋우는 형태이니 유럽과 완전히 다른 방향에서 공동체성을 추구했다고 볼 수 있다.

캐러비안에서 만난 두 세계

1804년 프랑스의 식민지였던 아이티의 독립은 쿠바의 운명을 바꿔놓았다. 막대한 이윤을 내는 설탕 산업에 관심이 많았던 쿠바는 설탕 제조 기술을 갖고 있던 프랑스계 아이티 이민자들을 적극적으로 받아들인다. 사탕수수 수요를 맞추기 위해 쿠바에 사탕수수 대농장들이 만들어진다. 설탕 산업은 노동집약적으로 엄청난 노동력이 필요했다. 쿠바의 흑인 노예 수입이 본격화되고 생계를 위해 쿠바로 넘어온 주변 국가들의 흑인의 유입이 폭발적으로 늘어 1841년 쿠바의 흑인 인구는 50만 명에 달해 인구의 30%에 이른다. 1880년대 노예제가 폐지되고 법적으로 노예 매매와 소유가 금지되지만 실질적으로 쿠바의 흑인들에게 나아진 것은 없었다. 그들은 일터와 살 곳을 잃는다. 수도 아바나와 사탕수수 대농장이 많이 형성된 쿠바 동부 마탄사스 중심으로 주변에 흑인 빈민가 솔라레스^{solares} 가 형성된다. 설탕 제조는 힘든 노동이었다. 애초에 여자 노예 수입은 적었다. 아이를 낳아도 노동력이 되기까지 키우고 기다리는 것보다 새로운 노예를 더 사는 것이 훨씬 이득이었다. 그 때문에 솔라레스 주민은 남자의 수가 월등히 많았다. 낮에 거친 노동에 시달린 흑인들은 춤과 연주를 하며 일상을 버텨나갔다. 그 누가 어떻게 리듬을 만들어내라고 할 필요가 없었다. 그들에겐 수많은 전통 리듬과 신을 찬양하는 노래와 춤이 있었다. 숟가락, 컵, 막대기, 서랍, 옷장, 상자, 벽 등 소리를 낼 수 있는 모든 것을 악기로 삼았다. 이렇게 살사의 원류인 룸바^{rumba}와 손^{son}이 태어난다.

룸바와 손 그리고 쿠바의 춤

쿠바노가 된 흑인들에게 쉽게 바뀌지 않는 것이 있었다면 그것은 신앙이었다. 쿠바로 온 서아프리카 지역은 요루바라는 부족이 넓게 퍼져 살고 있었고, 요루바족의 신앙은 그대로 쿠바로 넘어온다. 가톨릭으로 개종을 강요당하고 세례를 받지만 이들은 자신이 믿던 신들(오리샤)에게 가톨릭 성인의 망토를 입히고 백인들의 눈을 속인다. 신을 노래하는 리듬과 춤은 일상의 음악에 녹아들었다. 이것이 룸바^{rumba}다. 룸바는 점점 더 세속적이고 성적인 욕망을 표현하는 방식으로 바뀌어갔다. 룸바의 기본 패턴은 클라베라는 악기로 연주하는데, 아프로쿠반 음악의 근간을 이루게 된다.

좀 더 유럽의 악곡의 영향을 받은 음악이 느린 3/4 박자의 손^{son} 음악이다. 스페인 풍의 노래와 음보를 따르지만 클라베 리듬과 콜 앤 리스펀스 구조로 이어지는 북 연주는 아프리카의 영향을 받았다. 백인들은 이 손 음악에 맞춰 파트너 댄스를 췄다. 쿠반 전통 리듬이 된 손은 1997년 부에나비스타소셜클럽의 앨범이 발매되고, 그 후 1999년 〈부에나비스타소셜클럽〉이라는 다큐멘터리 영화가 쿠바에 대한 향수를 불러일으키며 현대인들에 의해 다시 크게 사랑받는다. 지금도 쿠바에서는 관광객을 홀리는 곳곳에서 부에나비스타소셜클럽의 대표 음악인 찬찬 chan chan 이 흘러나와 손의 향기를 느낄 수 있다.

영국과 프랑스의 색이 짙었던 콘트라 댄스는 아프리카 리듬을 만나 쿠반 콘트라 댄스라 불린 아바네라 Habanera 를 탄생시키는데, 조르주 비제의 오페라 〈카르멘〉(1875)의 제1막의 다섯 번째 장면 도입부에 나오는 유명한 소프라노 아리아를 통해 확인할 수 있다. 아바네라는 단손 danzon 이라는 또 다른 전통 리듬을 만들어내는데 훗날 차차차 cha cha cha 로 발전한다.

솔라레스의 흑인들은 신들의 춤을 룸바에 녹여내기도 했지만 이들에게 가장 새로웠던 것은 백인들의 커플 댄스 문화였다. 쿠바노가 된 백인들은 여전히 유럽 본토에서 인기 있던 콘트라 댄스와 판당고를 췄고, 이런 커플 댄스를 흉내 내고 따라 추기 시작한 흑인들은 그 안에 강한 성적인 욕망을 드러내고 상대를 유혹하는 동작들을 가미한다.

쿠바의 춤은 과관코 guaguanco , 얌부 yambu , 콜롬비아 colombia 세 가지로 나뉜다. 쿠반 룸바로 불리는 과관코가 커플 댄스 살사의 가장 초창기 형태다. 쉬지 않고 골반을 강하게 움직이는 아프리카 콩고 댄스의 영향을 많이 받았고 물이 흐르듯 움직임이 계속해서 이어진다. 끊임없이 상대를 유혹하는 춤이다. 과관코에서 남성은 끊임없이 성적인 접근을 암시하는 몸짓을 한다. 손에 든 천이나 맨손을 여성을 향해 치거나 보내는데 여성은 그때마다 이것을 막아내는 몸짓을 하는 것이 특징이다. 이것을 바쿠나오 vacunao 라고 한다. 얌부는 룸바를 힘이 빠진 채 추는 노인들을 젊은이들이 흉내 내면서 만들어진 느린 춤이다. 가사 노동, 일하는 모습 등을 담고 있거나 남녀가 서로가 유혹하고 물리치는 사랑의 과정을 그린다. 보통 하얀 옷을 입거나 손에 하얀 천을 들고 춘다. 콜롬비아는 힘차고 강렬하고 빠르게 추는 남성의 솔로 춤이다. 세 가지 모두 룸바지만 쿠바에서 룸바 공연이라고 하는 경우 과관코인 경우가 대부분이다. 룸바의 춤사위에는 쿠바의 신들을 나타내는 동작들이 많고 이것은 지금의 살사까지 이어지고 있다.

콘트라단사의 영향으로 크게 원을 둘러 다 함께 추는 형태도 남았는데 살사 루에다 rueda(바퀴)라고 한다. 특히 쿠바와 멕시코에서 살사 루에다를 많이 추는데 남성 리더가 다음 패턴의 이름을 외치면 다 함께 같은 패턴의 춤을 추다가 파트너를 바꾸는 식이다.

아멜 거리

살사의 고향 쿠바에서 아프로쿠반의 정취를 찾을 수 있는 가장 쉬운 곳은 아멜 거리 Callejon de Hamel다. 다채롭고 아프리카 색이 짙은 벽화들과 작품들이 두 블록으로 된 좁은 골목을 꾸민다. 매주 일요일 12시에 룸바로 불리는 쿠반 살사, 과관코 공연과 룸바의 기원이자 아프로쿠반의 정수, 오리샤 공연이 열린다. 2016년 쿠바와 미국과의 관계가 개선되고 물자 부족 문제가 나아지면서 아멜 거리에 공연자들의 짙은 줄담배 냄새가 자욱하다. 2010년 초반까지만 해도 푸르렀던 높은 벽의 페인트는 벗겨져 빛이 바랬지만 사람들의 시선이 머무는 벽에는 색이 덧칠해졌다. 다채롭고 이색적인 분위기를 유지하며 새로운 작품도 늘어났다. 아멜은 초현실주의, 큐비즘, 추상주의와 아프로쿠반 스타일을 녹인 쿠바 작가 살바도르 곤살레스 에스칼로나 Salvador Gonzales Escalona가 1990년 자신이 사는 아파트와 거리에 그림을 그리면서 만들어지기 시작했다. 쿠바를 찾는 관광객이라면 반드시 방문할 곳으로 점찍어 두는 아멜의 공연은 오리샤들의 이야기를 알지 못하면 이해할 수 있는 것이 거의 없다. 쿠바로 온 아프리카의 요루바족들의 신들 오리샤는 브라질에도 남았지만 두 나라에서 발전한 형태는 무척 다르다. 쿠바의 오리샤들은 아프리카와 브라질과 비교했을 때 움직임이 격렬하고 역동적이며 옷차림이 단출하다. 쿠반 오리샤들의 움직임은 룸바와 살사 춤에 녹아들었고, 지금도 오리샤와 살사 춤에서 그 움직임들을 확인할 수 있다.

그리스 신화 속의 신들처럼 오리샤들도 수가 많고 성격도 각기 다르며 인간과 비슷하다. 오리샤들은 각기 좋아하는 색깔과 숫자, 요일이 있어 사람들은 자신의 수호 오리샤의 날짜에 제사를 지낸다. 쿠바 아바나의 나시오날호텔 근처에 요루바족들의 후예가 많이 산다. 그 골목을 거닐다 보면 운이 좋은 날 오리샤를 향한 기도모임을 찾을 수 있다. 어렵지 않다. 까강까강 하고

빛바랜 아멜 입구

귀를 때리며 골목을 메우는 카혼(쇠판이 붙은 상자, 악기) 소리를 따라가면 된다. 제단에 놓인 맥반석을 손가락으로 살짝 부시고(정화의 의식) 춤을 추는 무리들 사이에 들어가 마음이 가는 대로 음악에 맞춰 스텝을 밟으면 된다. 가장 중요한 오리샤는 7명인데 아멜에서 항상 모든 오리샤의 공연을 볼 수 있는 것은 아니다. 댄서들의 상황에 따라 3~5명의 오리샤 공연을 한다. 오리샤의 등장 순서는 정해져 있다. 아래 오리샤 소개는 등장 순서에 따른 것이다.

쿠바의 신들의 이야기: 오리샤

장난을 좋아하는 운명의 신 엘레구아^{Eleggua}

모든 문과 길에 사는 신. 갈림길에 서 있는 신. 교차로의 신. 엘레구아를 만나지 않고는 길을 지날 수 없다. 모든 신들도 마찬가지다. 길을 나설 때에는 반드시 엘레구아를 만나게 된다. 남자이자 여자, 아이이자 어른, 삶이자 동시에 죽음, 반인 반신. 모든 이중성을 동시에 지닌 아이러니의 신. 개구쟁이이나 말괄량이인 악동. 몹시 너그럽고 인자한, 괘씸한 신. 엘레구아가 이끄는 길이 어떤 길이 될 지는 아무도 모른다. 엘레구아는 변덕이 심한 장난꾸러기, 운명의 다른 이름이다. 엘레구아의 장난이 너무 짓궂지 않길 바란다면 엘레구아를 화나게 해선 안 된다. 엘레구아가 이끄는 길이 어떤 길이 될지는 아무도 모르기 때문이다. 엘레구아가 없는 제사나 공연은 있을 수 없다. 엘레구아가 가장 먼저 등장해 길을 연다. 오리샤들 또한 엘레구아의 허락을 받지 않으면 길을 지날 수 없다. 엘레구아 후에 뒤따라 등장하는 오

가라바토를 들고 길을 여는 춤을 추는 엘레구아

리샤들은 가장 먼저 엘레구아에게 인사를 하고 허락을 구한다. 변덕꾸러기에 가끔은 심한 장난도 마다하지 않는 운명의 신 엘레구아를 공연하는 댄서는 여자이든, 남자이든 상관없다. 엘레구아는 가라바토 garabato(손잡이가 긴 쇠호미)와 열쇠, 에추를 항상 갖고 있다. 길을 낼 때 장애물은 가라바토로 제거한다. 전쟁의 신이기도 하다. 관광객들의 돈을 걷으러 다니는 것도 엘레구아다. 돈을 적게 내면 엘레구아가 화를 낼 수도 있다. 앉아 있는 관광객의 무릎 위에 앉거나 매달리거나 담배나 모자를 뺏어가는 등 심술궂은 장난을 하기도 한다. 하지만 기억해야 한다. 엘레구아를 화나게 해선 안 된다. 운명이 화가 나면 무슨 짓을 저지를지 모른다. 반은 붉고, 반은 검정인 엘레구아는 오리샤들의 공연 중에 가장 기동성 있게 움직이고, 모든 오리샤들 사이를 자유롭게 오간다. 엘레구아가 없이 등장하는 오리샤 공연은 없다.

엘레구아의 에추 Echu, Eshu

항상 엘레구아와 함께 있는 돌. 에츄는 본래 형상이 없고, '악'은 아니지만 골칫거리나 심각할 수도 있는 문제를 일으킬 수 있는 '잠재적인 악'을 말한다. 에추가 곧 엘레구아이기도 하다.
에추가 문 밖에 있을 때는 아무 문제가 되지 않는다. 엘레구아가 열쇠로 문을 열어주고 에추가 집 안으로 들어가는 순간 문제가 일어나기 시작한다. 쿠바에 가면 가정집 문가에 엘레구아의 돌인 에추와 엘레구아에게 바치는 예물이 담긴 접시를 쉽게 볼 수 있다. 에추의 그림은 무척 흔하다. 특히, 술집이나 클럽 앞에 많다. 그곳에서 무엇을 경험할

항상 엘레구아와 함께 있는 돌, 에츄. 쿠바 클럽 입구에서 받은 전단지 그림

지는 엘레구아가 이끄는 대로, 엘레구아가 열어주는 운명에 달린 것이다. 들어가 봐야만 안다. 에추의 그림이 흔하지만 잘 알려지지 않은 만큼 가끔 관광객들에게서 못생긴 감자 취급을 받기도 한다. 아니다. 그 술집에선 감자는 구경도 못할 수도 있다. 엘레구아가 허락하지 않았다면.

푸른 바다와 어머니 신, 예마야Yemaya

가장 중요한 오리샤 중 하나인 예마야는 모든 인간의 어머니다. 많은 오리샤를 낳은 오리샤의 어머니이기도 하다. 예마야는 자궁, 비옥함, 모성애, 바다의 신, 지성과 지혜의 신으로 바다처럼 커다란 인자함과 지혜로 많은 기적을 행하고 사람들을 돕지만 벌을 줄 때는 바다가 삼키듯 용서가 없다. 강과 물의 신, 오춘과 자매이다. 자궁 속에서 인간이 물고기의 모습으로 있다가 태어나기 때문에 예마야는 물고기를 수호하고 어부들이 섬기는 신이기도 하다. 푸르고 길고 커다란 폭의 치마를 입는 예마야는 바다의 파도처럼 춤을 춘다. 치마폭으로 파도를 만들기 위해 턴을 많이 한다. 엘레구아가

바다의 물결처럼 춤추는 예마야
(사진: saritaleyva.com)

등장하면 다음으로 나타나는 신은 모든 인간과 오리샤의 어머니, 예마야이다. 올로피Olofi(혹은 올로핀Olofin 지구의 통치자. 요루바 종교에서 절대 신의 세 가지 표현물 중 하나)가 신을 잊은 인간에게 화가 나 비를 내리기를 멈췄다. 길어지는 가뭄에 세상에 말라붙고 동물들이 죽고 인간들은 더러운 물을 마셔야 했다. 오리샤들은 회의 끝에 올로핀에게 용서를 빌기 위해 예마야를 보내기로 한다. 긴 여정 끝

에 올로핀의 성이 있는 산에 도착한 예마야는 올로피의 정원을 지나다가 그만 목마름에 지쳐 쓰러져 바닥의 더러운 물을 마신다. 멀리서 누군가 다가오는 것을 본 올로피는 가까이 가서야 예마야를 알아보고 마음이 누그러져 인간의 죄를 사하고 다시 세상에 비를 내리기로 한다. 예마야는 인간이 비와 물이 필요할 때 찾는 오리샤가 되었다. 어짊과 모성의 신 예마야는 춤을 추는 동안에서 인자하고 강인하지만 따뜻한 표정을 잃지 않는다.

강과 물과 사랑의 여신 오춘 Ochun, Oshun, Osun

까르르 웃는 물과 강, 성과 욕정의 신. 그리스 신화의 미의 여신 아프로디테가 오춘을 만난다면 순식간에 청순하고 하늘하늘한 이미지로 변하는 기분이 들 것이다. 오춘은 여성성을 수호한다. 감정, 정신, 감성, 관계, 우아함, 사랑, 아름다움, 기쁨, 행복, 미소는 오춘의 것이다. 하지만 정신적 고통, 큰 슬픔과 아픔도 오춘의 것이다.

오춘은 노란색으로 나타나는 모든 자연물을 수호한다. 노란빛이 도는 황금과 돈, 부유함을 관장하기도 한다. 가장 강한 남성신 샹고의 부인이다(오군의 부인이기도 하다). 예마야처럼 커다란 폭의 노란 치마를 입고 넘실대는 물을 표현한다. 예마야가 파도치는 모습을 형상화한다면 오춘은 치마폭을 끌어 올리며 물을 퍼올리는 모습이 주를 이룬다. 모든 동작이 간드러진다. 흐르는 물에 손과 몸을 씻거나 머리를 감고 물 혹은 꿀을 몸에 흘리거

까르르 웃으며 춤을 추는 오춘
(사진: saritaleyva.com)

나 바르며 추파를 던지고 유혹한다. 거울을 보며 미모를 확인하기도 한다. 시종일관 까르르 웃고 어깨를 앞뒤로 물결처럼 들썩이며 아름다운 미소를 흘린다. 그리스 신화의 인어 사이렌처럼, 오춘의 아찔한 유혹에 흔들리지 않기는 힘들다. 남성들의 정신을 차릴 수 없게 만드는 오춘은 전쟁의 신이기도 하다.

불과 쇠, 전쟁의 신 샹고 Shango, Chango

가장 강한 오리샤. 강한 남성성을 수호한다. 그는 왕이다. 가톨릭으로 개종을 강요당한 아프리카 노예들은 붉은 샹고에게 성인 바바라의 망토를 둘러씌우고 그 손에 샹고의 도끼, 혹은 긴 검 그리고 술잔을 들리고 숭배했다. 예마야, 오춘, 오바탈라와 함께 가장 중요한 네 명의 오리샤 중 하나이다. 술, 음식, 춤과 북을 좋아하는 일명 음주가무의 신이다. 강한 남성성을 수호하는데, 제우스처럼 시도 때도 없이 바람을 피워 수많은 오리샤들을 낳았다. 쇠와 철의 신인 샹고는 전쟁에 가장 먼저 나서는 전사들을 수호하는 신이다. 불, 천둥을 잡아다 내리꽂는 듯한 동작들이 많다. 가장 강력하고 힘이 넘치는 춤을 춘다.

샹고
(사진: saritaleyva.com)

번개와 전쟁과 죽음의 여신 오야 Oya

묘지 입구에서 문지기 역을 하는 여신, 오야다. 바람을 타고 전쟁터에 등장하는 여신 오야는 번개, 토네이도와 같은 자연에 일으키는 변화들을 맡고 있는데 공기, 바람, 삶과 자연의 변화를 관장한다. 손에는 철과 또 다른 전쟁의 신이자 남편인 오군이 만들어준 짧은 마체테machete(검보다 짧고 단도보다는 긴 납작하고 무거운 칼)와 번개를 항상 들고 다닌다. 이 전쟁의 여신은 슬픔을 가진 신이다. 9번의 유산으로 아이를 낳지 못했고, 오춘이 버린 샹고의 쌍둥이 아이들인 이베히ibeji(쌍둥이를 수호하는 쌍둥이 오리샤)를 대신 키웠다. 항상 바람을 타고 다니는 모습으로 묘사되는 오야는 성격이 급하고 극성맞은 사람들을 수호한다. 전쟁의 여신이자 묘지의 문지기지만 묘지 대신 시장에 사는 신이다. 거래가 이루어지는 활기찬 곳에서 상인들 속에 섞여 산다. 공연에서는 혼자보다는 보통 여러 명의 댄서가 등장하고 보라색에 죽은 아이들을 나타내는 아홉 가지 색 치마를 입는데 검은색은 절대 포함되지 않는다. 손에는 오군의 마체테와 샹고의 번개 혹은 검은 태풍을 상징하는 이루케iruke(말꼬리 채찍)를 들고 있다. 오야의 춤은 바람과 태풍을 상징한

화난 얼굴로 춤추는 오야

다. 샹고에게 훔친 번개를 아래로 던지거나, 반시계 방향으로 도는 태풍을 그린다. 항상 화나고 슬픈 얼굴이라 크게 소리를 지르기도 하는데 공연 후 환하게 웃는 오야를 공연한 댄서의 얼굴은 조금 당황스럽기까지 하다.

오군 Ogun, Oggun

마체테를 들고 있는 오군

발명의 신. 불의와 싸우며 정의를 지키는 강인한 남신이다. 철, 도구, 무기와 기술을 수호한다. 산에 살면서 산에서 일어나는 모든 비밀을 안다. 인간의 몸을 지탱하는 뼈, 갈비뼈, 삶에 필요한 오장육부를 보호한다. 짓궂고, 똑똑하고, 교활하다. 나서길 좋아한다. 욱하거나 폭력적이기도 하다. 전쟁에 빠지지 않고 가장 먼저 나선다. 발명과 도구의 신인 오군은 자신이 만든 마체테로 길을 만든다. 오리샤들이 살고 있는 세상에서 인간들이 사는 곳으로 오는 길을 만들었다. 오야의 남편이었다가 오춘의 남편이 된다. 오군의 춤을 한눈에 알아볼 수 있는 동작은 손을 높이 들어 사탕수수를 베는 모습이다.

사냥과 숲의 신, 오초시 |Ochosi

사냥과 숲, 야생과 모든 동물의 신. 사냥과 어부의 신이자 예마야의 아들이다. 오초시는 사냥감을 놓치는 법이 없다. 엘레구아, 오춘, 오군와 함께 네 명의 전사 오리샤 Worrior Orisha 다. 법과 정의를 수호한다. 가장 중요한 일곱 명의 오리샤에는 속하지 않지만 가장 많이 공연이 되는 오리샤이기도 하다. 오초시는 원래 혼자 움직이는 것을 좋아했다. 활을 쓰고 숲에 사는 오초시는 처음에는 산에 사는 다른 전쟁의 신인 오군과 사이가 좋지 않았다. 하지만 먹고 살려면 사냥을 해야 했고, 숲은 무한한 위험이 도사리고 있는 곳이었다. 멀리 있는 사냥감을 겨냥하는 사이 가까이에서 다른 공격을 받을 수 있었고, 무엇보다 사냥에 성공했어도 숲이 험난해 사냥물을 가지러 가는 길에 포기해야 하는 일이 잦았다. 오초시는 길을 만드는 오군의 도움을 받으며 오군과 팀을 이루는 단짝이 된다. 생계를 위해 애쓰는 오리샤들의 모습은 신화 속에 신들을 신성시

손으로 활과 화살 모양을 만들어 사냥하는 오초시

하기보다 인간의 삶을 솔직하게 담아내는 느낌을 받는다. 산에서 살며 형제와 같은 오초시와 오군은 모두 초록과 검정색을 입는다. 사냥감을 향해 살금살금 다가가거나 멀리 있는 곳을 향해 활을 쏘는 동작을 하는 오초시는 공연에서 쉽게 알아볼 수 있다.

머리의 신, 오바탈라Obatalá

올로룬Olorun(신. 신성하고 성스러운 것으로 초자연적 혹은 절대적 존재)은 아들 오바탈라를 천국에서 세상에 내보냈다. 오바탈라는 태초에 하늘 아래 물 밖에 없을 때에 올로두마레Olodumare(우주의 태동하는 힘)가 준 한 줌의 흙을 바다 사이에 뿌려 땅을 만들고 포포라는 진흙으로 인간의 몸을 만들었다. 오바탈라는 인간의 아버지이자 지구의 모든

허리를 낮게 굽힌 오바탈라

생명체의 창조자다. 순수함과 평화, 존경과 겸손을 상징하고 흰색으로 나타나서 은으로 치장을 많이 한다. 하얀 비둘기로 나타나는 올로피(성령, 신들과 인간의 메시지를 전달하는 매개체)가 함께 다닌다. 성급해서 실수를 자주 하는 샹고를 어진 아버지로 이끈 것도 지혜의 신 오바탈라다. 인간의 머리와 생각을 다스린다. 오바탈라의 얼굴은 항상 하얀 왕관으로 가려져 있다. 오리샤들 중 가장 신성한 존재라 바발루 아예가 등장하지 않는다면 가장 마지막에 등장하는 오리샤다. 오바탈라가 드는 흰색 이루케는 정화를 상징한다. 몸을 반으로 꺾고 무릎을 굽혀 가장 낮은 자의 모습으로 등장한다. 몸을 꼿꼿이 세우는 법이 없다. 오바탈라는 무성이다. 남자의 모습으로도, 여자의 모습으로도 나타난다.

질병을 뿌리는 신, 바발루 아예 Babalu-aye

가장 인기가 많은 신 중의 하나인 바발루 아예는 질병을 퍼뜨리는 신이다. 병든 바발루 아예는 부들부들 떨고, 비틀거리고, 온몸을 비비 꼰다. 표정도 항상 잔뜩 일그러진 데다 삐뚤어지고 고통에 차 있는 표정이다. 입에 거품을 물고 쓰러진다. 보통 짚으로 된 가면을 쓴다. 머리를 흔들고 손을 비비거나 몸을 움직여 질병을 폴보(먼지)로 만들어 입으로 불어 공기 중에 퍼뜨린다. 오리샤들은 인간의 삶의 좋은 것만 대변해 주지 않았다. 질병을 퍼뜨리고 죽음으로 이끌어가는 역할 또한 오리샤의 역할이다. 오리샤 공연에서 가장 마지막에 등장하는 바발루 아예는 가장 알아보기 쉽다. 일단 제대로 걷지 못하고 부들거리며 넘어진다. 일그러진 표정을 하거나 짚더미나 거적을 쓰고 나타났다면 그것은 바발루 아예다. 다른 오리샤들을 올라타기도 한다. 아프리카에서 일곱 명의 오리샤에 속하지 못했던 바발루 아예는 쿠바 노들 사이에서 질병이 얼마나 두려운 존재였는지 짐작케 한다.

쿠바의 신들 오리샤들은 아프로-브라질리언의 문화에도 남아 있다. 똑

같이 바타 드럼으로 연주되지만 약간의 차이가 있다. 쿠바와 브라질 사이의 오리샤들은 복장에서 가장 크게 차이가 난다. 쿠바의 오리샤들은 기동성이 빠르고 움직임이 좋은 짧은 단으로 된 옷이지만 브라질의 오리샤들은 모두 풍만하고 거대한 폭의 치마와 쉽게 머리를 움직일 수 없을 만큼 크고 높은 왕관을 쓴다.

오리샤들은 각자가 숭배받는 날이 있지만 정복자들에 의해 일주일에 한 번, 일요일에 한꺼번에 모여 하룻밤 새에 한 번에 기도 모임을 가지면서 오리샤들은 등장 순서를 가지게 되었다. 정복자들에 의해 일주일에 한 번 일요일에만 종교모임을 할 수 있게 된 후로 하룻밤 새에 한 번의 기도

몸을 털어내는 동작을 하며 춤을 추는 바발루 아예

모음을 가지는 백인들은 이들의 모임에 관심이 없었지만 점차 모임이 커지고 노예들이 세력화되는 모습을 보며 이를 탄압한다. 오리샤는 철저하게 가톨릭 성인의 모습으로 위장되고, 지금의 산테리아 Santeria 라는 새로운 종교에 이르게 된다.

아프로쿠반과 보리쿠아 그리고 살사

1898년 미서전쟁에서 미국이 승리하며 쿠바는 중남미에서 마지막으로 독립을 쟁취한다. 그러나 얼마 지나지 않은 1919년 미국에서 통과된 금주법 (주류 제조 및 유통 금지법)은 쿠바의 운명을 새로운 길에 놓는다. 법의 테두

리 밖에서 술을 소비할 수 있는 지리적으로 가까운 국가, 쿠바는 미국인들의 새로운 파라다이스가 된다.

1922년 쿠바에는 미국의 라디오방송국이 들어선다. 쿠바의 수도 아바나에는 해외 손님들의 유흥 문화를 위해 트로피카나Tropicana, 부에나비스타 소셜클럽Buena vista social club 과 같은 고급 카바레와 술집, 클럽들이 생겨난다. 1930~1940년대에 아바나를 메운 클럽들에서 연주된 음악이 바로 손, 단손과 같은 리듬에서 나온 아프로쿠반 음악이었다. 쿠바를 찾는 이들은 대체로 미국과 유럽의 부유층이었고, 누구에게나 새로웠던 이 이국적인 사운드는 자연스럽게 미국에 고급문화로 소개되고 인기를 끈다. 지리적으로도 쿠바와 가까웠던 미국의 중심 도시인 뉴욕에는 음악가와 연주자, 새로운 기회와 일자리를 찾는 쿠바인들이 늘어나고 이스트 할렘, 스페니시 거주구 엘 바리오el barrio가 형성됐다. 이곳에서 아프로쿠반 뮤직은 재즈와 뒤엉겨 발전한다. 티토 푸엔테, 찰리 파커, 냇 킹 콜, 에스트레야 모렌테, 벤 웹스터, 디지 길레스피, 차노 포소 등 라틴 재즈의 거장들이 등장하며 춤을 추기 위한 음악이 아닌 순수한 음악으로서 발전의 길을 걷는다.

1940~1950년대 멕시코 출신의 페레스 프라도가 새로운 열풍 '맘보'로 라틴 붐을 이끌면서 라틴 음악의 중심에 춤이 새로운 주인공이 되었고, 몸으로 즐길 수 있는 라틴이 시작되었다. 신을 부르는 외침이자 '콜 앤 리스펀스'를 의미하는 맘보는 룸바에 재즈의 요소가 더해진 장르였는데, 오레스테스 로페스Orestes Lopez라는 뉴욕에서 활동하던 쿠바 작곡가 겸 연주자가 1938년 쿠반 손 장르였던 자신의 곡에 「Mambo」라는 제목을 붙이기 시작하면서 일반적인 '라틴'을 의미하는 말로 확장되었다.

엘 바리오에는 쿠바뿐만 아니라 푸에르토리코 출신의 이민자들이 넘쳐났고, 아일랜드계 이민자들이 섞여 새로운 음색을 더했다. 1917년 존스법Jones Act으로 푸에르토리코인들은 미국으로 자유롭게 이동할 수 있게 되고,

특히 1940년대부터 1960년대까지 80만 명에 가까운 보리쿠아boricua(푸에르토리코 사람을 의미)들이 미국, 특히 뉴욕으로 이주하며 푸에르토리코의 봄바Bomba와 플레나Plena같은 음악이 라틴 음악에 영향을 끼친다.

1960년대에 이르러 라틴계 이민 2세대는 미국인으로서의 정체성과 라틴계 부모 사이에서 스스로를 정의할 새로운 사운드를 찾는다. 아프로쿠반과 푸에르토리코의 음색이 더해진 라틴 재즈에 1940~1950년대에 미국에서 유행한 맘보, 로큰롤, 스윙, 부갈루 등에 아이리시 사운드까지 더해져 살사가 만들어진다.

1950년 엘 바리오에서 푸에르토리코 출신 부모에게서 태어난 에디 토레스는 살사의 기본 리듬을 연주하는 타악기 콩가Conga가 두 번째 박자에 강한 사운드가 나는 것에 착안해 새로운 춤 스타일 온투on2(첫 박자가 아닌 두 번째 박자에 춤을 시작함)를 만들어낸다. 거리에서 즐길 수 있는 스트리트 댄스였던 살사는 점차 턴이 많아지며 클럽 안에서 추는 춤으로 발전한다.

1960년대에 살사와 라틴 재즈는 춤과 감상을 위한 음악 두 가지 형태 모두로 다양한 장르의 음악에 영향을 끼치며 전 세계적인 인기를 얻는다. 살사의 인기는 1973년 뉴욕 양키 스타디움의 4만 5000석을 가득 채운 살사 뮤지션 그룹 파니아 올 스타즈Fania All Stars의 콘서트로 확인됐다. 콘서트 중간에 사람들이 무대 위로 난입해 연주가 중단되기까지 했던 이날의 소동은 세기가 바뀌었어도 사람들에게 회자되고 있다.

칼리: 중미 콜롬비아에서 발전한 다른 스타일의 살사

살사가 미국 뉴욕의 스페니시 할렘에서 이민 2세대들에 의해 여러 문화적인 요소들이 섞여 만들어진 양념, '살사' 같은 존재라면 같은 음악을 두고 새로운 춤 스타일로 해석해 낸 중남미의 도시가 있다. 바로 콜롬비아의 제2의

칼리 살사 세계 챔피언
Daisy Rodran 공연 중 한 장면
(사진: Daisy Rodran의 facebook)

수도 칼리다. 이것을 두고 카바레 스타일 혹은 칼리^{Cali}살사라고 부른다. 칼리는 1971년 팬아메리카(4년마다 열리는 아메리카 대륙 국가들을 위한 종합스포츠 경기)를 주최하면서 스포츠 도시로서 크게 성장한다. 엄청난 돈이 유입되면서 클럽과 선술집이 우후죽순 생겨나고 그에 맞춰 라이브 밴드도 많아졌다. 파티와 공공연한 마약 사용과 함께 공연 문화로 발전한 칼리 살사는 화려한 스텝과 아크로바틱이 주를 이루는 공연용 살사다.

레게톤과 현대의 라틴

1990년대 후반 자메이카의 레게 음악과 미국의 힙합 음악에 라틴이 섞인 새로운 음악, 레게톤이 푸에르토리코에서 시작한다. 레게톤^{reggaeton}의 특징은 자메이카의 뎀바우^{Dembow} 리듬을 특징으로 하는데, 뎀바우는 아프로쿠반 리듬인 아바네라^{Habanera}의 리듬을 단순화한 변형 리듬이다.

현재 가장 대중적으로 유행 중인 라틴 음악이다. 푸에르토리코 젊은이들의 마르케시나^{Marquesina}('차양', 푸에르토리코의 젊은이들의 파티)에서 음악을 틀던 DJ들의 믹스로 태어났다. 도시 빈민층의 정서로 정치적이고 폭력적 이미지가 강하고 몹시 선정적이었지만 푸에르토리코 젊은이들 사이에서 폭발적인 인기를 끌었다. 레게톤의 왕, 대디 양키Daddy Yangkee에 의해 대중적인 인기를 얻으면서 정치적·폭력적인 면을 걷어냈다. 하지만 상대적으로 더 직설적이고 외설적인 가사와 뮤직 비디오로 인해 선정적인 이미지로 심한 호불호의 대상이었다. 그러나 루이스 폰시의 「데스파시토Despacito」 (2017)가 16주간 빌보드 1위를 하며 지나치게 선정적인 가사와 춤으로 기피되던 이미지의 한계를 이기고 스페인어 가사로 된 음악과 리듬을 대중의 인기 한가운데로 불러왔다. 현대 대중음악이 점점 단순한 사운드를 추구함에 따라 살사, 라틴 재즈는 대중음악의 인기에서 크게 한발 물러났다. 하지만 아프로쿠반 리듬은 아직도 팝 음악에서 인기의 정점에서 찾을 수 있다.

뎀바우 리듬을 더 단순화시킨 트레시요는 흔히 유행하는 팝 음악에 녹아 선풍적인 인기를 끌고 있다. 저스틴 비버Justin Bieber의 「소리Sorry」(2015), 시아Sia의 「칩 스릴Cheap Thrills」(2016), 에드 시런Ed Sheeran의 「셰이프 오브 유Shape of you」(2017) 등 최근 엄청난 히트를 친 많은 대중 팝 음악의 베이스는 트레시요 리듬을 따른다. 현대 사회의 특성에 따라 더 직관적이고 단순한 리듬을 찾아가는 것은 당연한 이치다. 한때 시대를 풍미했던 복잡한 리듬의 커플 댄스 살사의 인기는 시들해졌다. 댄스 붐은 단순하고 섹시한 움직임을 강조하는 센슈얼 바차타로 넘어갔다. 하지만 새로운 시대는 언제나 자신을 규명할 새로운 사운드를 찾아왔다. 그리고 새로운 장르의 영감은 기존에 존재하던 것에 있기 마련이다. 살사는 크게 한발 물러섰지만 아직도 라티노들의 삶에 빠지지 않는 존재다. 세계 어느 도시를 가도 살사 클럽은 있다. 두 사람의 짙은 공감과 자유를 누리는 커플 댄스 살사의 향수는 쉽게 잊히지 않을 것이다. 또 어느 양념을 더해 새로운 맛이 될지 기대할 수밖에 없다.

★ *Arhuaco, Ni Más Ni Menos* ★

영혼의 형제들을 찾아서
아 루 아 코 부 족 의 삶 과 철 학

국선아

세계의 심장, 시에라네바다

눈 덮인 산맥이라는 뜻의 '시에라네바다 Sierra Nevada'는 콜롬비아 북단 '마그
달레나Magdalena'주에 위치해 있다. 카리브해와 안데스산맥 사이 내륙에 위
치해 고립된 지형을 이룬다.

　콜롬비아 통계청 조사에 따르면(2018년 기준) 콜롬비아에는 87개의 원
주민 부족이 존재하고 이는 전체 인구의 약 4.5% 수준인 190만 명 정도로
추산된다. 그리고 그중 4개 부족인 아루아코Arhuaco, 코기kogui, 위와Wiwa, 칸
쿠아모Kankuamo인들이 이곳 시에라네바다 산지 곳곳에 흩어져 살고 있다.
이들은 스페인의 침략을 피해 깊은 산속으로 숨어든 타이로나Tayrona인들의
후손으로 이후 수백 년간 은둔하다 1990년대에 들어 문명 세계와의 교류를
시작했다. 이 네 부족은 거주 지역과 사용 언어가 각각 다르지만 시에라네
바다를 세계의 심장이라 믿는 세계관과 모든 지구인은 대지를 어머니로 둔

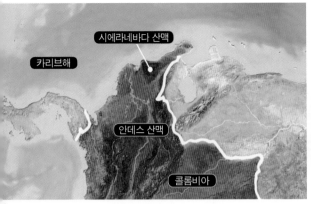

콜롬비아 북부 지도

부족별 촌락 위치

형제들이라는 공통된 신념을 가지고 있다. 그들은 스스로를 '형hermano mayor' 이라 칭하고 성역인 시에라네바다 밖의 문명 세계 사람들을 '동생 hermano menor'이라 칭한다. 속세의 나이가 아닌 영적인 진화를 믿는 것이다.

영혼의 형제들을 찾아서

영혼의 형제들을 찾아 마그달레나주의 주도 '산타마르타Santa Marta'로 향했다. 콜롬비아 곳곳의 다양한 원주민들의 이야기를 담은 여행 다큐를 촬영하기 위해서였다. 산타마르타는 시에라네바다 지역의 가장 큰 대도시다. 카리브해의 휴양 도시답게 화려한 바캉스룩의 관광객들이 넘쳐났다. 그런데 원색의 도시 풍경 사이로 하얀 무명옷을 입은 사람들이 종종 눈에 띈다. 사진으로 봤던 옷차림을 보고 분명 저들이 앞서 언급한 네 개 부족민 중 하나일 것이라 확신했다. 사실 그들이 돋보인 것은 독특한 옷차림 때문만은 아니었다. 어딘가 근엄하고 진지한 표정, 도시인들과 구분되는 특별한 눈빛이 있었다.

콜롬비아 현지 코디네이터 '오마르Omar'가 촬영에 협조해 줄 원주민 부족을 찾아 나섰다. 요즘 같은 시대에 방송 섭외란 이메일과 휴대폰 연락 등을 통해 사전에 충분히 가능한 것이지만, 문명과 거리를 둔 채 폐쇄적 사회를 이루고 살아가는 집단과는 소통이 쉽지 않았던 탓이다. 부디 좋은 소식이 들려오기만을 간절히 바랐다. 자료로만 접하던 사람들을 실제로 본 후 나는 더욱더 그들이 궁금해졌다. 알 수 없는 그 눈빛이 좀처럼 머리에서 떠나지 않았다.

자연이 숨겨둔 보물 '타이로나 국립공원'

우리가 산타마르타를 찾은 것은 꼭 부족민 때문만은 아니었다. 산타마르타는 카리브해에 위치한 해안 도시로 콜롬비아에서 가장 아름다운 해변을 가진 것으로 유명하다. 오마르가 섭외에 애쓰는 동안 우리는 도심에서 차로 30분 정도 이동하여 '타이로나 국립공원Parque Nacional Natural Tayrona'에 도착했다. 공원 내 위치한 해변만 30개 이상으로 서울의 4분의 1 크기에 달하는 거대 면적이다. 무엇보다 8세기 타이로나 문명 유적과 대자연이 함께 잘 보존되어 있어 문화재적 가치 또한 매우 높다. 공원 내에는 호텔뿐 아니라 텐트나 해먹을 설치해 잘 수 있는 캠핑장이 마련되어 있는데, 일단 한번 입장하면 몇 날이고 제한 없이 머무를 수 있다. 규모가 규모이니만큼 최소 2박 이상을 계획하는 것이 보통이다.

공원 입구로 들어서 조금 걸으니 손님을 기다리는 말들이 보였다. 승마 트레킹이 인기 있는 것을 보니 주요 지점까지의 거리가 꽤

타이로나 국립공원 내 호텔

먼 것을 가늠할 수 있었다. 그렇지만 고민 없이 걷기로 했다. 언제 다시 올수 있을지 모를 이 땅을 새기듯 평소의 걸음보다 꾹꾹 힘을 실어 걷는다.

한참을 걸어도 숲 그리고 또 숲. 중간중간 악어가 출몰하니 주의하라는 경고가 있을 뿐 같은 풍경이 반복되었다. 그렇게 한 시간쯤 걸었을까. 여전히 같은 풍경이다. 그런데 그때, 낯선 소리가 들려오기 시작했다. 분명 파도다. 숲에서 길을 잃은 사람처럼 오직 소리를 나침반 삼아 발걸음을 움직인다. 귀를 세우고 파도 소리가 가까이 들리는 쪽을 향해 간다. 그렇게 또 한참을 걷는다. 하지만 더 이상 목적지에 대한 조바심은 들지 않았다. 이젠 정말 카리브해와 가까워졌음을 오감으로 알 수 있었기 때문이다. 살갗에 닿는 바람의 감촉이 달라지더니 이윽고 바다의 짠 내가 후각을 자극한다. 끝나지 않을 것 같던 반복되는 풍경도 어느새 울창한 맹그로브 숲으로 바뀌어 있었다. 가까이 있는 것을 아는데 정확히 어딘지는 알 수 없다. 추격자라도 된 듯 매우 긴장되는 순간, 갑자기 나타난 범인처럼 그렇게 놀래키듯 카리브해가 모습을 드러냈다. 이제는 선명해진 파도 소리가 잘 찾아왔다고 격려하는 환영의 박수처럼 들린다.

그러나 환대에도 좀처럼 긴장은 풀리지 않는다. 경외라는 감정을 내 인생 처음 느낀 순간이 아니었을까? 두려울 만큼 아름답다. 첨벙 뛰어들기는커녕 바로 쳐다볼 수조차 없던 풍경. 일단 거리를 두고 걸어본다. 평행선이 좁아지듯 조금씩 해안선 가까이로 다가갔다. 드디어 맨살에 물이 닿은 순간, 풋풋했던 시절 남자 친구와 어색하게 길을 걷다 처음으로 손이 닿았던 때의 자릿한 감정이 살아났다.

모래사장에 털썩 앉았다. 이제 바다와 눈을 바로 맞출 수 있을 만큼 마음이 진정되었다. 텐트도 해먹도 없었지만 그대로 바다 곁에서 밤을 지새울 수도 있겠다 생각했다. 담아도 담아도 아쉬운 풍경이었다.

사실 카리브 바다의 아름다움은 익히 알고 있는 것이었다. 세계적으로

마침내 마주한 바다

이름난 국립공원들이 모두 그랬듯 당연한 아름다움을 예상했다. 그러나 아름답다는 감상을 넘어서는 감정이 경외라는 것을 처음 체험한 순간이었다. 내 언어로는 더 이상 표현하지 못하는 것이 안타깝다. 한마디로 내 인생 최고의 바다다.

　세계 어디를 가도 해안가는 늘 개발 호재다. 바다 뒤 나무숲보다 빌딩 숲의 풍경이 더욱 익숙하다. 카리브해를 한참 바라보다 솔직히 이런 생각을 했다.

　'여기다 호텔 지으면 대박 나겠는데?'

　스스로를 그런 경제학적 마인드와는 거리가 먼 사람이라 생각했는데 역시 욕심은 인간의 본능이다. 문득 '자연은 자연 그대로 아름다울 수 있는가?' 하는 의문이 들었다. 이곳의 자연이 이토록 아름다울 수 있는 것은 '자연스럽기 위한' 절제와 노력의 결과일 것이다. 많은 가치의 충돌 속에 자연이라는 가치를 최우선으로 두는 것은 쉽지 않은 선택. 이곳을 지켜 환상 같은 풍경을 내게 보여준 콜롬비아 사람들의 선택에 감사한 마음이 들었다.

그런데 자꾸 간지럽다. 너무나 간지러워 긁는 일 외에 다른 일은 전혀 할 수 없을 정도다. 뭐에 물린 건지 잘 모르겠지만 확실히 모기는 아니다. 이렇게 가려운데 모기라면 말이 안 된다. 인생 최고의 아름다움, 인생 최고의 가려움을 동시에 경험한 순간이었다.

흡혈파리 '헤헹' 귀여운 이름의 악마

이곳에는 악어 주의 표지판 대신 '헤헹 Jején'에 대한 경고가 있어야 했다. 적어도 악어는 나에게 도망갈 기회라도 주지 않을까. 헤헹은 습지에 서식하는 흡혈파리다. 모기처럼 대롱이 없어 이빨로 피부 조직을 물어뜯어 흡혈한다. 떨어져라 흔들어도 잘 떨어지지 않고 상처가 오래가는 이유다. 게다가 윙윙 하는 소리도 내지 않아 방어할 기회도 없이 속수무책으로 피를 뺏긴다. 가장 최악은 무리 지어 다닌다는 것. 팔이든 다리든 한 부위를 메뉴로 정하고 회식을 즐긴다. 웃음소리 같은 귀여운 이름을 하고 이렇게나 사악할 수 있다니 배신감마저 들었다.

헤헹에게 물린 직후에는 일단 작은 팽진이 생기는데, 참을 수 없이 가렵기 때문에 상처 부위를 긁다 보면 금세 진물이 난다. 사람에 따라 붓기를 일으키는 알레르기 반응이 나타나기도 하는데 내 경우가 그랬다. 초토화된 다리가 퉁퉁 부어올라 신발이 들어가지 않을 지경이었다. 항생제를 먹었지만 당장의 가려움을 해결해 주는 것은 아니었다. 가려우면 긁고 부기가 빠지기만을 그저 기다리는 수밖에는 없었다. 게다가 자외선이 강한 고지대에서 생긴 상처는 색소 침착되기에 딱 좋은 조건. 이때 생긴 상처가 1년 가까이 흉으로 남아 반바지 입기가 꺼려졌다.

칸타사마 마을로 가는 길

오마르가 좋은 소식을 전해왔다. 촬영에 응해줄 부족을 찾았다는 것. 아루 아코 부족 250명 정도가 살고 있는 '칸타사마^{Kantazama}'라는 마을이었다. 단 완전한 협의가 이뤄진 것은 아니고 마을에 도착해 마을 대표와 최종 면접을 치르는 조건이라고 했다. 비교적 외지인들에게 호의적 태도를 가진 사람들 이라고는 하지만 면접이라니 … 혹시 나 때문에 일을 그르칠까 걱정이 됐 다. 잠이 오질 않았다. Kantazama, Kantasama, Cantazama, Cantasama. 인터넷에 아무리 검색해도 정보를 찾기 어려웠다.

다음 날 새벽 드디어 칸타사마 마을을 향해 길을 나섰다. 시에라네바다 산맥 동북쪽 비탈 어디쯤에 위치해 있다고 한다. 이 거대한 산맥을 빙 둘러 싸고 아루아코, 코기, 칸쿠아모, 위와 4개 부족, 3만 이상의 인구가 살고 있 다. 시에라네바다는 그들의 심장이다. 마치 심장과 연결된 혈관처럼 곳곳

걸어도 걸어도 끝이 없는 숲길

의 마을들이 이어져 있다. 원주민 문화 보호구역으로 국가적 차원의 관리가 이뤄지는 곳이어서인지 깊은 산속 마을 입구까지 비포장이지만 도로가 나 있었다. 그래도 길이 썩 좋지는 않다. 돌을 밟을까, 도랑에 빠질까 소심하게 운전하는 모양새가 마치 내 마음 같다. 거친 초행길. 아무런 정보가 없기에 그저 조심하는 수밖에는 없다.

마을 입구에 차를 세우고 조금 걸어 들어가니 나무 아래 한 사람이 앉아 휴대폰을 보고 있다. 우리가 만나야 할 사람이 바로 저 사람이라는 것을 직감적으로 알 수 있었다. 나체의 원시 부족을 상상한 것은 물론 아니지만 이 산중에서도 휴대폰이 터진다는 사실이 재밌어 나도 모르게 웃음이 나왔다. 긴장도 조금은 풀어졌다.

영혼의 리더 마모

그 사람은 '마모 Mamo'였다. 오마르가 마을의 '대표'라 소개했던 사람이다. 적합한 단어를 찾지 못했던 것이고, 그들의 언어로는 '영혼의 리더 Líder espiritual ' 또는 '현인 Sabedor '이라 설명 한다.

마모를 중심으로 구성되는 사회 문화는 아루아코 부족뿐 아니라 시에 라네바다 지역 부족 전체의 문화다. 타 지역의 원주민들에게서 보았던 '차 만 Chamán '이 신령의 메시지를 전하기 위해 선택된 사람인 반면, 마모는 스

마모 카밀로(자료: casa cacao)

스로 수련을 거쳐 될 수 있다. 그러나 미래를 점치거나 마을의 중요한 의식과 제사를 주도하는 역할 면에서는 비슷한 점도 있다.

마모 후보생은 마모에 의해 선택된다. 아이 시절부터 고행을 거쳐 마모가 되는데 10년 이상 빛이 들어오지 않는 신전에 머물며 한정된 음식물만 섭취할 수 있다. 감각을 자극하여 수행을 방해하는 소금의 섭취는 엄격하게 제한한다. 수행 기간은 사람마다 다른데 연한이 정해진 것이 아니라 스스로 자연이 주는 메시지를 읽을 수 있는 지혜를 갖출 때까지이다.

마모는 남성만 될 수 있지만 일부 여성들은 그들과 동일한 방식으로 수행한다. 바로 마모의 아내가 되기 위한 과정을 거치는 것이다. 비범한 지성을 갖춘 남편에게 어울리는 아내가 되기 위해서는 그에 걸맞은 수양을 쌓아야 한다고 믿기 때문이다.

마모는 항상 혼인 상태다. 아내가 먼저 사망할 경우 반드시 새로운 아내를 맞이한다. 균형을 위해서다. 균형은 그들이 생각하는 가장 중요한 삶의 가치다.

마모의 메시지

우리를 맞이한 마모의 이름은 '카밀로^{Camilo}'. 그는 스페인어를 조금만 이해하기 때문에 스페인어를 할 줄 아는 마을 청년이 통역을 도와주었다. 아루아코인들은 '이쿠^{Iku}'라 불리는 아루아코어를 쓴다.

걱정에 잠 못 들던 지난밤이 무색하게 마모의 질문은 아주 단순한 것들이었다. 이름, 국적 정도의 신상을 묻더니, 곧이어 자신이 하고 싶은 이야기를 했다. 그리고 그 이야기를 한국의 형제들에게 꼭 전해줄 것을 당부했다.

"모든 자연은 연결되어 있기 때문에 균형^{equilibrio}이 중요합니다. 반드시 필요한 만큼만 자연을 이용하고 꼭 그 값 pagamento 을 치러야 해요."

촬영을 허락해 준 마모의 마음이 변하기 전에 얼른 그러겠다고 답했지
만 사실 내가 마모의 메시지를 제대로 이해한 것인지는 확신할 수 없었다.
대체 어떻게 값을 치르라는 건가. 혹시 촬영 협조에 대한 대가를 에둘러 말
하는 것인가 생각했다.

포포로, 남자의 철학

마모는 조롱박 모양의 무언가를 손에 쥐고 나무 막대기로 그것을 연신 문질
렀다. 가만 보니 마모뿐 아니라 마을 남자들 손에는 같은 물건이 들려 있었
다. 이것은 '포포로 Popora '다. 시에라네바다 지역 부족들의 전통인데 성인
남자에게만 주어지는 상징이다. 포포로는 이 지역에서 나는 박과 식물로 만
든다. 속을 비우고 중앙에 구멍을 뚫어 조개껍질을 빻은 가루를 채운다. 그
리고 막대기에 침을 발라 조개껍질 가루를 묻힌 후 포포로에 문지르는 행위
를 반복하는 것이다. 아루아코인들은 이 행위를 수양이라 여긴다. 보이지
않는 깨달음을 포포로에 새기는 것이다.

그러고 보니 모양도 크기도 모두 다르
다. 조개껍질의 칼슘 성분이 침과 만나 반죽처
럼 포포로에 더해져 문지를수록 크기가 커
진다. 설명을 듣고 나니 자꾸 포포로의 크
기에 눈이 간다. 여러 사람의 것을 비교하
게 된다. 크기를 통해 그 사람의 나이도, 수
행의 깊이도 상상해 볼 수 있다.

포포로

모칠라와 투투소마

마을에 들어선 순간부터 단연 눈길을 끈 것은 그들의 멋진 패션이었다. 하얀 무명천으로 상·하의를 맞춰 입는다. 시에라네바다 산맥을 덮고 있는 만년설을 의미하는 것이다. 남자들은 상의와 바지를 입고 여자들은 원피스를 입는다. 어린아이들을 빼고는 남녀 모두 검은 긴 머리를 하고 있는데 하얀 옷을 더욱 돋보이게 하는 이유다. 아침마다 무슨 옷을 입을지 고민하지 않아도 되는 것이 좋아 보였다. 각자의 개성은 목걸이나 팔찌 등의 장신구로 드러낼 수 있다.

아루아코족 패션의 완성은 '모칠라Mochila'라 불리는 손뜨개 가방이다. 이 가방 없이는 외출하지 않기 때문이다. 특히 포포로를 항상 지니는 남자들에게는 더욱 중요하다. 옷과는 상반되게 화려한 문양과 색채를 가진 것이 특징이다. 재밌는 것은 실을 뽑아내는 일에는 남녀 모두가 동참할 수 있지

투투소마와 모칠라를 착용한 아루아코 남자들(자료: kunsumu tutu)

만 틀을 사용해 옷을 만드는 과정은 남성의 일, 손뜨개질은 여성의 일로 구분되어 있다는 것이다. 이 또한 그들이 말하는 균형의 일부다.

시에라네바다 지역에 거주하는 4개 원주민 부족의 전통 의복은 거의 비슷하다. 소매나 바짓단 길이의 차이가 있다고는 하지만 한눈에 구분되는 정도는 아니다. 그러나 모자로 구분이 가능하다. 모자는 남자들만 착용한다.

아루아코족은 '투투소마 Tutusoma'라 불리는 모자를 착용하는데 상부가 평평하여 마치 윗동이 잘린 삼각뿔 모양을 하고 있다. 이에 반해 이 지역 다른 부족들의 모자는 끝이 뾰족한 모양새이거나, 카우보이모자처럼 챙이 넓은 하얀 모자를 쓰기도 한다.

투투소마는 문양 없이 흰 실로만 짜는데 양모로 만들어 두껍고 탄탄하여 모양이 흐트러지지 않는다. 머리 위에 얹힌 모습이 마치 만년설로 덮인 시에라네바다 산맥을 떠오르게 한다.

마을을 다니다 보니 휴대폰으로 통화를 하는 사람, 번쩍이는 손목시계를 찬 사람, 또 전통 의복이 아닌 기성복을 입은 사람도 보였다. '물욕이 없어야 원주민 아닌가' 하는 그릇된 실망감을 느꼈다. 그리고 이내 내게 없는 순수를 그들에게 기대하는 모순임을 깨달았다. 자급자족하는 그들에게 관광 수입과 정부 지원은 중요한 수입원. 이제 문명 세계의 도움 없이는 그들이 힘겹게 지켜온 것들을 더 이상 지킬 수 없을지 모른다.

소녀 굼나비아

촬영을 허락해 주었지만 딱 거기까지였다. 마을 구경을 시켜주거나 부족의 전통에 대해 소개해 줄 사람들을 직접 찾아 나서야 했다. 그러나 250명이 산다던 마을에는 사람들이 많지 않았다. 자급자족하는 농경사회에서 생계를 책임지는 남자들은 모두 마을을 떠나 일한다. 특히 아루아코 부족은 자

연의 균형을 위해 경작지가 집중되지 않
도록 멀리 흩어져 일하기 때문에 아예 경
작지 근처에 집을 짓고 그곳에서 생활한
다. 그런 이유로 마을에 남아 있는 사람들
은 대부분 어린아이들과 여자들이다.

소녀 굼나비아

한 집 앞에 서 있는 소녀에게 스페인
어로 이름을 물었더니 다행히 스페인어로
답을 한다. 그녀의 이름은 '굼나비아
Gumnabia'. 독특하고 예쁜 이름이다.

아루아코인들에게 스페인어 교육은
학교를 통해 이뤄지기 때문에 모두가 스페인어를 할 수 있는 것은 아니다.
굼나비아는 다른 마을에 위치한 아루아코 부족 학교에서 스페인어를 배웠
다고 한다. 무척 수줍음이 많아 보였지만 결국 호기심이 소심함을 이겼다.
모기만 한 소리로 내 이름이 무엇인지, 어디서 왔는지, 한국이 어딘지 등을
끊임없이 묻는다. 내가 그들이 궁금하듯 그들도 내가 궁금하다. 존재조차
몰랐던 지구 반대편 한국이라는 나라에서 온 여자가 얼마나 신기했을까. 내
가 한국의 이야기를 할 때마다 굼나비아의 눈은 빛나고 떨렸다. 평온하기만
한 칸타사마 마을에서 처음 본 격동이었다. 이 소녀가 자라 스스로 인생을
결정할 수 있는 때가 오면 그녀는 어떤 선택을 할까 궁금해졌다. 이곳에 남
게 될까, 아니면 더 큰 세상을 찾아 떠날까.

다주택자들

굼나비아와 친해진 덕분에 아루아코 부족의 집 내부를 볼 수 있었다. 우리
를 초대한 공간은 침실로 별다른 세간 없이 이불을 널기 위한 빨랫줄, 해먹

몇 개와 침대 하나가 전부다. 그리고 놀랍게도 침대 위에는 태어난 지 한 달 된 굼나비아의 동생이 누워 있었다. 내 평생 실제로 본 가장 작은 인간이었다. 아이는 아직 이름이 없다고 했다. 새 생명에게 이름을 지어주는 것 또한 마모의 역할 중 하나다.

아루아코 전통 가옥

아루아코인 모두는 다주택자다. 한 가족이 보통 세 개의 집을 갖는다. 침실과 부엌, 그리고 여러 연장들을 보관하는 남자의 집이다. 물론 집을 돈 주고 사지 않기 때문에 소유의 개념은 없다. 집을 짓기 위해 필요한 모든 것은 자연에서 얻는다. 전통적인 방식으로 집을 짓기 때문에 모든 집들은 외관도 인테리어도 같다. 밖으로 나오니 방금 전 머물렀던 굼나비아의 집이 어딘지 헷갈릴 정도였다. 갓 태어난 아기의 육아가 걱정될 만큼 열악한 환경이지만 내 집만 그런 것이 아니니 불평할 이유가 없다. 오르락내리락 하는 부동산 이슈에 울상 지을 일도 없을 것이고, 사는 지역이나 평수를 가지고 남과 비교해 괴로울 일도 없겠지. 이미 풍요의 기쁨을 알아버린 내게 딱히 가진 것 없고 부족한 것도 없는 아루아코족의 삶이 마냥 좋아 보인 것은 아니지만, 적어도 현생의 나를 괴롭게 하는 비교, 욕심, 질투와 같은 감정들은 이 세계에 존재하지 않는 것 같았다.

형제들의 메시지

마을을 떠나기 전 마지막으로 굼나비아와 해변 산책에 나섰다. 마을에서 조금만 걸으면 새파란 카리브해가 눈앞에 펼쳐진다. 세상 어디에도 이런 완벽한 배산임수는 없을 것이다. 잔잔하지만 위엄 있는 파도와 울창한 숲이 앞뒤로 마을을 감싸는 성곽이 되어 온 세상에 '우리가 이곳을 지키고 있다' 공표하는 것 같았다. 실제로 아루아코인들은 창조의 신 '세란쿠아 Serankua'가 세계의 심장 시에라네바다를 지키기 위해 바다를 만들었다고 믿는다.

아름다운 바다를 보고 있자면 꼭 보는 것에 그치지 않고 첨벙 뛰어들고 싶은 마음이 든다. 이렇게 사람의 욕심은 본능적인 것. 바다 가까이 다가가 기어이 다리를 흠뻑 적시고서는 굼나비아에게 말했다. 원할 때면 언제든 이런 물가에서 뛰어놀 수 있어 좋겠다고. 놀랍게도 굼나비아는 바다에 들어가 본 적이 없다고 했다. 아루아코 부족에게는 '물놀이'라는 개념이 존재하지 않았다. 대지를 어머니로 여기는 그들에게 자연을 놀잇감 삼는 것은 있을 수 없는 일. 이렇게 아름다운 것을 코앞에 두고도 그것을 향유하지 않는 절제의 대가로 이들은 삶에 필요한 모든 것을 자연으로부터 받는다고 믿는다. 니 마스, 니 메노스Ni Más, Ni Menos. 넘치지도, 부족하지도 않은 균형으로.

마을 앞의 카리브 해변

"우리가 들어가지 않기 때문에 바다가 이렇게 아름다운 거예요."

균형과 값. 처음 내게 당부했던 마모의 말을 그제야 조금 이해할 수 있을 것 같았다.

수줍은 안녕

떠날 때가 되니 본 만큼 듣지 못한 것이 아쉽다. 눈에 보이는 풍경을 열심히 좇느라 보이지 않는 그들의 철학을 더 많이 듣지 못한 것이 못내 아쉬웠다. 미련이 남지 않는 여정이 어디 있으랴 위로하며 발걸음을 돌린다.

수줍음이 많던 굼나비아는 끝까지 수줍은 표정으로 나와 손을 흔든다. 가만 보니 굼나비아의 뒤에는 그녀의 동생이 숨어 떠나는 우리를 지켜보고 있다. 또 그 뒤쪽으로는 그녀의 엄마가 서 있었고, 무심한 듯 띄엄띄엄 동네 어귀에 앉은 모든 이들의 시선이 우리를 향하고 있었다. 사실 관찰당하고 있던 건 우리였을까? 그들 또한 우리가 궁금할 것이다. 두 세계의 만남이란 것을 잠시 잊고 있었다.

혼돈의 세계

이제 정말 떠나는 길. 차 문을 닫고 출발하려던 순간 한 청년이 다가왔다. 도시로 돌아가는 길에 있는 어느 마을까지 태워줄 수 있냐는 것이었다. 눈 덮인 하얀 산지를 떠나는 청년의 옷은 어느새 검은색 기성복 차림으로 바뀌어 있었다. 청년이 차에 탔다. 생필품을 사기 위해 상점이 있는 도시에 간다고 했다. 대부분의 것들을 자급자족하지만 꼭 필요한 물건을 사기 위한 돈은 근처 바나나 농장에서 일을 해 번다고 한다. 누구의 것도 아닌 자연을 소

아루아코 청년의 마지막 모습

유하고, 또 그것을 파괴하며 대가를 받는 일. 문명 세계의 경제 활동이란 이렇듯 아루아코 부족의 철학을 외면해야만 가능한 일이다. 하지만 살아내기 위해 청년에게는 그 대가가 꼭 필요하다. 과연 그는 어떤 생각을 하며 살고 있을까. 전통과 문명이라는 가치관의 충돌 속에 어떤 혼란을 겪고 있을까. 공존할 수 없는 가치관의 제로섬 게임에서 아루아코 부족은 이미 많은 것들을 문명 세계에 내주었다. 마지막 안간힘으로 자연을 지키는 아루아코 사람들, 그리고 그들을 지키는 자연. 둘은 언제까지 서로를 지켜줄 수 있을까.

문득 이 혼돈을 아루아코 부족의 숙제라 여기는 내가 방관자로 느껴졌다. 평생 자연으로부터 많은 것을 가져다 쓰고 단 한 번도 값을 치를 생각을 해본 적이 없다. 사실 그 모든 것을 공짜라고 여겼던 것이다. 이미 불어난 버린 이자를 지금부터라도 갚지 않으면 파산에 이르는 것이 당연한 일. 묵묵히 모든 것을 내어주던 자연에게 두려움을 느낀다. 마모와의 첫 만남. 그날 그가 전해준 메시지가 그제야 내게 도착한 듯했다.

문명과 자연, 두 세계를 잇는 다리가 되어 달리는 차 안에서 많은 생각이 스친다. 그리고 청년은 우리를 만난 것이 행운이라며 미소 짓는다.

이방인 예술가의 낯익은 라틴아메리카

최한솔(쇼비)

이방인 예술가, 적도에 가다: 에콰도르 키토

지구 반대편의 에콰도르 청춘들도 역시 밤잠이 없었다. 밤새도록 춤을 추는 사람들을 태운 파티 버스가 에콰도르의 수도인 키토의 구시가지 전역을 돌아다니며 이방인 예술가를 환영해 준다.

덕분에 퀭한 얼굴로 아침 햇볕을 쬐기 위해 창문을 열었다. 고산지대의 시원한 공기와 함께 스페인에 점령당했던 에콰도르의 구시가지가 고요하게 펼쳐진다. 구시가지의 끝에는 언덕 위로 작은 집들이 듬성듬성 모여 있고 언덕의 꼭대기에 성모 마리아상이 보인다. 이 언덕은 스페인어로 빵 덩어리라는 뜻인 '엘 파네시오' 언덕이다. 잉카 제국 때 잉카인들이 모셨던 태양신의 신전이 있던 곳이다. 태양신의 신전은 어떤 모습이었을까?

태평양 너머 대륙에 황금이 있다는 소식을 듣고 잉카 제국을 침략한 스페인 군대는 황금을 모두 앗아갔고 태양신의 신전을 무너트린 뒤, 신전의

에콰도르의 수도 키토의 구시가지

돌들을 사용해 스페인식 건축물로 식민 도시를 건설했다. 식민 도시였던 키토는 1979년에 유네스코 세계 문화유산으로 지정되었는데, 이것을 기념하기 위해 세운 조각상이 바로 엘 파네시오 언덕 위의 성모 마리아상이다. 라틴아메리카 전역에는 키토의 구시가지처럼 아스테카 제국, 마야 제국, 잉카 제국의 문명과 스페인의 문명이 혼재되어 있다. 스페인 군대는 잉카 제국을 점령하면서 종교, 언어, 건축물뿐만 아니라 예술·문화에도 영향을 끼쳤다.

어젯밤 흥에 취한 청년들과 제국을 잃은 잉카인들이 겹쳐 보여 붓을 들었다. 한국에서 1만 6774km나 떨어진 라틴아메리카 대륙은 어떤 시간을 보내왔을까? 난 이 여행에서 작은 스케치북에 라틴아메리카의 역사가 남긴 정신과 대지의 신인 파차마마의 대자연을 담으려고 한다.

느지막이 아침 겸 점심을 먹으러 구시가지의 중심에 있는 독립 광장으로 갔다. 안데스 산맥에 둘러싸인 해발 2850m의 고산지대 도시답게 잡힐 듯 잡히지 않는 구름에 감탄하며 걸어가는데, 한 조각상을 둘러싸고 시위하

독립기념비

화폭에 담은 독립기념비

는 사람들과 경찰들이 보였다. 엉켜 있는 사람들 틈 사이사이를 지나 조각
상에 가까이 다가갔다. 1809년에 에콰도르가 스페인으로부터 독립한 것을
기념하여 세운 독립기념비였다. 기념비의 하단엔 스페인을 상징하는 사자
가 독수리를 향해 포효하고 있고, 잉카인을 상징하는 독수리는 힘차게 승리
의 날갯짓을 하고 있었다. 3세기 동안 독립을 위해 몸을 바쳤던 잉카 제국
의 영웅들이 한국의 독립운동을 떠오르게 했다. 붓펜으로 드로잉하며 한
선, 한 선 독립기념비의 강렬함을 담다 보니 잉카인들과 함께 호흡하는 기
분이 들었다. 그때, 시위대의 고성과 경찰들의 압박을 멈추게 하는 비가 쏟
아졌다. 영웅들의 영혼이 여전히 이 광장에 깃들어 있는 걸까? 어느새 광장
에는 억세게 쏟아지는 빗속에서 독립기념비만 우뚝 서 있었다.

　얼마나 지났을까? 비가 멈추고 안개가 걷히니, 구름 사이로 높이 솟아
있는 보트나시오날 대성당이 보인다. 보트나시오날 대성당은 식민도시 건
설 당시, 1740년 영국에서 시작된 신고딕 양식으로 지어졌다. 지붕이 뾰족

보트나시오날 대성당

하고 높이 솟아오르는 건물 모습에는 하늘에 가까이 닿고 싶어 하는 종교적 갈망이 담겨 있다.

스페인의 잉카 제국 침략과 에콰도르의 독립. 두 문명이 혼재될 수밖에 없었던 역사의 흔적을 구시가지에서 봤다. 그렇다면 혼재된 문명을 살아온 원주민들의 삶은 어땠을까? 라틴아메리카 인종의 70%는 원주민과 백인들 사이에서 태어난 메스티소이다. 원주민들은 극히 소수인데 안타깝게도 빈민층의 대부분이 원주민이다. 키토의 거리에서는 원주민의 피가 흐르는 작은 체구의 유색인들이 과일과 채소를 파는 걸 쉽게 볼 수 있다. 심지어 어린아이들조차 구두닦이를 하거나 사탕과 음료를 판매하고 있다.

안타까운 마음으로 그들을 지켜보던 중에 거리의 작은 갤러리가 눈에 들어왔다. 한 나라의 예술문화를 접하면 그 나라의 경제력과 시민의식까지 유추할 수 있다고 한다. 서양화를 공부하고 만화가와 일러스트레이터로 활동하고 있지만 부끄럽게도 라틴아메리카 미술에 대해선 민중 화가인 디에고 리베라와 프리다 칼로, 페르난도 보테로밖에 모른다. 비전공자 수준의 예술 지식으로 남미에 온 것이다. 제3세계의 예술가들은 어떤 세계관을 가지고 있을까? 관광지로서의 역할이 큰 미술관이나 박물관에 전시된 작품이 아닌, 현지 예술가들의 작품이 궁금해 얼른 조그마한 갤러리로 달려갔다.

입구에서 반겨주는 첫 라틴아메리카의 미술 작품은 바로 원주민의 실생활이 담긴 그림들이었다. 라틴아메리카에 대한 지식이 없어, 나는 문자가

원주민 미술

설치미술 작품

없던 고대 문명으로 돌아간 것 마냥 그림을 하나하나 뜯어보며 잉카인들의 복식, 종교의식, 생활 문화 등을 독해했다.

원주민의 삶이 그려진 그림들을 둘러본 다음 마지막 작품을 보기 위해 한 방에 들어갔는데, 설치미술품이 있는 것을 보고 깜짝 놀랐다. 정렬된 책상들과 그 위에 쌓인 톱밥, 입가에 철심이 박혀 있는 마네킹 얼굴, 얼굴 없이 전통 복을 입고 있는 마네킹의 몸. 제3세계에서도 설치미술을 하고 있다니! 라틴아메리카의 미술에 대해선 평면 작업만을 떠올렸을 뿐, 설치미술 작품이 있을 거라고는 상상도 못 했다. 가슴이 두근거렸다.

오랫동안 미술계에 몸담으면서 순수미술과 상업미술을 접하다 보니 더는 미술에 감흥이 생기지 않았다. 좋아하는 그림을 그리며 살고 있지만 신선한 자극이 없어 낯선 것에 대한 갈증이 자꾸만 났고 결국 지구 반대편까지 오게 된 것이다. 이 갈증을 라틴아메리카가 풀어줄 것 같은 예감에 심장이 빨리 뛰기 시작했다. 갤러리에서 뛰어나와 택시를 타고 남미의 피카소라고 불리는 과야사민 미술관으로 달려갔다.

과야사민 미술관에는 큰 규모의 전시장과 함께 오스발 과야사민의 생가

과야사민의 생가

도 함께 있었다. 미술관의 입구에 들어서자마자 과야사민이 그린 원색과 무채색으로 그린 앙상한 뼈의 형상들에 제압당했다. 마치 원주민들의 절규와 고통, 분노의 소리가 이 넓은 전시장에 울리고 있는 것 같았다. 거대한 그림 속엔 피골이 상접한 인물들이 고통의 몸부림을 치고 있고 절망감에 빠져 아우성을 질렀다.

　과야사민, 그는 왜 이런 그림을 그렸을까? 전시장과 그의 생가에 고스란히 남겨진 역사의 현장을 돌아보는 데는 꽤 오랜 시간이 걸렸다. 오스발도 과야사민은 1919년 에콰도르 키토에서 태어나 어려운 가정환경 속에서 자랐다. 아버지는 원주민 혈통이었고 어머니는 혼혈인인 메스티소였는데, 어머니는 과야사민이 어렸을 적에 사망했다. 과야사민이 죽음을 앞둔 말년에 그린 작품들의 주제는 모정이었다. 그가 한평생 어머니에 대한 그리움을 품고 살았다는 것을 알 수 있다. 1932년 그가 13살이었을 때에는 에콰도르에서 쿠데타가 일어나 친구들의 죽음을 목격하기도 했다. 유년기의 경험은 한 사람의 자아 정체성에 큰 영향을 끼치지 않던가. 작품에서 드러나는 그의 독특한 감성은 혼란스러운 유년기 시절에 꽃피운 듯하다. 그는 노동자가 되길 바랐던 아버지의 뜻과 달리, 미술학교를 졸업하고 미국과 멕시코를 여행하며 작품 세계를 넓혀갔다.

　과야사민은 멕시코에서 정치적 성격의 벽화 운동을 했던 디에고 리베라, 시케이로스, 오로스코를 만난다. 과야사민은 오로스코의 작품에 매료되어, 오로스코가 유럽에서 체류했던 때에 연구한 프레스코화를 배워 함께 벽화 작업을 하기도 했다. 과야사민의 이런 작품 활동은 멕시코를 중심으로 한 벽화 운동이 남아메리카로 이어지게 하는 징검다리 역할이 되었다. 1950년대 라틴아메리카 전역에는 쿠바혁명의 성공으로 사회주의 세력과 이를 견제하기 위해 미국이 지원하는 우익 독재정권 간의 장기간 내전이 이어졌다. 과야사민은 이런 라틴아메리카의 시대상을 사람의 표정과 신체, 특히 손가락을 부각해 작품에 반영했다. 스페인으로부터 독립한 후에도 외세에 오랫동안 휘둘리고 있는 것에 대한 분노와 고통을 작품으로 표현해 민중에게 공감을 얻었다.

과야사민의 작품을 보다 보니 라틴아메리카의 피로 얼룩진 역사의 현장에 있다 나온 듯 마음이 무거워졌다. 무거운 마음을 털어내 보고자 구시가지의 기념품 가게들이 몰려 있는 거리로 갔다. 아기자기하게 예쁘게 꾸며놓은 거리를 보며 드로잉을 하고 있는데, 한 남자가 다가와 내 그림에 관심을 보였다. 가방에서 주섬주섬 노트를 꺼내어 자신도 그래픽 예술가라며 환하

그래픽디자이너와 그의 드로잉

게 웃는다. 현지 예술가라니, 반가운 마음에 "올라Hola!"를 외쳤다. 그는 미국에서 유학생활을 했고 키토에서 벽화와 문신을 그리며 그림 워크숍도 연다고 했다.

키토에 며칠 더 머문다면 작업실도 구경해 볼 텐데 내일 키토를 떠나야 하는 일정에 그도 나도 아쉬워하며 SNS 계정을 공유하고 헤어졌다. 덕분에 〈파차마마의 마법〉 작품을 제작할 때 이 친구에게 여러 자문을 구할 수 있었다. 짧은 만남을 뒤로하고 그가 소개해 준 기념품 가게에 갔다. 가게엔 다양한 수공예품과 그림들을 판매하고 있었는데, 과야사민의 작품을 모작한 그림도 있었다. 수많은 작품 중 내 눈길을 끌었던 건 원주민의 공동체 사회가 그려진 그림이다. 스페인의 침략을 받기 전 잉카인들은 아이유라 불리는 친족 중심의 연대를 가졌다. 직계 가족뿐만 아니라 사촌부터 팔촌까지 형제자매로 여겼으며 친족끼리 혼인을 통해 거대한 집단을 만들었다. 아이유의 구성원들은 함께 집을 짓고 농사를 지으며 서로의 생계를 돌보았다. 잉카 시대에는 토지, 가정용품, 식량과 가축, 관개용수 사용권 등 다양한 유형의 소유권이 있었는데 국가, 잉카, 신, 아이유, 이렇게 네 가지 형태로 소유권을 나누어 가졌다. 토지 역시 국유지, 잉카(왕)의 토지, 태양신의 토지, 아이

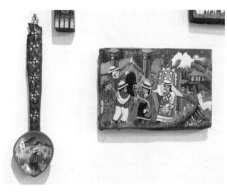

원주민의 공동체 사회가 그려진 그림

잉카인의 세계관이 그려진 그림

유의 토지로 분배되었다. 아이유 소유의 토지는 친족들이 공동으로 관리하는 토지였고 라마와 알파카 또한 공유하며 가축을 위한 목초지도 소유했다. 한국에서 자식에게 경제적 자산으로 부동산을 물려주듯 잉카인들 또한 토지에 대한 소유권을 다음 세대에게 물려주었던 것이다. 재밌는 점은 조상에게 물려받은 토지 소유권에 대한 권리를 주장하기 위해 조상과 토지가 관련된 신화를 만들었다고 한다. 최초로 아이유를 만든 조상이 토지에 있는 비석과 연못으로 변해 이곳을 지키고 있다는 전설을 알려 토지 소유권에 대한 정당성을 부여한 것이다. 아, 부동산이 지구 반대편의 14세기 때부터 중요한 경제적 가치였다니!

한탄을 하며 옆의 그림으로 시선을 옮겼다. 사람과 동물, 자연이 구분 없이 한데 어우러져 있는 그림이다. 사람들이 자신보다 훨씬 큰 새의 알을 옮기고 있고, 과일과 새 역시 크게 묘사되었다. 물고기가 하늘을 날아다니고 있으며, 기차가 알을 싣고 가고 있다. 이 그림에는 인간을 동물과 구분하지 않았던 잉카인들의 세계관이 그대로 담겨 있다. 잉카인들은 신, 인간, 동물, 자연이 우주 안에서 공존하고 공생해야 된다고 생각했고 자신들을 자연의 일부로 여겼다.

라틴아메리카를 여행하다 보면 식사하기 전에 땅에 술을 뿌리며 파차마

파차마마가 그려진 벽화

마라고 외치는 사람들을 간혹 볼 수 있는데, 이 전통 역시 잉카인들의 세계
관이 담겨 있는 행동이다. 잉카 신화에 등장하는 파차마마는 땅에서 자라나
는 모든 동식물을 따뜻하게 돌봐주는 풍요의 신, 대지의 여신이다. 지금도
원주민들은 농사를 시작하기 전에 파차마마에게 제사를 올리며 풍요를 기
원한다. 남아메리카 곳곳의 벽화에서도 파차마마에 대한 굳건한 믿음을 볼
수 있다.

　　잉카인의 세계관을 한껏 느낄 수 있었던 상점에서 나오며 키토의 밤거
리를 걸었다. 자연과의 조화를 중요하게 여겼던 잉카인의 세계관은 사실 내
가 에콰도르에 온 가장 큰 이유이기도 했다. 바로 자연과 공존하는 삶을 실
천하고 있는 갈라파고스 제도에 가기 위해서이다.

태초에 우리는 하나였다: 갈라파고스 제도

뜨거운 태양 아래, 척박한 토양에서 자란 선인장과 황량한 나무들이 보인
다. 긴 옷을 벗어 던지고 파차마마의 땅에 앉아 갈라파고스 제도에서의 첫

| 갈라파고스 제도에서의 첫 그림 | 내 식사를 방해하는 귀여운 새 |

그림을 그렸다. 용암이 분출해 만들어진 이 화산섬은 거칠고 황량해서 생명체가 살아남기 힘든 조건의 섬이다. 과연 여기서 살아남은 동식물들은 어떻게 살아남을 수 있었을까?

갈라파고스는 잉카 제국을 정복한 스페인 사람들에게 발견되었다. 당시에는 큰 거북이가 많은 무인도라 스페인어로 거북이를 뜻하는 '갈라파고스'라고 불렸고, 이 명칭이 지금까지 쓰이게 된 것이다. 1835년에는 다윈이 비글호를 타고 갈라파고스 제도를 탐험해 진화론의 첫 아이디어를 얻게 된다. 그는 갈라파고스 제도의 산티아고섬에서 동식물을 채집하고 스케치하며 핀치새의 부리 모양이 서식지의 환경에 따라 다르다는 것을 발견했다. 1859년에 다윈의 '종의 기원'이 출간되며 갈라파고스 제도가 세계적으로 알려진다. 핀치새는 씨앗을 먹는 종, 곤충을 먹는 종, 과일을 먹는 종 등 환경에 따라 다양한 종으로 진화했다는데, 내 식사를 방해하는 이 귀여운 새는 사람의 음식을 쉽게 먹을 수 있는 부리의 형태로 진화했으려나?

갈라파고스 제도는 생전 처음 겪어보는 자연 중심의 생태계다. 동물이 먼저 다가오는 건 괜찮지만, 동물을 만져서는 안 되고, 섬을 투어할 때도 식사는 배에서만 해야 된다. 섬에 있는 돌, 식물 등 자연의 모든 것을 섬 밖으로 들고 갈 수 없고 환경보조금도 내야 한다. 태초의 자연 생태계에 인간이 너무나도 많이 침범했으니 거주민들은 당연하다는 듯 규율을 잘 지키며 살고 있다.

　배를 타고 산타크루스섬의 주변을 돌아보다 푸른발부비새를 만났다. 푸른색 발을 가지고 있어서 푸른발부비새라고 불리는 이 새는 종족보존을 위해서 짝짓기를 할 때 수컷이 발목을 들었다 놨다 하면서 날개를 흔든다. 탱고와 살사가 유명한 대륙의 새답게 춤을 추며 암컷을 유혹한다. 춤을 추는 건 푸른발부비새뿐만 아니다. 산크리스토발섬에는 또 다른 해양동물이 어슬렁어슬렁 모래를 쓸어가며 춤을 춘다. 세계에서 유일하게 바다에서 사

산크리스토발의 바다사자

산타크루스섬의 육지 거북이

람과 수영하는 바다사자이다. 갈라파고스 제도의 바다사자는 해변마다 한 마리의 수컷이 수십 마리의 암컷을 거느린다. 산크리스토발섬의 한 해변을 맡은 마초가 내 성별을 알아봤는지 내 앞에서 힘자랑을 해댄다. 마초의 힘자랑에 사람들은 너도나도 웃으며 사진을 찍고 나는 그 강한 몸놀림에 못 이겨 그림으로 응답했다.

　갈라파고스에 사는 동물들은 천적이 없는 환경 속에서 진화하여 다른 생명체를 경계하는 습성을 기르지 못했다. 덕분에 사람도 두려워하지 않아 거리와 바닷가, 어류 시장 등 어디서나 쉽게 동물을 볼 수 있다. 하지만 육지 동물의 사정은 다르다. 천적이 없는 대신 척박한 땅에서 물조차 구하기 쉽지 않았기 때문에 굶주림에 대한 생존 전략이 필요했다. 육지 거북이는 선

라파고스 제도의 선인장　　　　저지대의 식물　　　　　　　　고지대의 식물

인장이 흡수한 물을 먹기 위해 목이 길어졌고 먹이와 물을 1년간 몸에 저장할 수 있게 진화했다. 동물만 생존 전략을 펼쳤을까?

　식물도 마찬가지였다. 갈라파고스의 선인장은 다른 지역의 선인장보다 키가 훨씬 크며 가시는 길고 억세다. 식물 역시 자신들의 천적인 동물들이 쉽게 접근하지 못하도록 진화한 것이다.

　또한 저지대의 식물들은 물이 부족해 메마른 가지만이 있는 황량한 모습이지만, 고지대의 식물들은 해류에 의해 안개비가 내려 습지에서 볼 수 있는 식물의 형태로 자랐다. 섬의 저지대에서 고지대로 가로질러 가다 보면 같은 섬에서 자랐다기엔 전혀 다르게 생긴 식물들 때문에 이 섬이 기괴하게 느껴질 정도다.

　이사벨라섬으로 건너가니 육지이구아나들이 마중 나와 반겨준다. 생전 이구아나는 처음 보는데 이렇게 많은 무리가 반겨주다니! 육지이구아나 역시 황량한 땅에서 염분기 없는 물을 섭취하기 위해 물을 흡수한 선인장을 뜯어 먹는다. 다른 지역의 이구아나가 30년 산다면 갈라파고스 이구아나는 포식자가 없어 60년이나 산다.

갈라파고스 제도에서 가장 잘 적응한 돌연변이는 해조류를 뜯어 먹고 사는 바다이구아나이다. 최대 수심 12m까지 잠수해서 바위를 움켜쥔 채 해조류를 먹는데 이를 위해 발톱이 날카로운 형태로 진화했다. 바다이구아나는 스스로 체온을 높이는 기능이 없어서 자주 바위 위로 나와 햇볕을 쬔다. 몸통 색이 흑색인 것도 햇빛을 효과적으로 흡수하기 위해서이다.

갈라파고스 제도에서 바다사자와 게으름을 피우고 육지 거북이와 산책을 하며 공존하는 삶을 살아보니, 잉카인이 왜 자신을 자연의 일부라고 여겼는지 알 것 같다. 경쟁이 아닌 상생, 경계가 아닌 조화. 갈라파고스 제도는 이기주의자가 되지 않아도 충분히 살 수 있는 곳이었다. 자본주의 사회에서 생존하기 위해 한 해, 한 해 보냈을 뿐인데 삶의 의미가 무엇인지 모른 채 진화되었다. 긴장감으로 가득했던 마음을 갈라파고스 제도에서만큼은 내려놓아도 괜찮을 듯하다.

점점 한없이 편안해진다.

케찰이 그려진 바랑코 거리의 벽화

들리니? 벽화 속 민중의 목소리가: 페루 리마

잉카 제국의 수도가 있는 나라, 페루에 왔다. 본래 잉카 제국의 수도는 쿠스코였는데, 스페인 침략자들이 물자수송을 쉽게 하기 위해 쿠스코에서 리마로 수도를 이전시켰다. 리마의 구시가지에서도 역사나 유럽식 건축물들을 볼 수 있다. 에콰도르의 벽화보다 기술력과 표현력이 훨씬 앞서는 벽화들도 곳곳에 보이는데 대부분 그림에 파랑새가 등장한다. 이 새는 남미를 상징하는 '케찰'이라는 새이다. 자연과 인간을 구분하지 않고 하나라고 여겼던 원주민의 정신이 여전히 현대에도 계승되고 있다는 걸 알 수 있다.

라틴아메리카의 벽화는 역사가 깊다. 1920년대 멕시코 혁명이 일어난 후, 좌익 정권은 민심을 잡기 위한 선전 도구로 벽화를 이용했다. 멕시코 벽화 운동은 라틴아메리카 전역에 영향을 끼쳤다. 처음엔 원주민 미술로 외세의 침략, 독립, 내전, 독재 정권, 혁명까지 멕시코의 역사를 벽화에 그려 민족주의를 내세웠다. 멕시코 벽화 운동을 이끌었던 주역으로는 3대 거장이라 불리는 디에고 리베라, 시케이로스, 오로스코가 있다. 당시 라틴아메리카의 예술가들은 대부분 엘리트였고 유럽으로 유학을 갔다. 이들 역시 10여 년간 유럽에서 활동하며 피카소와 브라크를 만나 입체파에 큰 영향을 받고 프레스코화를 연구했다. 유럽 생활을 거두고 그들이 고국에 돌아왔을 때 처음 마주한 것은 내전 이후 불안하게 살고 있는 민중이었다. 그들은 민중을 달래기 위해 유럽의 입체주의를 벗어던지고 멕시코 벽화 운동에 합류했다. 디에고 리베라는 농민들의 고통스러운 삶을 대변하는 그림을 그렸고, 시케이로스는 기득권을 비판하고 풍자하는 내용의 작품을 주로 그렸다. 반면 오로스코는 정치적 이데올로기를 떠나 인간의 부패와 타락을 비판하는 그림을 그렸다. 멕시코 벽화 운동은 고통스러운 민중의 삶을 대변해 주어 노동자들에게 희망을 심어줬다.

멕시코 벽화 운동의 정신은 1960년대 후반의 치카노Chicano 미술 운동으로 이어진다. 미국과 멕시코의 경계에 사는 멕시코계 미국인들은 백인들에게 스페인어로 '작은 사람'이라 뜻하는 치카노라고 불리며 인종차별을 당했다. 멕시코계 미국인들은 자신들의 정체성을 확고히 하기 위해 멕시코 벽화

바랑코 거리의 벽화

바랑코 거리의 벽에 그려진 원주민 그림

리마의 현대미술 작품   리마의 현대미술 작품

운동을 본보기로 삼아 민족주의적인 벽화를 그려 자긍심을 키웠다. 멕시코
벽화 운동이 정부의 지원을 받은 전문 예술가들의 운동이었다면, 치카노 미
술 운동은 비전문가들이 자발적으로 참여한 공동체 활동이었다.

　그렇다면 페루의 현대미술은 어떨까? 난 여행을 할 때 여행지의 현대미
술관을 찾아간다. 짧게 스쳐 지나가는 여행자로서는 알 수 없는 그 나라의
이면까지 시각적으로 쉽게 알 수 있기 때문이다. 리마는 스페인 침략자들의
물자수송 지역으로 이용된 도시이기에 미술계도 유럽의 영향을 많이 받았
을 것이다. 에콰도르에서 봤던 설치미술품을 떠올리며 호기심을 가득 안고
리마의 현대미술관을 찾아갔다.

　리마에서 본 첫 작품은 추상화였다. 색감, 구상, 개념 등 어느 것 하나
현대미술의 주류에 뒤처지지 않는 작품이었다. 리마에서 본 현대미술 작품
들은 흔히 '제3의 국가'의 예술에 기대하는 지역적·역사적 특징을 내세우는
작품보다 추상미술, 설치미술, 개념미술 등 미국과 유럽의 미술관에서 볼
수 있는 현대미술과 다를 바 없는 작품이었다.

다만 작품들에서 눈에 띄는 공통된 특징은 정치적인 요소가 강한 것이었는데, 이는 멕시코 벽화 운동이 다른 라틴아메리카 국가들에도 영향을 끼쳤기 때문이다. 1970년대와 1980년대에는 라틴아메리카 전역이 군부독재에 고통을 겪고 있었다. 칠레의 사회주의 정권은 노동자와 대학생들이 정치적 메시지의 벽화를 그릴 수 있도록 지원해 줬다. 하지만 쿠데타 이후, 군부 정권이 좌파의 흔적인 벽화를 지워버렸고 예술가를 감시하고 작품을 검열하기 시작했다. 군부 정권은 기득권을 위한 고급미술과 대중미술 외에 정치적인 성향의 작품은 철저히 금지시켰다. 반면 미국의 지원을 받으며 독재를 하고 있었기에 서구의 미술 형식에 대한 반감은 없었다. 예술가들은 이런 점을 이용해 전략적으로 작품을 제작했다. 당시 유럽과 미국의 미술계에서는 실험적이고 급진적인 예술운동을 뜻하는 아방가르드가 인정받고 있었다. 칠레의 미술가들은 정부의 검열을 피하고자 아방가르드 예술 형식을 이용했다. 아방가르드 형식 안에서 우회적으로 정권을 비판하는 작품을 제작하며 독재 정권에 저항한 것이다. 이후 독재 정권과 좌파가 선호했던 기존의 전통적인 형식에서 벗어나 퍼포먼스, 설치, 미디어 아트 등 새로운 형식의 개념주의 예술이 라틴아메리카 전역에서 발전하게 되었다. 이러한 역사적 이데올로기 때문에 라틴아메리카의 현대미술은 정치적 개념주의 미술이 주를 이루고 있다.

또 다른 이방인 예술가와의 만남: 페루 리마

미술관에서 나와 횡단보도를 건너는데, 한 예술가가 신호 대기 중인 차 앞에서 저글링을 하고 있었다. 예술가는 빨간불로 바뀌기 전에 잽싸게 자동차 안의 관객에게 관람료를 받았다. 바랑코 거리엔 예술가들이 살고 있다더니, 영화에서나 나올 법한 일이 이곳에선 일상이었다.

독립적으로 책을 제작해서 판매하는 예술가

　　더 많은 현지 예술가들을 만나기 위해 바랑코 프리마켓에 갔다. 그곳에서 파는 페루의 수공예품 역시 에콰도르의 공예품보다 정교해 보였고 견고했다. 또 예술가들이 직접 제작해서 판매하는 책, 공연, 설치작품 등 다양한 볼거리가 많았다.

　　현지 예술가들의 매력적인 상품들이 계속 나를 유혹했다. 하지만 장기여행할 땐 짐도 많고 여행경비를 위해 기념품을 사지 않는 나만의 철칙이 있다. 사고 싶은 마음을 꾹꾹 참고 눈요기만 하던 중, 디자인이 감각적이고

바랑코의 프리마켓 현장

프리마켓에서 열린 공연

개성 넘치는 헤어 액세서리를 발견했다. 오늘 저녁을 빵으로 때울 것이냐, 세비체를 먹을 것이냐 고심하던 찰나, 디자이너가 내게 다가왔다. 창작물의 가격을 깎는 게 양심에 걸렸지만, 리마까지 와서 세비체를 포기할 수 없었다. 그래서 거절할까 봐 최대한 불쌍한 표정으로 할인해 줄 수 있는지 물어봤다. 그녀는 내가 민망함을 느끼기도 전에 해맑게 웃으며 "¡Sí!"라고 기분 좋게 수락해 주었다.

나는 답례로 디자이너의 얼굴을 그려주다 놀라운 사연을 듣게 되었다.

며칠 전 베네수엘라에서 꼬박 며칠 밤을 걸려 국경을 넘어 페루로 왔다는 것이다. 국경을 넘을 때 베네수엘라 국경수비대에게 음식과 위생용품을 압수당해서 힘들게 넘어왔다고 한다. 그런 일을 겪은 사람치곤 참 기운이 넘치고 밝았다. 상심이 크겠다는 내 위로에 액세서리를 만드는 시간이 유일한 낙이라며 본인 브랜드인 'mega-TI'의 SNS를 보여줬다. 제품만큼 홍보물도 감각적이었다. 디자이너는 어렸을 때 부모님의 돌봄을 제대로 받지 못하며 자랐다고 한다. 어머니는 자녀에게 관심 없었고 아버지는 여행만 다니며 집에 들어오지 않았다. 빈집에서 항상 외로웠다는데, 그때마다 옷을 만들었다고 한다. 그녀는 자신의 브랜드로 가게를 내는 것이 꿈이었다. 뛰어난 재능과 열정으로 그녀의 사업은 한때 성공했지만, 오래가지 못했다. 차베스 정권의 국가 운영 실패로 베네수엘라의 경제가 무너져 버리고 말았기 때문이다. 베네수엘라는 극심한 인플레이션으로 화폐 가치가 하락해 사람 목숨이 신발 한 켤레보다 못하게 되었다. 그녀의 사업 역시 폐업하게 되었고 반려동물과 가까운 친구까지 테러리스트에게 죽임을 당하게 되었다.

결국 그녀는 살기 위해 베네수엘라를 떠나기로 결심했다. 페루에서 일을 하기 위해 베네수엘라에서 여러 기술을 배운 후, 페루에 지인이 있다는 사람과 함께 국경을 넘었다. 그러나 페루에 도착하자마자 동행자와는 뜻하지 않게 헤어졌다. 타국에서 어찌할 바를 모르고 있었는데, 우연히 새로운 친구들을 만나 도움을 받게 되어 이 프리마켓까지 무료로 참여하게 되었다. 그녀는 페루에 좋은 사람들이 많다며 오늘 밤 열린다는 파티에 나를 초대했다. 그녀의 선한 성품과 친화력이 인복을 끄는 게 분명했다.

베네수엘라의 패션 디자이너

그 후로 5년이라는 시간이 지났다. 여행에서 돌아와 가끔 연락을 하고 지냈는데, SNS를 통해 그녀의 소식을 접할 때마다 놀라곤 했었다. 첫 소식으로 이국에서의 고된 생활을 알려왔다. 그녀는 서빙, 사진가의 어시스턴트 등 생계를 유지할 수 있는 여러 일을 하고 있었다. 그런 와중에도 사업 아이템인 액세서리를 틈틈이 만들면서 앞으로 어떻게 살아갈지 고민 중이라고 했다. 다음 해에 연락하니, 페루에서 다시 패션대학에 들어가 공부를 하고 있다는 기쁜 소식을 전해왔다. 그다음 해에는 더 넓은 시장이 있는 유럽에 가기 위해 영어를 공부하고 있다며 열정 넘치는 모습을 보여주었다. 또 그다음 해에는 마침내 유럽에 가서 패션사업을 하며 사랑하는 사람과 낭만을 즐기고 있었다. 현재 그녀는 결혼을 해, 아이를 낳아 단란한 가정을 꾸리고 안정적인 사업을 운영하며 슈퍼맘으로 살고 있다. 하지만 베네수엘라의 상황이 더 악화돼서 부모님을 다시 만나보기 힘들다고 한다. 대체 그녀의 삶에 대한 강한 집념은 어디서 나오는 걸까? 내 질문에 그녀는 힘차게 답변했다. "세계 곳곳에서 국가와 가족을 잃어버린 사람들이 버티고 있잖아. 같은 처지에 있는 사람들을 보면 용기 낼 수밖에 없어. 오히려 상황이 악화될수록 이겨내야겠다는 의지가 더 강해지는 것 같아. 이런 경험들이 창작에 영감을 주기도 하고."

욕망의 양면성이 담긴 지상화: 나스카 라인

세계 7대 불가사의, 외계인이 그렸다는 미스터리한 설이 있는 나스카 라인. 남미의 대표적인 유적지인 나스카 지상화는 페루 남부 태평양 연안에 그려진 거대한 그림들이다. 거미, 고래, 원숭이, 나무, 우주인 등 70개의 동식물 그림과 300개 이상의 기하학적인 선들이 있다.

나스카 라인은 하나의 문양이 최소 5m에서 최대 300m에 달할 만큼 거대해서 경비행기를 타고 하늘 위에서 봐야 전체 형상을 제대로 볼 수 있다. 이 큰 그림을 보여주기 위해 조종사는 급격하게 각도를 비틀며 초고난도의 조종 실력을 보여준다. 경비행기의 격한 움직임에 속이 불편했지만 언제 또 이런 미스터리한 그림을 볼 수 있을까 싶어 메슥거리는 속을 참고 두 눈을 크게 떴다. 한 시야에 담기지 않는 거대하고 장엄한 지상화를 보니, 황당한 웃음이 절로 나왔다. 이런 그림이 존재한다니. 미심쩍었던 외계인설이 일리가 있었다. 외계인이 얼마나 그림을 많이 그린 것인지, 나스카 라인은 최근에도 지속해서 발견됐다. 2020년 가로 37m의 길이에 선의 두께가 30~40cm인 고양잇과 동물 형태와 143개의 새로운 나스카 라인이 추가로

나스카 라인 중 우주인 그림

발견되었다. 특히 두 개의 머리를 가진 뱀이 사람을 집어삼키고 있는 형상이라 더 많은 관심을 받았다. 외계인이 그린 것이라면 도대체 지구인에게 무슨 이야기를 하고 싶었던 것일까?

나스카 라인의 역사는 나스카 문명부터 시작된다. 나스카 지역은 본래 푸른 산림 지역이었는데 나스

카인들이 농작물을 재배하려고 나무들을 베어내면서 건조한 기후로 바뀌었다. 건조한 기후 때문에 가뭄이 오랫동안 지속되었고, 나스카인들은 자신들의 욕심 때문에 신에게 벌을 받은 거라 생각했다. 이런 이유로 신들에게 비를 내려달라고 기우제를 열었는데, 이때 사용했던 그림들이 바로 나스카 라인이다. 지상화는 종교의식을 치르는 제식 장소였던 것이다. 거미, 벌새,

나스카인들이 만든 관개수로

원숭이, 고래, 도마뱀은 나스카인이 비와 물이 많은 열대우림에 사는 동물들의 소문을 듣고 물을 상징하는 동물을 그린 것이다. 종교의식을 치를 때에는 라인에 따라 행렬을 했고 주술사는 제단을 만들어서 비를 상징하는 국화조개를 신에게 제물로 바치는 의식을 치르기도 했다. 나스카 그림 중 원숭이는 꼬리의 모양이 독특한데, 국화조개 껍질의 나선 모양을 본떠서 그린 것이다. 현재 페루의 국가 로고도 이 원숭이 꼬리에서 영감을 받아 제작되었다고 한다.

2020년에 발견된 고양이 그림은 나스카 문명 이전에 존재한 파라카스 문명 후기에 그려진 지상화로 추정되고 있다. 파라카스 문명의 도자기와 섬유에는 고양이 그림이 남겨져 있는데, 이런 유물들을 통해 외계인설이 아니란 것을 알 수 있다.

사람이 그린 거라니, 외계인설보다 더 놀랍다. 대체 어떻게 그린 걸까? 이 거대한 그림을 그리는 방식은 생각보다 간단했다. 지도자가 그림을 설계하면, 노동자들이 돌을 움직여 가장자리를 만든 후에 나무 타래로 맨 위에 쌓인 갈색 흙을 제거해서 밝은색 흙이 드러나게 하는 방식으로 그렸다. 말

뚝을 박아서 밧줄을 이용해 컴퍼스처럼 사용해 원을 그리기도 했다. 나스카 인들은 비가 내리기만을 바라며 800년간 거대한 그림들을 그렸지만, 안타 깝게도 단 한 번의 비도 내리지 않았다. 나스카인들의 염원이 하늘에 닿지 못한 것이다. 자연은 인간을 용서하지 않았다.

그렇다면 이 무수한 시간 동안 어떻게 그림이 보존되어 온 걸까? 나스카 라인을 보존하는 데 큰 역할을 한 세 가지 요소가 있다. 첫 번째는 나스카 평원의 건조한 기후이고, 두 번째는 태평양에서 불어온 바람이다. 나스카 그림들은 지면에서 0.5cm 가량 움푹 파여 있는데 매일 오후 1, 2시에 이 지 역에 차가운 바람과 따뜻한 바람이 불어 회오리가 생성된다. 이 회오리가 움푹 파여 있는 지면의 모래와 먼지를 쓸어가다 보니 나스카 그림에 모래나 먼지가 쌓일 일이 없었던 것이다. 세 번째는 나스카 라인을 보존하고 알리 기 위해 적극적으로 활동한 사람이 있었기 때문이다. 사실 나스카 라인이 처음 발견됐을 때에는 가난한 나라의 미스터리라 큰 주목을 받지 못했다.

유일하게 나스카 라인에 깊은 관심을 가졌던 여성 과학자가 있었는데 바로 독일의 과학자인 마리아 라이헤다. 그녀는 1300km에 달하는 지역을 일일이 종이 자로 재고 도면에 옮기는 등 나스카 라인 연구에 자신의 모든 것을 다 바쳤다. 연구를 한 지 10년 만에 원숭이 형상을 발견하는데, 이때 처음 나스카 라인이 유네스코 세계유산에 등재된다. 마리아 라이헤는 쉰 살 을 훌쩍 넘기고도 헬기 아랫부분에 몸을 묶은 채 비행을 하면서 여러 문양 을 추가로 발견했다. 사람들은 이런 그녀의 행동을 보고 마녀, 도굴꾼, 정신 나간 여자로 오해하기도 했다. 1955년 페루 정부가 나스카 대평원 관개 계 획을 발표했을 때에도 마리아 라이헤가 설득해 나스카 라인을 지켜낼 수 있 었다.

하지만 이런 그녀의 노력에도 불구하고 그림들은 손상되었다. 남북 아 메리카를 종단하는 국제 도로인 '팬아메리칸 하이웨이'가 도마뱀 그림 위로 지나가며 도마뱀의 꼬리를 잘라버렸다. 2014년에는 환경보호단체 그린피스가 기후변화에 관한 관심을 끌기 위해 나스카 라인에 무단 잠입해 천으로 'Time for Change! The future is renewable, Greenpeace'라는 문구를 적다가 벌써 그림 주변에 발자국을 남겨버렸다. 2018년에는 트럭 운전자의 무분별한 운전으로 손상되었다. 나스카 라인은 고속도로 옆에 있는데도 불구하고 보호수단이라고는 경고판이 전부다. 2020년에 발견된 고양이 형상의 그림은 자연 침식 때문에 조만간 없어

볼리비아 우유니 사막

질 위기에 처해 있다고 한다. 지구 온난화로 나스카 지역에 홍수가 날 가능성이 높아져서 나스카 라인은 더 이상 안전하지 않다.

나스카인들은 농작물 재배에 욕심을 부려 푸른 산림을 다 없애버렸고 그에 대한 대가로 극심한 가뭄에 시달렸다. 2000년간이나 보존된 세계 불가사의 유적지는 인간의 욕심과 무지 때문에 사라질 위기에 처해 있다. 인간의 욕망은 많은 것을 이루게 하지만 이룬 만큼 잃어버리는 것도 많다. 나스카 라인의 선이 가장 잘 드러나는 시간은 오전 7시에서 10시라고 한다. 언젠가 내 욕망이 지나쳐 내가 가진 것들을 잃어버릴 위기에 처했을 때, 다시 한번 라틴아메리카에 가려고 한다. 그때까지 인간의 욕망이 나스카 라인보다 더 거대해지지 않기를.

참고문헌

노희정. 2020.5. 「잉카의 신화에 나타난 생태적 세계관과 그 계승」. ≪도덕윤리과교육≫.

박소영. 2019.2. 「군부 독재 시기 칠레의 행동주의 미술」. ≪서양미술사학회 논문집≫.

신혜성. 2013.8. 「1960년대 아르헨티나 아방가르드 미술의 시간성」. ≪기초조형학연구≫.

이주은. 2019. 「공공미술 맥락에서 본 치카노 미술운동」. ≪스페인라틴아메리카연구≫.

정경원. 2014.2. 「예술을 통해 본 라틴아메리카의 다문화 현상」. ≪중남미연구≫.

정금희. 2011.12. 「디에고 리베라의 벽화에 나타난 정치성」. ≪민주주의와 인권≫.

최명호. 2020.10. 「이베로아메리카의 화가 오스왈도 과야사민의 미학적 비밀」. ≪라틴아메리카 연구≫.

⊙ *PERU EXPEDITION* ⊙

좌충우돌 페루 탐험기

김병선(꼬미꼬)

내 나이 24살에 페루에서 한 첫 경험들

24살, 이런저런 경험을 하며 치열하게 살다 보니 어느 시점부터 더 이상 획기적으로 새로운 경험은 없었다. 흔히 말하는 쳇바퀴 도는 삶을 살아가고 있었다. 삶의 변화를 주고자 여행을 가도 새롭지 않았다. 기존에 가본 여행지와 살짝 생김새만 다를 뿐 뻔히 있어야 하는 관광지가 그냥 그렇게 있고 살짝 이름만 바꾼 먹거리가 있고 가격만 다른 체험관이 있을 뿐이었다.

그렇게 딱히 새로운 자극 없이 그냥저냥 살다 보니 군대를 가야 할 시간이 다가왔다. 반가웠다. 군대는 이제껏 해본 적이 없는 경험이었으니까. 그래서 이왕 할 군 복무, 남들과는 다른 특별한 경험을 하고 싶었고 해외에서 군 복무를 할 수 있는 방법을 찾았다. 그렇게 해서 2010년 페루로 떠났다.

새로운 경험을 찾아 떠난 페루는 전혀 상상치 못한 방법으로 신선함을 선사했다. 페루를 여행한 자들의 눈에는 마추픽추가 신기하겠지만 그들과 함께 살아간 내 눈에는 그들의 소소한 삶이 더 신기했다. 페루에서는 지극히 평범한 일상이지만 한국인인 내가 볼 때 전혀 새로운 경험이었던 이야기들을 이곳에 펼쳐보려 한다. 그럼 같이 바모스^{VAMOS}!

모르는 사람이 챙겨주는 나의 건강

정열의 땅 남미는 더운 줄만 알았는데 착각이었다. 수도 리마는 안개인지 비인지 정체를 알 수 없는 무언가로 매일 축축하게 젖어 있었다. 페루에 오기 전에 조사한 페루의 5월 평균 기온은 20도였는데 체감 기온은 5도 남짓이었다. 아무리 한국 겨울에 20여 년간 트레이닝한 피부라 할지라도 5도라는 기온을 반팔로 견뎌낼 수는 없었다.

결국 감기에 걸렸고 때와 장소를 가리지 않고 재채기를 해댔다.

"에취!!"

하루는 어학원에서 재채기를 했다. 그러자 수업을 진행하고 있던 선생님이 갑자기 "살룻!¡Salud!"이라고 외쳤다. 이제 막 스페인어를 배우고 있던 난 그게 뭔 소린지 알지 못했다. 내 재채기에 놀란 선생님이 놀라서 우리나라의 "엄마야!" 정도로 놀라움을 표현한 거라 지레짐작했다.

"에취!!"

이번엔 집으로 돌아가는 버스 안에서 재채기를 했다.

"살룻"

옆에 앉아 있던 할머니가 나를 스윽 보시더니 또 살룻을 했다. 할머니를 놀라게 한 것이 미안해 "페르돈Perdón(죄송합니다)"하고 인사를 드렸다. 할머니는 미소를 지으시더니 얼마 있다 이번엔 본인이 재채기를 하셨다.

"살룻", "살룻"

이번엔 할머니 옆에 서 있던 커플이 동시에 살룻을 외쳤다. 그리고 할머니는 그들에게 "그라시아스 Gracias (고마워)"라고 말했다. 뭐지? "엄마야!"라고 놀란 사람에게 고맙다니 이해가 가지 않았다.

집에 도착해 하숙집 아주머니에게 이 사건을 말하니 아주머니는 웃으며 설명해 주었다.

"살룻은 건강을 빈다는 뜻이야. 네가 재채기를 해서 건강이 안 좋은 것 같으니 건강하기를 바란다는 뜻에서 살룻을 외쳐준 거지."

재미있는 문화다. 어떤 한 사람이 재채기를 하면 주변에 있는 사람이 살룻을 외치고 당사자는

페루의 예상치 못한 추위

그에게 감사하다는 인사를 한다. 아는 사이뿐만 아니라 모르는 사이라도 하고 싶으면 하면 된다니, 그러고 보니 버스에서 재채기를 했을 때 할머니뿐만 아니라 저쪽 어디선가에서도 살룻이라는 소리가 들렸던 것 같다. 알지도 못하는 나의 건강을 챙겨준다니 정이라는 개념이 우리나라만 있는 게 아닌걸 그때 알았다.

살룻의 정체를 알게 된 이후부터는 누가 재채기를 하기만 기다렸다.

"에취!"

"살룻!!!!!!!"

주변의 그 누구보다 빠르게 그의 건강을 기원해 주면 그에게 "그라시아스"라는 대답이 돌아왔다. 그럼 나는 마치 대단한 도움이라도 준 것마냥 의기양양하게 "데 나다 De nada (천만에)"라고 말했다. 그러면 자연스레 모르는

사이와도 대화가 이어졌다. 그렇게 거리에서 스페인어 공부를 했다. 재채기 덕분에 내 스페인어 실력이 는 것이다.

"스페인어 실력을 늘리고 싶으면 감기에 걸려라"

스페인어를 더 배우다 보니 살룻이 재채기를 할 때 뿐 아니라 술 마실 때 건배로도 사용한다는 걸 알게 됐다. 건강을 망칠 수 있는 술을 마시면서 건강을 빈다니 말이다. 아이러니해서 재밌다.

노란색 콜라

페루 식당에 가면 테이블 위에 꼭 탄산음료가 하나씩 놓여 있다. 우리나라에서 밥 먹을 때 없어서는 안 되는 김치마냥 페루에서 탄산음료는 필수인 듯하다. 주문을 받는 종업원도 항상 두 가지 질문을 한다.

"어떤 음식 주문하시겠어요?"

"음료는 어떤 걸로 드릴까요?"

당연히 음료수를 마실 거라는 걸 전제로 묻는 거다. 밥을 먹으며 음료를 먹는 것이 습관이 되어 있지 않는 난 그냥 괜찮다고 대답하고 물이나 한 잔 달라고 말했다. 종업원은 머리를 한 번 갸우뚱하더니 음식과 물을 내왔고 영수증에는 물 가격이 추가되었다.

'아차, 물도 마시는 액체니까 음료구나!!!'

그 다음부터는 물 대신 탄산음료를 달라고 했다. 물도 1솔이고 탄산도 1솔인데 물을 마시면 왠지 손해 보는 느낌이었기 때문이다. 그 마음으로 탄산을 시키다 보니 어느새 탄산 없이는 밥을 못 먹는 현지인이 되어 있었다.

이 현지화된 동양인의 눈을 사로잡은 탄산음료가 있었으니 바로 노란색 영롱한 빛깔을 자랑하는 잉카 콜라 Inka cola 였다. 현지에서 코카콜라보다 많은 소비량을 자랑하는 탄산음료란다. 지금은 코카콜라가 그 회사를 사들였지만 이곳 사람들은 본인들의 탄산음료라 자부한다. 그 큰 자부심마냥 3리터짜리 병도 존재하는데, 그 병을 처음 봤을 땐 어마어마하게 크게 느껴졌지만 탄산에 중독되고 나서는 왜 6리터는 만들지 않을까 불만이었다.

하루는 아파 보이는 하숙집 아주머니가 잉카콜라를 전자레인지에 데우는 걸 봤다. 아직 난 중독 축에도 못 끼는 구나. '몸이 아플 때는 따뜻하게 해서라도 챙겨 먹어야 진정한 중독자지'라고 반성을 하며 물었다.

"그렇게 탄산이 마시고 싶어요?"

"잉카 콜라 데워 먹으면 소화제야."

한국에서도 체했을 때 소화제가 없으면 임기응변으로 탄산음료를 먹곤 했다. 체해서 몸이 으슬거리는데도 탄산은 무조건 차갑게 먹어야 한다는 편견에 사로잡혀 있던 난 그 차가운 걸 아픈 몸에 들이켰다. 왜 난 탄산을 데워먹을 생각을 못 했을까? 참으로 기발한 아이디어였다. 진정 탄산을 사랑하는 자들만이 할 수 있는 발상이리라.

집에 냉장고가 있어?

내가 살았던 곳은 이카라는 사막 지역이었다. 수도 리마는 추위와 더위가 존재하는 곳이었다면 이곳에 존재하는 것은 더위와 무더위였다.

처음 페루에 오며 마음먹은 게 있다. 최대한 미니멀하게 살리라. 어차피 나는 이곳에 잠시 있다가 떠나는 사람이니 큰 소비 없이 주어진 것에 만족하며 살리라. 그래서 세탁기도 장만하지 않고 인터넷도 설치하지 않았으며 텔레비전은 물론 보일러도 없었다.

한국에서는 당연히 있어야 한다고 생각하던 것들인데 막상 없으니 사는데 불편하지 않았다. 어차피 무더운 사막이니 옷을 입은 채 목욕을 하면 그게 빨래였고, 급하게 인터넷을 써야 할 일이 생기면 근처에 있는 대형병원으로 가서 와이파이를 쓰면 됐다. 그 와이파이를 이용해 노트북으로 영화하나를 이틀 동안 다운받아 3개월 동안 돌려 보면 되니 텔레비전은 필요 없었고, 밤에는 쌀쌀해지는 사막이니 낮에 샤워를 하면 보일러 온수도 필요 없었다. 하지만 아무리 미니멀을 추구하는 나에게도 꼭 필요한 게 있었으니 바로 냉장고였다. 뜨거운 식수와 빨리 상하는 식재료가 나의 생명을 위협했기 때문이다. 한번은 상한 음식을 잘못 먹어 열이 38도까지 오른 적이 있다. 열을 내리고자 차가운 수건으로 이마에 데려고 해도 강렬한 태양에 뜨거워진 물뿐이니 어떻게 할 도리가 없었다. 그 사건 이후 생명 보호를 위해 냉장고를 장만했다.

어느 날, 오토바이가 있는 친구 마르틴이 나를 데리러 우리 집까지 찾아왔다. 고마워서 냉장고에서 귤을 꺼내 주었다. 귤을 받고 껍질을 까려는데 갑자기 손을 멈추더니 그가 나에게 말했다.

"너 냉장고 있어?"

한국에서는 한 번도 들어본 적이 없는 질문이었다. 저런 질문은 보통 '너 스포츠카 있어?'나 '너 롤렉스 있어?' 등 좀 더 고가의 제품과 어울리니까. 질문을 한 그의 표정을 보면 그 질문은 '너 따위가 무슨 돈이 있어서 냉장고라는 어마어마한 물건을 소유할 수 있어?'처럼 들렸다.

"어디 거야?"

"LG"

현지에서는 한국 브랜드인 삼성과 LG는 좋은 제품으로 유명하다. 좋은 제품은 가격이 비싸다. 그래서 많은 사람이 좀 더 저렴한 브랜드의 제품을 사용한다. 내가 LG를 산 이유는 돈이 많거나 애국심 때문이 아니라 2년을 써도 충분히 잘 작동을 하고 이곳을 떠날 때 중고로 되팔아도 잘 팔리기 때문이었다. 이런 이유를 알 리 없는 친구는 너무 큰 충격을 연달아 두 번 받은 느낌이었다. 그의 손에 들려 있는 귤은 벗기다 만 껍질이 덜렁덜렁 거리고 있었다.

도대체 그 친구는 얼마나 미니멀하게 살길래 냉장고 하나 있다는 사실에 이렇게 충격을 먹는 건지 궁금해 그의 집을 방문하였다.

월세 200솔(한화 8만 원)짜리 집으로 혼자 사는 내 집보다 작은 평수에 부인과 두 아이가 함께 살고 있었다. 바닥은 시멘트였고 천장은 갈대 같은 걸로 엮여 있었다. 방도 따로 없어서 아이 침대와 부부의 침대 사이에 큰 장롱을 두어 경계를 쳐놨다.

'이렇게 열악하게 살고 있어서 충격을 먹은 거구나 … .'

그래도 냉장고는 있었다. 친구는 거기서 음료수를 꺼내는데 파리가 튀어나왔다.

'하긴 파리도 덥겠지. 근데 냉장고는 너무 춥지 않나?'

음료수를 한 모금 마시니 이해가 되었다. 친구의 냉장고는 전기 코드가 연결된 서랍장일 뿐이었다. 음료는 미지근함과 따뜻함 사이였기 때문이다. 그래서 차가운 귤이 신기했구나.

친구 집뿐만 아니라 여러 식당에 가도 음료수가 미지근하게 나온다. "차가운 거 드릴까요? 아니면 미지근한 거 드릴까요?"라고 물어보는 식당은 자신의 냉장고에 자부심이 있는 식당이다.

뜨뜻미지근한 음료를 마시며 장롱 경계 너머에 있는 곳으로 향했다. 그곳의 광경은 가히 충격적이었다.

거의 65인치는 되어 보이는 삼성 텔레비전 옆에 떡하니 서 있는 두 개의 대형 스피커 그리고 화려한 불빛을 뿜는 컴퓨터가 자리하고 있었다. 집의 사정과 잘 매치되지 않았다. 친구는 능숙하게 리모컨을 들고는 레게톤 뮤직비디오를 하나 틀더니 춤을 추기 시작했다.

집 안을 가득 채운 음악 소리가 갈대 천장을 뚫고 집 밖까지 울려 퍼졌다. 이윽고 초인종이 울렸다. '야밤에 시끄럽게 뭐하는 짓이냐'고 이웃이 따지러 왔구나. 친구가 문을 열어주니 이웃의 손에는 술병이 들려 있었다. 아무리 화가 나도 그렇지 술병으로 사람을 때리면 쓰나!

어느새 친구 손에는 술잔이 들려 있었고 그 술잔에 술을 따른 이웃은 삼성 텔레비전에서 나오는 음악 소리에 맞춰 춤을 추고 있었다. 그 작은 집에 어느새 10명 남짓한 이웃들이 모여들었고 그렇게 파티가 시작됐다. 이웃은 나에게도 술을 따라줬고 그 술 역시 미지근했다. 친구가 물었다.

"너는 쓸데없이 왜 그렇게 좋은 냉장고를 산 거야? 그건 음악도 안 나오잖아."

난 생존하려고 냉장고를 샀고 넌 즐기려고 티브이를 샀구나. 그를 안타깝게 생각하고 있던 내가 안타까웠다.

변기 시트는 당연한 게 아니다

어머니의 일방적인 사랑은 당연한 게 아니다. 하지만 당연하게 느낀다. 왜냐면 태어날 때부터 그래왔으니까. 그러다 어머니가 돌아가시면 그제야 감사함을 느낀다. 우리 어머니는 건강하게 살아계신다. 하지만 이것과 흡사한 경험을 페루 화장실에서 했다.

태어날 때부터 여태껏 단 한 번도 당연하다고 여기지조차 못할 정도로 당연한 것이 있었다. 바로 변기 시트다. 변기 시트는 당연히 변기에 달려 있는 것이다. 하지만 상당히 많은 수의 페루 화장실이 그렇지 않다.

처음 시트 없는 변기를 마주했을 때 당혹스러웠다. 고장 났다고 생각했다. 변을 보기 전에도 복잡한 과정을 치렀다. 휴지를 뜯어 시트 없는 변기를 닦고 그 위에 휴지를 4등분해서 깐 후 기마자세로 변을 봤다.

시간이 흐를수록 그것은 고장이 아닌 부재라는 것을 알았다. 변기에 달려 있었던 시트가 고장 나서 없는 게 아니라 그냥 애초에 설치하지 않은 것이다. 그 점을 알게 될 때쯤 변을 보는 과정도 한결 간단해졌다. 시트 없는 변기를 닦고 그냥 앉아서 썼다.

나름대로 변기 시트 부재 이유도 깨달았다. 무더운 사막 화장실 안에서 세라믹으로 된 변기는 오히려 시원함을 선사했다. 플라스틱은 주지 못하는 세라믹의 시원함. 게다가 변기 시트의 넓은 면적이 주는 땀방울을 얇은 변기는 주지 않았다.

나중에는 변기를 닦지 않고 그냥 썼다. 일을 다 본 후 휴지로 배출구를 닦으며 변기와 접촉한 허벅지를 슥 닦았다. 훨씬 효율적이었다. 시트 없는 변기를 사용하는 법을 깨달음과 동시에 새로운 사실도 깨달았다.

"페루 화장실의 변기 시트는 없는 게 아니다."

신생아가 태어났는데 우리는 아무도 이렇게 말하지 않는다.

"어!? 아기가 안경이 없어!?"

당연히 아기는 안경 없이 태어난다. 안경은 편리함을 주는 도구일 뿐이다. 안경 없이 태어난 아기는 장애가 아니다. 마찬가지로 변기 시트는 도구일 뿐이다. 시트 없는 변기는 고장 난 게 아니다. 원래 변기는 시트가 없다.

다만 한국에 시트가 있었던 것이다. 난 그것을 당연시 여겼던 것이다. 그래서 감사함도 몰랐던 것이다. 하지만 이제는 안다. 변기 시트가 얼마나 감사한지.

우리나라에 있는 고속도로 휴게소도 당연한 게 아니다. 페루에는 휴게소가 없다. 대신 '휴게줌마'와 산이 있다. 천연 화장실에서 일을 보고 나면 '휴게줌마'들이 어디선가 나타나 허기를 달래준다.

지하철 와이파이가 당연한 게 아니다. 한국에서는 지하철 와이파이가 느리다며 투덜대지만 페루에는 와이파이는커녕 지하철조차 없다. 거의 30년 전 한국에 있던 티코가 서민들의 발 역할을 하며 굴러다니지만 승객과 운전사가 수다를 떨며 유쾌하게 이동한다.

치안이 당연한 게 아니다. 한국 카페에서는 핸드폰을 자리에 두고 화장실에 다녀와도 아무도 훔쳐가지 않지만 페루에서는 그랬다간 핸드폰은 물론 마시고 있던 커피까지 사라진다. 거기서 불만을 가지면 안 된다. 거기에 두고 간 나의 잘못이니까.

펭귄이 사막에서 왜 나와??

내가 사는 이카에서 버스로 2시간을 달리면 사막 바닷가마을 피스코^{Pisco}가 나온다. 거기서 배를 타고 30분 정도 들어가면 파라카스^{Paracas}라는 섬이 나온다. 이른 아침에만 방문할 수 있는데 늦은 오후가 되면 바다가 험해지기 때문이다. 인간의 접근이 지극히 제한되어 있는 그 섬에는 펭귄이 산다.

어마어마한 숫자의 새들

"펭귄? 사막에?"

모두의 의아함을 놀리기라도 하듯 눈앞에 있는 새는 뒤뚱거리며 물속에 뛰어들어 수영을 해댔다. 거의 날개를 폼으로 달고 있는 돌고래 같았다. 상상도 못한 전개에 놀란 우리를 놀리기라도 하듯 어마어마한 수의 물개들이 껑껑거리며 소리를 질렀다. 척박하기만 한 줄 알았던 사막에 이렇게 많은 생명체가 있을 줄이야.

인간의 접근이 제한적이라 인간의 뜨거운 맛을 몰라서 그런지 아니면 자기들의 개체수를 믿는 건지 모르겠지만 그곳에 있는 동물들은 우리의 등장에 콧방귀도 뀌지 않았다.

오히려 내 코만 지독한 방귀 냄새에 괴로워했다. 어마어마한 숫자의 새들과 물개들이 쌓아놓은 배설물 콜라보는 아름다운 홍보영상만 보고 그곳을 방문한 사람들의 인상을 찌푸리게 만들기 충분했다. 힘겨워하는 사람들의 여론을 의식했는지 현지인 가이드는 이 배설물들은 미래 연료로 어마어마한 가치가 있는 것이라고 찬사를 하며 허가 없이는 가져갈 수 없다고 경고까지 했다. 줘도 안 가져간다.

놀랍고도 냄새나는 섬 투어를 마치고 귀가하는 버스가 사막에 빠져버렸다. 처음에는 쉽게 빠져나올 줄 알았는데 사막의 모래는 우리를 쉽게 놔주지 않았다. 사막의 뜨거운 햇살에 우리는 버스를 꺼내기 위해 20명은 되는 인원이 버스 뒤를 밀며 쩔쩔맸다. 멀리서 물개가 껑껑거리며 놀려댔다. 여기서 이렇게 조난당하면 '너넬 잡아먹을 테다' 하고 생각했다.

2시간쯤 지났을까? 저 멀리 버스가 지나갔고 우리들은 물개처럼 소리를 질렀다. 다행히 버스는 우리를 발견했고 그곳에서 약 40명의 남자 대학생들이 우르르 내렸다. 그들의 힘은 실로 어마어마했다. 버스는 펭귄 배설물마냥 너무나 쉽게 쑥 빠져나왔다.

감사한 마음에 무언가 보답하고 싶었지만 이미 대학생들은 한 한국인 여성에게 빠져 사진 찍기에 바빴다. 그들은 마치 유명 배우를 만난 것마냥 그녀 앞에 줄을 서서 사진을 찍고는 감동을 하며 버스에 올랐다. 단지 피부가 하얀 것 빼곤 특별한 게 없는 그녀가 그들에게는 여신처럼 아름답게 보였나 보다. 우리가 사막에 펭귄을 보고 신기해하듯 그들도 피부가 하얀 한국인을 보고 신기해하는 구나. 어떤 사람에게는 당연할 수 있는 것이 다른 이들에게 신기할 수 있구나.

이제 내 입장에서 사막에 펭귄이 사는 게 당연하다. 그리고 확신한다. 그것을 직접 보지 못한 당신은 신기해할 것이란 걸.

페루 타임

헬스장에 다니며 친해진 로날도가 집들이 파티에 나를 초대했다. 페루에서 처음으로 초대받은 파티였다.

"오후 6시까지 늦지 말고 와."

"나 그때 일이 있는데, 끝나고 서둘러 가면 7시거든, 괜찮을까?"

"응, 어차피 늦게까지 놀 거라 상관없어. 그때 봐."

파티 당일 일을 마치고 부랴부랴 옷을 갈아입은 후 7시에 맞춰서 그가 알려준 주소에 도착했다. 그런데 그 주소에 있는 집에는 불이 전부 꺼져 있었고 아무도 없어 보였다. 집을 잘못 찾았나 싶어 주소를 다시 확인하고 길에 있는 사람에게 물어보아도 그 집 주소가 맞는다는 것이다. 전화를 해도 로날도는 받지 않았다. 로날도에게 무슨 일이 생긴 건 아닐까 걱정하며 8시까지 그곳에서 기다리다가 집으로 돌아왔다.

대문을 열고 집에 들어서는데 때마침 윗집에 사는 미리암과 그녀의 딸이 파티에 간다는 것이다. 그녀는 나의 의상을 한 번 슥 훑더니 물었다.

"파티 있어?"

"방금 갔는데 아무도 없어서 돌아왔어"

"우리 지금 파티 가는데 같이 갈래?"

그녀들을 따라 택시를 탔다. 그런데 어라? 여긴 내가 아까 왔던 집인데?

참 세상 좁디좁다. 알고 보니 주인집 딸 크리스티나가 로날도와 어릴 적부터 친구 사이였던 것이다. 하지만 여전히 집에는 아무도 없었고 전화는 받지 않았다. 답답해하는 나에게 나에게 크리스티나가 말했다.

"8시에 시작한다고 했으니까 조금만 기다려보자."

얘네한테는 8시에 오라고 하고 나에게는 6시까지 오라고 한 로날도를 이해할 수 없었지만 더 이해할 수 없는 건 크리스티나였다. 왜냐면 이미 시계는 9시를 가리키고 있었기 때문이다.

11시가 돼서야 로날도가 어디선가 집으로 돌아왔다. 파티를 위한 장을 보고 왔다는 것이다. 다른 사람들도 12시쯤이 되자 오기 시작했다. 말로만 들어본 "페루 타임"을 몸소 체험한 순간이었다.

과거 코리안 타임이 약속 시간에 출발하는 것이라면 페루 타임은 약속 시간에 준비를 시작하는 것이리라. 아마 로날도도 페루 타임을 예상해서 그렇게 말한 걸 거다. 그래도 약속 시간을 6시로 알려주고 11시에 파티를 시작하다니, 게다가 늦게 7시에 올 거라 말했는데도 내가 가장 일찍 온 사람이라니….

그 후 이 페루 타임을 예상하고 약속 시간에 늦게 나갔다. 그러나 그들은 정확하게 나보다 항상 1시간 늦게 나타났다. 신기한 능력이었다. 내가 한 시간 늦으면 그들은 두 시간 늦었고 내가 두 시간을 늦으면 그들은 세 시간을 늦었다. 약속 시간에 일부러 늦으며 괜히 속으로 마음 졸이는 나만 바보가 됐다. 결국 시간이 흘러 나도 그들의 습성이 몸에 배어 어디냐고 묻는 전화가 와야지만 약속 장소로 나갔다. 그러나 그렇게 나간 약속 장소에도 그들이 없어 전화를 하면 그때 출발한다는 대답이 돌아왔다. 뛰는 놈 위에 나는 놈 있다더니 늦는 놈 위에 안 나오는 놈 있을 줄이야 ….

"그럴 수 있어" 정신

오전 10시에 리마로 가는 2층 버스에 몸을 실었다. 이카에서 리마까지는 버스로 대략 4시간 반 정도 소요되는데 남미에서 이 정도 거리는 아주 가까운 거리다. 팬아메리카 도로로 연결되어 있는 남미에서는 수십 시간 동안 버스에 타는 일은 아무것도 아니다. 이 버스 역시 리마를 지나 쭉 북쪽으로 올라가 에콰도르까지 72시간 동안 달릴 것이다. 그 긴 여정 중간에 있는 이카-리마 구간은 영화 한 편 보고 살짝 잠들면 도착하는 근거리 여행지다.

버스에서 틀어주는 〈쿵푸 허슬〉을 보다 잠에 들었다. 갑자기 "창!!!!"하는 큰 소리가 났다. 눈을 떠보니 바로 내 옆에 있던 창문이 깨져 있었다. 난 내가 꿈에서 쿵푸 허슬을 찍고 있나 싶었다. 하지만 깨진 유리 사이로 들어오는 사막의 메마른 모래바람은 그것이 꿈이 아닌 현실이라는 것을 일깨워 주었다.

창문이 깨진 이유를 알 수 없었고 알려고 하는 사람도 없었다. 1층에 있던 승무원도 올라와 깨진 유리를 슥 보더니 다시 자기 자기로 돌아갔다. 버스는 아무 일 없다는 제 갈 길을 갔고 나도 덤덤하게 자리를 다른 곳으로 옮겼다.

시간이 흘러 리마에 가까워지자 기온이 내려가기 시작했고 깨진 창문 틈으로 들어오는 바람이 제법 매서워졌다. 그러나 아무도 불평을 하는 이가 없었고 나도 그 여론에 편승해 그러려니 하고 있었다. 그렇게 1시간을 달렸을까, 갑자기 차가 멈췄다. 누군가 추위를 참지 못해 항의를 했구나. 그러나 버스는 1시간이 지나도 움직이지 않았다. 항의가 지나쳐 싸움으로 번졌나 궁금해 내려가니 아뿔싸! 버스 타이어가 펑크가 나 있었다. 도로 한복판에서 터진 타이어를 보며 기사는 사람들과 무슨 대화를 나누고 있었다. 차분하게 대화를 나누는 것이 기사의 연락을 받고 출동한 보험사 직원들과 타이어 문제를 어떻게 해결할지 의논하는 듯 했다. 그들이 문제를 금방 해결해 줄 거라 믿고 난 2층으로 올라가 다시 잠을 청했다.

그렇게 1시간이 또 지났을까. 아직도 타이어는 그 상태 그대로였고 기사 역시 여전히 직원과 대화를 나누고 있었다. 그때 멀리서 트럭이 한 대 나타나더니 타이어를 내렸다. 그럼 기사와 대화를 나누고 있던 사람은 누구지? 알고 보니 나와 같은 승객이었고 그냥 수다를 떨고 있었던 거다. 트럭에서 내린 진짜 전문가는 일상다반사인 듯 능숙하게 타이어를 갈더니 사라져

버렸다. 그렇게 두 시간 가량을 소비
하고 우리 버스는 목적지로 향했다.

늦어도 11시 반 시에는 도착했어
야 할 중간 정착지인 친차 Chincha 에
오후 2시에서야 도착을 했다. 아직
리마까지는 3시간이 남은 상황. 갑자
기 인부들이 2층으로 올라오더니 유
리창을 '고치기' 시작했다. 정확히 표

깨진 버스 유리창 앞에서 기념사진

현하자면 '고치기를 시도하기' 시작했다.

그들이 첫 번째로 시도한 건 비닐이었다. 깨친 창 크기에 맞춰 비닐을
오려내더니 덕지덕지 테이프를 붙였다. 그러나 미세한 사막의 바람조차 견
디지 못하고 테이프가 나가떨어져 실패.

두 번째로 시도한 건 스티로폼. 어디서 구해왔는지 알 수 없는 하얀색의
거대한 스티로폼을 창문틀 사이에 꼈다. 신기하게도 그 규격이 맞아떨어지
는 듯했으나 정확히 창문틀 중심을 기준으로 스티로폼이 팽글팽글 돌아가
서 실패.

세 번째로 시도한 건 나무판자. 그러나 그 무거운 나무판자를 테이프가
견딜 리 만무했다.

이런저런 시도를 하다 보니 어느덧 밤이 뉘엿뉘엿 오고 있었다. 하늘에
뜨는 달처럼 내 짜증도 밀려왔다. 마음속에만 있는 짜증을 밖으로 표출해야
그마나 조금 풀릴 것 같아 버스 주변을 서성이는 승객에게 다가가 토로를
했다.

"이 버스 회사 일 처리가 왜 이렇게 답답하죠? 이 시간에 차라리 다른 버
스를 부르면 되면 되는 거 아닐까요? 차라리 유리 전문가가 와서 유리를 새
로 설치해도 이것보단 빨랐겠어요!"

회사의 문제 해결 능력도 황당했지만 승객의 문제의식은 더 황당했다.

"Puedes ser."

한국어로 번역하자면 '그럴 수 있어'라는 뜻이다. 도로 위에서 12시간을 마냥 서 있는데 그럴 수 있다니 가히 놀라웠다. 이런 상황에서 그런 여유가 나올 수 있다니. 대화를 계속해 보니 그는 에콰도르까지 가는 데 어차피 70시간 중 고작 12시간 늦어지는 건데 뭐 급할 게 있냐는 것이었다. 다른 승객들은 더 대단했다. 어느새 자리를 잡고 맥주판을 벌이고 있었다.

그런 일들이 하도 많아 익숙해져서 체념을 쉽게 하게 된 것인지 특유의 낙천적인 성격 덕분인지는 모르겠지만 그들의 대처가 맞는 건 확실해 보였다. 어차피 일은 벌어졌고 그 상황에서 혼자 속이 썩어 짜증을 낸다고 해결되는 것도 아니지 않은가. 그 상황을 인정하고 묵묵히 기다리는 것. 더 나아가 흘러가는 시간이 아까우니 이왕이면 그 시간을 즐기는 것. 어쩌면 "그럴 수 있어"라는 정신으로 삶을 살아가는 것이 진정 삶을 여유 있게 살아가는 방식이 아닐까 싶었다.

그런데 기사 아저씨? 아저씨까지 술 마시면 운전은요? 음, 그럴 수 있어!

부장 선생님의 직업은 택시기사

항상 버스를 타고 학교에 가다가 한번은 택시를 타보기로 했다. 페루 택시에는 미터기가 따로 없기 때문에 타기 전에 창문을 사이에 두고 흥정을 해야 한다.

"와카치나까지 얼마예요?"

"5솔이요."

"에이~ 3솔."

"4솔."

"바모스!"

멋모르고 흥정하지 않고 그냥 탔다가는 내릴 때 터무니없는 가격을 낼 공산이 크다.

첫 택시 흥정. 기사가 10솔을 부르기에 본래 적정 가격이 8솔이리라 어림짐작하고 6솔에 가자고 말했다. 그러자 기사는 바로 8솔을 제시했고 난 좋아라 택시에 탔다. 첫 경험을 성공적으로 마무리한 순간이었다.

수업이 끝나고 집으로 돌아갈 때 동료와 함께 택시를 탔다. 확실히 현지인이라 그런지 나름의 기술이 있었다. 일단 첫 번째 택시는 잡지 않는다. 흥정을 하는 사이 그 택시 뒤로 다른 택시들이 기다린다. 그러면 첫 택시는 보내고 뒤에 있는 택시를 상대로 흥정을 지속한다. 그러면 대게, 뒤에 있던 택시는 앞에서의 흥정 장면을 보고 우리가 호락호락하지 않은 상대라는 것을 알고 적절한 가격을 제시한다. 같은 거리를 4솔을 내고 돌아왔다. 아, 난 바가지 쓴 거였구나.

페루에는 택시 말고 세 발 달린 택시도 존재한다. 이름은 모토택시 Mototaxi. 철자 그대로 풀어서 해석하면 오토바이 택시라는 뜻이다. 모토택시 역시 탑승 전에 흥정을 하고 타야 하나 이카 내의 웬만한 거리는 기본요금 1.5솔로 다닐 수 있고 조금 멀다 싶으면 2솔을 주면 된다. 기본요금이 3솔인 택시보다 싼 편이다.

아무래도 자동차인 택시보다는 저렴한 오토바이로 택시 역할을 대신하는 것이다 보니 이용요금이 저렴한 편인데, 초기투자비용이 적다 보니 아무나 이 사업을 할 수 있다. 그러다 보니 질이 좋지 않은 기사를 만나는 경우도 비일비재하다.

한번은 모토택시를 타고 목적지에 도착했다. 요금은 2솔이었고 수중에는 5솔짜리 하나밖에 없어 그것을 건넸다. 그 나라는 특이하게 더하기를 하며 거스름돈을 주는 사람이 많다. 예를 들어, 우리나라라면 "5-2=3"을 계산하여 3솔을 거슬러 줄 것을 이곳에서는 잔돈을 하나하나 건네며 "3솔", "4솔", "5솔" 하면서 자신이 받아야 할 값 2솔과 잔돈 3솔을 더해 5솔을 만든다. "2+3=5" 왜 그렇게 거스름돈을 주는지 궁금해 친구에게 물어보니 "덧셈이 편하잖아"라는 어찌 보면 당연한, 하지만 이해하기는 어려운 대답이 돌아왔다.

여하튼 그 기사도 그 덧셈 방식을 이용하며 내 손 위에게 거스름돈을 얹어주기 시작했다.

"3솔."

"4솔."

그러다 내 손바닥 위가 아닌 허공에 동전을 떨어트렸다.

"5솔, 아차 떨어졌다."

동전은 모토택시 안으로 떨어졌다. 나는 그가 동전을 주워 다시 주기만을 기다리고 있었다. 그런데 그가 갑자기 가려고 하는 게 아닌가?

"어디가? 거스름돈 줘야지."

"줬잖아."

"니 모토택시 안에 떨어졌잖아."

"그럼 네가 주워 가."

이해할 수 없었다. 화가 갑자기 치밀어 올랐지만 그래봤자 나만 손해니 바닥에 떨어진 동전을 찾으려 허리를 숙였다.

"10초 준다. 빨리 찾아."

더러운 바닥에서 동전을 찾는 건 불가능했고 결국 그는 가버렸다. 그 한 사람으로 모든 모토택시 기사들을 평가할 수는 없지만 이런 기사 한 사람 한 사람이 모여 모토택시 기사들의 이미지를 망치고 있는 게 현실이었다. 그래서 여유가 조금 있는 현지인들은 모토택시를 꺼려 하는 경우가 있다. 타더라도 과한 튜닝이 된 모토택시는 거른다. 하지만 난 여유가 없었기 때문에 그런 일을 당하고도 꾸준히 모토택시를 이용했다. 그런 나쁜 놈보다는 착한 사람이 훨씬 많기 때문에.

하루는 저녁에 헬스를 마치고 집에 돌아가려는 길이었다. 몸도 많이 지쳤고 밤이 늦어 모토택시를 잡으려 길가에 서 있었다. 그런데 어디선가 "봉순!"하며 나를 부르는 게 아닌가? 소리가 들리는 쪽을 쳐다보니 같은 학교 체육부장 선생님 한 분이 모토택시에 앉아 있었다. 반가운 마음에 그에게 달려가 악수를 했다.

"어디 가세요?"

"너 가는 데."

승객인 줄 알았던 그는 기사였다. 체육부장 선생님의 두 번째 직업은 바로 모토택시 기사였던 것이다. 말로만 선생님들이 투잡을 한다고 들었지 실제로 그 광경을 보니 놀라웠다.

게다가 이 선생님은 체육 선생님임에도 불구하고 부장이라는 직함에 걸맞게 행동하기 위해 항상 학교에 정장을 쫙 빼입고 왔다. 그런데 지금은 운전하기 편한 트레이닝복 차림이었다. 바로 몇 시간 전까지 직장에서 상사로 있던 사람이 지금은 기사라니….

부장 선생님의 모토택시를 타고 집으로 향했다. 이런저런 이야기를 나누었다. 선생 월급인 1000솔(한화 35만 원) 정도로는 네 식구를 먹여 살리기 힘들어 낮에는 선생님 밤에는 모토택시를 운전하고 있다고 했다. 학교에는 본인뿐만 아니라 다른 분들도 모토택시기사, 택시기사, 학원강사, 경비원, 식당종업원 등 다른 직업을 갖고 있다고 했다. 복잡한 생각이 들었다.

'수업을 준비해야 할 시간에 다른 일을 하고 있는 선생님, 그리고 이런 환경에서 배움을 받는 학생들. 그 교육 현실이 안타까울 뿐이었다. 하지만 지금 당장 먹고살 수가 없는데 어떻게 교육의 질을 높을 수 있으리. 이건 개인의 문제가 아니라 사회의 문제다. 경제적으로 발전한 한국에서 태어난 게

참 다행이다.'

　생각이 꼬리에 꼬리를 물며 머릿속을 가득 메웠다. 목적지에 도착할 때쯤 가장 현실적인 고민이 떠올랐다.

　'타기 전에 흥정 안 했는데, 선생님도 덤터기를 씌우실라나?'

　그때 선생님이 말했다.

　"차비는 됐어. 자, 이거 너 먹어."

　선생님은 돈도 안 받고 오히려 망고를 건네주셨다. 비록 먹고살 여유가 없어 투잡을 뛰기는 해도 마음의 여유까지 없는 건 아니었다. 오히려 여유가 없는 건 선생님을 의심한 나였다. 그리고 보니 바람 빠진 공으로 축구를 하고 전혀 폭신하지 않은 매트에서 구르기를 하는 체육 시간에 사비로 새로운 도구를 구매하는 것은 부장 선생님이었다.

　처음에는 모토택시를 운전하는 선생님이 딱해 보였고, 그런 사회에 사

가르치는 학생들과 학교 운동장에서

는 페루 사람들이 불쌍하게 여겨졌다. 하지만 그와 대화를 나누고 그의 여유 있는 태도를 보며 내가 건방진 생각을 했다는 것을 깨달았다. 각자 삶의 형태가 있고 그것을 살아가기 위해 열심히 살아가는 데 그것을 함부로 판단해선 안 됐다. 주어진 환경을 인정하고 묵묵하게 열심히 살아가는 것, 그 자체만으로 가치 있는 삶이니 말이다.

한국에 전쟁 났어! 페루에 쓰나미 온대!

새벽 6시에 친구 전화에 잠에서 깼다.

"붕순! 한국 큰일 났어!! 북한이 핵미사일 날렸대!! 미국이 곧 움직일 거래! 전쟁이야!!"

놀람과 동시에 한국에 있는 가족들이 걱정이 됐고 어떻게 해야 할지를 몰랐다. 일단 상황을 확인하기 위해 페루에 거주하고 있는 한국인 단원들에게 전화를 했다. 너무 이른 시간이라 아무도 받지 않았다. 대충 옷을 걸쳐 입고 노트북을 든 채 병원으로 향했다. 항상 들어가던 병원 대기실도 문을 열지 않아 담벼락에 기대 병원에서 흘러나오는 와이파이를 잡아 인터넷에 접속했다.

잡다한 배너도 없는 구글 화면이 열리는 데만 1분이 걸렸다. 가뜩이나 느린 병원 와이파이를 멀리서 이용하니 인터넷이 제대로 작동할 리가 없었다. 답답한 마음에 새로고침 버튼만 연신 누르는데 전화가 걸려왔다.

"아침부터 무슨 일이야?"

"너네 집 인터넷 되지? 한국에 전쟁 났대. 빨리 확인해 봐!"

몇 분간의 정적이 흐르고 동료는 말했다.

"전쟁은 개뿔!! 그냥 북한 핵미사일 실험한 거잖아"

"뭐야? 핵미사일? 에이 아무것도 아니네. 알았어. 미안해. 마저 자"

잠깐, 핵미사일이 어떻게 아무것도 아닌 게 되는 거지? 하도 미사일을 날려대니 이게 아무렇지 않게 느껴지는 거구나….

문득 이 나라 사람들이 우리나라를 보는 건 우리가 중동을 보는 격이리라는 생각이 들었다. 우리의 이미지로는 중동은 위험한 곳이다. 뉴스에서는 테러로 몇 명이 사망한다는 소식이 전해지고 미국이 만든 영화에서 그곳 사람들은 항상 무장한 상태로 있다. 그러나 정작 그곳에 있는 사람들 말을 들어보면 위험하지 않다는 얘기를 들은 적이 있다. 우리가 한국에 있을 때 편안했던 것과 마찬가지일 것이다. 그러나 해외에서 우리나라를 볼 때는 그렇지 않은 것이다. 어쩌면 중동이 오히려 덜 위험하게 느껴질지도 모른다. 세계에 존재하는 유일한 분단국가를 이들의 관점에서 바라보니 아찔했다.

이른 아침부터 본부에서 전화가 왔다

"쓰나미가 올 거예요. 높은 지역으로 대피할 수 있으니 준비하세요."

뭔 일인 줄 알 수가 없어 또 병원으로 달려가 인터넷을 뒤지기 시작했다. 상황인즉슨 일본에 큰 규모의 지진과 함께 쓰나미가 왔다는 것이다. 그 여파로 페루에도 쓰나미가 올 것이라는 뉴스도 흘러나왔다. 일단 집으로 돌아가 짐을 꾸렸다. 고요히 대기를 하며 생각에 잠겼다.

'심한 쓰나미가 오면 어떻게 해야 하지?'

당장에 두 가지 생각이 부딪혔다.

"피신해야지! 아니, 피신하지 말아야지!"

예전에 현지인 친구가 해준 말이 떠올랐다. 2007년 페루 대지진이 일어났을 때 자신의 신변에 위협을 느껴 서둘러 피신을 한 한국인도 있었고, 머물러서 지역 주민들을 도와주다 본부의 강압적인 피신 명령으로 결국 대피한 분도 있다고 들었다. 후에 전문적인 구호 팀이 출동, 도움을 줬다고는 하지만 당시 현지 친구들이 느낀 것은 섭섭함이었다고 한다. 도와주지 못해도 함께 있는 것. 당시 친구들은 물질적인 도움도 필요했지만 정신적 도움도 필요했던 것이다.

어떤 판단이 옳은 것인지는 모르겠다. 내가 남는다고 도움을 줄 수 있을지 모르겠지만 현지 친구들과 고통을 나눌 수는 있을 것이다. 그러나 한편으로는 한국에 있는 부모님이 걱정하시고 또 한국 정부에서는 나로 인해 골치를 썩을 것이다. 나 하나 잘못되면 복잡해지니까. 어려운 딜레마다.

이런저런 생각으로 머릿속이 복잡한데 현지인 친구 암파이와 아나엘이 집에 찾아왔다.

"벌써 피신하게? 짐은 어딨어?"

"무슨 소리야? 축제나 가자."

저번 주부터 지역에서 계속되고 있는 벤디미아 축제에 가자는 것이다.

"지금 쓰나미 와서 죽을지도 모르는데 축제 얘기가 나오냐?"

"이미 왔어, 피스코에. 여기까지는 안 와. 작은 쓰나미야."

지진과 쓰나미가 친근한 현지 친구들은 이번 일이 심각하지 않은 거라는 걸 이미 알고 있었다. 마치 내가 북한 핵 미사일 실험을 대수롭게 여기지 않듯 말이다. 같은 사건이라도 느끼는 게 이렇게 다르다니. 참으로 세상은 넓고 사건은 다양하고 생각은 다채롭다.

페루가 잘 사나, 한국이 잘 사나?

페루 공항에 떨어지자마자 마주한 쓰레기 강을 보며 이곳이 정녕 사람이 살수 있는 나라인가 싶었다. 약속 시간도 지키지 않는 현지인들을 보며 이렇게 게으르니 가난하다 여겼었다. 그렇게 2년을 바보 같은 그들과 함께 살다 보니 그 바보스러움이 오히려 편했다. 매사에 심각하지 않고 쉽게 쉽게 웃으며 사는 게 오히려 여유로워 나도 그렇게 살았다.

2년 만에 마주한 한국은 분명 선진국이었다. 맑은 물이 흐르는 한강에 높은 빌딩들, 약속을 철저히 이해하는 한국인들, 경제적으로 발달한 이유가 있었다. 하지만 한국인의 얼굴에는 짜증이 가득했다. 지하철에서 제공하는 무료 와이파이로 스마트폰을 사용하고 있는데 인터넷이 느리다며 인상을 쓰고 있었다. 페루에는 무료 와이파이는커녕 지하철도 없다. 대신 과거 1990년대에 한국 도로를 달리던 다 낡은 티코가 서민들의 발 역할을 하지만 승객은 기사와 웃으며 대화를 나눴다.

과연 어느 나라가 잘 사는 걸까? 경제적으로 풍족하지만 인상 쓰는 대한민국? 가난하지만 웃으며 사는 페루? 10년이 지난 지금도 아직 그 답을 얻지 못했다. 아마 평생 고민거리일 듯싶다.

다만 확실한 것은 그곳에서의 첫 경험들이 나를 변화시켰고 덕분에 좀 더 여유롭게 생각할 수 있게 되었다는 점이다.

경제적인 풍족이 행복으로 가는 절대적인 정답은 아니라는 것. 여유는 마음속에 있다는 것. 모든 일은 그러할 수 있다는 것. 이 밖에 수많은 깨달음을 얻었지만 분량의 제한이라는 핑계로 이만 글을 줄인다. 부디 이 글을 읽은 당신이 직접 페루에 가서 많은 첫 경험들을 하고 나름의 깨달음을 얻길 바란다. 그럼, VAMOS!

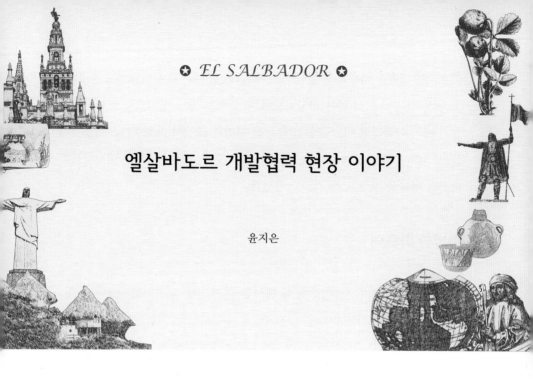

☆ EL SALBADOR ☆

엘살바도르 개발협력 현장 이야기

윤지은

지구 반대편에서 떠오르는 태양을 보며

중앙아메리카의 작은 나라 엘살바도르 El Salvador 에 도착하고 3주가 지났다. 무슨 일인지 여전히 새벽 3시면 눈이 떠지고 출근할 때까지 뜬눈으로 보내고 있다. 퇴근 후 호텔에 도착하면 화장도 지우지 못한 채 침대에 코를 박고 바로 잠이 든다. 아프리카, 유럽, 중남미 어느 대륙을 가도 시차 때문에 힘든 적은 없었는데 말이다. 그래도 매일 새벽 멀뚱멀뚱 뜬 눈으로 있노라면

엘살바도르의 아름다운 일출

일몰이 아름다운 엘살바도르 엘툰코 해변

떠오르는 태양을 마주하는 것이 나쁘지 않다. 한 나라의 수도임에도 불구하고 높은 건물이 거의 없는 산살바도르 San Salvador 호텔 창밖으로 보이는 일출은 마치 이국적인 어느 해안가 수평선 너머로 태양이 떠오르는 모습을 보는 느낌이다. 고요하게 떠오르는 태양과 그 빛깔을 보고 있자니 어느 시골 마을의 하늘을 보고 있는 기분도 들었다.

특별한 파트너

엘살바도르 도착 후 나의 첫 공식 행사는 현지 공중 보건의료 종사자들에 대한 일차보건의료 Primary Health Care (개인과 가족에게 필수적인 보건의료서비스를 보편적으로 접근 가능한 방식으로 제공) 교육 수료식에 참석하는 것이었다. 아직은 낯설고 어색한 마음으로 참석한 수료식에서 나를 맞아준 것은 마치 대학교 졸업식인 것마냥 말끔하게 빼입고 헤어에 한껏 힘을 준 수료생들이었다. 잔뜩 신경 쓴 옷차림과 수료장을 가슴에 든 뿌듯한 표정에서 교육에 대한 진지함을 느낄 수 있었다. 실제로 교육생들은 수개월 동안 일과 교육을 병행하였고 교육 중 가족상을 당한 1명을 제외한 모든 교육생들이 과정을 수료하였다.

이날 행사에서 나는 특별한 사람을 만났는데 바로 에두아르도 에스피노사 Eduardo Espinoza 보건부 차관이다. 작은 키에 서글서글한 얼굴, 특유의 콧수염과 소탈한 미소를 가진 에스피노사 차관님은 친근한 인상을 주었다. 그때까지 나는 그저 그분의 이웃집 아저씨같이 편안한 분위기를 좋아했는데 의사로서 편안한 생활을 포기하고 엘살바도르 내전에 참여하고 투옥까지 했던 분이란 것을 한참 후에 알게 되었다. 이번 행사에서 차관님은 서민들을 위한 일차보건의료 서비스의 중요성을 수차례 강조하면서 수료생들 한 명 한 명을 격려했다. 지금 되돌아보면 그는 그동안 만난 어떤 파트너 중에

신규사업 타당성 조사 전문가 회의, 빨간 넥타이와 콧수염이 눈에 띄는 사람이 에스피노스 보건부 차관이다.

서도 적극적이고 사람들을 진심으로 생각하는 공무원이었다. 아무리 바빠도 어떻게든 시간을 만들어 사업 현장을 일일이 챙기려고 했는데 한번은 도저히 시간을 낼 수 없자 밤늦은 시간에 혼자 사업 후보지를 방문한 후 다음 날 의견을 주었다. 자기 나라와 국민을 진심으로 생각하는 이런 파트너와 또 일할 수 있으면 얼마나 좋을까! 첫 만남 이후에도 나는 차관님을 종종 뵐 수 있었다.

월급의 절반을 약값으로 써야 한다니

현지에서 살면서 나 또한 엘살바도르 보건 서비스를 여러 번 경험할 수 있었다. 그중 첫 번째 경험은 충격적이었다. 감기 몸살로 사무소 직원이 소개해준 민간 병원에서 진료를 받았을 때다. 열이 약간 있긴 했지만 움직일 수 있는 정도였는데 병원 진료 후 처방전을 가지고 약국으로 향했다. 처방전에는 주사도 포함되어 있었다. 약국에서 엉덩이 주사를 한 대 맞고 약을 받아들고 계산하려는데 100달러를 달라고 한다. "100달러요? 미화 100달러요?" 약국 직원이 웃으며 미화 100달러라고 확인 사살해 준다. 나는 주사도 놔주지 않은 병원에 이미 진료비 40달러를 지출했는데 말이다. 당시 엘살바도르 한 달 최저임금이 300달러 수준인데(엘살바도르 현실에서는 최저임금을 최고임금으로 취급하는 경우가 많다) 단순 감기로 월급의 절반을 써야 한다고? 당황한 나머지 약국 직원에게 이게 실화인지, 사람들은 도대체 이 약값을 어떻게 부담하는지 질문을 쏟아냈다. 직원은 익숙한 듯이 이런 이유로 현지인들은 큰 병이 아니면 병원에 가지 않고 스스로 진단해서 값싼 약을 구매한다고 알려준다. 그리고 처방전에 있는 약 대신 비슷한 성분을 가진 저렴한 약으로 바꾸고 싶은지 물었다. 당연히 '예스.' 단숨에 약값은 40달러로 내렸다. 그래도 단순 감기로 10만 원 넘게 썼다니. 의사가 일부러 비싼 약을 처방해 준 건지는 모를 일이다. 그 이후로 쓰러질 정도가 아닌 이상 감기로 병원을 찾지 않았으니까.

엘살바도르에서 이런 민간 병원은 소수의 상류층이 주로 이용한다. 일반 서민들은 공중 보건시설을 이용하거나(의료장비나 의약품이 충분하지 않다) 큰 병이 아니면 자가진단하고 처방전 없이 약을 구매한다. 전반적으로 약값은 비싸기 때문에 약을 소중히 다루는 모습을 많이 목격했다. 그만큼 민간요법에 대한 의존도도 높다. 코이카KOICA(외교부 산하 대외무상원조 전담 기관)가 엘살바도르를 비롯한 중남미 지역에서 보건의료체계와 서비스 개선을 위해 노력하는 이유이기도 하다.

모두를 위한 보건의료(Health for All)

엘살바도르는 모든 사람들을 위한 보편적 보건의료서비스를 제공하는 것을 보건정책의 핵심 가치로 두고 있다. 특히, 2009년 좌파 정권이 들어선 이후 보건 개혁을 단행하고 일차 보건의료 서비스를 개선했다. 그 결과 모성사망률과 5세 미만 아동사망률이 개선되는 성과를 이루기도 했다. 그러나 공중 보건시설, 의료장비와 의약품 부족, 보건의료 인력에 대한 교육 부족은 보건서비스의 질적 개

2020년 9월 한-엘 의료센터 개원식(자료: 코이카)

선에 걸림돌이 되어왔다. 훌륭한 제도를 가지고 있지만 예산 부족 등으로 공중 보건서비스의 질이 낮은 것이다. 이런 현지 특성을 고려하여 코이카는 보건의료 인프라 지원과 보건의료인력 교육을 지원하고 있다. 보건의료 인프라 지원은 기본적으로 엘살바도르 국가보건정책과 체계를 종합적으로 고려하여 시스템을 강화할 수 있는 방향으로 지원 계획을 수립한다. 한편 한국은 엘살바도르와 달리 민간 병원과 대형 병원 중심의 의료 서비스를 제공하고 있기 때문에 엘살바도르의 보건의료시스템과는 내용적으로 차이가 많다. 이러한 이유로 한국의 경험과 지식을 그대로 이식하지 않고 현지 보건의료 전문가와 WHO(세계보건기구) 지역사무소 등과 같이 고민하여 공동으로 교육프로그램을 지원했다.

내가 엘살바도르에서 근무하던 2017~2020년 동안 코이카는 소야팡고 Soyapango 시에서 '한-엘 의료센터 건립 사업' 추진이 한창이었다. 소야팡고는 엘살바도르에서도 소득 수준이 낮고 범죄율은 높은 지역으로 총기를 사용한 범죄와 외상 환자 빈도도 높았다. 보건의료 인프라와 인력 부족으로 주민들은 적절한 보건서비스를 받지 못했고 이는 다시 지역의 빈곤과 범죄율을 높이는 악순환으로 이어졌다. 한-엘 의료센터 사업은 2013년부터 본격적으로 시작되어 1500m² 규모의 보건센터 신축, 보건의료 인력 교육, 의

료기자재 공급, 전자의무기록 시스템 연계를 지원했다. 2020년 9월 개원 이후 지역주민들은 내과, 소아과, 산부인과, 치과, 안과, 심리상담, 재활치료 서비스를 받을 수 있게 되었다.

그 결과 엘살바도르 정부는 위험한 지역임에도 불구하고 한국 정부에서 적극적으로 지원해 준 것에 대해 여러 기회를 통해 고마움을 표현했다. 실제로 사업을 진행하는 내내 참으로 우여곡절이 많았다. 예를 들면 사업지에 들어가기 위해서는 지역 주민들이 설치한 출입구 차단기를 통과해야 하는데 차단기 주변에는 모자를 눌러쓰거나 평범해 보이려 노력하지만 전혀 평범해 보이지 않는 사람들이 24시간 외지인의 출입을 감시했다. 이런 이유로 타 지역 출신의 현지인 공사인부를 구하기 어려웠고, 일부는 생명의 위험을 느낀다며 중간에 그만두기도 했다. 그럼에도 불구하고, 우리는 오랜 시간 사업을 하면서 지역 주민들의 신뢰를 얻을 수 있었고, 코이카 차량과 티셔츠를 입은 사람들에 대해서는 자유로운 출입과 안전이 확보되었다. 실제로 의료센터 기자재 납품을 위해 협력했던 UNOPS(UN 프로젝트 조달기구)는 현장 방문 시 안전을 위해 UN 차량보다 KOICA 차량 탑승을 희망하기도 했다.

이 과정에서 나는 우리와 정치적·경제적·사회적·문화적 차이가 많은 현지에서 발생하는 다양한 변수들에 대처할 수 있는 문제 해결 능력은 개발협력전문가에게 필수적이라는 것을 깨달았다. 나의 3년간의 엘살바도르 생활도 매일 일어나는 변수들에 대처하고 작고 큰 문제를 해결해 나간 과정으로 요약될 수 있을 것이다.

생텍쥐페리가 사랑한 나라, 엘살바도르

중앙아메리카의 엄지라고 불리는 엘살바도르는 작지만 아름다운 자연환경

과 수많은 이야기를 가진 나라다. 화
산의 나라로도 알려져 있는데 그중
서부 지역의 활화산인 산타아나 ^{Santa}
^{Ana} 와 이살코 ^{Izalco}, 휴화산인 세로베
르데 ^{Cerro Verde} 는 아름다운 화산 봉우
리를 가지고 있어 관광객들이 자주
찾는다. 화산은 비옥한 토지를 제공
하고 세계적으로 우수한 품질의 커피

산타아나(Santa Ana) 화산

를 생산하게 해준다. 덕분에 3년 동안 매일 맛 좋은 커피를 마시는 호사를
누릴 수 있었다. 한국에는 잘 알려지지 않았지만 이 세 개의 대표적인 화산
은 생텍쥐페리의 『어린왕자』에서 재현되었다. 또 생텍쥐페리와 결혼한 엘
살바도르 여인 콘수엘로 ^{Consuelo} 는 어린왕자가 사랑한 '장미'로 표현되었다.
이런 인연으로 내가 살던 동네에 '어린왕자공원 ^{El Parque Principito}'이 있었는데
공원에 가면 어린왕자에 나오는 주인공들을 만날 수 있다.

　태평양을 마주하는 서부 해안은 서핑하기에 적합한 파도를 자랑하는데,
서핑족들의 낙원으로 불린다. 안타깝게도 이런 아름다운 자연환경에도 불
구하고 불안정한 치안과 관광산업의 저조한 발달로 외국인의 마음을 붙잡
지 못하고 있다. 개인적으로는 우후죽순 들어선 호텔 없는 자연 그대로의
바다와 말로 표현할 수 없는 마음의 평화를 가져다주는 해변의 노을을 사랑
했다. 그러나 다른 지하자원이 없는 엘살바도르 입장에서 이런 천혜의 자원
은 놓칠 수 없는 관광 자원이다. 최근 엘살바도르 정부는 서부 해안을 중심
으로 서핑을 활용한 관광산업 발전을 위해 노력하고 있다. 서부 해안을 중
심으로 '서핑시티 ^{Surf City}' 프로젝트 1단계를 마치고 동부 해안까지 확대하는
방안을 모색하고 있다. 2021년 6월에는 ISA 세계서핑선수권 대회 ^{World}
^{Surfing Games} 를 개최하고 서핑 도시로서의 이미지를 전 세계 서핑족들에게

각인시켰다. 언젠가 이 글을 읽는 독자들도 엘살바도르 서핑시티를 꼭 한번 방문해 보기를 권하고 싶다. 우리나라 동해에서는 보기 힘든 파도를 경험할 수 있을 것이다. '서핑시티' 프로젝트는 미국 국제개발처 USAID, U.S. International Development Cooperation Agency 가 집중적으로 지원하고 있다. 엘살바도르에는 USAID를 비롯하여 여러 공여국에서 파견한 원조기관과 국제기구가 'UN지속가능 발전 목표 SDGs' 달성을 위해 다양한 활동을 하고 있다. 또, 미주개발은행 IDB, 중미통합체제 SICA, 중미경제통합은행 CABEI, 미주기구 OAS 등 지역기구 사무소도 활동 중이다. 2018년 8월 엘살바도르가 대만과 단교하고 중국과 수교하면서 중국도 대규모 차관과 무상원조사업을 추진하고 있다.

왜 동양인끼리 스페인어로 대화하는 거예요?

하루는 일본 JICA 직원과 주말 늦은 아침 커피를 마시고 마트 구경을 갔다. 특별히 여행을 가는 게 아니라면 엘살바도르 생활은 한국에 비해 단조로웠다. 그나마 쇼핑몰이나 마트 구경이 큰 낙이었다. 열심히 수다를 떨면서 마트 이리저리를 걷는데 커피 원두를 즉석에서 갈아주는 작은 코너를 발견했다. "이건 사야 해!" 커피 코너에서 어느 산지에서 온 원두를 살지 열심히 고민 중인 우리를 판매원이 신기한 듯이 쳐다본다. 할 말이 있는 표정이다. 외국인을 찾아보기 힘든 엘살바도르에서는 흔한 일이라 개의치 않고 둘이서 커피에 대해 열심히 상의하고 있는데, 갑자기 귀에 꽂히는 질문 "저기, 당신들 엘살바도르 사람이에요?" 아니, 중국, 일본, 북한, 심지어 미국인이냐는 질문까지 받아봤지만 엘살바도르 사람이냐고? 이런 질문은 처음이다. 우린 잠시 당황했지만, 이내 "맞아요. 우리 엘살바도르 사람이에요"라며 짓궂게 답했다. 다시 깔깔 웃으며 "왜요? 우리 동양인 같지 않아요?" 판매원은 안심한 표정을 짓더니 "그런데 왜 당신네 나라 말을 하지 않고 스페인어로 말해

2018년 엘살바도르 지속가능 발전 목표(SDGs) 회의 참석

요?"라고 받아친다. 맞다. 그새 익숙해져 전혀 생각하지 못했는데 현지인 없이 동양인끼리 스페인어로 대화하는 것은 낯선 풍경이다. 그 판매원이 아니었다면 아직까지도 어떻게 비춰질지 생각 못 했을 것 같다. 우리는 한국과 일본에서 왔고, 언어가 달라서 공통적으로 할 수 있는 스페인어로 말한다고 설명해야 했다.

중남미에 파견 가보면 대부분의 공여기관과 국제기구 파견자들이 고급 수준의 스페인어를 자유자재로 구사할 수 있음을 볼 수 있다. 그중에는 영어를 못하는 사람들도 꽤 있다. 나의 첫 번째 해외사무소 파견지인 페루에서도 중국 관계자들과 미팅한 적이 있는데 어찌나 스페인어를 잘하는지 깜짝 놀랐던 기억이 난다. 엘살바도르 주재 각국 대사들도 스페인어를 잘해서 TV인터뷰를 스페인어로 자연스럽게 진행하는 모습을 볼 수 있었다. 상황이 이렇다 보니 엘살바도르와 양자 회의에는 통역을 대동하여 진행이 가능하지만, 여러 나라가 참여하는 다자회의나 공여국 간의 회의에서는 통역이 없고 처음부터 끝까지 스페인어로 진행된다. 개인적으로 통역을 대동해도 빠르게 진행되는 회의를 백 퍼센트 따라가기란 쉽지 않다.

그래서 엘살바도르에서 처음 만난 JICA 직원과 자연스레 스페인어로

언제나 스피치는 스페인어로(엘살바도르 경찰 대상 현지연수 수료식)

대화하게 되었고 심지어 이 친구와는 어느 순간 한쪽 볼을 맞대는 중남미식 인사법을 따르고 있었다. 이 글을 쓰고 있자니 문득 중남미가 아닌 한국이나 일본 등 제3국에서 이 친구를 다시 만나게 된다면 어떻게 인사를 하게 될까? 막상 그 상황이 되면 어떨지 모르겠다. 중남미식으로 인사하면 마트 커피 판매원 같은 반응을 받게 될 게 뻔하다.

누구라도 개발협력전문가로 중남미에 진출하길 원한다면 스페인어를 배우라고 말하고 싶다. 스페인어를 못한다고 해서 일을 못 하는 것은 절대 아니다. 말했듯이 가장 중요한 파트너인 엘살바도르 정부와는 통역을 대동해서 만날 수 있고 진심이 반드시 말로만 통하는 것은 아니기 때문이다. 또 소수지만 영어가 가능한 현지인도 있다. 하지만 스페인어를 한다면 활동 범위가 훨씬 넓어진다. 중요한 미션을 가지고 지구 반대편까지 가는 만큼 스페인어라는 소통 수단을 가지고 더 많은 활동을 한다면 당신을 파견한 국가 또는 기관에도, 파트너 국가에도, 개인적인 커리어에도 도움이 될 것이다.

세계 최고급 커피 생산국에서 마시는 미국 인스턴트커피

엘살바도르에서 처음 맞이하는 크리스마스는 멕시코 지인들을 만나기 위한 여행을 계획했다. 그런데 갑작스러운 사무소 사정으로 여행을 취소하게 되었고 발권했던 멕시코행 항공 티켓도 환불받지 못했다. 생돈을 날리기도 했지만 나를 위해 연말 일정을 모두 정리해 두었던 지인들에게 사정을 설명하는데, 어찌나 미안했던지 …. 어쩔 수 없이 여느 이방인처럼 조금은 쓸쓸한 크리스마스를 준비 중이었는데 뜻밖에 엘살바도르 친구가 자신의 고향 집에서 크리스마스와 새해를 보내자고 한다. 중남미에서 크리스마스는 온 가족이 모이는 날로 연중 가장 큰 명절이다. 이런 특별한 날 초대해 주다니 고맙고 기쁜 마음으로 수도에서 2시간 떨어진 마리아^{Maria}의 고향 산타아나 Santa Ana 로 향했다.

연말을 맞아 도로는 차량으로 꽉 차 있었고 정오의 태양은 차 유리창을 통해 얼굴을 정면으로 비췄다. 강한 햇빛을 장시간 맞으니 머리가 아프다. 그래도 이제 구불구불 골목이 나오는 걸 보니 거의 도착했나 보다. 골목을 통과할 때 마다 나의 흰색 차량은 점점 흙갈색으로 변했지만 곧 도착한다는 설렘으로 길을 재촉했다. 마침내 도착, 마리아의 어머니, 아들, 딸이 기다리고 있다. 외국인인 내가 봐도 어찌나 닮았는지 길에서 만나도 가족인 걸 알 것 같다. 예상했던 것처럼 집안 사정이 썩 좋아보이지는 않았지만 그래도 갖출 건 다 갖춘 어엿한 집이었다. 가지고 온 낡은 티셔츠로 갈아입고 나니 벌써 마음은 이곳에 몇 달 지낸 사람처럼 편안하다. 아마도 친절하고 편안한 가족들 덕분일 거다.

같은 동네에 마리아의 사촌들도 가까이 살고 있었다. 저녁이면 언니, 동생, 사촌들과 담소를 나누고 집에 부족한 것이 있으면 서로 도와주며 지내는 모습이 보기 좋았다. 아침에는 어린 딸에게 동전 몇 개를 건네면서 커피 심부름을 시킨다. 인스턴트커피 네 봉지를 사와서 하나씩 나눠 마셨다. 세계에서 가장 질 좋은 커피를 생산하는 엘살바도르지만 서민들은 미국에서 수입한 값싼 인스턴트커피를, 그것도 묶음으로 사지 못하고 매일 아침 낱개로 구입해야 하는 현실이 아이러니하다.

언뜻 보면 집 모양을 갖추고 있지만 말 그대로 언뜻 봤을 때다. 벽은 다행히 슬레이트가 아닌 벽돌로 되어 있는데 지붕은 슬레이트로 덮여 있었고 내부 천장 공사가 되지 않아 슬레이트가 그대로 노출되었다. 각 방은 벽돌로 구분되어 있지만 천장 공사가 되지 않아 모든 방은 천장이 뚫린 채 완전히 구분되지 않고 연결된 느낌이다. 방마다 문도 없었는데, 문이 없기는 화장실도 마찬가지다. 대신 긴 천으로 대충 화장실 앞을 가렸는데 바로 앞이 사춘기 아들 방이라 난감했다. 집 안에 가스레인지가 있지만 실제로 거의 사용하지는 않고 산에서 해온 마른 장작으로 요리했다. 나로서는 장작에 한 음식 맛이라 더 좋았지만 이들은 마음껏 가스레인지를 사용하고 싶을 것이다.

크리스마스 이브 칠면조 대신 판콘포요

크리스마스이브 저녁 식사는 어머니의 기도로 시작되었다. 끝날 것 같지 않은 간절한 기도에 약간 당황했는데, 기도가 끝난 뒤 보니 어른들 눈가가 촉촉하다. 오후 내내 준비한 판콘포요 pan con pollo (프렌치빵이라고 불리는 퍼석퍼석한 밀가루빵에 닭고기와 야채를 넣은 음식)를 나눠 먹었다. 최대한 양을 부풀리기 위해서 닭고기에 야채를 많이 넣고 오랫동안 끓였다. 나는 부족한 살림에 숟가락 하나 더 얹은 사람으로서 일찌감치 배부르다며 판콘포요를 조금 먹고 맨 빵을 두 개나 해치웠다. 식사 후에는 잘 터지지도 않는 싸구려 중국산 불꽃놀이 용품을 사서 몇 번을 쏘아 올리며 그것도 재미있다고 깔깔거리며 다시 어린 시절로 돌아간 듯한 기분을 한껏 냈다.

며칠 뒤에는 근처에 사는 마리아의 사촌 집에 놀러갔다. 사촌 집은 한눈에 봐도 마리아 집보다 크고 튼튼해 보였다. 엘살바도르에서 무슨 일을 하는지, 엘살바도르 사람들에 대해 어떻게 생각하는지 등등 질문이 이어진다.

인터뷰 아닌 인터뷰가 끝나갈 즈음 나도 그가 어떤 일을 하는지 물었다. 그냥 '이것저것' 한다고 대답한다. 그리고는 이내 사실 멕시코에 불법체류하면서 돈을 좀 모았다며 말을 고쳤다. 한 번 가면 몇 개월씩 있다가 돌아오는데, 단속에 걸려서 추방되기도 하지만 자기 같은 사람들이 많고 나름의 노하우가 있어서 큰 문제는 없다고 한다. 그리고 일만 생기면 언제든지 다시 갈 계획이라고 했다.

그들은 왜 목숨을 건 불법이민을 하는가

그날 밤 나는 마리아에게 다른 사람들처럼 미국으로 넘어갈 생각을 한 적은 없는지 조심스레 물었다. 돌아온 답은 "생각해 본 적은 있지만, 난 아직 겁이나." 그리고 이어진 말은 충격적이었다. "여자는 출발하기 전에 불임수술도 해야 해" 아니, 미국 가는데, 불임수술은 왜 해야 하지? 마리아는 미국 불법이민을 시도한 사람들을 많이 아는데 몸과 마음이 만신창이가 되어 돌아오는 경우도 있다고 한다. 코요테 coyote 라고 불리는 브로커 도움을 받기 위해서는 몇 천 달러를 지불해야 하는데 미국 정착 후 갚겠다는 약속과 함께 주로 친인척에게 빌려서 마련한다. 미국 국경에 이르기까지 숱한 폭력에 노출되고 갱단들에게 통행세 명목의 비용을 강탈당하기 일쑤다. 여성은 성폭행을 당하는 경우도 허다한데 마리아의 표현에 따르면 '운이 나빠서' 임신까지 하면 미국에 도착한다고 해도 일자리를 얻을 수 없다는 것이다. 마리아 친구 중에도 브로커에게 돈은 돈대로 날리고 임신까지 해서 돌아온 사람이 있다고 한다.

　내가 엘살바도르에서 근무하던 2018년 말 중앙아메리카 출신 이민자 행렬인 캐러밴 caravana 이 세계의 이목을 끌었다. 과거 소규모로 산발적으로 이동하던 방식에서 SNS를 통해 출발할 사람들을 모집하고 출발 날짜까지 공개하는 새로운 집단 이주 방식이었다. 이런 공개적 집단행동은 당시 미국 도널드 트럼프 대통령의 강경한 불법이민 억압 정책과 맞물려 논란의 중심이 되었다. 미국은 중앙아메리카인의 이주를 막기 위해 경유국인 멕시코를 관세 등으로 압박했고 멕시코는 남쪽 국경에 대한 감시를 강화했다. 이동 과정은 더욱 험악해졌다. 2019년 6월 미국과 멕시코 국경 지역 리오그란데 Rio Grande 강을 건너던 부녀의 죽음은 국제사회에 충격을 주었다. 엘살바도르 출신 25세 오스카르 마르티네스 Óscar Martínez 와 그의 23개월 된 딸 안지 발레리아 Angie Valeria 는 강을 건너다 익사한 것이다. 어린 딸이 오스가르의 목덜미를 감싼 채 강가에 엎드려 있는 사진은 많은 사람들에게 충격으로 남아 있다.

과거 미국 내 불법이민자의 상당수는 멕시코 출신이었지만 2010년대 이후 중앙아메리카 북부 삼각지대라고 불리는 과테말라, 엘살바도르, 온두라스 출신이 큰 비중을 차지하기 시작했다. 이들은 가난과 폭력을 피해 미국으로의 이주를 꿈꾼다. 엘살바도르에서 가난과 폭력은 일상이며 서로 톱니바퀴처럼 연결되어 있다. 구멍가게 주인부터 버스 운전기사에 이르기까지 구역을 관할하는 갱단에게 일종의 수수료를 내야 한다. 혹여 용기를 내서 갱단들이 저지르는 불법과 폭력의 굴레에서 벗어나려 시도한다면 죽음을 면하기 어렵다. 특히 남자 10대 청소년은 갱단의 주요 타깃이다. 국가나 가정으로부터 보호받지 못하는 엘살바도르 십 대들은 자신을 보호해 주겠다는 갱단의 유혹에 무방비로 노출되어 있다.

청소년들이 마음껏 꿈꿀 수 있도록

2010년부터 코이카는 엘살바도르 치안 개선을 위해 노력해 왔다. 방범용 CCTV뿐만 아니라 주요 도로의 차량번호판 인식시스템을 도입하고 CCTV

통합관제센터도 지원했다. 그 결과 엘살바도르 경찰청은 1시간 걸리던 현장 출장이 15분으로 단축되고 범인 검거 건수도 늘어났다고 밝혔다. 범인 검거 능력 향상만으로 범죄를 억제할 수 있는 것은 아니다. 보다 다차원적인 접근과 지원이 필요한데 엘살바도르의 경우 가정과 학교, 국가로부터 보호받지 못하는 청소년들을 폭력으로부터 보호하고 온전한 사회 구성원으로 성장시키기 위해 많은 지원이 필요하다. 코이카가 엘살바도르 아와차판 Ahuachapán에 설립한 '한-엘 청소년센터'는 학교 수업 후 갈 곳 없는 청소년들에게 방과 후 프로그램과 심리 상담을 제공한다. 그뿐만 아니라 직업전문교육 프로그램과 취업 및 창업 프로그램을 연계하여 청소년들이 범죄로 빠지지 않고 자신의 꿈을 펼칠 수 있도록 지원하고 있다. 무엇보다 코이카 지원 종료 후에도 청소년센터가 자립할 수 있도록 센터와 함께 운영계획을 수립했다. 현재는 아와차판시에서 일부 지원을 받고 대학과 공동 교육프로그램을 운영하거나 광고홍보 대행 등으로 운영 수익을 자체적으로 창출하고 있

KOICA 지원 청소년센터 소년 소녀들(자료: 코이카)

다. 나는 어려운 환경에서도 꿈을 이루고자 노력하는 엘살바도르 청소년들을 수없이 만났고 그들의 근면성실함을 지켜봤다. 그래서 서민계층 학생들을 위한 엘살바도르공학전문학교 ITCA-FEPADE 혁신기술센터 설립과 4차산업 관련 직업교육프로그램 개발을 위한 신규 사업 기획에 열정적으로 참여하기도 했다. 엘살바도르가 범죄와 폭력의 굴레에서 벗어나고, 청소년들에게 더 많은 기회가 주어지기를 간절히 바란다.

중미의 한국, 엘살바도르

엘살바도르에 살다 보면 그들의 근면성실함과 악착같은 생활력에 놀라게 된다. 새벽부터 분주하게 일하는 이 나라 사람들은 '이가 없으면 잇몸으로'라는 마음가짐으로 주어진 모든 것을 활용한다. 이런 이유로 오랫동안 '중남미의 유대인', '중남미의 일본'이라고 불리기도 했다. 아마도 과거에는 한국 인지도가 유대인이나 일본보다 낮아서 이렇게 불린 게 아닐까? 나는 한국과 엘살바도르 사이에 공통점이 더 많다고 생각한다. 국토가 좁아서 작은 나라 국민이라는 인식이 강하며 가슴 아픈 내전을 겪은 것도 비슷하다. 또, 엘살바도르는 한국처럼 지하자원이 거의 없고 유일한 자산은 '사람'인 나라이다. 교육열은 어떤가? 내가 먹지 못하더라도 어떻게든 자식 교육은 시키려는 엘살바도르 부모들의 모습은 한국 부모 못지않다.

이런 모습은 개발협력사업을 하면서도 발견된다. 가끔 개발도상국 사람들이 원조사업에 수동적이라는 평가를 받는 경우가 있다. 그러나 엘살바도르가 이런 평가를 받는다면 억울할 것이다. 당신이 엘살바도르에서 중요한 프로젝트를 진행 중이라면 오늘 밤 보낸 이메일에 대한 답장을 내일 아침 받게 될지 모른다. 물론 모든 사람이 그런 것은 절대 아니며, 정권에 따라서 또 그들이 인식하는 사업의 중요도에 따라서 태도는 180도 달라질 수 있다. 그러나 일반적으로는 적극적인 편이라고 할 수 있다. 보통 원조사업을 하면 원조를 주는 쪽에서 현지 상황 파악을 위해 수많은 질문을 하게 된다. 나는 엘살바도르공학전문학교ITCA-FEPADE와 첫 미팅에서 의자에 앉기 무섭게 학교 이사장으로부터 "그래서 당신네 전략이 뭐요?"라는 질문을 받았다. 코이카가 학교에 얼마나 도움을 줄 수 있는지 궁금했던 모양이다. 사업지원요청을 받고 찾아간 자리에서 이런 질문은 처음 받아본 터라 아직도 기억에 생생하다. 내가 코이카의 국가지원전략 등을 설명을 한 후에야 이사장은 마음의 빗장을 열고 학교 상황을 자세히 설명해 주었다. 이후 코이카와 엘살바도르공학전문학교는 누구보다 일에 열심이고 서로 신뢰하는 파트너가 되었다. 다니엘 코엔Daniel Cohen 학교 이사장은 내가 한국에 돌아온 이후에도 종종 메시지를 보내는데 온통 코이카 사업이 어떻게 진행되고 있는지, 현지 개발협력 관련 상황이 어떤지 기사와 사진을 보내준다. 그에게서 한국과 엘살바도르 두 나라가 보이는 것 같다.

천 권의 책, 천 명의 친구(Mil Libros, Mil Amigos!)

엘살바도르에서 근무한 지 10개월이 지나가던 2018년 5월의 마지막 날 '한-엘 청소년센터' 내 도서관 개관식 참석차 서부 지역 아와차판Auachapan시로로 향했다. 2014년 설립된 청소년센터 내 청소년들과 지역주민을 위한 도서관을 만들고 도서 분류 및 대여 시스템을 새로 구축한 것이다. 제대로 된 도서관이나 서점이 없는 도시에 멀끔한 도서관이 개관한다니 지역 어린이와 청소년들이 모였다. 호기심 어린 눈으로 책을 만지작거리는 모습을 보니 '재미있는 책이 많아야 할 텐데'라는 생각이 절로 드는데, 아무리 봐도 책이 부족한 것 같다. 나는 행사 후 돌아오는 차 안에서 고민에 빠졌다. 남은 예산은 제로, 그래도 더 많은 도서를 지원하고 싶었다. 머리를 열심히 굴리다

캠페인 활동 홍보를 위해 TV 아침방송 출연(자료: Hola El Salvador, 2018.10.16)

가 순간, 내가 만난 엘살바도르 사람들이 떠올랐다. 어떤 모임에서든 구경 꾼이 아니라 '역할'을 하고 싶어 하는 사람들, 정 많고 오지랖도 넓은 이 사 람들과 함께 해보면 어떨까? 개도국 사람들이 수혜자로만 남을 필요는 없 지 않은가!

사무실에 복귀하자마자 나는 간단히 출장 결과를 보고하고 '엘살바도르 사람들이 중심이 되는 도서기부 캠페인' 아이디어를 제안했다. 도서 구매에 예산 지원은 필요 없다고 큰소리친 후 현지 직원 1명과 현지 인턴 2명으로 캠페인 팀을 꾸렸다. 현지 인턴 2명은 엘살바도르 국립대학교 언론홍보학 과 졸업반 학생들로 의무사회봉사 100시간을 채우기 위해 파트타임으로 활 동하고 있었다. 인턴들은 평소 보도자료 작성, SNS 계정 관리 지원 등 보조 적인 업무를 하다가 갑자기 캠페인 프로젝트를 주도할 수 있게 되자 다들 들떠서 아이디어를 쏟아냈다. 우리는 청소년들을 위한 도서 천 권을 기부하는 것을 목표로 캠페인을 진행하기로 했다. 대학, 언론사, 관공서에 캠페인을 알리는 서한을 보냈고, 개인 기여자를 위해서 캠페인 동영상 제작, SNS 홍보, 주요 장소에 도서 기부 박스를 설치했다.

전략은 먹혔다. TV, 라디오 방송 출현 요청이 이어졌고 우리는 팀을 나눠 방송 인터뷰에 응했다. 도서 기부에 대한 전화, 이메일 문의도 많았다. 9월 24일부터 11월 5일까지 진행한 캠페인 기간 동안 수천 권의 책이 도착했고, 이 중 보관 상태가 좋은 책들을 골라서 총 2000권의 도서를 청소년센

천 권의 책, 천 명의 친구 캠페인 현지 참여자
(자료: 코이카)

터에 전달했다. 천 명의 친구와 천 권의 책을 기부하려던 목표는 두 배인 이천 명의 친구와 이천 권의 책으로 돌아왔다. 같이 하자는 우리의 제안에 엘살바도르 사람들이 응답해 주었고 프로젝트에 참여한 모든 직원들은 성취감을 맛볼 수 있었다. 누군가를 돕고 싶은 마음은 선진국, 개도국이 따로 없다. 누구나 기회가 된다면 의미 있는 일을 하고 싶은 것이 사람의 마음이다. 앞으로도 나는 수원국 사람들이 주인이 되는 활동을 많이 해나가고 싶다. 우리의 역할은 어디까지나 좋은 어시스트를 하는 것이고, 골은 그들이 넣는 것이 진정한 발전이니까.

엘살바도르 국민 화가 페르난도 료트 재단과 함께

2020년 2월 '한-엘 의료센터 건립 사업'은 마무리 단계에 있었다. 건축 준공을 완료했고 의료 기자재 공급과 의료센터에서 근무할 인력 채용이 마무리

의료센터에 들어서면 페르난도 료트 재단과 콜라보한 벽화가 환자들을 환영한다.(자료: Monica Bonilla)

되고 있었다. 그런데 한 가지 아쉬운 점이 있었다. 의료센터 입구에 들어서면 큰 로비가 나오는데 온통 하얀 벽면으로 차갑고 삭막하기 그지없었다. 나는 엘살바도르에서도 가장 위험한 지역에 거주하는 주민들이 의료센터에 들어와서 만큼은 안정감을 느낄 수 있는 환경이 조성되었으면 했다. '혹시, 중앙아메리카의 피카소라고 불리는 페르난도 료트Fernando Llort 작품을 벽화로 재현하면 어떨까?' 물론 이것은 나의 욕심이었다. 남은 예산도 없었을뿐더러 있다고 해도 코이카 건축 사업에 예술적인 부분까지 고려하는 것은 사치일 수 있기 때문이다. 현장점검을 마치고 돌아오는 차 안에서 나는 다시 고민에 빠졌다. '방법이 없을까?'

현장점검을 동행한 동료들에게 슬쩍 페르난도 료트 얘기를 꺼냈다. 예산이 없다는 문제만 빼면 너무 좋은 아이디어라고 한다. 당연한 얘기지, 문제는 언제나 머니money잖아. 밑져야 본전인데 하는 마음으로 일단 들이대보기로 했다. 다음 날 바로 페르난도 료트 재단에 연락해서 미팅 날짜를 잡았다. 사업 소개 프레젠테이션, 의료센터 사진과 동영상, 코이카 기념품을 바리바리 싸들고 떨리는 마음으로 페르난드 료트의 아들 후안 파블로Juan

Pablo를 만났다.

후안 파블로는 사교적인 사람은 아니었다. 조용한 분위기에서 몇 가지 질문과 답변이 오가는데 괜한 긴장감이 감돌았다. '애초에 무리한 요청이었나?' 나는 준비한 대로 페르난도 료트 재단의 사회적 이미지와 우리 의료센터의 공통점을 설명하고, 의료센터 개원식에 주요 VIP로 초대하겠다며 열심히 어필했다. 그가 조용히 뉴욕에 있는 마리아 호세 료트 Maria Jose Llort (페르난도 료트의 딸)가 디자인을 해야 하는데 설득해 보겠다고 한다. 숨 막히게 조용한 분위기 때문에 긍정적인 대답을 듣고도 크게 소리 내 기뻐하지 못한 채 미팅을 끝내고 차 안에서 직원들과 기쁨의 소리를 질렀다. 벽화 작업에 필요한 재료와 인부는 '한국의 친구 Amigos de Corea (코이카 초청으로 한국에서 연수받은 엘살바도르 사람들 모임)' 집행부를 만나 도움을 구했다. 이로써 코이카 건축물 최초로 엘살바도르 국민 화가 페르난도 료트 벽화를 구현할 수 있었다.

당시에는 '가만히 있으면 반은 가는데 ….' '시키지도 않는 일을 해서 의료센터 로비가 이상해지면 어떡하지' 괜히 문제만 생기면 어쩌나 걱정도 되었다. 그러나 문은 두드리는 자에게 열렸고 지금 나는 환자들이 의료센터에서 벽화를 감상하는 모습을 생각하며 흐뭇한 미소를 지을 수 있게 되었다. 무엇보다 페르난도 료트 재단과 한국의 친구 단체가 대가 없이 참여해 주는 모습을 보면서 나는 다시 한번 엘살바도르 사람들의 따뜻한 오지랖과 열성을 확인할 수 있었다. 희망은 언제나 사람이라기에 엘살바도르 사람들에게 미래는 밝지 않을까 기대해 본다.

2부

문화 읽기
배경 알기

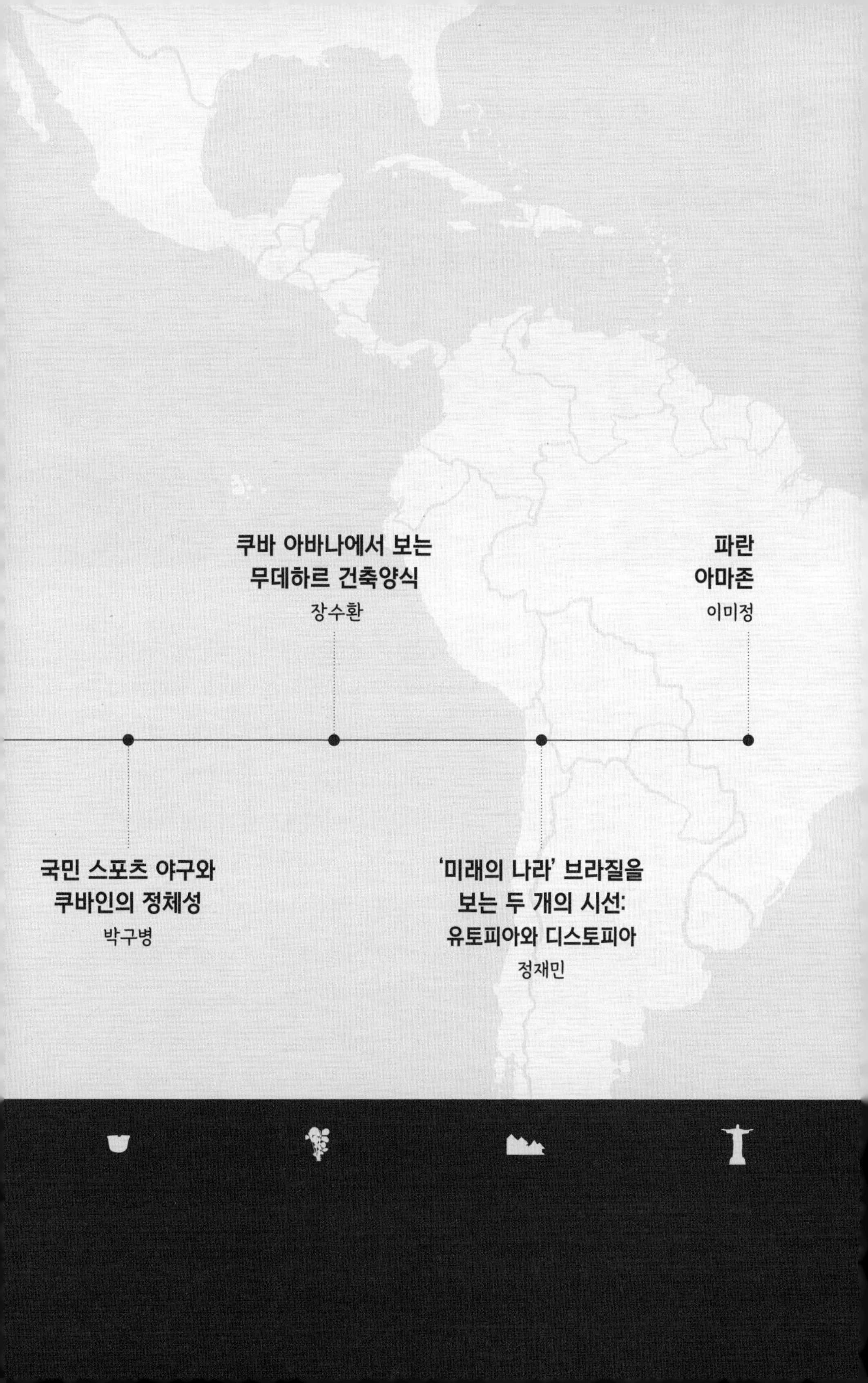

쿠바 아바나에서 보는
무데하르 건축양식
장수환

파란
아마존
이미정

국민 스포츠 야구와
쿠바인의 정체성
박구병

'미래의 나라' 브라질을
보는 두 개의 시선:
유토피아와 디스토피아
정재민

CHRISTOPHER COLUMBUS

콜럼버스의 신대륙 발견은 거짓말이다

송기도

우리는 어릴 때부터 "콜럼버스가 1492년 아메리카 대륙을 발견했다"라고 배웠다. 아니 적어도 콜럼버스가 '아메리카 대륙을 처음 다녀온 유럽인'이라고 이해하고 있다. 정말 그럴까? 결론부터 말하자면 모두 거짓이다. '발견discover, discovery'이라는 말은 "아무도 모르고 있던 것을 찾아내는 것"을 의미하니 아메리카를 발견했다는 말은 콜럼버스 이전에 아메리카에 대해 아무도 모르고 있었다는 말이다. 아니 콜럼버스가 도착했을 때 아메리카에는 1억 명 가까운 사람들이 살고 있었는데 그들은 사람이 아니었나? 다시 말해 그곳에 살고 있는 원주민의 존재를 완전히 무시한 얘기이니 더 설명할 필요가 없다. 철저하게 백인(유럽인) 중심의 사고방식이다.

그리고 아메리카 대륙을 처음 간 유럽인이라는 말도 사실은 정확하지 않다. 콜럼버스보다 400여 년 전에 바이킹 에릭슨Lief Eriksson이 아메리카 북쪽에 빈랜드Vinland를 건설하고 거주했었다는 것이 1961년 캐나다 북동부 뉴펀들랜드섬에서 이들의 유물과 유적지가 발견됨으로서 사실로 확인됐다. 바이킹의 유적지(랑스 오 메도즈)는 1978년 유네스코 문화유산으로 등록되었다.

왜곡된 역사를 뒤로하고 콜럼버스의 항해를 따라가 보자. 콜럼버스Christopher Columbus는 1492년 8월 3일 스페인 서남부에 위치한 팔로스Palos 항에서 세 척의 배를 타고 금과 은 그리고 향신료(후추)가 가득한 인디아(아시아)를 향해 떠났다. 쉽게 말해, 엘도라도El Dorado(스페인어로 황금으로 덮여 있는 곳이란 뜻으로 황금향으로 번역되었다)를 찾아 떠난 것이다. 15세기의 유럽은 아시아로부터 비단, 향신료 등을 들여왔는데 이들 상품은 엄청난 이익을 남기는 소위 대박 상품이었다. 특히 요리에 쓰이는 후추와 같은 향신료는 부와 권력, 신분의 상징으로 왕과 제사장, 귀족에게 아주 귀한 대접을 받았다. 지금이야 스테이크 먹을 때 뿌려 먹는 평범한 후추지만 15세기에는 '검은 황금'으로 불리는 귀한 몸이었다. 원산지인 인도에서 출발해 유럽으로 건너가는 사이 가격이 수백 배 이상으로 올랐으니, 장사 한 번만 잘하면 대박 나는 것이었다.

당시 이탈리아 북부의 베니스, 제네바 등이 이들 동방무역의 중심이었다. 제네바 출신인 콜럼버스도 많은 사람들이 한탕을 노리고 향신료 무역에 뛰어들었듯이 무역을 통해 돈을 버는 것이 최대 관심사였다. 한마디로 말하면 동방 루트의 발견은 엄청난 부를 가져올 것이라는 생각으로 시작한 항해였다. 그리고 스페인 왕실을 설득하는 데 가장 주효했던 것도 인도로 가는 새로운 지름길을 개발함으로써 그동안 인도의 값비싼 물품 조달에 드는 막대한 비용을 크게 절감할 수 있다는 논리였다.

콜럼버스는 왜 서쪽으로 갔을까?

비록 순수한 탐험가적 동기에서 이루어진 것은 아니었지만 콜럼버스가 내

16세기 초 오스만 제국 영토

세운 명분은 인도와의 교역 루트를 개척한다는 것이었다. 그런데 콜럼버스는 많은 사람이 그동안 해왔던 대로 동쪽으로 가지 않고 왜 미지의 서쪽 바다로 가는 루트를 택했을까? 다양한 설명이 있겠지만 중요한 것은 천 년을 유지해 왔던 동로마 제국의 멸망, 지구가 평평하지 않고 둥글다는 새로운 생각, 그리고 마르코 폴로의『동방견문록』에 쓰여 있는 황금을 얻겠다는 탐욕이 콜럼버스가 위험을 무릅쓰고 서쪽으로 가게 한 이유였다.

첫째, 1453년 동로마 제국의 수도인 콘스탄티노플Constantinople이 오스만 제국에 의해 함락됐다. 3면이 바다로 둘러싸인 천혜의 입지조건에다 나머지 한 면은 3중의 성벽으로 둘러싸인 콘스탄티노플은 지난 천 년 동안 17번이나 계속된 이슬람 세력의 침공에도 꿈쩍하지 않았던 난공불락의 요새였다. 그랬던 콘스탄티노플이 오스만 제국의 메흐메트 2세에 의해 함락됨으로써 천년왕국이었던 동로마 제국은 멸망하고 말았다.

그리고 지금의 그리스, 루마니아, 불가리아 등 동유럽 지역과 시리아, 이라크, 이집트 사우디 등 중동 지역, 그리고 북부 아프리카를 장악한 광대한 오스만 제국이 탄생했다. 이슬람국가인 오스만은 제국의 영토에 기독교인들의 출입을 금지시켰다. 이로 인해 유럽인들이 동쪽으로 갈 수 있는 길이 막히고 동방 무역이 차단됨으로서 향신료 가격이 100배 이상 폭등하였다.

천정부지로 치솟는 향신료 가격은 유럽의 국가들이 바닷길로 눈길을 돌리게 하는 결정적인 계기가 되었다. 향신료를 차지하기 위해 유럽인들은 목숨을 걸고 미지의 바닷길로 대탐험을 떠났다. '필요는 발명의 어머니'라고 했던가. 포르투갈은 인도를 가기 위해 아프리카 해안을 따라 남쪽으로 가는 항해를 시작한 반면 스페인은 서쪽 바다(대서양)를 통해 인도를 가는 루트를 찾아 나섰다.

둘째, 콜럼버스는 첫 번째 항해 때 1458년 라틴어판 『동방견문록』을 가지고 갔다. 아마 수십 번도 더 읽었을 것인데, 특히 아시아까지의 거리, 엄청난 부와 상품 등이 쓰여 있는 페이지에는 메모가 빼곡히 적혀 있었다. 이책은 지금 스페인 남부 세비야의 콜럼버스 도서관에 잘 보관되어 있다. 그리고 콜럼버스는 『항해일지』에도 "이제 그레이트 칸을 만날 것"이라고 기술되어 있다. '칸'은 『동방견문록』에 나오는 카타이(중국)의 왕을 의미했다. 칭기즈 칸이나 쿠빌라이 칸을 생각하면 되겠다.

『동방견문록』은 마르코 폴로 Marco Polo 가 1271년부터 1295년까지 동방을 여행한 체험담을 루스티첼로 Rustichello 가 기록한 여행기이다. 『백만 가지 이야기』, 『세계 불가사의의 책』이라는 제목으로 출판됐지만 우리에겐 『동방견문록』으로 잘 알려져 있다. 원 세조(쿠빌라이 칸)의 관리로 일하면서 각지를 여행하고 경험했던 내용들을 기술한 것인데 지나치게 과장되고 당시 살았으면 꼭 기록했어야 할 만리장성이나 중국의 문화인 차, 한자에 대한 기술이 없어 신빙성 논란이 지금도 있다. 당시 사람들도 너무 허무맹랑한 얘기들이 많아 마르코 폴로를 허풍쟁이나 떠버리로 불렀다. 하지만 폴로는 죽기 직전까지 "내가 본 것의 절반은 쓰지 않았어. 사람들이 내 말을 믿지 않을 거라 생각했으니까"라고 주장했다.

어쨌든 마르코 폴로는 『동방견문록』에서 '지팡구'(일본)를 설명하면서 그곳에서는 누구나 막대한 양의 황금을 소유하고 있고, 국왕이 사는 궁전은 순금으로 지붕이 이어져 있으며, 손가락 두 개 정도 폭의 두꺼운 순금이 마룻바닥에 빈틈없이 깔려 있다고 했다. 또한 쿠빌라이 칸이 일본을 원정한

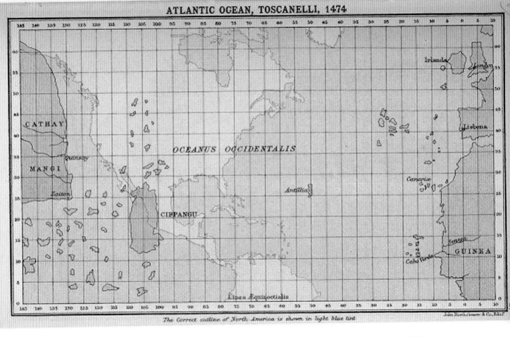

토스카넬리 지도는 이후 분실됐으며 현존하는 지도는 1894년 독일의 헤르만 바그너가 고증을 통해 복원한 지도이다.
노란색이 토스카넬리의 지도로 바다 가운데 안티리아가 있다.

것도 황금을 얻을 목적이었고, 폭풍우 때문에 그 뜻은 이루지 못했다고 적었다. 물론 말도 안 되는 엉터리 설명이지만 그 당시 이를 확인할 방법도 없었다. 어찌됐든 이러한 황당한 설명으로 황금의 나라 '지팡구'는 유럽에 널리 알려졌다. 콜럼버스도 황금의 나라 '지팡구'를 찾아서 마르코 폴로의 『동방견문록』을 지침서로 삼아 대서양을 통해 서쪽으로 떠났던 것이다.

셋째, 토스카넬리Paolo dal Pozzo Toscanelli의 지도와 격려에 크게 힘입었다. 그 당시 지구가 둥글다고 생각한 사람들이 나타나기 시작했다. 이탈리아의 천문학자이자 지리학자이며 수학자인 토스카넬리도 그러한 생각을 가진 사람 중 하나였다.

토스카넬리는 포르투갈의 리스본 궁정에 있는 절친한 친구인 페르난도 마르틴스Fernando Martins 주교에게 한 통의 편지를 보냈다. 서쪽으로 가면 인도에 도달할 수 있고 또 서쪽 바다는 생각보다 넓지 않기 때문에 서쪽으로 가는 항로가 인도로 가는 가장 짧은 길이라고 말하며 1474년 자신이 직접 만든 지도와 함께 편지를 보냈다.

토스카넬리는 인도까지의 거리를 실제 거리의 3분의 1 정도인 5680km로 계산했으며, 또 바다 중간에 안틸리아Antilia라는 그리스 시대 전설의 섬을 그려놓았다. 물론 말도 안 되는 지도지만 토스카넬리의 엉터리 지도를 굳게 믿은 콜럼버스는 이 정도 거리라면 범선으로 5주 정도에 황금의 나라 지팡구에 도달할 수 있다고 확신하고 출항했다. 게다가 중간에 쉬어갈 수 있는 섬도 있으니 크게 어려운 항해가 아니라고 생각했을 수도 있다.

제네바 출신인 콜럼버스는 25세 때인 1477년 지도 판매와 제작을 하고 있던 동생 바르톨로메오 콜럼버스가 있는 리스본으로 이주해 동생과 함께 지도 제작 일을 하며 지냈다. 그리고 2년 후인 1479년 몰락한 포르투갈 귀족 가문의 여성과 결혼해 살고 있었다. 부인을 통해 왕실 서고에 보관되어 있던 토스카넬리의 편지에 대한 내용을 전해 들은 콜럼버스는 궁정 신료에게 부탁해 편지의 사본을 수중에 넣을 수 있었다.

앞서 설명한 대로 토스카넬리의 계산과 주장에 자극받은 콜럼버스는 토스카넬리에게 편지를 보냈고 그로부터 지도와 함께 격려의 답신을 받았다. 그리고 말도 안 되는 자신감에 근거해 대항해를 시작한 것이다. 확증편향이랄까, 믿고 싶은 것만 믿고 떠났으니 콜럼버스가 의지와 실천력 하나는 대단한 인물임이 틀림없다. 그리고 60일 만에 카리브의 섬에 도달했다. 사실 그만큼의 물과 식량을 준비하고 떠났으니 다행이지 아메리카 대륙이 없었거나 대서양이 조금만 더 넓었으면 콜럼버스는 바다에서 죽었을 것이다.

콜럼버스의 항해

콜럼버스는 당시 유럽에서 가장 앞서 있던 해양국가인 포르투갈에 정착해 인디아로 가는 항해를 계획했다. 그러나 아프리카 남부 루트를 통해 아시아 항로를 개척하고 있던 포르투갈 왕실은 콜럼버스의 무모하고 불확실한 계획에 크게 반응하지 않았다. 포르투갈 왕실을 설득하는 데 실패한 콜럼버스는 이웃 국가인 스페인의 이사벨 여왕에게 지원을 요청했으나 여왕은 전쟁을 이유로 거절하였다. 그러나 그라나다 왕국이 1492년 1월 갑작스럽게 항복하면서 오래 지속될 것으로 생각했던 스페인의 국토회복전쟁이 끝났다.

콜럼버스는 다시 이사벨 여왕에게 후원을 요청하였다. 이사벨 여왕도 콜럼버스의 무모한 제안에 대해 처음에는 크게 관심이 없었으나 스페인 교회와 성직자들은 포르투갈과 경쟁하면서 더 넓은 선교지를 찾으려는 욕심으로 여왕을 설득했다. 그리고 이사벨 여왕은 1492년 4월 17일 콜럼버스와 '산타페Santa Fe 협약'을 체결했다. 그 주요 내용은 '첫째, 콜럼버스는 기사와 제독의 작위를 가지며 이를 세습하며, 둘째, 발견한 지역을 다스리는 총독 지위를 갖는다. 그리고 셋째, 발견한 지역에서 획득한 수입의 10분의 1을 차지한다'였다.

이사벨 여왕은 2척의 범선(Pinta, Niña)과 항해에 동행할 선원들을 후원했다. 사실 배를 지원하는 것은 쉬운데 배에 승선할 선원들을 구하는 것은 쉽지 않았다. 세상이 평평하다고 믿었던 보통 사람들은 콜럼버스의 항해에 자원하지 않았다. 서쪽 바다 끝까지 가면 낭떠러지에서 떨어져 죽을 게 뻔한데, 누가 항해에 따라갈 것인가. 결국 이사벨 여왕은 감옥에 갇혀 있던 죄수들에게 모든 죄를 면해준다는 조건으로 항해에 참여하게 했다. 그리고 세비야에 살던 핀손Pinzon 형제가 자신의 배 산타 마리아호와 함께 항해에 합류하였다.

배의 이름이 당시 상황을 유추하게 한다. 콜럼버스가 승선했던 항해의 주력함인 '산타 마리아Santa Maria'는 '성모 마리아'라는 뜻이다. 그리고 '핀타Pinta'는 스페인어로 '그리다', '얼룩지다'라는 뜻이 있으니 배가 약간 낡은,

콜럼버스 제1차 항해(1492년 8월 3일 ~ 1893년 3월 15일)

쉽게 말해 중고 배가 아니었을까 생각한다. 그리고 '니냐Niña'는 '꼬마 여자 아이'라는 뜻이다. 배가 다른 배에 비해 작았을 것이다.

　1492년 8월 3일 스페인 남부 팔로스Palos de la Frontera항을 87명의 선원들과 함께 출항해 1개월 후 아프리카 동부 해안에 있는 스페인 영토인 카나리 제도Islas Canarias에 도착했다. 2021년 여름 화산 폭발로 엄청난 재해를 입은 섬이다. 그곳에서 핀타의 방향타를 수리하고 9월 3일 미지의 서해 바다로 떠나 10월 12일 바하마의 한 섬에 도착했다. 지금까지도 정확히 그 섬의 위치가 알려져 있지 않지만 콜럼버스는 그 섬의 이름을 '산 살바도르 San Salvador(구세주)'라 했다. 죽을지도 모르던 상황에서 생명을 구해준 섬이니 적절한 이름이라 하겠다.

　그리고 쿠바와 히스파니올라(현재 도미니카와 아이티가 함께 있는 섬) 등 카리브의 섬들을 탐험했고 다음 해 1월 16일 좌초된 산타 마리아호를 제외하고 2척의 배로 귀환했다. 귀환 도중 폭풍우로 2척의 배가 헤어지게 됐으며, 핀타호가 2월 말에 스페인 북부 갈리시아에 도착해 국왕에게 인디아 발견을 보고했다. 반면 콜럼버스가 탄 니냐호는 2월 17일 대서양에 있는 포르투갈 영토인 아조레스^{Azores} 섬을 경유해 3월 4일 리스본에 도착했다. 그리고 3월 15일 처음 출항했던 팔로스항으로 돌아왔다. 항해를 떠난 지 7개월 12일 만에 돌아온 셈이다. 약 한 달 후 바르셀로나에서 이사벨 여왕과 페르난도 왕 부부가 주도한 성대한 귀환 행사에서 콜럼버스는 '신세계의 부왕'으로 임명됐다.

당시 스페인은 카스티야 왕국의 이사벨 여왕과 아라곤 왕국의 페르난도 왕이 결혼함으로써 공동 통치하는 스페인 연합왕국이었다. 그런 연유로 지금도 바르셀로나 항구에 가면 커다란 콜럼버스 광장이 있고 그 한가운데 서쪽 바다 건너 아메리카를 가리키며 서 있는 콜럼버스 동상이 있으며, 항구에는 대서양을 건넜던 산타 마리아호 모형이 정박해 있다.

아메리카에서 돌아온 콜럼버스는 스페인의 '영웅'이 되었다. 그리고 약 6개월 후인 9월 25일 제2차 항해를 떠났다. 17척의 배와 1200여 명으로 구성된 대규모 선단으로, 1차 항해 때 지원자가 없었던 것을 생각하면 천지가 격변한 일이었다. 1차 항해에서 서인도의 섬들에 다녀왔으니 이번에는 제대로 된 인디아 왕국을 만나고 황금을 잔뜩 갖게 될 것이라는 기대를 안고 떠난 항해였으나 결과는 지난 항해와 비슷했다. 이후 콜럼버스는 두 번 더 항해했다. 남미 북부와 중앙아메리카의 마야 왕국 근처까지 접근했지만 기대했던 '황금의 나라'는 결국 찾지 못하고 생을 마쳤다. 콜럼버스는 죽을 때까지 자신이 다녀온 땅이 아시아(인디아)라고 굳게 믿었다. 생각해 보면 콜럼버스는 현대판 벤처사업가였다. 남들이 그 길을 가는 것을 두려워하거나 의심을 갖고 있을 때 과감히 도전해 역사를 바꾼 '대박'을 터트린 것이다.

세비야의 콜럼버스 유해와 '콜럼버스 날'

네 번의 항해에서 콜럼버스는 그토록 원했던 금은 물론이고 향신료도 찾지

못했다. 속된 말로 꿈에 부풀
었던 항해가 빈손이 된 것이
다. 이에 콜럼버스는 돈 되는
것을 찾았다. 원주민을 가축
이나 노예처럼 부리고 원주민
을 물건처럼 거래한 것이다.

또한 콜럼버스는 세 번째
항해 도중 스페인의 전진기지
가 있던 히스파니올라에서 내

세비야 대성당 내 콜럼버스 무덤 기념 동상. 관을 메고 있는 군주들

부 반란으로 그의 행정적 무능이 문제되어 본국으로 송환되었다. 스페인에
압송되어 왔지만 이사벨 여왕의 도움으로 네 번째 항해를 할 수 있었다. 그
러나 1504년 후원자였던 이사벨 여왕이 죽자 '끈 떨어진 갓'처럼 권력에서
멀어져 몰락하고 말았다. 1506년 스페인 바야돌리드Valladorid에서 사망한 콜
럼버스는 자신의 유해를 스페인 땅에 닿게 하지 말라고 유언을 했을 만큼
힘들게 지냈다.

콜럼버스의 유해는 1899년부터 스페인 세비야Sevilla의 대성당에 안치되
어 있다. 콜럼버스의 관을 4명의 군주가 어깨에 메고 있다. 콜럼버스의 항
해를 지원했던 이사벨 여왕과 페르난도 왕은 앞에서 고개를 하늘 높이 들고
있고, 항해를 반대했던 2명의 군주는 관을 뒤에서 메고 고개를 떨구고 있
다. 인간(군주)의 결정에 대한 역사의 판결을 그린 것이다. 그리고 콜럼버스
의 관은 콜럼버스의 유언대로 스페인 땅에 닿지 않고 공중에 떠 있다. 참 절
묘하다.

스페인에 있는 콜럼버스의 유해가 가짜라고 주장하는 나라가 있다. 카
리브해의 섬나라 도미니카공화국은 수도인 산토 도밍고Santo Domingo에 엄청
나게 큰 '콜럼버스 등대Faro a Colon'를 건축해 콜럼버스의 유해를 안치해 놓

았다고 주장하고 있다.

콜럼버스의 시신은 유언에 따라 아들 디에고^{Diego Colon}가 총독으로 있는 히스파니올라에 안치되었다. 19세기 초 라틴아메리카 식민지 대부분이 독립할 때 마지막까지 스페인 식민지로 남아 있던 쿠바로 옮겼다가, 20세기 초 다시 세비야로 옮겼다는 것이다. 그 과정에서 콜럼버스의 유해가 아닌 다른 시신이 스페인으로 갔다는 것이 도미니카의 설명이다. 세비야 대성당의 공중에 떠 있는 콜럼버스의 장례 행렬이나 도미니카의 장대한 등대는 콜럼버스의 위상을 잘 말해주고 있다고 할 수 있다.

콜럼버스가 아메리카에 도착한 10월 12일은 미국에서 '콜럼버스 날^{Colombus Day}'로, 연방 공휴일이다. 멕시코나 중남미에서는 '종족의 날^{Dia de la Raza}'로 불리고 있다.

콜럼버스의 신대륙 발견 500주년을 기념해 1992년 미국과 유럽 전역에서 콜럼버스의 업적을 기리는 다양한 행사가 있었다. 500주년 기념주화 발행은 물론 1992년 바르셀로나 올림픽, 1992년 세비야 만국박람회를 포함해 대서양을 횡단하는 범선 행렬과 우주선 디스커버리^{Discovery}호를 지구 밖으로 쏘아 보냈다. 그러나 캘리포니아 버클리에서는 처음으로 '콜럼버스 날'을 '원주민의 날'로 선포했다. 가해자이자 약탈자인 백인의 입장이 아닌 수많은 인권 유린과 고통을 겪은 원주민의 입장에서 이날을 기념한 것이다.

최근 몇 년 전부터 인권 탄압과 관련해 콜럼버스의 동상이 세계 곳곳에서 수난을 겪고 있다. 2021년 미국 바이든 대통령은 10월 12일을 '원주민의 날'로 선포했다. "오늘날 우리는 많은 유럽 탐험가가 토착민과 원주민 공동체에 가한 옳지 못하고 잔혹한 역사를 인정한다"라고 발표했다. 미국의 대통령이 공개적으로 원주민의 날을 선포한 건 처음이다. 버클리에서 처음 원주민의 날을 선포한 지 30년이 지났다. 트럼프 대통령은 콜럼버스를 "용감무쌍한 영웅"으로 평가했었다.

토르데시야스 조약

앞에 설명한 대로 콜럼버스는 대서양에 있는 포르투갈 아조레스^{Azores} 섬을 거쳐 돌아왔다. 그리고 바르셀로나에서 성대한 귀환행사와 함께 새로 발견한 땅들이 스페인 영토임을 선언했다. 그러자 포르투갈은 이의를 제기했다. 콜럼버스가 다녀온 곳은 인디아가 아니라 아소레스섬 근처라는 것이었다.

해양 강국 포르투갈의 이의에 따라 당시 교황 알렉산더 6세는 1493년 5월 4일 아조레스섬으로부터 서쪽으로 100리그(약 420km)까지는 포르투갈의 영토이고 그 넘어서부터는 스페인 영토라는 칙령을 내렸다. 그러나 포르투갈은 교황 알렉산더 6세가 스페인 출신이기 때문에 스페인에 유리한 결정을 내렸다며 반발했다. 그리고 스페인과 포르투갈은 1494년 6월 7일 1년 동안의 협상 끝에 스페인 북부의 토르데시야스^{Tordesillas} 에서 양국 간 영토 획정 조약을 체결하였다.

서부 아프리카 앞에 있는 포르투갈 영토인 카보 베르데^{Cabo Verde} 섬으로부터 370리그(약 1500km)를 서쪽으로 가 남북으로 일직선으로 선을 그었다. 그리고 그 선으로부터 동쪽은 포르투갈 땅이고 서쪽은 스페인 땅으로 선언했다. 양국 간 영토 경계선인 셈이다. 이로 인해 남미 대륙의 동쪽 일부가 포르투갈의 영토가 됐다. 그로부터 6년 후인 1500년 포르투갈의 카브랄^{Pedro Alvares Cabral} 이 남미대륙의 새로운 땅(브라질)을 발견했다고 보고했지만 브라질은 법적으로 이미 포르투갈의 영토였

스페인과 포르투갈 경계선 / 교황 알렉산더 6세 칙령과 토르데시야스 조약

다. 지금도 라틴아메리카 대부분 국가들이 스페인의 식민 지배를 받아 스페인어를 쓰지만 남미대륙의 반을 차지하고 있는 브라질이 포르투갈어를 사용하는 이유다.

이러한 스페인과 포르투갈의 토르데시야스 조약에 프랑스의 프랑수아 1세는 "아담의 유언장에 발견된 미지의 땅이 모두 스페인과 포르투갈의 땅이라는 말이 있었는가?"라며 항의했지만 이러한 항의는 별 효과가 없었다. 15세기에는 종교개혁 전이어서 교황의 영향력이 막강했으며, 교황은 당시 세계 최강 국가인 스페인의 눈치를 보고 있었다. 그리고 영국이나 프랑스는 아직 해외 진출 역량이 없었다. 네덜란드는 스페인 식민지였으며, 베네치아, 제노바 등 이탈리아 도시국가들은 지중해 무역에 치중했었다.

인디아스와 아메리카

우리는 "콜럼버스가 아메리카를 발견했다"라고 배웠다. 일반적으로 처음 발견한 사람의 이름을 따서 새로운 땅의 이름을 붙이는데 콜럼버스가 아니고 '아메리카'라고 한 것이다. 왜 그랬을까?

콜럼버스는 자신이 죽을 때까지 인디아에 다녀왔다고 생각했다. 그래서 스페인은 콜럼버스가 다녀온 곳을 '인디아스 Indias'라고 불렀다. '인디아'라고 하지 않고 복수로 쓴 것은 '인도 국가들'이라는 의미다. 지금도 우리는 카리브해의 섬들을 '서쪽으로 간 인도'란 뜻의 '서인도 제도'라고 쓰고 있다.

그리고 콜럼버스의 업적을 기려 그의 이름을 쓰는 지명도 많이 남아 있다. 대표적으로 미국의 수도인 워싱턴 Washington, D.C. 의 D.C.는 '콜럼버스 특별구 District of Colombus'란 뜻이다. 또 남미의 콜롬비아의 국명은 '콜럼버스의 나라'라는 뜻이다. 그 외에도 브리티시 콜럼버스 등 주나 도시 이름에도 콜럼버스의 흔적은 많이 남아 있다.

피렌체 출신의 아메리고 베스푸치 Amerigo Vespucci 는 당시 항해 선진국이 었던 스페인의 세비야에 파견된 하급관리였다. 수차례 아메리카 항해에 동행한 베스푸치는 아메리카 대륙을 처음으로 신대륙이라고 인식하고 1503년 『신세계 Nuovo Mund 』라는 4쪽짜리 책자를 냈다. 그리고 이 책자는 유럽 모든 나라의 언어로 번역되어 출판되었다.

독일의 지리학자 발트제뮐러 Martin Waldseemüller 는 1507년 라틴어로 된 『지리학 입문 Cosmographiae Introductio 』이라는 세계지도에 신대륙을 베스푸치의 이름을 따 '아메리카'로 표기했다. 라틴어에서 땅이나 대륙은 여성 명사여서 Amerigo의 라틴어 표기인 Americus의 여성형인 America로 썼다.

그런데 뭔가 조금 이상하다고 생각한 발트제뮐러는 6년 후인 1513년 자신의 지도에 아메리카를 '미지의 땅 Terra Incognita '이라고 표기를 바꿨지만 이미 엎질러진 물이었다. 콜럼버스가 최초의 '발견자'라면 베스푸치가 최초의 '인식자'였다. 그리고 그 땅은 지금도 '아메리카'로 불리고 있다.

바야돌리드 대논쟁

앞에서 설명한 토르데시야스 조약이나 아메리카 명칭 논란이 콜럼버스가 아메리카에 다녀온 직후 초기 정치적·사회적 논쟁이었다면 바야돌리드 Valladolid 대논쟁은 말 그대로 아메리카 원주민이 인간인가 아닌가를 다툰 철학적이자 종교적인 심오한 인권 논쟁이었다.

콜럼버스가 다녀온 후 스페인은 새로운 땅의 정복을 시작했다. 1520년 아스테카 제국을 정복한 코르테스 Hernan Cortes 와 1532년 잉카 제국을 정복한 피사로 Francisco Pizarro 를 비롯해 수많은 정복자들은 새로운 대륙을 빠른 속도로 정복해 나갔다. 사실 스페인군과 원주민은 무기에서 현격한 차이를 보였다. 총과 대포, 그리고 철갑으로 무장한 스페인군에 비해 아스테카나

잉카 제국은 아직 철기가 없었다. 화살과 날카로운 돌조각을 넣은 나무 칼 등이 아스테카 전사의 무기였다. 그리고 스페인군이 기마병으로 구성된 반면 아메리카에는 말 자체가 없었다. 그러니 이건 전투라기보다 일방적 살육에 가까웠다. 그 과정에서 아메리카 인디오들은 스페인군에게 인간이 아닌 동물 취급을 당했으며 잔인하게 살육당했다.

이들 정복자들은 아스테카 제국과 잉카 제국이 가지고 있는 금과 은으로 만든 패물을 약탈해 왔다. 그러나 이러한 약탈이 끝나자 황금을 찾아 아메리카에 간 정복자들은 금광이나 은광을 개발하기 시작했다. 당연히 인디오들은 이들 탄광에서 노예처럼 혹사당했다. 1545년 볼리비아의 포토시 Potosi 광산과 멕시코의 사카테카 Sacateca 은광이 본격적으로 개발됐으며 이들 광산에서 1580~1600년 당시 전 세계 은의 약 89%를 생산했다.

멕시코 치아파스 Chiapas 주교로 '인디언의 보호자'라는 칭호를 받은 라스카사스 Bartolome de las Casas 신부는 스페인 카를로스 Carlos 1세에게 쓴 보고서 『인디오 파괴에 관한 간결한 보고』에서 스페인 정복자들이 원주민에게 저지르는 잔혹 행위를 '악마의 행동'이라고 고발했다.

> "스페인 식민지 정복자들이 타이노족을 집단으로 목매달아 죽이고, 쇠꼬챙이에 꽂아 굽거나 화형에 처해 죽이고(종종 한 번에 수십 명씩), 어린이들을 잘게 썰어 개의 먹이로 주는 등의 이야기가 자주 나온다. 이 모두가 원주민들에게 스페인 '상전'들에 대한 '올바른 존경심'을 심어주기 위해서였다."
>
> "스페인 사람들은 누가 한 칼에 사람을 두 쪽 내거나 머리를 자르거나 내장을 꺼낼 수 있느냐를 두고 내기를 걸었다. 그들은 젖먹이 아기의 발을 잡아 엄마 품에서 떼어내어 머리를 바위에 내동댕이쳤다. … 그들은 아기와 어머니들을 함께 칼로 찔러 꼬챙이처럼 꿰기도 했다"
>
> "나는 똑똑히 들었다. 산토 도밍고에서 바하마 제도로 가는 배는 나침반이

없이도 바다에 떠 있는 인디언의 시체를 따라 항해할 수 있다는 말을."

정복자들에 의한 잔인한 살인 행위들을 포함한 가혹한 식민통치에 대한 비판이 일자 카를로스 1세는 당시 스페인 궁성이 있던 바야돌리드에서 아메리카 식민화에 관해 논의를 하도록 했다. 바야돌리드 대논쟁은 1550년부터 1551년까지 약 4개월간에 걸친 아메리카 식민화에 관해 벌어진 신학토론회로 서양 사상 최초의 인권 논쟁이었다.

주요 주제는 첫째, 인디오가 인간인지에 대한 논쟁이었다. 당시 스페인 정복자들은 인디오가 '신이 유럽인에게 준 선물'이라는 생각, 즉 인간이 아닌 동물과 같다고 생각했었다. 둘째, 유럽인들이 인디오의 삶에 개입할 권리가 있는가라는 것이었다. 인디오가 인간이라고 한다면 유럽인들과 동등한 인간인지 아니면 열등한 인간이지를 다루었다.

당시 스콜라 신학을 대표했던 세풀베다 Juan Gines de Cepulveda 는 인디오는 인간의 형상을 하고 있을 뿐 인간이 아니며, 문화적 야만인으로 열등한 존재라고 했다. 그리고 인디오들은 이성이 없기 때문에 강압적 방법으로 지배하고 통치해도 문제가 없다고 주장했다. 인디오는 식인 풍습, 인신공양 등 '자연에 반하는 죄'를 지었기 때문에 군사적 정복을 통해서라도 멈추게 해야 한다고 강조했다.

반면 아메리카 최초의 신부인 라스 카사스 신부는 스페인 정복 이전 원주민 사회는 독자적 질서를 가진 공동체였으며, 이에 따라 원주민의 토지 소유권은 자연법에 따라 존중되어야 한다고 말했다. 그리고 인디오들도 유럽인들과 동등한 인간으로 이성이 있으며, 강압적인 방식이 아닌 설득과 교육으로 인디오들을 교화시켜야 한다고 주장했다.

4개월 동안 지속된 논쟁 끝의 다다른 결론은 '인디오들에게도 이성과 문화가 있으며, 인디오들을 노예로 삼거나 가혹한 처우를 해서는 안 된다'였다. 정말 다행스러운 결론이었다. 유럽인과 같은 인간이지만 기독교 신앙의 '원죄'가 없는 인간으로 결론 난 것이다. 그런데 여기서 중요한 문제 하나가 발생했다. 그러면 그동안 신대륙의 금광과 은광에서 노예처럼 일했던 인디오들에게 일을 시키지 못하면 누가 일을 할 것인가. 황금을 찾아 나섰던 스페인인들이 광산에서 일을 할 수는 없는 일 아닌가. 속된 말로 "소는 누가 키우나?"

여기에서 라스 카사스 신부는 한 가지 합의를 하게 된다. 인디오는 인간이기 때문에 폭력적인 통치를 해서는 안 된다. 대신 아프리카의 흑인을 노예를 착취하는 것을 허용한다. 그렇게 흑인은 인디오보다 아래 인종이 된 것이다. 지금 생각하면 말도 안 되는 결론이지만 그땐 그랬다. 이때부터 약 1200만 명의 흑인들이 노예로 아메리카로 끌려오는 흑역사가 시작됐다. 아프리카 대륙의 젊고 건장한 젊은이들이 동물처럼 잡혀서 대서양을 건너왔으며 오는 중에 항해를 견디지 못한 수백만 명이 바다에 던져졌다.

결과적으로 인디오의 땅에 백인과 흑인 등 새로운 인종들이 오게 되고, 이들 사이에 피가 섞이면서 '메스티소 mestizo (혼혈)'라는 새로운 인종이 나타났다. 세분해서 얘기하면 백인과 인디오의 혼혈을 '메스티소'라고 하며 백인

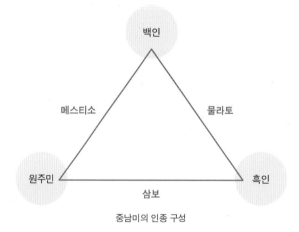

중남미의 인종 구성

과 흑인의 경우 물라토mulato, 인디오와 흑인의 경우는 삼보zambo라고 했다.

유럽 중심적인 시각

콜럼버스 이전에 아메리카에 간 사람이 없었나? 중국은 15세기 초 명나라 정화 함대 중 일부가 아메리카에 갔을 것이라고 추측하지만 확실한 근거는 없다. 그리고 콜럼버스가 항해를 떠나기 전 이미 유럽 일부에서는 바다 건너 낯선 땅에 대한 이야기가 있었다. 984년 스칸디나비아 바이킹인 에릭Erik the Red이 부하들과 그린란드Greenland에 식민지를 건설했으며, 그 아들인 에릭슨Lief Eriksson은 1000년경 북아메리카의 북단에 빈랜드Vinland를 건설했다. 포도와 연어가 풍부하고 겨울에도 서리가 내리지 않는 땅에 도착하여 나무가 적은 그린란드에 목재를 싣고 돌아왔다고 한다. 그러나 에릭슨의 항해는 역사적으로 큰 의미가 없다. 왜냐하면 바이킹은 지속적이고 항구적인 식민지 건설을 하지 않았으며, 얼마 후에는 그린란드와 아메리카 사이 연결이 끊어졌기 때문이다. 어쨌든 콜럼버스가 아메리카를 발견한 것도 아니고 아메리카에 간 최초의 유럽인도 아니다. 다만 콜럼버스 이후 '대항해시대'가 열렸으며 유럽인들은 세계 곳곳을 자신의 땅으로 만들었다.

콜럼버스가 아메리카에 도착했을 때인 대략 5000만 명에서 1억 명의 인디오가 아스테카 제국과 잉카 제국, 마야 왕국 등에 살고 있었다. 그런데 전쟁, 학살, 홍역 등 바이러스로 인한 사망 등으로 약 100년 후 인디오 숫자는 10분의 1로 줄고 말았다. 90%가 사라진 것이다. 1592년 임진왜란 당시 조선의 인구가 대략 700만 정도로 추정되고 있으니 엄청 많은 인디오가 살고 있었다. 그 많은 숫자의 인디오가 무시되어 버렸다. 아니 함께 발견되어 버렸다.

우리는 1653년 화란인 하멜Hendrik Hamel이 조선을 발견했다고 얘기하지

1794년 서양 고지도/ 제주도(Quelpaerts)와 인근 섬이 네덜란드 섬으로 기록되어 있다.

않는다. 일본 나가사키로 가던 중 폭풍으로 제주에 표류해 구사일생으로 목숨을 건진 하멜이 이후 13년 동안 조선에 억류되었다가 화란으로 귀국한 후 쓴 글이 『하멜표류기』이다. 화란(네덜란드)에 귀국해 동인도회사에 조선에 억류되어 있던 기간 동안 받지 못한 임금을 청구하며 이에 대한 증거로 써낸 보고서로서 화란어로는 『스페르베르 Sperwer 호의 불운한 항해 일지』로 되어 있다. 우리나라에서만 『하멜표류기』라고 부르는 것이다. 어쨌든 하멜표류기는 17세기 조선의 생활상을 세세하게 기록한 최초의 유럽 서적으로 사료적 가치가 높다. 제주도 서남쪽 산방산 용머리해안에 '하멜상선전시관'이 있다. 19세기까지도 유럽은 '제주도'를 하멜이 말한 대로 '켈파르트 Quelpaerts'라고 불렀다.

　서구적 시각 또는 편견에 의한 '강자의 논리'에 의해 설립된 국제질서는 이후 세계를 지배해 왔다. 우리는 콜럼버스 이후, 콜럼버스처럼 새로운 항로를 발견했던 시대를 '지리상 발견의 시대' 또는 '대항해시대 Age of Discovery' 라고 한다. 세상이 유럽인들에 의해 발견되기 시작한 것이다. 19세기 지배적 국제법 사상은 '무주물無主物의 선점권先占權' 이론이다. '주인이 없는 물건은 먼저 차지하는 사람이 권리를 갖는다'는 단순하지만 명확한 이러한 생각에는 백인우월주의 사상이 바탕이 되어 있다. 20세기 초 영국 케임브리지 대학교의 국제법 교수인 웨스트래이크 John Westlake 교수는 다음과 같이 말했다.

> 세계는 문명 지역과 비문명 지역으로 구분되며, 문명 지역만이 국가주권을 가진다. … 문명국가가 비문명국가를 침투해 영유하는 것은 국제법상 완전히 정당한 것이다.

유색인의 인간적 존재를 완전히 무시한 이러한 생각은 서구 국가체계에 오랫동안 팽배했던 통념이었다. 19세기 미국의 제국주의적 팽창을 이론적으로 뒷받침했던 '명백한 운명 Manifest Destiny', 1884~1885년의 아프리카를 서구 국가들 마음대로 분할했던 베를린 회의 Berlin Conference, 20세기 호주의 '백호주의 White Australian Policy', 공공장소와 거주지 등 일상의 대부분에서 흑인과 백인을 강제로 분리시켰던 남아프리카의 '아파트하이트 Apartheid' 등이 바로 이러한 서구중심주의 Eurocentrism적 사고에서 나온 것이다.

우리는 원주민 Native, 토인 indigenous, 인디언 indian 이라는 표현을 자주 쓴다. 그런데 이들 원주민, 토인들이 뉴욕, 파리, 런던 아니 서울에 살고 있다고 들어본 적이 있는가? 그렇다. 이건 말이 안 된다. 원주민이나 토인은 아프리카나 아마존 또는 인도네시아 밀림에 살고 있어야 한다. '원주민'은 말그대로 '어떤 지역에서 태어나 자란 사람'이라는 의미이다. 그런데 '원주민'은 역사를 통해 문화적 의미를 갖게 됐다. '원주민'은 문명화된 서구 사회의 반대 개념으로 미개하고 원시적인 사회의 사람을 의미한다. 그러니 서구인들에게 이러한 표현을 붙이는 것은 실례도 엄청난 실례인 것이다.

세계에서 가장 큰 섬인 그린란드와 호주 중 어디의 면적이 더 넓을까? 우리는 아주 오랫동안 메르카토르^{Mercator}가 그려온 방식의 세계지도를 보고 자라왔다. 당연히 그린란드가 훨씬 크다. 유럽은 아프리카만 한 대륙이다. 우리의 의식은 수백 년 동안 그렇게 지배되어 왔다. 동물처럼 우리 인간의 의식 속에는 큰 것에 대한 두려움이 당연히 있다.

아래 두 개의 서로 다른 지도를 보자. 1974년 피터스가 너무나 부정확한 세계지도를 사람들이 쉽게 이해하기 쉽게 면적을 중시해서 그린 것이다. 세계가 다시 보일 것이다. 그린란드는 호주의 삼분의 일 정도의 크기다. 아프리카 대륙과 유럽을 비교해 보라.

글을 마치며

세계의 중심은 어디일까? 아래 왼쪽 지도에서는 한국이 세계의 중앙에 있다. 이 지도는 우리나라에서 쓰는 지도다. 오른쪽 지도에는 유럽이 세계의 중심이다. 1993년 칠레 대학에서 강의하던 중 왼쪽 지도를 보여주었을 때

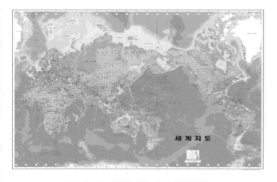

메르카토르 도법에 의한 세계지도(1569)

Gall-Peters 세계지도(1974)

칠레 대학생들이 경악하며 놀라워했다. 처음 보는 세계지도라며 당황하며 어떻게 이런 지도가 있을 수 있는지 신기해했다. 지금쯤 많이 익숙해져 있으리라 생각한다.

지금도 우리는 시리아, 이라크를 '근동Near East' 그리고 한국, 일본을 '극동Far East'에 위치하고 있다고 말하지 않는가. 또 서인도West India는 어떤가. 어디에서 볼 때 그런가? 바로 유럽이다. 유럽이 세계 중심인 것이다. 그런데 정말 유럽이 세계 중심일까? 아니다. 그러면 세계 중심은 어디일까? 바로 여러분이 서 있는 곳이 세계 중심이다. 지구는 둥그니까. 그런데 수백 년 동안 세계 중심은 유럽이라고 배워왔던 것이고 의심 없이 그렇게 인식하고 살아왔다.

조선 500여 년 동안 우리는 중국에 사대事大하며 살아왔다. 어쩌면 생존하기 위한 방식이었다. 그래서 서울을 한성漢城이라고 불렀으며, 서울을 흐르는 강을 '한강漢江'이라고 했다. '중국인의 성', '중국의 강'이란 뜻이다. 서울 시청 앞에 있는 덕수궁의 현판은 '대한문大漢門'이다. 지난 수백 년 동안 우리는 중국이 크다고 배우고 인식해 왔다. 그래서 큰사람을 '거한巨漢'이라고 한다. 20세기 들어오면서 특히 해방 이후 우리 의식의 축은 중국에서 유럽(미국)으로 바뀌었다.

2021년 대한민국은 세계 문화강국이며 10대 경제대국이다. 더 이상 과거의 힘없고 강대국의 눈치만 보는 후진국가가 아니다. 이제는 유럽적 시각에서 벗어나 우리 독자적인 시각을 가질 때가 되었다.

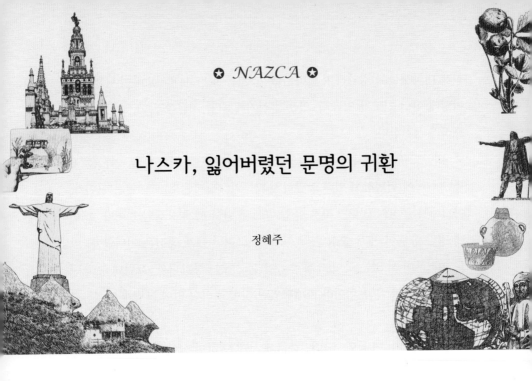

메마른 대지 위에 나타난 그림

조금 전에 버스가 지나갔다고 한다. 팔파 ^{Palpa}에서 두 시간을 기다려 나스
카 ^{Nazca}로 가는 버스를 탔다. 40분 걸렸다. 나스카 마을에 도착하여 여행사
에 물어보니 자기네들은 오후에 지상화를 보러 가는 비행기편이 없다고 한
다. 그러면서 옆의 작은 비행사에서 출발할지도 오른다고 했다. 가격은 40
달러에서 60달러로 뛰었다. 어쨌거나 표를 사고 비행장으로 갔다.

　이미 와 있다고 하는 비행사는커녕 아무도 없었다. 무려 1시간 40분을
기다리자니 비행사가 왔다. 세 사람밖에 없다던 관광객이 좀 더 늘어서 10
명 미만의 좌석이 있는 작은 비행기가 대충 찼다. 작은 비행기는 요란한 소
리를 내며 하늘로 올랐다. 비행기가 뿜는 연기인지, 뿌연 연기를 뚫고 땅이
보였다. 약 5분간 날아가며 보이는 땅은 온통 회색의 건조한 평원이었다.
희미하게 선들이 보이는 것 같다. 황량한 대지와 물이 지나갔던 강의 흔적

이 보였다(그림 1). 곧이어 흐릿하지만, 물고기 같은 형상과 그 위를 지나가는 굵고 반듯한 선이 보였다(그림 2). 물이 지났던 흔적을 따라 조금 더 날아가니(그림 3) 멀리 뻗은 고속도로 같은 것이 나타났다(그림 4). 삐죽삐죽 솟은 안데스 산맥이 보였다(그림 5). 하얀 산과 붉은 산이 붙어 있었다(그림 6).

산기슭에는 손을 흔들고 있는 듯한 사람의 형상이 보였다(그림 7). 작은 비행기는 요란한 소리를 내며 위, 아래, 좌, 우로 흔들며 계속 날아갔다. 멀리서 여러 그림이 작게 보였다. 손 같은 것도 보였다. 동물들의 그림 위로 어지럽게 선들이 지나갔다. 작은 새 위에 큰 물고기의 그림이 있고, 그 위를 옛 도로처럼 보이는 굵은 선이 지나갔다. 그리고 산 사이를 가로질러 가는 검은색의 현대의 도로가 선과 그림을 부수며 지상화의 땅을 지나갔다(그림 8). 이 도로는 나스카의 황량한 땅을 가로질러 남북으로 달린다(그림 9). 그 끝에 뜻밖에도 녹색의 경작지가 나타났다(그림 10).

그림 7. 붉은 산 사면에 손을 들고 있는 사람의 형상이 보인다.

그림 8. 가운데를 가로지르는 현대의 도로

그림 9. 산 사이를 지나가는 팬아메리카 고속도로

그림 10. 고원이 끝나는 지점에 메마른 강이 보이는 뒤쪽으로 녹색의 산과 그 사이에 있는 녹색의 경작지가 보인다.

그림 11. 나스카의 길   그림 12. 분지 가운데 긴 꼬리를 가진 새가 있다.

방향을 돌리니, 마치 산을 넘어가는 도로처럼 보이는 넓은 선이 있다. 나스카의 옛길일까(그림 11). 그것을 넘으니 황량한 산들에 둘러싸인 분지에 그려진 벌새가 있었다(그림 12).

지상화의 확인

지상화에 대해 모르는 사람도 하늘에서 보면 흐릿하지만 그림을 확인할 수 있다. 작은 비행기에서 내뿜는 연기가 아니었다면 좀 더 선명하게 볼 수 있었을 것이다. 넓은 대지 위를 엄청나게 시끄러운, 우탕탕거리는 소음과 함께 좌우로 기울어지기를 반복하며 약 40분간 날고 땅에 내리니 아직도 귀가 멍멍한 채로 나스카 마을로 돌아왔다. 그런데 뜻밖에도 나스카 마을에는 작은 지역박물관이 있었다! 박물관의 마당에 지상화의 분포도가 그려져 있었다. 가는 선, 굵은 기하학적인 선이 특정한 방향이 없이 달리는 듯이 보였다(그림 13). 그리고 그 선들은 밑에 있는 동물들의 그림을 가로질러 가며 있는 선들이 많았다. 또한 현대의 도로가 지나가며 갈라놓은 곳에, 손을 들고 있는 사람, 나무와 같은 것, 소용돌이, 일부가 잘린 거미, 벌새 등도 있다(그

그림 13. 지역박물관 마당에 그려진 지상화의 여러 사진을 대략적으로 맞춘 것

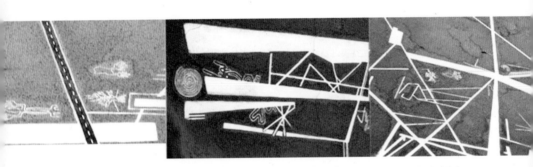

그림 14. 현대의 도로가 지나가며 갈라놓은 곳에, 왼쪽에 손을 펼쳐 들고 있는 사람, 오른쪽에 펼친 손, 나무와 같은 것이 보인다. 소용돌이무늬와 삼각형 선 밑에 보이는 거미(가운데), 벌새(오른쪽) 등이 있다.

림 14). 새, 곤충 그림이 잘린 것으로 보면, 동물, 곤충들 그림이 먼저 그려지고, 그 뒤에 가는 선들과 주로 사다리꼴 모양의 굵은 선이 그려진 모양이다.

지상화는 그림 자체만 아니라 그림이 펼쳐져 있는 황량한 공간도 깊은 인상을 주었다. 그리고 그것을 이미 본 수많은 사람과 마찬가지로 의문들이 떠올랐다. 이 그림들은 언제 그려졌을까? 누가 그렸을까? 왜? 어떻게 그렸을까?

그리고 박물관 안쪽의 전시장에는 선명하게 찍은 지상화를 간단한 설명과 함께 붙여놓은 벽판이 보였다.

선구자들

페루 남쪽, 나스카 계곡 근처의 황량하고, 외롭게 보이는 언덕의 정상을 지나는 사람들에게 때때로 지표면 위를 달리는 도로처럼 보이는 선들이 보였다. 때로는 산 사면에 새겨진 거대한 동물이나 사람같이 보이는 그림도 있었다. 특별한 순서도 없이 어지럽게 늘어져 있는 선들. 사람들은 옛날에 살았던 사람들의 복잡한 '수로망'이라고 하였다. 좀 더 환상적인 것을 좋아하는 사람들은 숨겨진 나스카의 보물로 인도하는 길이라 한다. 대부분은 눈치도 채지 못하고 그 위를 걸어가 버리고 아무도 이 메마른 땅에 남아 있는 그림들에 대해서 진지한 관심을 보이지 않았다.

이 그림을 처음으로 조사한 사람은 폴 코속Paul Kosok 이었다. 롱아일랜드대학의 교수였던 그는 잉카 이전, 고대문명의 관개 시스템을 연구하려고 페루에 왔다. 그러나 페루 남부의 태평양 해안에서 만난 고대문명의 흔적에 그는 매료되었다. 그곳에서 만난 고고학자 리처드 샤에델Richard P. Schaedel 과 함께 나스카의 지상화에 대해 조직적인 조사를 해보기로 했다.

1939년부터 조사하면서 그들은 500~600장의 사진을 찍었다. 그들은 또한 사막의 도형이 그려졌을 때라고 추정하는 시기의 천체 움직임을 조사하고 그림의 위치와 비교하면 연대를 측정할 수 있을 것이라는 생각을 했다. 그리하여 플레이아데스성단의 위치와 비교하여 읽은 연대와 나무로 된 민예품의 탄소연대를 비교했다. 두 가지 다

그림 15. 본문에 나타나는 지명
(자료: Reindel and Isla, 2017, *Nasca*, p.193)

른 연대측정의 결과는 각각 독립적으로 기원후 500년이라고 나왔다.

그의 뒤를 이어 나타난 연구자는 마리아 라이헤 Maria Reiche 였다. 그녀는 드레스덴의 공과대학을 나온 수학자였다. 라이헤는 1941년부터 나스카의 지상화를 조사하기 시작했다. 코속과 함께 일하기도 했다. 그녀는 150km²에 이르는 지역의 그림들의 지도를 만들었다.

코속과 마찬가지로 라이헤도 나스카의 지상화가 당연히 천문과 관계가 있을 것이라고 생각했다. 형상이 같은 그림도 없고, 달리는 선도 각각 다르지만, 하늘에서만 온전히 볼 수 있다는 공통점이 있었기 때문이었다.

그러나 코속도, 평생을 나스카 그림을 조사하는 데에 바친 라이헤도 지상화와 천문과의 특별한 관계는 찾을 수 없었다. 약 30% 정도는 동지와 하지, 춘분과 추분에 해가 뜨고 지는 점을 가리킨다고 볼 수 있는 선도 있었다. 우연인지, 또는 일부러 그렇게 할 수도 있었겠지만, 대부분의 그림은 별의 움직임과는 관계가 없었다.

고고학과 지상화

그림과 선의 확인

1980년대 초부터 현재까지 페루의 안데스 고고학회와 함께, 독일 하이델베르크대학교와 막스-플랑크연구소 Max-Planck Institute 는 팔파 Palpa 를 중심으로, 이탈리아의 프레콜롬비안-고고학조사센터 Precolombian Archaeology Research Center 는 카우아치 Cahuachi 를 중심으로 탐사하였다. 고고학자, 인류학자, 지질학자, 물리학자, 생태학자 등 다양한 분야의 학자들이 참여하였다.

조사자들은 항공사진과 GPS를 사용하여 팔파 주위로 90km²에서 약 1500개의 지상화를 확인하였다. 기존에 팜파 Pampa 전체에서 확인된 760여 개의 약 2배가량 된다. 현재 팔파에서 나스카에 이르는 220km²의 지역의 항공사진 400여 장을 기초로 지상화의 3D 지도를 제작하고 있다. 이 지도는 아직 진행 중이므로, 이미 알려진 것으로 보면, 직선과 기하학적인 도형이 많은데, 대부분은 사다리꼴 또는 삼각형이다. 크기는 정말로 거대하다! 평균 길이 30.5m, 밑넓이 40m가량에 이른다. 가끔 정점이 산으로 올라가기도 하고, 길고 가는 삼각형, 또는 선이 몇 km씩 똑바로 달리기도 한다.

또한, 지그재그로 가는 형, 나선형, 잘 알려진 동물들, 즉 새들과 고래, 상어 등의 물고기, 미로처럼 꼬리가 말려 있는 원숭이, 거미, 이상한 나무들이 있다. 동물들의 그림은 전체적으로 크기가 기하학적 도형보다 작으나 가끔 엄청나게 긴 것도 있다. 긴 목의 새는, 목에서부터 꼬리까지 610m나 되었다.

그리고 산 사면에는 사람과 비슷한 모습의 신들이 새겨져 있다.

대부분 인물과 동물들은 잉헤니오강 가까이 있는 팜파 4km²에 몰려 있다. 기하학적 도형은 팜파 전체에 걸쳐 새겨져 있다. 팜파에서 지상화의 흔적이 거의 없는 곳은 강의 배후지로, 대체로 건조하지만, 우기 때에는 북동쪽에서 남서쪽으로 물이 흘러 표면을 깎는 곳이다. 그러나 이런 곳에도 소용돌이 문양은 만날 수 있다.

그림을 그리는 방법

팔파와 나스카 사이의 팜파는 산화된 돌들로 얇게 덮여 있다(그림 16). 아주 오래전, 몇 천 년 전에 소낙비가 쏟아지며 일으킨 홍수가 이 돌멩이들을 쓸어왔다(그림 17). 그러나 팜파를 흐르는 물은 하늘에서 떨어지는 것이 아니라 뒤쪽에 보이는 안데스의 산에서 형성된 급류가 동쪽에서 서쪽으로 흘러내리는 것이다. 해안과 산 사이에 형성된 이 건조한 지대는 하루 정도 걸을 거리이다. 사람들은 검은 구름이 안데스를 싸고 있는 것을 보고 비가 오리라는 것을 알았다.

그림 16. 산화된 돌들이 깔린 지면.

그림 17. 자갈돌이 깔린 메마른 하천.

그림 18. 얇게 덮인 돌을 걷어내어 하얀 길을 만들었다.

그림 19. 늘어진 돌들이 네모꼴을 이루었다.

나스카의 선 및 그림을 제작하는 데는 그리 높은 기술이 필요한 것은 아니었다. 우선 밑그림을 설계했다. 그리고 설계한 모양에 따라, 20~50명 정도의 사람들이 돌을 치우거나 흙을 걷어냈다. 그리하여 붉은 흙 아래에 있는 하얀 토층이 나타나도록 했다(그림 18). 좀 더 밝고, 산화되지 않은 모래가 옆에 줄을 이루고 있는 검붉은 돌에 대비하여 모든 형상은 선명하게 보인다. 이 건축 방법은 몇몇의 형상이 오래전에 제작하다가 알 수 없는 이유로 중단된 채로 남았기 때문에 알게 되었다. 반쯤 또는 일부가 깨끗하게 된 돌무더기가 매우 편리하게 팔뚝 하나의 거리로 놓여 있었다. 이 돌들은 가장자리의 선을 만들기 위해 쌓아놓기 쉬운 거리에 있다.

다른 한 방법은 적당한 크기의 돌을, 걷어내는 대신에 줄지어 쌓아놓은 것이다(그림 19). 지금까지 그림의 형상을 유지하고 있다면, 제작한 이래로 그 돌들은 움직이지 않은 것이다.

이런 방법으로 그림을 제작하기 위해서는 얼마나 시간이 걸릴까? 1984년 6월 12일에 좀 떨어진 다른 팜파에서 실험을 하였다. 지상화를 지키는 자원봉사자들이 인쇄된 계획도나 자도 없이 길이 35m, 넓이 76cm의, 끝은 나선으로 마무리 짓는 선을 완성하였다. 그들은 팜파의 잔해에서 얻은 지역 고유의 제작 방법을 이용했다. 한 동료가 먼 언덕을 이용하여 선을 지시하면 막대와 끈을 갖고 경계를 그린다. 그리고 다른 그룹의 사람들이 한쪽 팔 길이로 늘어선다. 안쪽으로 돌을 주워 줄로 쌓는다. 제3의 그룹은 돌을 주워 와서 다른 한 편에 야적한다. 그들은 언덕 위에 서서 지시하는 사람의 말을 듣는다. 그는 언덕에서 선이 똑바로 만들어지는지 감시한다. 순서는 아주 정확했다. 놀랍게도 90분밖에 안 걸렸다!

같은 방법으로 윗부분의 붉은 또는 검은색의 돌을 걷어내면 그림이 그려진다. 자원봉사자들은 평균 크기의 사다리꼴을 만들기 위해 돌을 치우는데, 약 1만 5000m²의 면적이면 한 달 정도 걸릴 것이라고 계산했다. 따라서 1만 명이 일주일에 40시간 일을 하면 팜파 전체에 퍼져 있는 선과 삼각형은 몇 십 년 정도에 할 수 있을 것이다. 다만, 그림을 그리기 위해서는 많은 사람이 협조해야 했고, 또한 그림을 기획하고, 감독하고 실천하는 사람이 있어야 했다. 따라서 지도자가 있었던 사회만이 가능하다.

그림 연대의 측정

빛발광OSL optically stimulated luminescence 연대 측정

2005년 9월의 어느 날 밤, 팔파의 주거지 유적에 대여섯 명의 사람들이 걷고 있었다. 그들은 발굴단장인 마르쿠스 레인델Dr. Markus Reindel과 지질학자 귄터 바그너Dr. Günther Wagner와 동료들이었다. 그날은 달도 흐린 그믐날이었다. 그들은 붉은빛이 나는 전등에 의지하여 울퉁불퉁하게 경사진 길을 걸어 올라갔다. 위치는 이미 낮에 보아두었던 곳이다. 건조한 사막을 이루고 있는 나스카 해변에서 떨어지고, 안데스 산맥에 의지하여 약간 경사면을 이루는 이곳에 나스카 사람들은 집을 짓고 살았었다. 경사는 산으로 이어지고 있었다. 뒷산을 배경으로 강을 바라보며 지은 집터이다. 규모는 상당히

그림 20. 주거지 유적 발굴 현장 모습

그림 21. 주거지 구조가 보인다.

그림 22. 돌로 쌓은 벽의 맨 아랫줄의 돌에 표시

그림 23. 물을 부어가며 시료 채취 연습을 하였다.

커서 지배자들이 살았던 공간도 있었을 것으로 보인다. 전체적으로 발굴이 끝나고, 나오는 유물을 분석한 뒤에야 결론을 낼 수 있을 것이다.

낮에 바그너와 동료들은 발굴 현장을 방문했다. 유적은 말라버린 강바닥에서 주울 수 있는 돌들을 쌓아서 지은 건물들로 이루어져 있었다. 와그너 박사는 머리보다 조금 더 커 보이는 돌을 하나 집었다. 바닥에 놓고 갖고 온 전동 드릴로 돌에 구멍을 내었다. 돌은 매우 단단한 듯, 불꽃이 튀었다. 박사는 물을 뿌려 불꽃을 재워가며 돌에 구멍을 뚫었다. 마침내 마치 흙을 채취하듯이 돌의 가운데 부분이 쏙 빠져서 드릴과 연결된 긴 통속으로 들어갔다. 물을 부어가며 천천히 시료를 채취하면, 안전하게 할 수 있을 것으로 보였다. 그는 고고학자 레인델과 함께 유적을 둘러보며 땅바닥 위에 일렬로 놓인 담장의 맨 아랫줄을 이루는 돌 몇 개에 표시하였다.

바그너 박사와 동료들은 하이델베르크의 막스플랑크 연구소에서 암석을 구성하고 있는 장석이나 석영이 빛을 마지막으로 받았던 시간을 측정할 방법을 알아내었다. 실험실에서 그 방법은 매우 만족스러운 결과를 얻었다. 이제 그 방법을 처음으로 나스카의 유적에 적용하려는 것이다. 나스카 사람들은 자신들에 대해 아무런 기록을 남겨놓지 않았다. 다만 전 세계 사람들의 호기심을 불러일으키고 있는 거대한 그림을 남겨놓았을 뿐이다. 그것을 그린 사람이 누구인지는 물론 언제 그렸는지도 모른다. 그런데 고고학자들이 조사한 결과, 그림을 그린 한 가지 방법은 돌을 줄줄이 놓아서 형상을 이루는 것이었다. 만약에 놓인 이후로 돌들이 움직였다면 새나 동물들의 형상은 깨어지거나 비뚤어졌을 것이다. 그러나 그림들의 형상은 온전하였다. 즉 돌들이 놓인 이후로 위치가 바뀌지 않은 것이다. 따라서 돌의 아랫부분, 지면과 맞닿아 있는 부분은 돌이 놓인 이후로 다시는 햇빛을 보지 못하였을 것이다. 바그너 박사는 돌의 아랫부분에서 장석 또는 석영이 들어 있는 부분의 시료를 떼어내려는 것이다. 돌의 주위는 이미 햇빛을 받았으므로 배제하고 가운데 부분만, 그리고 시료를 채취하는 순간에 빛을 받지 않도록 어둠 속에서, 그리고 채취하는 순간에 불꽃의 빛도 차단하여야 제대로 연대를 측정할 수 있는 시료를 얻을 수 있을 것이다. 팔파 유적지의 담장이 세워진 연대, 즉 건축 연대를 찾으려는 것이었다.

그리하여 바그너 박사 일행은 달빛도 어두운 그믐날 밤에 유적에 올랐다. 그리고 담장을 이루고 있는, 낮에 표시해 둔 돌들을 조심스럽게 들어내었다. 그리고 불꽃이 일어나지 않도록 하며 드릴로 가운데 부분을 채취하여 긴 통 속에 넣었다. 통은 바로 검은 비닐로 감쌌다. 이제 시료들은 하이델베르크의 실험실에 도착해서야 열릴 것이다. 그리고 우리들에게 담장을 세워진 연대를 말해줄 것이다.

고고학 유적지의 연대 측정의 가장 보편적인 방법은 C14(방사성 탄소) 연대측정법인데, 유기물이 있어야만 쓸 수 있다. 필요한 시료의 양이 조금 많은 것도 단점이었는데, 요즘은 C14 연대측정법 중에서도 극히 미량만 있어도 되는 가속기질량분석법Accelerator Mass Spectrometry: AMS 방식을 사용한다.

그동안 방사성 탄소-가속기질량분석(C14-AMS) 방법으로 얻은 연대에 의하면, 팔파 건축물의 바닥은 기원전 400~200년에 세워졌다. 근처의 다른 유적지, 몰리노스 건축물은 50~250년, 또 다른 유적지, 라무냐의 무덤군은 250~450년으로 측정하였다. 지상화는 300~400년(Reindel and Isla 2004: 13)으로 나온 결과가 있다.

환경의 측정

아타카마Atacama 사막의 한 귀퉁이, 해발 4200m에 있는 천연기후 측정지인 아토카타Atocata 습지로 갔다. 이곳에 있는 빙하시대의 영구 동토층은 식물의 부패를 늦춘다. 그리하여 생명 유기체 정보가 보전되어 있다. 기후 변화를 연구하고 있는 지질학자, 베르틀 매치틀Bertil Mächtle은 긴 통을 땅속에 박아 10m 아래의 땅속에 있는 토양을 층별로 꺼내었다. 이것으로 3000년간의 식물 종류 및 생태의 변화를 연구할 수 있다. 식물의 변화는 곧 자연의 변화를 나타낸다. 지질학자는 긴 통에서 운 좋게도 달팽이 껍질을 발견하였다. 즉 현재는 사막인 이곳이 전에는 꽤 습기가 많았던 곳이었다는 의미이다. 그들은 동시에 이 지역의 지질연대를 측정하였다. 팔파 마을에서 했던 OSL 연대측정과 마찬가지로, 시료에 빛이 들어가지 않게 밤에 현지로 가서 긴 통을 박아 흙을 시료로 채취하였다.

하이델베르크대학에서 이루어진 OSL연대 측정의 결과에 의하면, 4000년 전, 안데스 산맥의 서해안은 훨씬 풍요했다. 사람들은 기원전 1만 1000~1만 2000년부터 살기 시작하였으며, 이 시기에는 매년 200mm의 강우량이 있는, 녹색의 땅이었다. 기원전 2000년부터 가뭄이 시작하여 사막화가 진행되었다.

연대측정의 결과 요약

유적	추정 연대	측정 방법
팔파 건축물의 바닥	기원전 400~200년	탄소 연대(C14-AMS)
몰리노스 건축	50~250년	탄소 연대(C14-AMS)
라무냐의 무덤군	250~450년	탄소 연대(C14-AMS)
산이그나시오의 지상화	20년	빛발광 연대(OSL)
Cresta de San Ignacio 지상화와 함께 발견된 나무	300~400년	탄소 연대(C14-AMS)
달팽이가 발견된 황토층 측정	• 기원전 9000년 • 기원전 8000년	탄소연대(C14-AMS), 빛발광 연대(OSL)

자료: Reindel, eds., (2017: 13, 29~30).

그림 24. 하이델베르크대학의 지질학자들이 지질연대 및 당시의 환경을 알아보기 위해 나스카 시료를 뽑고 있다(자료: Casey, 2017: 71).

나스카 문명의 귀환

팔파 정착지의 역사

유적지의 조사, 과거 환경의 조사, 연대측정, 및 유적지의 건축물과 무덤 등을 발굴한 결과를 종합하여 나스카 사회를 추정해 보았다.

이 지역에는 기원전 2000년 전부터 사람들이 살았다. 고고학자들은 막 건조기가 시작했을 무렵인 기원전 500년~기원후 1500년 사이에 팔파의 가장자리에 있는 녹색의 계곡에 500개 이상의 주거지가 있었다는 것을 알았다. 이 지역 문화 중 가장 두드러진 것은 기원전 200년에서 650년 사이에 페루 남부 해안에서 번성한 나스카Nasca 문명이었다.

나스카 문명의 핵심 지역은 리오그란데 데 나스카Rio Grande de Nasca 분지이다. 하천들은 안데스 산맥 서쪽 경사면에서 발원하여, 콜로라도산Cerro Colorado에 모두 모여, 거대한 해안 사막을 지나는 유일한 강, 리오그란데를 형성하여 태평양으로 흘러 들어간다(그림 15. 지도 참조). 리오그란데강은 바다 쪽으로 나가는 직항로였다. 곡식을 싣고 여덟 시간 만에 해안에 도착했다. 강들이 만나는 콜로라도산, 그란데강 하류에 있는 몬테그란데Monte Grande 마을은 교역의 장소로 번영하였다. 이곳에서 사람과 동물의 뼈, 금과 구리의 합금 파편, 등 귀족들의 수요를 나타내는 물건도 많이 볼 수 있었다, 에콰도르로부터 수입한 국화조개spondylus는 아름다워서 장식품으로 사용했을 뿐만 아니라, 갈아서 최면제로도 썼다.

나스카 형성기(기원전 120년~기원후 90년) 사이에는 팔파의 인구가 늘고 있었다. 날씨가 좋아서 이곳으로 사람들이 모였다. 그에 따라 농경이 크게 발전하였다. 아직 거주지는 상대적으로 작고, 조직과 중심적 건물도 별로 없었다.

나스카 초기(기원후 90~325년)에 크게 발달하였다. 거주지는 팔파에서

리오그란데까지 넓혔다. '큰 강(리오그란데)' 가에는 훌륭한 경작지가 있었다. 상당히 큰 거주지가 로스몰리노스^{Los Molinos}에 이루어졌다. 로스몰리노스는 1997년에 발견된 나스카 정착지이다. 내륙 쪽에 있으며, 약 400명이 살았던 마을로, 돌과 진흙을 혼합하여 다닥다닥 붙은 집의 벽을 세웠고, 지붕은 나무로 덮었다. 지붕과 벽 사이에는 간격을 두어 통풍을 한 집도 있었다. 마을은 이렇게 몇 집씩 모여 있는 집단이 점점이 이어진 것이었다. 총 6만 명이 살았을 것으로 추정한다.

나스카 중기(325~440년)부터 기후가 건조해지기 시작했다. 강의 물은 경작을 계속 유지할 만큼 충분하지 않았다. 아직 인구는 대체로 유지하였지만, 나스카 사람들은 계곡의 좀 더 높은 곳으로, 심지어 안데스 산기슭에 분산하여 살기 시작했다. 그러자 각각의 지역이 고립되어 자율적이 되면서 지역 엘리트가 다스리게 되었다.

나스카 후기(440~650년)가 되면, 기후가 심각하게 건조해졌다. 계곡의 가장 아래쪽에 있는 거주지는 버리고, 중간쯤에 새로운 경작지를 세웠다. 그러나 많은 사람이 산 쪽으로 옮겨 살았다. 그리고 사람들은 지상화에서 의례를 하며, 물을 주기를 빌어, 날씨의 신들, 특히 비의 신에게 영향을 주려 하였다. 이러한 경향이 커질수록 더 많은 신전이 세워졌다.

후기 나스카 무덤에서 나온 치아를 보면, 더욱 건조해져서 사막화가 진행되자 사람들이 더 많이 모여들었고, 더 큰 도로를 만들었다. 도로의 끝에는 제단이 있었다(그림 25). 제단에는 국화조개(그림 26)를 바쳤다. 국화조개는 적도 지방의 따뜻한 물에 산다. 특정 시기가 되면 이 따뜻한 물이 차가운 훔볼트 해류 위로 흘렀는데, 이 따뜻한 해류가 이동할 때 국화조개도 남쪽으로 내려갔고, 그 시기에 비가 많이 내렸다. 따라서 국화조개는 비를 상징한다. 안데스 문명이 시작할 무렵에 날씨의 신들에게 비를 간청하기 위해 사용했다. 기후가 더욱 건조해지자, 부족에 상관없이, 점점 더 많은 사람이

그림 25. 길 끝에 나타난 네모진 제단. 이곳에서 비의 신에게 의례를 하였다고 추정한다.

그림 26. 국화조개(Spondylus shell)
(자료: Archaeological Worldwide 2019-01, p.51)

신에 간청하기 위해서 길은 점점 더 커졌다.

그러나 이 모든 노력은 헛되었고 600년 전후에 사람들은 나스카를 떠났다. 이 시기에 와리 문명(650~1000년)은 안데스 서쪽 산 사면에 나스카 사람들이 거주지를 만들고, 해안의 자원을 사용하기 시작했던 바로 그 산에서 자신들의 땅을 넓히고 있었다. 그러나 와리 사람들은 이 지역에 영구거주지를 세우지 않았다. 나스카가 무너진 후에 지상화는 다시 제작되지 않았다.

채색토기와 지상화

나스카 문명은 파라카스 문명의 직접적인 후예이다. 파라카스 문명에서 볼수 있는 그림의 주제가 나스카에서 다시 나타났다. 많은 암각화와 지상화는 같은 패턴, 모티브를 갖고 있는데, 이는 파라카스 시절의 토기에서 찾을 수 있다. 즉 이들은 비슷한 시기에 제작되었다는 것을 시사한다. 첫 지상화도 파라카스 시대에 제작되었다. 모티브는 바위에 그려졌다가 땅으로 옮겨갔다. 가장 전형적인 모티브는 동물-인간으로 이 인물은 새싹이 돋는 홀을 손에 쥐고 있다. 뱀이 있는 경우도 많았다.

나스카 사람들도 처음(기원전 200년~기원후 50년)에는 바위에 그림을 그

그림 27. 암각화의 위치. 주로 산 사면의 바위에 새긴다.

그림 28. 신의 모습 둥근 눈과 머리 주위의 광채, 손에는 홀을 쥐고 있다.

그림 29. 신의 모습 둥근 눈과 머리 주위의 광채, 손에는 홀을 쥐고 있다.

그림 30. 지상화에도 나타나는 새가 오른쪽 위에 세로로 있는 모습이 보인다.

그림 30. 산 사면에 흐릿하게 흰색으로 그려진 동물이 보인다.

그림 32. 파라카스 후기(기원전 800-200년) 인간-동물형의 그림, 나스카 이전 시대의 지상화이다. (자료: J. Isla, Casey, 2017: 85). 왼쪽에서부터 2번째의 신의 모습은 그림 28에 반복 제시하였다.

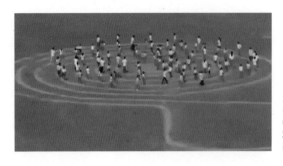

그림 33. 나스카의 선 위를 걷고 있
는 사람들.
600년대의 나스카 사람들도 비를
기원하며 이렇게 걸었을 것이다.
(자료: Peru's City of Ghost, 1999)

렸다. 팔파 계곡의 중부, 및 상부에 위치하는 마을에서 흔히 볼 수 있다. 나
스카의 초기 그림들은 대부분 사람의 형상이다. 새의 그림도 암각화에 기원
전 300년경부터 이미 나타났다. 거기에 거미, 콘도르 등의 지역 동물들과
상어, 고래 등의 바다 생물도 그렸고, 이국적인 동물인 긴꼬리원숭이(열대
우림에 서식) 등도 그렸다.

　페루의 가장 오래된 신들은 직물이나 토기에 나타나 있다. 이들은 또한
암각화와 지상화가 있는 대지의 가장자리 산 사면에 있다.

　지상화에서 동물들은 중요한 역할을 한다. 샤먼, 주술사들은 환각을 일
으키는 음료를 마시고, 신들과 교통하여, 풍작과 공동체의 건강을 빈다. 샤
먼은 종교의식에서 자신의 영혼과 다른 영혼이 만난다, 주로 동물의 영혼과
만나는데, 특히 새는 다른 세계로 인도하는, 또는 샤먼의 뜻을 전달하는 중
요한 매개체이다.

　따라서 지상화에서 동물은 주술사의 길잡이로서 매우 중요한 역할을 하
였다. 그리하여 열대의 원숭이, 상어 등 나스카에는 없는 동물들도 소환되
었다. 초자연적인 형상을 한 인간의 모습은 신을 나타내는 것이었다. 초기
에는 이 신들과 신들에게 이끄는 동물들의 형상이 같이 존재했으나, 시간이
흐르며 신의 얼굴은 사라지고, 동물들만 약 200년 동안 그려졌다. 꼬리 말
린 원숭이, 벌새, 거미 등은 모두 풍요를 상징한다.

신들의 모습

환상의 동물들

  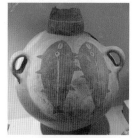

기하학적 문양

그림 34. 토기에 남겨진 그림들

나스카 사회의 변화는 기하학적인 문양과 함께 시작되었다. 드론을 띄워 사진들을 찍고, 지도를 제작하는데, 서기 300년의 나스카를 3D로 복원해 보았다. 기하학적 무늬는 의례의 장소를 표시하고 있었다. 기하학적 무늬는 비교적 땅이 평평한 곳에 그려 사람들이 알아보기 쉬웠다. 즉 땅에서 볼 수 있는 장소에 그렸다. 기하학적 그림은 대부분 고원의 바닥에 있고, 산으로 올라가는 것은 그리 많지 않다. 공통점은 그림 위를 걸을 수 있다는 것이다. 즉, 관중들은 볼 뿐만이 아니라 함께 걸었다. 그리하여, 참여하는 사람들이 늘어날수록 공간은 점점 더 커졌다. 비에 대한 염원이 커질수록 그림은 점점 더 거대해졌다.

지상화는 기원전 200년부터 800년 동안 그려졌다. 그림의 주제가 변화하고, 추가되는 등, 언제나 진행 중이었다.

푸키오

나스카에는 지상화 이외에도 우리의 시선을 끄는 것이 또 있다. 지상화에도 있는 소용돌이 푸키오Puquio이다. 실제 있는 소용돌이는 안쪽으로 갈수록 밑으로 내려가는 길이다. 소용돌이의 길을 걸어가 바닥에 도착하니 물이 있었다. 물길은 지하의 강처럼 펼쳐졌다. 좁은 물길을 따라가니 다른 소용돌이의 바닥이 나왔다. 그 바닥에서 걸어 올라와서 보니 지상에 소용돌이가 5개가 연달아 있고, 마지막 끝에는 물이 운하처럼 만들어진 곳으로 연결되어 있어 지상에서 물을 볼 수 있었다. 사람들은 여기서

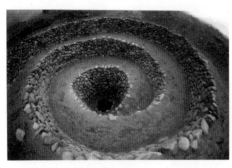

그림 35. 푸키오. 나선형의 길을 따라 맨 밑까지 걸어가면 물을 만난다. 물을 따라 걸으면 물길이 이어져 다른 푸키오의 바닥과 만난다. 이렇게 최소 5개의 푸키오를 만난다. 마지막 푸키오는 대부분 물이 있는 곳이 지상과 가깝다.
(자료: Dukszto and Helfer, 2001: 24)

물을 뜰 수가 있다. 그리고 주위에
는 경작지가 쭉 펴져 있다. 바로 옆
에 지상화가 있는, 그렇게 메마른
땅이 있다는 것을 상상하기 어려웠
다. 2000년 전에 시작한 이 관개 조
직은 오늘날에도 여전히 유용하다.

그림 36. 메마른 강바닥에 남겨진 푸키오 그림

이 황량한 지역에서 사람들이 살 수 있었던 이유이다.

　　기원후 600년, 사막화가 몰락을 초래했으나, 부족 간에 싸움이 일어난
것은 아니었다. 구멍이 뚫린 두개골이 많이 발견되었으나, 구멍은 흑요석
의 칼로 절단한 것으로 절단 후에 재생된 흔적이 있었다. 즉, 두개골의 구멍
이 죽음을 초래하지는 않았다. 나스카의 적은 자연이었다. 마지막 시기, 에
콰도르에서 온 조개를 바치며 날씨의 신들에게 간청하였다. 서기 600년 즈
음 그들은 떠나거나 죽었다. 그들은 아타카마 사막 위에, 선들의 그림을 남
겼다. 사막화한 도시를 위해 남겨진 마지막 희망이었다.

참고문헌

정혜주. 2019. 「나스카, 메마른 대지 위에 핀 염원」. 『자연과 인간, 문화를 빚어내다』. 심미안.
　　185~202쪽.

Aveny, Anthony. 1992. "Patterns on the Desert." *Misteries of Mankind*. National
　　Geographic.
Casey D. Allen(ed.). 2017. *The Andes, Geography, Diversity, and Sociocultural Impact
　　Earth Science in the 21st century*. Nova Science Pulishers, Inc.
Dukszto, Aneta and J. M. Helfer Arguedas. 2001. *Nazca Lines*. Hipocampo S.A.C.
Isla, Johny and Markus Reindel. 2017. *Patron Funerario Y Tumbas de Elite Nasca en
　　Nasca*, Pardo, Cecilia & Peter Fux(eds.). Mali, Lima, Peru, pp.136~137.
Kosok, Paul. 1967. "Nazca Marking in the Sand." *Conquistadors without swords*, Leo

Deuel, St. Martins Press INC, Newyork, pp.78~81.

Mondini Mariana A. Sebastian Munoz, Pablo M. Fernandez, Editors. 2017. *Zoo-archaeology in the Neotropics: Environmental Diversity and Human-Animal Interactions*. Springer, p.108.

Pardo, Cecilia & Peter Fux(eds.). 2010. *La Sociedad Nasca Y Su Historia, en Nasca*. Mali: Lima, pp.38~55.

Reindel, Markus(ed.). 2004. *Nazca: Desarrollo y Adaptación de técnicas arqueo-métricas para la investigación de la historia cultural*. Goethe Institute: Lima.

Reindel, Markus, and Johny Isla. 2015a. "El Legado Cultural Formativo: Nasca." en *CHAVIN*, Peter Fux(ed.). Asociación Museos de Arte de Lima. Mali, Lima, Peru pp.212~221,

_____. 2015b. "Procesos Culturales Tempranos en Los Andes del Sur." en *CHAVIN*. Peter Fux(ed.). MALI, Lima, Peru, pp.55~65.

_____. 2017. "La costa sur en el periodo prehispánico." *NASCA*. Asociación Museos de Arte de Lima. MALI, Lima, Peru.

_____. 2018a. "De Paracas a Nasca: nuevas evidencias desde la vertiente occidental de la sierra de Lucanas, Ayacucho." *BOLETIN DE ARQUEOLOGIA PUCP* / N.° 25 / pp.229~254 / ISSN 1029-2004.

_____. 2018b. "La Transicion Paracas-Nasca En Los Valles De Palpa." *Boletin De Arqueologia PUCP* / N.°25 / pp.173~206 / ISSN 1029-2004.

Reindel, Markus, Johny Isla, Hermann Gorbahn, y Heike Otten. 2015. "Paracas en palpa: los fundamentos del poder de la cultura nasca." *Peruvian Archaeology*, Vol.2 pp.36~63.

Archaeological Worldwide 2019년 1월호.

디지털 자료

The Nasca Lines Project(1996-2000) https://people.umass.edu/~proulx/Nasca_Lines_Project.html 2021-10-14

〈Digging for the Truth〉. KBS 1 다큐월드, 나스키 지상회화의 비밀, ZDF. ARTE 제작(독일·프랑스 2009년). 우리말 편.

〈Peru's City of Ghost〉. La Sept ARTE, BBC, Discovery Channel 이 공동으로 제작하여, 1999년에 Discovery Channel이 방영하였다. https://www.youtube.com/watch?v=p1LUtXJgIwA

❂ SUMAK KAWSAY ❂

안데스 원주민의 세계관과 자연의 권리

자연과의 조화와 공존

김윤경

1. 들어가며

오늘날 인류는 전 지구적 기후 위기라는 절체절명의 순간에 놓여 있다. 코로나 19가 3년째 지속되면서 우리는 그 위기의 심각성을 실감하고 있다. 이처럼, 자본주의 문명이 한계에 달했음을 보여주고 있는 이 시대에, 패러다임의 전환이 절실하게 요구되고 있다. 그것은 자연과 우주, 생명에 대한 관점이 인간중심주의에서 벗어나 탈인간중심주의로 변화되어야 한다는 것을 의미한다. 다시 말해서 인간이 자연을 착취하는 자본주의 문명에서 인간과 자연이 공존하는 생태 문명으로 전환해야 한다는 것이다.

이러한 점에서 최근에 라틴아메리카에서 벌어지고 있는 일들은 우리의 관심을 끈다. 그곳에서는 '자본주의 이후'를 생각하면서 포스트 발전 담론 등 다양한 대안 담론이 등장하고 있다. 게다가 그러한 담론이 추상적인 이론에 머물지 않고 실천적 차원으로까지 발전하고 있다. 2008년 9월 에콰도르는 자연의 권리 조항을 담은 헌법 개정안을 국민투표로 통과시켜서, 세계 최초로 헌법에 자연의 권리를 인정한 나라가 되었다. 볼리비아에서도 자연의 권리를 인정하는 법이 제정되었고, 칠레에서는 2021년 7월에 현행 헌법을 폐기하고 새 헌법을 만들기 위해 제헌의회를 구성했으며, 기후변화와 생태계 파괴에 대한 대응을 헌법에 담으려는 작업을 진행하고 있다.[1]

이처럼 라틴아메리카에서 자연의 권리를 인정하고 자연과 조화를 이루는 삶이 자본주의적인 삶에 대한 대안으로 제시되고 있는 것은 그곳의 원주민들이 가지고 있는 전통 사상과 깊은 연관이 있다. 안데스 원주민의 세계관이 주목받는 이유가 바로 이것이다. 서구의 근대 사상이 추구해 온 발전 담론이 한계에 봉착한 이 시점에서 그 대안을 원주민의 세계관에서 찾으려고 하는 것이다.

따라서 이 글에서는 안데스 원주민이 자연과 세계, 우주에 대해서 어떻게 인식하고 있는지 원주민의 세계관에 대해서 구체적으로 살펴보고자 한다. 그럼으로써 자본주의 문명의 폐해로 전 지구적 위기에 직면해 있는 우리에게 안데스 원주민의 세계관이 시사하는 바가 무엇인지를 알아보고자 한다.

2. 안데스 원주민의 세계관

1) 이원론과 세 세계: 파차[2]
안데스 원주민의 세계관의 출발점은 우주와 세계에 대한 인식이다. 우선,

---

1)   결국 2022년 9월에 헌법 개정안이 국민투표결과 반대 61.9%, 찬성 38.1%로 부결되면서, 안타깝게도 이러한 시도는 실패했다.

2)   여기서 pacha의 pa는 둘을 의미하는 paya에서 유래했으며, cha는 에너지를 의미하는 chama에서 파생된 것으로 pacha는 대립하는 두 힘이 결합하고 있는 세계, 우주를 의미한다.

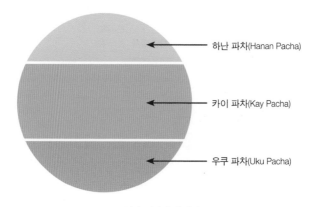

하난 파차(Hanan Pacha)

카이 파차(Kay Pacha)

우쿠 파차(Uku Pacha)

그림 1. 파차와 세 세계

안데스인은 우주를 이원론으로 인식한다. 그들은 우주가 대립하는 두 힘의 균형으로 유지된다고 본다. 하나는 안정을 유지하려는 힘이고, 다른 하나는 분열을 일으키려는 힘이다. 예를 들면, 하늘과 땅, 태양과 달, 여름과 겨울, 남성과 여성, 수직적인 차원과 수평적인 차원, 낮의 에너지와 밤의 에너지, 보이는 세계와 보이지 않는 세계 등, 대립하는 두 힘이 서로 균형을 이루면서 우주의 질서를 유지하고 있다.

이러한 이원론을 바탕으로 안데스 원주민은 우주가 두 차원으로 나뉘어 있다고 생각한다. 하나는 '상위세계'인 하난 파차Hanan Pacha이고, 다른 하나는 '하위세계'인 우린 파차Urin Pacha'이다. 전자는 하늘의 신들과 우주에 질서를 부여하는 태양, 달, 별들이 있는 곳이다. 그 사이에 인간의 영역인 카이 파차Kay Pacha가 존재한다. 카이 파차는 인간과 동물, 식물 등이 사는 세계이며 바다, 호수, 대지를 포함하는 가시적인 공간으로서, 인간을 비롯하여 만물이 신들의 호의를 받아 공존하고 번성하는 세계이기도 하다. 이 세계는 인간의 영역으로서, 인간이 신에게 바치는 종교의식이 행해지는 곳이다. 이렇게 크게 세 차원으로 나눌 수 있는 이 우주의 내부에는 '숨은 세계'라고 할 수 있는 또 다른 세계가 존재한다. 그것은 '내부 세계'인 우쿠 파차

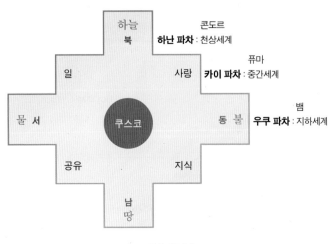

그림 2. 차카나

Uku Pacha로, 죽음과 악, 질병을 상징하는 지하세계이다. 시간적인 의미에서 볼 때, 카이 파차는 현재에 속하며, 우린 파차와 우쿠 파차는 과거에 속한다.

2) 관계성과 상호성: 차카나와 아이니

그런데 이 세 세계는 서로 적대적이면서도 보완적인 관계 속에서 서로 연결되어 있으며 상생한다. 우쿠 파차와 카이 파차가 연결되어 있으며, 하난 파차와 카이 파차가 연결되어 있다. 전자의 연결고리는 호수, 동굴, 샘, 언덕 등으로 파카리나 pakarina 라고 불린다. 후자의 연결은 차카나 chacana 로 상징된다. 차카나는 안데스 십자가로 불리는데, 케추아어로 장소를 이동하는 데 필요한 사다리를 의미한다. 이 차카나는 인간과 신을 이어주는 다리로서 하늘과 땅의 직접적인 소통을 뜻하기도 한다. 안데스 원주민들은 차카나를 통해서 하난 파차에 있는 신들이 인간이 사는 카이 파차에 인격화되어 존재한다고 생각한다.

여기에서 안데스 원주민의 세계관에서 가장 기본적인 원리가 나타난다. 그것은 바로 관계성이다. 안데스 원주민들은 우주의 모든 존재는 불완전하며 독립적으로 존재할 수 없다고 생각한다. 그들에 따르면, 신조차도 불완전해서 인간의 도움 없이는 존재할 수 없다. 인간도 당연히 불완전한 존재로서 신의 조력을 받는 존재이다. 안데스 세계에서 고립적이고 독립적인 것은 완전한 것이 아니며, 부족한 것, 버려진 것과 같은 존재로 인식된다. 이를 케추아어로 왘차wakcha라고 한다. 안데스인들은 우주 안에 존재하는 모든 것이 소외된 상태로 있을 수 없으며, 모두가 카마이kamay, 즉 에너지, 힘을 가진 존재로서 공존하고 있다고 생각한다. 그러므로 안데스 세계에서 "진정한 실체는 관계"이다. 모든 존재는 관계를 맺고 있다는 것이다.

그렇다면, 이러한 관계성을 유지하면서 존재들이 공존하고 상생하려면 무엇이 필요한가? 그것은 바로 상호성과 상보성이다. 안데스인들은 모든 존재가 관계를 맺으면서 공존하기 위해서는 소통과 협력이 필요하다고 생각한다. 고립적인 존재로 살아갈 수 없는 세계에서 모든 존재는 서로 돕고 부족한 점을 보완하며 살아가야 한다는 것이다.

상호성 개념부터 살펴보면, 이것을 나타내는 단어는 케추아어로 아이니ayni 이다. 혼자서는 살아가기 힘든 안데스 세계에서 아이니는 불완전한 인간이 존재하기 위한 방식이자 세계를 바라보는 이념이다. 아이니는 카마이를 유지하는 데 도움을 주면서, 서로 긴밀하게 연결된 존재들의 관계를 더 강하게 만들어준다. 아이니를 통해서 인간과 인간이든 인간과 자연이든 관계를 맺는 존재끼리 서로 도와줌으로써 더 생동감 있게 존재할 수 있고 질서가 유지될 수 있는 것이다.

상호성과 한 짝을 이루고 있는 것이 상보성이다. 상보성을 나타내는 케추아어 단어는 야난틴yanantin 이다. 야나yana는 상호보완성, 협력, 도움 등을 뜻하는 단어이다. 야난틴은 서로 대립하는 것이 서로를 규정하고 한 쪽이 없으면 다른 한 쪽도 존재할 수 없는 상호 보완적인 관계를 맺고 있다는 뜻을 담고 있다. 안데스인들은 우주의 질서가 대립적인 힘들의 투쟁과 갈등이 아니라, 상호 협력과 보완으로 유지되고 조화를 이루고 있다고 생각한다. 대립하는 힘들이 서로 필요로 하며 협력할 때 더 완전해질 수 있다고 보는 것이다.

이러한 개념들은 연대성과 연결된다. 연대성을 나타내는 케추아어 단어는 차닌차^{chanincha}이다. 우주 만물이 긴밀하게 연결된 세계에서 안데스 원주민은 공동의 이익, 필요, 책임 등을 위해 연대해야 한다고 생각한다. 개인이 홀로 존재할 수 없으며 부족한 점을 채우기 위해서 서로 의존하며 도와야 한다고 보는 것이다. 이러한 생각에는 공동체 의식이 존재한다. 공동체를 위해서는 중요하기 때문이다. 그런데 이러한 연대성의 핵심은 파차마마에 대한 존중이다. 인간이 일부를 이루고 있는 파차마마를 존중하는 것이 연대성에서 가장 중요하다. 안데스 원주민들은 인간을 둘러싸고 있는 자연에 대한 존중과 연대가 없으면 인간의 생존 자체가 불가능하다고 생각하는 것이다.

3. 수막 카우사이와 공동체주의

1) 파차마마와 수막 카우사이

안데스 원주민의 세계관에 따르면, 파차마마^{Pachamama}는 기본적으로 '어머니 대지,' '어머니 지구'인 자연을 의미하며, 대지의 여신을 뜻하기도 한다. 그런데 여기서 대지는 단순히 자연만을 의미하는 것이 아니라 세계, 우주로까지 확장된다. 다시 말해서 파차마마는 안데스 원주민의 신이자 그들이 사는 생태계이다. 이것은 모든 존재의 총체이며 모든 것에게 생명을 부여하는 원천이다. 따라서 파차마마는 생명 공동체를 이루며, 인간은 그것의 일부분을 이룬다. 인간은 자연의 일부이기 때문에, 자연을 존중하고 자연과 조화를 이루며 살아야 한다.

이러한 세계관을 토대로 안데스 원주민들은 수막 카우사이 Sumak Kawsay 를 추구한다. 이것은 그들의 삶의 방식이다. 케추아어로 수막 Sumak 은 '충만한,' '숭고한,' '아름다운'이라는 뜻을 담고 있고, 카우사이 Kawsay 는 '삶,' '존재' 등의 뜻을 내포하고 있다. 수막 카우사이를 스페인어로 번역하면 부엔비비르 Buen Vivir, 우리말로는 좋은 삶, 잘살기, 참살이 등이 된다. 말하자면, 수막 카우사이는 대지의 어머니인 자연과 인간이 조화와 균형을 이루면서 잘 사는 것을 의미하며, 따라서 인간이 자연과 세계와 관계를 맺는 방식을 말한다.

물론 수막 카우사이가 무엇을 의미하는가에 관해서는 학자마다 해석이 조금씩 다르다. 수막 카우사이를 자연과 조화를 이루는 관계를 추구하는 삶의 방식으로 보기 때문에 자연을 정복하는 것을 추구하는 서구인들의 삶의 방식과는 다른 것으로 규정하기도 하고, 평화, 정의, 연대, 상호성, 사회적 평등, 공동체적 공생 같은 것으로 해석하기도 한다.[3] 그런데 수막 카우사이에 대한 다양한 해석에도 불구하고 거기에는 공통적인 것이 있다. 그것은 조화와 공존이다. 인간과 인간, 인간과 자연, 인간과 신이 조화를 이루면서 공존, 공생하는 삶이 '수막 카우사이'인 것이다.

2) 아이유와 공동체주의

여기서 주목해야 할 것은 수막 카우사이가 실현되는 곳이 공동체라는 것이다. 수막 카우사이가 추구하는 조화와 공존의 가치가 이루어지는 곳이 바로 공동체인 것이다. 그러므로 수막 카우사이의 핵심 요소가 공동체주의이다.

[3]　수막 카우사이에 대한 다양한 해석에 대해서는 조영현·김달관, 「에콰도르 원주민 사상과 세계관의 복원: 수막 카우사이(Sumak Kawsay)에 대한 이론적 고찰」, ≪중남미 연구≫, 제31권 2호 (2012), 134~135쪽 참조.

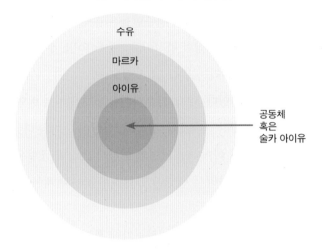

그림 3. 아이유, 마르카, 사야(수유)

안데스 원주민들은 기본적으로 공동체 안에서 관계를 맺고 서로 의존하고 도우며 살아간다. 이러한 공동체의 대표적인 것이 아이유ayllu 이다. 원주민들은 아이유라는 공동체에서 자신들의 세계관을 기반으로 수막 카우사이를 실현하고 있다.

아이유는 안데스 사회를 구성하는 기본 단위이며, 여러 친족 집단으로 구성된 촌락공동체이다. 시대가 변화하는 과정에서 아이유의 형태와 성격이 달라지기는 했지만, 아이유는 한 조상의 후손들이라는 의미에서 한 가족, 서로 긴밀하게 연결된 가문을 의미한다. 다시 말해서, 아이유는 혈통이 같은 가족, 가문의 공동체이다.[4] 그리고 아이유는 인간과 자연, 인간과 초자연이 서로 연결된 집합체이다. 다시 말해서, 아이유는 사람, 식물, 동물, 강, 비 등 모든 것을 포함한다.

아이유는 잉카 시대 이전부터 형성되었으며, 지금까지 형태를 조금씩 달리하며 존재해 왔다. 16세기에 아이유는 인구가 20명에서 600명까지 다

[4]   ayllu의 어원은 친척, 가문을 뜻하는 aylluni에서 비롯되었다.

양했지만, 잉카 제국이 팽창하면서 아이유도 같이 확대되었다. 그리고 한 가족으로 이루어진 작은 아이유, 술카 아이유^{sullk'a ayllu}가 있는가 하면, 여러 확대 가족으로 이루어진 규모가 큰 아이유, 하툰 아이유^{Jatun ayllu}도 있었다. 아이유가 모여서 아이유 연합체인 마르카^{Marka}가 되었으며, 마르카들이 모여서 사야^{Saya}(수유^{Suyu})를 이루었다. 사야는 위를 뜻하는 아난사야^{Anansaya}와 아래를 뜻하는 우린사야^{Urinsaya}로 나뉘었다.

이러한 아이유 공동체 내에서 수막 카우사이의 핵심 가치인 '조화와 공존'이 가장 잘 반영된 것 중 하나가 노동 조직이다. 아이유의 대표적인 노동 조직은 아이니^{ayni}와 밍가^{minga}이다. 성격이나 형태는 조금씩 변화했지만, 오늘날까지도 이 두 노동 조직이 존재하고 있으며, 아이유 공동체의 생활을 유지하는 데 중요한 역할을 하고 있다. 우선, 아이니는 아이유 공동체 구성원 개인이나 집단, 공동체 간에 노동을 서로 동등하게 교환하는 노동 조직을 말한다. 안데스 원주민들은 아이니라는 노동 조직을 통해서 아이유 공동체 구성원들끼리 혹은 아이유 공동체 간에 나중에 갚는다는 조건으로 노동을 빌린다. 이것은 노동 교환을 약속하는 것이다. 아이유 구성원들은 아이니가 필요하지 않으면 그것을 거부할 수 있다. 그렇게 했을 경우, 필요할 때 상대방에게 도움을 요청할 수 없다. 그래서 노동력이 부족한 안데스 지역의 아이유 원주민들은 아이니를 거부하는 경우가 거의 없다. 그리고 만약에 상대방이 노동을 제공했는데 나중에 그에 대해 의무를 다하지 않을 경우 보복을 가함으로써 아이니의 상호성을 지켜나간다.⁵⁾ 그림 4에서 보는 바와 같이, 아이니 노동 조직의 경우에는 A가 B에게 노동을 제공하면 B도 나중에 반드시 A에게 노동을 제공해야 한다. 이처럼, 아이니는 대칭적이고 동등하면서도 철저한 노동 교환관계이다.

---

5)   이렇게 아이니의 상호성을 관리하는 사람을 아이니카마욕(aynicamayok)이라고 불렀다.

그림 4 아이니(대칭적인 교환)

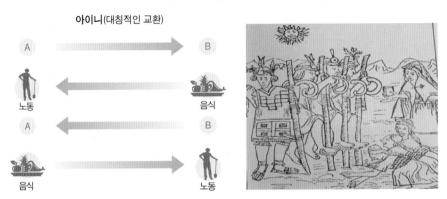

아이니(대칭적인 교환)

자료: Enrique Mayer, The Articulated Feasant: Household Economics in the Andes(Cambridge, 2002), p.109.

자료: Waldemar Espinoza Soriano, Los Incas, p.203.

반면에, 밍가는 비대칭적이며 동등하지 않은 노동 교환 방식이다. 예를 들어, 아이유 구성원들은 병자, 과부, 고아, 노인 등을 위해 보상에 대한 기대 없이 그들에게 노동을 제공한다. 그림 6에서 보는 바와 같이, A가 B에게 노동을 제공하면, B는 반드시 노동으로 갚아야 하는 것이 아니라, 노동할 때 먹을 음식이나 약간의 권리만 제공하면 되었다. 그리고 밍가는 집단 노동의 형태로 이루어진다. 아이유 공동체의 여러 가지 문제들을 해결하기 위해서 구성원들이 집단으로 밍가 노동에 참여한다. 예를 들어, 아이유 공동체는 관개수로, 다리, 도로, 신전 등을 건설하는 데 필요한 노동력을 밍가라는 노동 조직으로 충원한다. 그리고 밍가는 의무노동으로서, 병자나 노약자 등 특별한 사유가 있는 경우를 제외하고 공동체 주민은 공동체로부터 요청이 있을 때 밍가 노동에 의무적으로 참여해야 한다. 만약 그것을 거부하는 경우 경고나 처벌을 받을 수 있으며, 그것이 반복될 때에는 추방당할 수도 있다. 그만큼 밍가는 아이니와는 달리 강제성을 띤 노동 조직이다.

이처럼, 아이니와 밍가는 성격은 다르지만, 안데스 원주민이 아이유 공

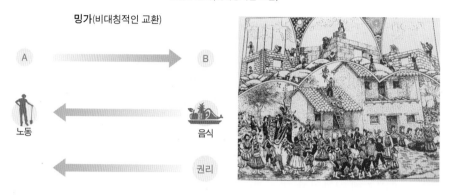

자료: Enrique Mayer, The Articulated Feasant: Household Economics in the Andes(Cambridge, 2002), p.110.

자료: Waldemar Espinoza Soriano, Los Incas, p.204

동체 내에서 수막 카우사이를 실현하는 데 중요한 역할을 하는 노동 조직이다. 아이유 공동체 구성원들은 아이니와 밍가를 통해서 공동체 내에서 서로 존중하고 연대하며 조화로운 삶을 유지한다. 그 안에서 갈등과 경쟁도 있지만, 안데스 원주민들은 적절한 통제와 조절을 통해서 조화와 균형을 유지하며 공동체적인 삶을 살아가고 있다.

4. 생태 문명 패러다임: 생명 중심주의와 자연의 권리

수막 카우사이의 핵심 원리인 조화와 공존은 인간과 인간의 관계를 넘어 인간과 자연의 관계로 확대된다. 수막 카우사이는 생명·생태 공동체를 구성하는 인간과 자연이 조화롭게 공존하는 삶이다. 안데스 원주민은 자연과 더불어 평화롭게 살면서 생존하는 것이 삶의 궁극적 목표이고, 그것이 인간의 진정한 발전이라고 생각한다. 인간이든 자연이든 서로를 인정하고 소중히 여기며 공통된 미래를 건설해 가는 것이 중요하다고 생각하는 것이다.

예를 들어, 원주민들은 자신들이 수확한 감자를 자식처럼 취급하며 이름을 붙여주기도 하고, 초자연적인 것을 삼촌, 아주머니로 부르기도 한다. 생명 공동체 안에서 인간과 자연은 한 가족처럼 공존한다. 이처럼, 안데스 원주민들은 인간중심주의가 아니라 탈인간중심주의, 생명중심주의를 바탕으로 세계를 인식한다.

이러한 인식에서부터 파차마마, 즉 자연의 권리에 대한 존중과 인정이 비롯된다. 안데스 원주민들은 자연의 본질적 가치를 인정한다. 자연은 인간의 목적에 상관없이 그 자체로 본질적인 가치를 가지고 있다는 것이다. 다시 말해서, 자연은 그 자체로 생명을 가지고 있으며, 따라서 인간의 인식이나 인정과 별개로 존재한다는 것이다. 그러므로 인간뿐만 아니라, 자연도 자신의 생명을 보호할 권리가 있다. 자연을 하나의 생명체로 인정하는 안데스 원주민에게 자연의 권리를 인정하는 것은 당연한 일이다. 그들은 자연도 인간이 함부로 할 수 없는 대상이며, 존중하며 공존해야 할 대상이라고 생각한다. 이러한 자연의 권리에 대한 인정은 자연을 권리 주체로 인정하는 것이기도 하다.

2008년 9월 에콰도르가 헌법에 자연의 권리 조항을 담은 것은 자연에 대한 안데스 원주민의 이러한 인식을 반영한 것이다. 에콰도르의 헌법 제71조는 "생명이 재창조되고 존재하는 곳인 자연 또는 파차마마Pachamama는 존재와 생명의 순환과 구조, 기능 및 진화 과정을 유지하고 재생을 존중받을 불가결한 권리를 가진다. 모든 개인과 공동체, 인민과 민족은 당국에 청원을 통해 자연의 권리를 집행할 수 있다."이다. 에콰도르 헌법이 보장하는 자연의 권리는 두 가지이다. 하나는 '존재 자체와 생명의 순환과 구조, 기능 및 진화 과정을 유지하고 재생을 존중받을 권리'이며, 다른 하나는 '(훼손됐을 경우) 원상회복될 권리'이다. 그런데 에콰도르 헌법에서 주목해야 할 점은 자연의 권리를 헌법에 명문으로 인정했다는 점을 넘어서, 자연과 조화를 이루는 삶을 인간의 좋은 삶의 방식으로 규정했다는 점이다. 여기서 좋은 삶의 방식은 통합적이고 공동체적인데, 이는 원주민의 가치관에 상당 부분 영향을 받은 것으로 '파차마마', '수막 카우사이'라는 원주민 어휘가 헌법에 사용된 것에서 명확히 드러난다.

볼리비아도 원주민의 세계관에 힘입어 파차마마의 권리를 옹호한다. 볼리비아에서는 2010년 '어머니 지구의 권리에 관한 법'을 제정했다. 볼리비아는 2011년에 세계 최초로 '어머니'인 지구의 생존권을 보장하자는 법안(일명 '어머니 지구 권리법 Ley de Derechos de la Madre Tierra')을 명문화했다. 이 법은 '지구는 모든 생명체와 생태계로 이루어져 있기 때문에 그 자체가 유기체'라는 사상에 기반을 둔 법으로, 한 국가의 법이 전 지구적 범위에 적용된다는 사실을 명시한 최초의 예이다. 2012년에는 이 법을 보완한 '어머니 지구와 좋은 삶을 위한 전일적 개발에 관한 기본법'이 제정되었는데, 이 지구 관련법은 모든 법률에 어머니 지구의 권리를 존중하고 지구에서 사는 삶의 생태적 한계를 받아들일 것을 요구한다. 이러한 움직임은 인간중심적인 서구의 법 체제에서 벗어나서 탈인간중심주의, 생명중심주의적인 법 체제로 나가고 있음을 보여주는 것이다.

여기서 한 가지 주목해야 할 것은 이러한 자연권에 대한 원주민의 인식이 최근에 등장한 지구 법학 이론과 연결된다는 것이다. 지구 법학은 인간 활동과 지구 사이에 균형 있고 건강한 관계를 만들기 위해서 현재의 인간중심적 세계관을 총체적인 거버넌스 체제로 대체할 필요가 있다는 데서 시작되었다. 지구 법학이라는 용어는 토머스 베리 Thomas Berry, 1914~2009 가 '지구는 새로운 법철학을 필요로 한다 Earth needs a new jurisprudence'라고 한 말에서 유래되었다. 베리는 인류가 직면하고 있는 가장 심각한 문제인 생태계 파괴와 기후 위기를 해결하기 위해서는 인간이 자연을 착취하는 문명에서 인간과 자연이 공존하는 생태 문명으로 전환해야 한다고 생각했다. 그리고 그것을 실현하기 위해서는 인간중심주의를 벗어나 생명중심주의, 지구중심주의로 바뀌어야 한다고 주장했다. 그는 기존의 법적·정치적 시스템이 사실상 지구 착취를 합법화하고, 심지어 이를 장려하기까지 한다고 비판했다. 그러므로 현재의 생태 위기를 극복하기 위해서는 법과 거버넌스가 새 패러다임의 세계관에 맞게 변화되어야 한다는 것이다.

이러한 지구 법학은 남아프리카 환경운동가이자 인권 변호사인 코막 컬리넌이 쓴 『야생의 법: 지구 정의를 위한 선언문 Wild Law: A Manifesto for Earth Justice』에 의해서 법학계의 이슈로 발전했다. 그 후 영국에서는 가이아 재단과 학회, 대학을 중심으로 연구와 홍보가 이루어졌고, 미국에서는 2006년 플로리다 올랜도에 있는 배리 대학교 Barry University 로스쿨에 지구 법학센터 Center for Earth Jurisprudence가 세워졌으며, 호주에서는 2009년 호주 지구법 연맹 Australian Earth Law Alliance 이 결성되고 그해부터 매년 '야생의 법 컨퍼런스 Wild Conference'를 열고 있다.

이렇게 등장한 지구 법학은 유엔과 만나면서 더욱더 힘을 얻었다. 유엔 2030 어젠다의 세부 목표로 '자연과의 조화'가 명시된 2015년 12월 12일 유엔 총회에서 2016년 어머니 지구의 날에 이뤄질 하모니위드네이처 대화 주제를 지구 법학으로 하기로 결의하면서 지구 법학이 유엔에 처음으로 등장하게 되었다. 인간이 자연과 더불어 살 수 있도록 하고 지구 생태계의 건강과 온전성을 회복하기 위해서는 지속가능한 발전 부문에서 총체적인 접근이 필요하다는 취지에서 지구 법학이 유엔 하모니위드네이처 Harmony with Nature 프로그램6)과 관계를 맺게 된 것이다. 유엔의 '지속가능 발전'에서 나

---

6)   2009년 12월 21일 유엔 총회에서 '지속가능 발전' 어젠다의 세부 항목으로 '하모니위드네이처' 프로그램을 시작하기로 결의했다. 지속가능 발전에서 핵심적으로 쓰고 있는 문구인 '자연과의 조화(harmony with nature)'를 고유명사로 만들면서 두 단어의 첫 글자를 대문자로 하여 하모니 위드 네이처(Harmony with Nature)가 되었다.

온 하위 어젠다 프로그램인 하모니위드네이처 프로그램은 지구 법학에 관한 사례를 축적하고 이를 사무총장 보고서로 매년 업데이트함으로써 지구 법학 지반 확대에 중요한 역할을 하고 있다. 하모니위드네이처 프로그램은 '생태중심적' 법 개념을 대중에게 전파하고, 전 세계 전문가 네트워크를 통해서 관련 지식과 사례를 축적해가고 있다.

그런데 아쉽게도 하모니위드네이처 프로그램의 내용과 활동이 남미 등에 집중되어 있다. 하모니위드네이처에 따르면, 지금까지 35개 국가에서 지구 법학적 사례라고 할 수 있는 370여 개의 입법과 정책이 채택되었다. 이 35개 나라 중에는 남미가 가장 많다(아르헨티나, 볼리비아, 브라질, 칠레, 코스타리카, 에콰도르, 엘살바도르, 과테말라, 멕시코, 콜롬비아). 하지만 하모니위드네이처 프로그램에서 소개하는 지구 법학 사례에는 남미 외에도 미국, 캐나다, 호주, 뉴질랜드 사례가 다수 포함되어 있는데, 이들 나라에도 원주민 문화가 있다는 공통점이 있다. 유엔 하모니위드네이처 프로그램이 원주민 운동이 활발한 곳에서 쉽게 자리를 잡은 반면, 그렇지 않은 나라, 특히 우리나라와 일본, 중국 등 아시아 국가에는 거의 알려지지 않았다. 따라서 새로운 문명 패러다임의 구축을 위해서는 이들 나라에서도 지구법학과 자연의 권리에 큰 관심을 가지도록 노력해야 할 것이다.

5. 나가며

지금까지 안데스 원주민의 세계관을 중심으로 그들의 자연과 세계에 대한 인식이 문명 전환의 패러다임으로서 어떤 의미가 있는지 살펴봤다. 그리고 안데스 원주민이 수막 카우사이에서 강조하는 자연과의 조화와 공존이 오늘날 생태계 파괴로 인한 기후 위기 문제를 해결하려는 노력, 특히 지구법학과 유엔 하모니위드네이처 프로그램과 어떤 연관성이 있는지 알아봤다.

안데스 원주민들은 기본적으로 인간이 불완전한 존재라는 것을 인정했다. 그들은 인간이 세상을 지배하는 만물의 영장이 아니라, 자연, 세계, 나아가 우주의 일부로서 자연에 순응하며 자연과 조화를 이루면서 살아가야 하는 불완전한 존재라고 생각했다. 그렇기 때문에, 인간은 자연을 마음대로 훼손하거나 착취해서는 안 된다고 보았다. 어쩌면 이러한 생각은 안데스 지역의 척박한 자연환경 속에서 안데스 원주민이 자연스럽게 가질 수밖에 없었던 생각인지도 모른다. 인간은 자연을 지배하고 정복하는 존재가 아니라 거기에 순응하고 조화를 이루며 살아가야 하는 존재라고 생각한 것이다.

안데스 원주민의 이러한 인식은 그들의 세계관에 그대로 나타난다. 그들은 모든 존재는 관계를 맺고 있으며, 그 관계들은 서로 돕고 보완하며 연대해서 살아가야 한다고 생각한다. 안데스 원주민은 관계성, 상호성, 상보성, 연대성 등의 원리에 따라 공동체를 이루는 삶이 좋은 삶이라고 본다. 작게는 아이유 공동체, 크게는 원주민을 둘러싸고 있는 자연과 우주에서 인간과 인간, 인간과 자연, 인간과 신이 서로 관계를 맺고 도우며 더불어 평화롭게 살아가는 것이 그들이 꿈꾸는 수막 카우사이이다. 따라서 안데스 원주민들에게 중요한 것은 조화와 공존이다. 그들이 추구하는 삶은 나 혼자 잘 사는 것이 아니라 같이 잘 사는 것이고, 자연과 조화를 이루며 공존하는 것이다.

이러한 원주민의 세계관은 인간 소외, 생태계 파괴 등으로 자본주의 문명이 위기에 처한 지금, 패러다임의 전환을 모색하고 있는 우리에게 시사하는 바가 크다. 인류가 이 위기를 극복하기 위해서는 인간 이외 자연을 존중하고 그것들과 공존할 수 있어야 한다. 인간의 탐욕이 인간을 둘러싸고 있는 생태계를 무분별하게 파괴하는 일이 더 이상 지속되어서는 안 된다. 그러기 위해서는 안데스 원주민이 표방하는 탈인간중심주의, 생명중심주의에 주목할 필요가 있다. 근대 문명의 위기를 극복하고 생태 문명으로 나아가기 위해서는 안데스 원주민들이 그랬듯이, 인간과 자연을 포함하고 있는 지구를 하나의 생태 공동체, 생명 공동체로 인식하고, 자연을 자본의 이익을 위해 개발하고 착취해야 할 대상이 아니라 보호하고 존중해야 할 대상으로 인식해야 한다.

이런 점에서 지구 법학은 중요한 의미가 있다. 안데스 원주민들이 중요하게 생각하는 자연과의 조화와 공존을 이루기 위해서는 자연을 존중하고 자연도 인간과 동등하게 보호받을 권리가 있음을 인정함과 동시에, 자본주의적인 개발로 인한 무차별적인 환경 파괴를 막을 장치가 필요하나. 지구 법학이 바로 그러한 장치 역할을 하기 위해 등장한 것이다. 지구 법학은 자본주의 문명에서 인간의 탐욕으로 인한 생태계의 파괴를 막기 위한 자구책이다. 자연을 권리 주체로 인정하고 자연과 조화를 이루며 공존하는 생태 문명이 이루어진다면 지구 법학은 더 이상 존재할 이유가 없어질지도 모른다.

그 길은 아직 멀어 보이지만, 그 길로 나아가기 위한 노력은 계속되고 있다. 세계 각국에서 자연의 권리에 대한 교육과 홍보, 관련된 정책 수립과 법률 제정, 그것을 토대로 한 재판 진행 등 생태계 파괴를 막기 위한 다양한 활동이 벌어지고 있다. 유엔은 4월 22일을 '지구의 날'로 정해서 지구와 생태계가 인류 공동의 보금자리임을 인정하고 '자연과의 조화'를 촉진할 필요가 있음을 표명했다. 유엔 하모니위드네이처 프로그램은 탈인간중심적인 법과 거버넌스를 지향하면서, 유엔 및 각 회원국, 시민사회에 지구 법학을 적극적으로 홍보하고 자연의 권리 법제화에 앞장서고 있다. 이러한 노력이 끝내는 기후 위기를 극복하고, 안데스 원주민이 추구할 뿐만 아니라, 온 인류가 지향하는 '자연과의 조화와 공존', 즉 생태 문명으로 나아가는 데 밑거름이 되리라 기대한다.

참고문헌

강정원. 2014. 「식민시대 안데스의 미타제도와 원주민 공동체」. 서울대학교 라틴아메리카연구소(편). 『라틴아메리카의 형성: 교환과 혼종』. 한올엠플러스.

고병권 · 이진경 외. 2007. 『코뮨주의 선언: 우정과 기쁨의 정치학』. 교양인.

김세건 외. 2010. 『라틴아메리카: 대안사회운동과 참여민주주의』. 높이깊이.

김은중. 2015a. 「라틴아메리카 원주민운동의 이론적 뿌리와 실천적 배경: 수마 까마냐(Suma Qamaña)와 이이유(ayllu)」. 『포스트 신자유주의 시대의 라틴아메리카 사회적 시민권』. 서울대학교 라틴아메리카연구소(편). 이숲.

_____. 2015b. 「안데스 코뮤니즘, 도래할 공동체?」. ≪이베로아메리카연구≫, 26권 3호.

_____. 2016. 「안데스 문명의 자연관(Sumak Kawsay)과 중용(中庸)의 성(誠)론에 관한 상호문화적 해석」. ≪이베로아메리카연구≫, 제27권 1호.

네그리, 안토니오 · 마이클 하트. 2014. 『공통체』. 정남영 · 윤영광 옮김. 사월의책.

박수경. 2019. 「스페인 접촉 이전 타완틴수유의 정치경제구조: 호수성과 재분배」. ≪이베로아메리카연구≫, 제30권 1호.

박호진. 2020. 「잉카 제국의 우주관에 함유된 음양오행론적 요소에 대한 고찰」. ≪인문사회21≫, 제11권 4호.

우석균. 2013. 「호혜의 관점에서 본 잉까의 팽창과 멸망」. ≪스페인라틴아메리카연구≫, 제6권 2호.

조영현 · 김달관. 2012. 「에콰도르 원주민 사상과 세계관의 복원: 수막 카우사이(Sumak Kawsay)에 대한 이론적 고찰」. ≪중남미 연구≫, 제31권 2호.

주종택. 2012. 『라틴아메리카의 종족성과 신사회운동』. 한국학술정보.

Alarcón, Tomas. 2001. "The ayllu: the basic social unit of the aymara people." *Saint Thomas Law Review*, Vol.14, No.2.

Albo, Javier. 1977. *La Paradoja Aymara*. La Paz.

Baudin, Luis. 2003. *Daily Life of the Incas*. New York.

Classen, Constance. 1993. *Inca Cosmology and the Human Body*. Salt Lake City.

D'altroy, Terence N. 2003. *The Incas*. Oxford.

Dominique Temple. 2003. *Las Estructuras Elementales de la Reciprocidad*. La Paz.

Estermann, Josef. 1998. *Filosofía andina*. estudio intercultural de la sabiduría autóctona andina. Quito.

Gordon, Oakley E. 2014. *The Andean Cosmovisión: A Path for Exploring Profound Aspects of Ourselves, Nature, and the Cosmos*.

Isbell, Billie Jean. 1978. *To Defend Ourselves: Ecology and Ritual in an Andean Village*. Austin.

Malpass, Michael A. 1996. *Daily Life in the Inca Empire*. Westport.

Mariso de la Cadena. 2010. "Indigenous Cosmopolitics in the Andes: Conceptual Reflections beyond 'Politics'." *Cultural Anthropology*, Vol.25, No.

Mayer, Enrique. 2002. *The Articulated Peasant: Household Economics in the Andes*. Cambridge.

McEwan, Gordon F. 2006. *The Incas: New Perspectives*. New York.

Mongomery, Evelyn. 1971. *Ethos y Ayllu en Cusco, Peru*. Mexico.

Mörner.. Magnus. 1985. *The Andean Past: Land, Societies, and Conflicts*. New York.

Murra, John V. 1961. "Social Structural and Economic Themes in Andean Ethno-history." *Anthropological Quarterly*, Vol.34, No.2.

_____. 2004. *El Mundo Andino: población, medio ambiente y economía*. Lima.

Pozo, Hildebrando Castro. 1973. *Del Ayllu al Cooperativismo Socialista*. Lima.

Reyes, Luis Alberto. 2008. *El Pensamiento Indígena en América: Los antiguos andinos, mayas y nahuas*. Buenos Aires.

Rowe, John Howland. 1946. "Inca Culture at the time of the Spanish Conquest." In *Handbook of South American Indians*, Vol. 2(ed.). Washington, DC.

Spalding, Karen. 1984. *Huarochirí: An Andean Society Under Inca and Spanish Rule*. Stanford.

Rasnake, Roger Neil. 1988. *Domination and Cultural Resistance: Authority and Power among an Andean People*. Durham and London.

Soriano, Waldemar Espinoza. 1990. *Los Incas: Economía Sociedad y Estado en la Era del Tahuantinsuyo*. Peru.

Stern, Steve J. 1993. *Peru's Indian Peoples and the Challenge of Spanish Conquest: Huamanga to 1640*. Madison.

Toledo, Zenón Depaz. 2015. *La cosmo-visión andina en el Manuscrito de Huarochirí*. Perú.

Walsh-Dilley, Marygold. 2017. "Theorizing Reciprocity: Andean Cooperation and the Reproduction of Community in Highland Bolivia." *The Journal of Latin American and Carribean Anthropology*, Vol.22, No.3.

Wamani, César. *Los Incas: Cosmovisión, Religión, Costumbres*, Mito y Simbolismo. Cuzco.

Zuidema, Thomas. 1983. "Hierarchy and Space in Incaic Social Organization." *Ethnohistory*, Vol. 30, No. 2.

1. 보르헤스, 어떻게 접근할 것인가

이 글은 "호르헤 루이스 보르헤스^{Jorge Luis Borges}, 현대 사회를 어떻게 바꾸었을까?"라는 주제를 다루고자 한다. 이 주제를 선택한 이유는 우리나라에서 흔히 보르헤스를 언급할 때면 환상 문학 쪽으로 많이 접근하는데, 그것이 전부가 아니기 때문이다. 사실 보르헤스는 환상 문학이라는 규정된 범주를 벗어나, 20세기 현대 사회에서 사고의 틀을 바꾸는 데 지대한 역할을 한 작가이다. 그래서 여러 개별적인 미시적인 시각보다는 조금 더 종합적인 관점으로 볼 필요가 있다. 다시 말하면, 개별적인 시각들이 합쳐져 어떻게 좀 더 큰 차원으로, 그러니까 세상을 보는 관점으로 나아가는지 알아봐야 한다.

우선 보르헤스를 모르거나 생소하게 생각하는 사람들을 위해서 간단하게 보르헤스가 누구인지 알아보자. 보르헤스는 아르헨티나 작가이다. 1899

년에 부에노스아이레스에서 태어
나서 1986년에 스위스 제네바에서
세상을 떠났다. 우선 사진을 보며
설명하자. 눈을 자세하게 보면, 눈
이 좀 이상하다고 느끼게 될 것이
다. 보르헤스는 마흔 살 무렵부터
시력이 급속도로 약해져 쉰 살이
되었을 때부터는 앞을 보지 못했
다. 어떤 사람은 그가 책을 많이
읽어서 눈이 멀었다고 말하지만,
이것은 그를 신화화시킨 허구의
이야기이지, 실제 현실에 바탕을

호르헤 루이스 보르헤스

둔 말이 아니다. 그는 유전적으로 시력에 문제가 있었고, 그래서 눈의 초점
이 흐릿하거나, 허공을 보는 것 같다.

그런데 그런 사람이 20세기 후반에 사고의 틀을 바꾸는 데 결정적인 역
할을 하게 된다. 보르헤스의 대표작은 『픽션들』과 『알레프』이다. 모두 단
편 소설집인데, 여기에 수록된 단편 소설은 모두 합쳐도 30편 정도밖에 되
지 않는다. 특히 『픽션들』에 있는 단편 소설들이 바로 20세기의 패러다임,
그러니까 20세기 사고의 틀에 변화를 가져오면서 20세기 현대 사회를 바꾸
는 지대한 역할을 하게 된다.

2. 패러다임이란 무엇일까

여기서 '20세기의 패러다임'이라는 말을 썼는데, 그럼 패러다임이 무엇일
까? 패러다임이란 한 시대 사람들의 견해나 사고, 다시 말하면 인식 체계를

근본적으로 규정하는 틀이다. 그래서 20세기의 패러다임이라고 말할 때면, 20세기 사람들이 가지고 있던 근본적인 인식 체계의 틀을 지칭한다. 우리는 지금 21세기에 살고 있지만, 아마도 이 글을 읽는 사람들은 이미 20세기를 경험했을 수도 있고, 아니면 부모님이나 주변 사람들이 20세기를 살았기 때문에, 20세기라고 해도 멀리 떨어진 시대가 아니라, 아주 가까운 과거의 시간처럼 들려서 친숙하게 느낄 것이다.

그렇다면 20세기 사람들의 인식이나 사고의 틀은 무엇이었을까? 우선 간단하게 말하자면, 그것은 과학적 사고였다고 말할 수 있다. 이 과학적 사고가 특히 20세기 중반까지 이 세상을 지배했던 사고의 틀이다. 그런데 이 과학적 사고에 어떤 문제가 있었기에, 보르헤스가 바꾸려고 했던 것일까? '과학적'이라는 건 인간이 자신들의 치밀하고 체계적인 논리에 따라 만들었다는 것을 뜻한다. 특히 인과법칙과 같은 논리에 의해서 진행되는데, 이것의 문제가 무엇인지 보르헤스는 자기 작품을 통해서 분명하게 보여준다.

여기서 패러다임이라는 말에 대해 살펴보자면, 이것은 토머스 쿤Thomas S. Kuhn이 『과학혁명의 구조』(1962)라는 책에서 사용한 용어로 알려져 있다. 『과학혁명의 구조』는 과학이 절대적 진리를 향해 점진적으로 '발전'하는 게 아니라, 사회 변화와 연동하여 '교체'된다는 선언이었는데, 여기서 굳게 뿌리를 내린 정상 과학이 위기에 처할 때, 패러다임의 변화가 발생해서 그 위기를 극복하게 된다고 주장한다. 이 책은 보르헤스로부터 많은 영향을 받았다고 한다. 여기서 '패러다임'은 한 시대의 사회 전체가 공유하는 이론이나 방법, 혹은 문제의식 등의 체계를 의미하는데, 이것은 앞에서 말한 인식의 '틀'과 같은 뜻으로 봐도 무방하다.

한 시대가 가진 근본적인 사고의 틀은 영원히 변하지 않는 게 아니라, 시간이 흐르면서 변한다. 하지만 과거의 틀은 틀리고, 현재의 틀은 옳다는 말이 아니다. 그것보다는 과거의 틀이 우리가 지금 살아오는 사회와는 다르다는 의미로 이해할 수 있다. 그래서 당대 사회 전체가 갖는 신념과 가치 체제가 변할 때 바로 패러다임이 바뀌었다고 말하는 것이다.

3. 보르헤스, 패러다임을 바꾸다

보르헤스가 20세기 패러다임을 바꾼 인물이라는 말은 20세기 전반을 지배하던 사고의 틀을 바꾼 주역이라는 의미이다. 보르헤스는 탈구조주의와 포스트모더니즘의 선구자라는 평도 듣는 작가이다. 그런데 이것 자체도 과학적 사고방식과 밀접한 관련을 맺고 있다. 그것은 탈구조주의를 말하기 위해서는 구조주의를 알아야 하기 때문이다. '탈脫'이라는 건 무언가에서 벗어나는 것이고, 따라서 탈구조주의는 구조주의에서 벗어나려는 노력이다. 그런데 이 구조주의는 철저히 과학적 사고방식에 바탕을 두는 철학적·언어학적 흐름이며 방법이다.

문학 작품이나 인간의 사고를 어떻게 심층적 차원에서 규정할 수 있을까? 표피적 차원에서 보면 문학 작품은 모두 다르며 서술하는 이야기도 다르지만, 심층적으로 들어가면, 그러니까 그것들을 지배하는 구성 요소를 분석하면, 어떤 구조에 의해 그런 사고가 나오는지 밝혀진다. 그게 바로 구조주의이다. 이 구조주의 기본 원칙은 이분법이다. 그런데 앞서 말했듯이, 보르헤스는 포스트모더니즘의 선구자라는 말을 듣는데, 포스트모더니즘에 관해 얘기하려면 모더니즘을 알아야 한다. 이것은 탈구조주의를 이해하려면 구조주의를 알아야 하는 것과 같다.

여기에서 접두사 '포스트'가 나오는데, 이것은 '이후'라는 의미이다. 그러니까 포스트모더니즘은 모더니즘 이후라는 뜻이다. 우리가 '탈구조주의'라는 말을 썼는데, 여기서도 접두사 '탈'은 '포스트'이다. 즉, 탈구조주의는 포스트구조주의로 부를 수 있다. 포스트구조주의와 포스트모더니즘이란 용어를 살펴보면, '포스트'는 시기적으로는 이후지만, 구조주의와 모더니즘과는 많은 차이를 보인다는 것을 의미한다. 어떻게 보면 거의 반대라고 볼 수 있을 정도인데, 시기적으로는 '이후'라는 것이다. 하지만 '탈' 혹은 '포스트'는 연속성을 의미하기도 한다. 따라서 근본적인 면은 이어지지만, 이전의 것과는 많은 차별성을 갖고 있다고 이해하면 된다.

한편 보르헤스는 '소설의 죽음'에서 소설을 회생시킨 작가라는 평가도 받는데, 보르헤스 작품의 독자라면 '보르헤스 작품 자체가 어려워서 읽을 수가 없고 이해하기도 힘든데, 어떻게 소설을 회생시켰을까'라는 의문을 품을 수 있다. 그런데 여기서 '소설의 죽음'은 1950년대와 1960년대 미국이나 서유럽에서 작가들이 소설을 쓸 소재나 주제가 없다면서, 이제 더는 소설을 쓸 수 없다고 말한 것을 일컫는다. 사실 크게 보면 소설에서 쓰는 주제는 뻔하다. 사람은 태어나고 자라고 사랑하고 결혼하고 죽는다. 그리고 소설의 주요 주제는 이런 문제에서 벗어나지 않는다. 이런 인생의 주제가 너무나 많이 다루어졌다는 것 이외에도, 아무리 독특해 보이는 생각이라도 이미 누군가가 말했을 수도 있고, 따라서 소설의 독창성은 의문시될 수 있다는 것이다.

예를 들어 한 사람이 살아오면서 많은 역경을 맞이하겠지만, 그래도 거기서 큰 주제들은 사랑, 죽음, 탄생 혹은 자연과 관련될 때 비가 온다, 천둥이 친다, 날씨가 맑다 등일 것이다. 그런데 이런 주제들은 사람이 느끼는 온갖 감정과 함께 이미 수많은 작가가 다루었기 때문에 소설에서는 더는 쓸게 없다는 것이 소설의 죽음이다. 그런데 '무슨 소리냐, 소설은 아직도 쓸게 많다'고 주장하면서 소설을 회생시킨 작가가 바로 호르헤 루이스 보르헤스이다.

과학적 사고방식에서 벗어나 새로운 패러다임을 만들었으며, 탈구조주의와 포스트모더니즘의 선구자라는 호칭은 20세기의 근본적인 틀과 관련이 있다. 반면에 소설의 죽음에서 소설을 회생시킨 작가라는 말은 21세기의 창의력과도 밀접한 관련이 있다고 말할 수 있다. 말이 나왔으니 창의력에 대해 간략하게 알아보자.

창의력을 다루기 전에 창작이라는 개념부터 생각할 필요가 있다. 흔히 예술 작품은 창작품이라고 말한다. 이 '창작'이라는 것은 '무無'에서 '유有'를 만들어내는 것을 의미한다. 그런데 과연 무에서 유를 만들 수 있을까? 성경에는 "하늘 아래 새로운 것은 없다"라는 말이 있다. 그렇다면 세상에는 새로운 게 없는데, 어떻게 무에서 유를 만들 수 있을까? 무에서 유를 만들 수 있는 존재는 하느님이라든가 신, 혹은 조물주밖에 없다.

그렇기에 이제는 창의력, 즉 창작이라는 개념을 다른 방식으로 이해해야 하고, 이것이 바로 보르헤스가 주장하고 추구하는 것이다. 다시 말하면, 창작 혹은 창의력이란 무에서 유를 만드는 게 아니라 유有에서 유有를 만드는 행위라는 것이다. 쉽게 말하면, 기존에 있던 걸 가지고 그것을 재활용하는 것이다. 재활용하되 약간 변화/변형시키거나 다른 것과 결합하여 또 다른 걸 만드는 것이다. 어떻게 보면 21세기 창의력은 무에서 유를 만드는 게 아니고, 기존에 있었던 것을 재생산하는 능력이다. 예를 들어, 어느 제품에서 기능이 너무 많으니까 기능을 단순화하거나, 아니면 정말 중요한 기능이 없거나 필요할 때 그 기능을 덧붙이는 것이다. 즉, 있는 것에다 덧붙이거나 빼거나 혹은 약간 변화/변형시켜서 '또 다른 것'을 만드는 게 지금의 창의력이다.

보르헤스가 소설의 죽음에서 소설을 회생시켰다는 말은 바로 유에서 유를 만드는 것 역시 창작이며 창의력이라는 것을 의미한다. 다시 말해서, 중요한 건 창작이라는 개념을 과거처럼 인식하는 것이 아니라, 이미 만들어졌고 존재하는 걸 어떻게 재활용할 수 있고 융합할 수 있느냐 문제이다. 현대 문학이론 용어를 쓰자면 상호텍스트성이다. 20세기 후반 문학의 대표적인 서사 기법으로 상호텍스트성과 메타픽션을 들 수 있다. 그러니까 상호텍스트성이란 보르헤스가 '팔림세스트 palimpseste'라는 양피지 개념으로 설명했던 것과 같다고 볼 수 있다. 즉, 현재의 것에서 과거의 흔적을 보는 행위이다. 그래서 21세기의 창의력을 얘기할 때는 바로 '유'에서 '유'를 만드는 것을 뜻한다.

4. 경계의 사라짐: 전통적 환상 문학과 현대 환상 문학

그럼 이제 왜 보르헤스를 현대 환상 문학의 거장이라고 부르는지 알아보자. 우리나라에서는 보르헤스를 얘기할 때면 십중팔구는 현대 환상 문학가라고 말한다. 그런데 여기서 주의 깊게 보아야 할 말이 있는데, 바로 '현대'라는 단어이다. 환상 문학은 새로운 장르가 아니다. 예를 들어, 브램 스토커 Bram Stoker 의 『드라큘라』(1897)라든가 메리 셸리 Mary Shelley 의 『프랑켄슈타인』(1818)을 비롯해, 호레이스 월폴 Horace Walpole 의 『오트란토의 성』(1765) 같은 공포소설, 그러니까 신비와 공포가 지배적인 중세 분위기를 짙게 풍기는 유럽의 낭만주의 소설은 18세기와 19세기에 이미 존재하고 있었다.

이런 작품들이 전부 환상 문학 범주에 속한다. 또한 20세기 말에 전 세계를 강타했던 톨킨 J.R.R. Tolkien 의 『반지의 제왕』이나 J. K. 롤링 J.K. Rowling 의 『해리포터 시리즈』도 환상 문학이라고 불린다. 하지만 그것들은 모두 19세기식 환상 소설이지, '현대' 환상 문학의 범주에 들어가지는 않는다. 그것들은 보르헤스로 대표되는 현대 환상 문학과는 아주 다르다. 이것에 관해 간단하게 알아보자.

이미 말했던 것처럼, 보르헤스의 작품, 즉 『픽션들』과 『알레프』는 20세기 후반의 문화뿐만 아니라, 정치, 문화, 사회, 과학, 철학 등에 걸쳐 기존의 패러다임, 즉 기존의 과학적 사고에 입각한 틀을 바꾸는 데 결정적인 역할을 한 작품이다. 이런 점에서 이 작품들은 문학이 사회를 반영할 뿐만 아니라 사회를 변화시킬 수 있다고 말할 수 있다. 문학이 사회를 반영한다는 것을 흔히 '반영론'이라고 하는데, 이 생각은 문학 작품을 다룰 때 아주 흔하게 적용된다.

많은 경우 어떤 작품을 다룰 때 그 작가의 삶이나 구체적인 경험을 먼저 알아본다. 그것은 그 사람의 삶이 작품에 반영돼 있으리라고 추정하기 때문이다. 그런데 실제로는 반영돼 있을 수도 있고, 그렇지 않을 수도 있다. 예를 들어, 당대의 사회를 반영하는 가장 대표적인 장르가 사실주의인데, 이 사실주의 작품도 사회를 반영하지 않을 때가 있다. 사실주의의 대표자인 오노레 드 발자크 Honoré de Balzac가 그렇다. 즉, 작가 자신의 삶과 사회가 작가가 쓰는 소설에 반드시 반영되거나 소설 속의 삶과 일치하는 건 아니다. 바로 여기에 '문학사회학'의 한계가 있기도 하다.

실제로 많은 문학 연구자들은 문학이 사회를 반영하고 있다고 생각하고, 그것은 틀린 생각이 아니다. 하지만 한 가지 간과하고 있는 점이 있는데, 문학은 사회를 반영할 뿐만 아니라 변화시킬 수도 있는 혁명적인 힘을 갖고 있다는 사실이다. 소설, 아니 문학이 사회를 바꾼다는 건 쉽지 않다. 그리고 많은 사람이 아마 여기에 대해 의문을 가지면서, 어떻게 문학 작품이 사회를 바꿀 수 있느냐고 자문할 것이다. 물론 눈에 보이게 바뀌지는 않는다. 사고의 틀이라는 것이 눈에 보이는 게 아니기 때문이다. 그러나 사고의 틀이 바뀌면 그 위로 드러나는 가시적인 것들은 자연스럽게 바뀌게 된다.

여기서 보르헤스와 현대의 패러다임을 살펴보자. 현대 패러다임은 탈중심 사상이다. 다시 말해서 경직된 하나의 진리보다는 다수의 상대적 진리를 추구한다. 이분법적 사고가 해체되는 것이다. 그것은 20세기 전반의 특징이었던 과학적 사고방식을 거부한다. 그러면서 기존의 경계가 해체된다.

중심/주변, 서양/동양, 현실/꿈, 이성/감성, 아름다움/추함, 선/악, 남자/여자 등이 모두 이분법에 바탕을 둔 구분이다. 이분법적 사고란 이렇게 두 개의 서로 대립하는 개념으로 세상을 인식하는 방식이고, 그 개념 사이에는 '경계'가 있다.

특히 사실주의 소설은 이런 이분법에 바탕을 두고 있다. 예를 들어 자본가와 노동자로 구성되고, 자본가는 악이고 노동자는 선으로 구성되는 경우이다. 이렇게 이분법으로 구성되지만, 대립하는 두 요소가 같은 가치나 같은 무게를 가진 건 아니다. 조금 전에 예를 든 것 중에서 중심, 서양, 현실, 이성, 아름다움, 선, 남자는 주변, 동양, 꿈, 감성, 추함, 악, 여자에 앞선다. 이런 개념들은 중심 혹은 진리로 인식된다. 중심이 아닌 나머지는 중심인 요소들을 정의하는 데 필요한 부수적인 것들이다. 다시 말해서, 서양을 정의하기 위해서는 동양이 필요하고, 현실을 정의하기 위해서는 꿈이 필요하며, 이성을 규정하려면 감성이 필요하다. 즉, 중심이 되는 요소가 무엇인지를 보여주기 위한 '도우미' 혹은 '액세서리'인 것이다. 그래서 앞에 있는 것(가령 중심, 서양, 현실, 이성 등등)과 뒤에 있는 것(주변, 동양, 꿈, 감성 등등)은 함께 존재하더라도 그 무게나 중요성은 같지 않다.

그래서 20세기의 과학적 사고방식은 이분화되어 있고, 거기에는 중심이 있다고 말할 수 있다. 그러니까 서양이 중심이고 동양은 주변이며, 현실이 중심이고 꿈은 주변이었다. 이성이 감정보다 뛰어난 것이었고, 아름다움이 추함보다 훌륭했으며, 선은 항상 악을 이겼다. 그런데 이런 중심/주변의 경계가 보르헤스 때문에 사라지거나 해체된다. 하지만 이것은 주변적 요소가 중심으로 변하고, 중심이 주변으로 바뀐다는 의미가 아니다. 중심적인 것과 주변적인 것이 자리를 바꾸더라도, 중심과 주변은 존재하기 때문이다. 이런 이분법이 보르헤스 때문에 변하게 되면서, 경계는 해체되고 만다.

그럼 이제 현실과 꿈을 살펴보자. 현실과 꿈 이야기를 하기 전에, 『해리포터 시리즈』를 한번 떠올려보자. 해리포터 같은 경우는 현실과 꿈이 완전히 분리된다. 거기서는 현실 세계에 있다가 기차역 플랫폼 9와 4분의 3으로 가면, 푹 떨어지거나 하늘로 올라가서 환상의 세계로 들어간다. 그러니까 경계가 굉장히 분명하게 나타난다. 이런 점에서 현대 환상 문학과는 많은 거리가 있다. 현대 환상 문학은 꿈인지 현실인지 경계가 분명하지 않기 때문이다. 다시 말해서 19세기 환상 문학과 현대 환상 문학은 '경계'의 문제에서 큰 차이를 보인다.

5. 기원과 중심의 해체: 20세기 사고의 문제

그런데 아마도 많은 사람이 당연히 현실과 꿈은 경계가 분명하지, 어떻게 경계가 없느냐고 물을 것이다. 현실과 꿈을 구별하지 못하면 어떻게 될까? 이런 경우가 발생하면, 정신적 문제라고 여겨서 정신 병원에 수용되지 않을까? 그건 정신과의 병리적 문제지, 문학이나 패러다임의 문제와는 매우 다르다. 그런데 정말로 현실과 꿈을 구분할 수 있는지 예를 들어보자. 지금 이 글의 독자들이 글을 읽지 않고 같은 내용을 송병선의 강의로 듣고 있다고 생각해 보자. 이건 현실 속에서 아주 자주 일어나는 일이다. 그런데 현실 속에서 자주 일어나는 것이 과연 현실일까, 아니면 꿈일까? 대부분은 당연히 현실이라고 답할 것이다.

그렇지만 현실의 꺼풀을 벗기고 들어가 보자. 독자들이 송병선의 강의를 듣고 있는 장면을 누군가가 꿈을 꾸고 있다고 상상해 보자. 그 꿈에는 송병선도 강의하느라고 등장하고, 독자들도 강의를 듣느라고 등장한다. 그러면 우리는 누군가의 꿈에 등장하는 인물들이다. 어떤 누군가가 그 장면을 꿈꾸는 것이다. 그럼 꿈이다. 이것이 매우 가능하지 않을까? 그렇다면 송병선 강의를 듣는 것은 꿈일까, 아니면 현실일까? 여기서 꿈과 현실의 경계가 분명하게 나타나는가?

그렇지 않다. 그러니까 과학적 사고방식에 의해서 현실과 꿈을 완전히 구분해 놨는데, 실제로 20세기 후반의 패러다임에서는 현실과 꿈이 그렇게 분명하게 구분되지 않는다. 이성과 감정도 마찬가지이다. 그래서 중심의 문제가 모습을 드러낸다. 이 중심이라는 문제는 기원과도 연결된다. 그런데 우리는 기원이나 중심에 대해 집착하는 경향이 매우 강하다.

기원 혹은 중심에 집착하는 것이 얼마나 황당한지 다시 예를 들어보자. 나는 대학에서 스페인어를 가르친다. 이 이야기를 하는 이유는 기성세대, 즉 50대 이상의 많은 사람은 기원이 중심이라고 생각하고 있으며, 그것이 20세기 사고의 핵심이었다고 말하고자 함이다. 즉, 기원이 중심이라고 생각하고, 그래서 스페인어를 배우려면 당연히 스페인으로 가야 한다고 여긴다. 거기서 스페인어가 탄생했기 때문에, 스페인에 가야 '정통' 스페인어를 배운다고 생각한다. 그리고 아마 많은 사람이 이것을 너무나 당연하다고 생각할 것이다.

하지만 스페인은 한 나라이다. 그런데 스무 개가 넘는 라틴아메리카 국가도 스페인어를 사용한다. 과연 외국어를 배울 때 20여 개국이 쓰는 외국어를 배워야 할까, 아니면 한 나라가 쓰는 외국어를 배워야 할까? 외국어를 배우는 데는 실용적인 문제, 즉 현실적으로 어디가 더 중요한지의 문제가 대두된다. 당연히 정치적·경제적·사회적 차원에서는 라틴아메리카가 스페인보다 훨씬 중요하다. 그런데도 이런 것을 무시하고 '중심'과 '기원'에 집착하는 사람은 나이를 불문하고 과거의 사고방식에 얽매여 있다고 말할 수 있다.

여기서 표준어 문제도 생각해 볼 수 있다. 우리나라에서도 표준어가 우리말의 중심이다. 표준어란 한 나라의 표준으로 정한 말로, 우리나라에서는 교양 있는 사람들이 두루 쓰는 현대 서울말, 즉 우리나라 수도의 말이 표준어이다. '교양 있는 사람들', '현대', '서울말'이라는 세 가지 원칙에 모두 맞아야 한다. 그렇다면 스무 개가 넘는 나라에서 사용하는 스페인어의 경우, '수도'의 말이 표준이라면, 스무 개가 넘는 표준어가 있다는 말이다. 그래서 스페인어권 국가에서는 스페인의 스페인어도 하나의 스페인어이고, 멕시코의 스페인어나 콜롬비아의 스페인어도 같은 위치에 있다. 그러니까 표준어가 없이 '방언' 혹은 주변만 있다는 말이다.

이것은 우리가 막연하게 생각하는 중심, 혹은 기원을 동경하는 생각이 진리나 현실과도 거리가 있고, 그렇게 생각하는 깃 자체가 과거의 유물이라는 것이다. 지금은 '중심'이 진리라는 생각을 버려야 한다. 아니, 중심이나 진리가 없다는 것을 깨달을 필요가 있다. 사실 예전에는 진리를, 하나의 진리만을 믿었다. 그런데 지금은 그런 하나의 진리보다는 여러 개의 진리가 있다고 믿는다. 그것은 중심이 여러 개 있다는 말과 같다.

또 다른 예를 들어보자. 나는 수강생들이 앉아서 강의를 듣는 대면 강의를 할 때마다 중심이 어디에 있느냐고 묻는다. 그러면 대부분 대답하지 못한다. 아마도 이 지표를 뚫고 들어가 용암이 펄펄 끓고 있는 중심을 찾아보라는 질문으로 이해하기 때문일 수도 있다. 물론 그것도 중심이지만, 내 질문은 우리가 사는 지구 표면의 중심이 어디냐는 것이다. 지구 표면은 원이다. 이 둥근 표면은 모든 지점이 중심이다. 그러니까 수강생들이 발을 딛고 있는 곳이 중심이다. 수강생이 100명이면 100개의 중심이 있는 것이다. 아니, 다리는 두 개니까 200개일 것이다.

이것은 우리가 실제로 중심, 혹은 진리가 여러 개인 세상에서 살고 있다는 사실을 보여준다. 여기서 진리/중심이 단 하나가 아니라 여러 개라는 말은 진리가 없다는 것과 마찬가지이다. 보르헤스의 작품에서는 이런 개념들이 모두 등장하면서, 과학적 사고방식의 문제 혹은 한계를 보여준다.

6. 보르헤스의 시간, 기억, 그리고 미로

과학적 사고의 한계를 다시 한번 살펴보자. 흔히 보르헤스의 문학에 대해 말할 때면, 시간이나 기억, 혹은 미로나 거울, 또는 도서관이나 백과사전 등의 주제어를 떠올린다. 일단 시간 문제부터 다뤄보자. 우리는 흔히 시간이 일직선으로 진행된다고 생각한다. 태어나서 자라고 초등학교, 중학교, 고등학교 다니는 것처럼, 일직선으로 흘러가고, 그것이 논리적이고 과학적이라고 생각한다.

그런데 우리가 느끼거나 지각하는 시간은 그렇지 않다. 사랑하다가 버림받았을 때를 예로 들어보자. 사랑하는 사람한테 버림받는 건 그 자체가 큰 충격이다. 그런데 그 충격이 약간 가시면, 그 징조가 언제부터 있었을까를 되돌아본다. 우선 '며칠 전에 있었는데'라고 생각하다가, 조금 더 생각하면서, '아니야 훨씬 전에도 있었어'라고 깨닫는다. 그러고는 훨씬 뒤로 올라가다가, 그것을 기점으로 어느 정도 시간순으로 정리하다가, 갑자기 앞으로 오거나 더 멀리 가기도 한다. 이런 시간은 우리가 논리적으로 추론하듯이 처음부터 쭉 일직선으로 진행되는 게 아니라, 뒤돌아 갔다가 앞으로 오고, 또 돌아갔다가 또다시 앞으로 오는 식으로 구성된다. 이건 주관적 시간 혹은 심리적 시간일 수도 있지만, 이것이 바로 우리가 느끼는 시간임은 부정할 수 없다.

그렇다면 기억은 객관적일까? 영화를 한번 예로 들어보자. 영화를 보고서 그것을 다른 사람에게 들려준다고 상상해 보자. 그런데 두 사람이 함께 똑같은 영화를 봤어도, 얘기해 주는 내용은 다른 경우가 허다하다. 자기가 기억하고 싶은 부분들, 혹은 인상 깊게 보았던 장면들이 강조되는데, 그건 사람마다 다르기 때문이다. 그러니까 기억하는 것이 다르고, 따라서 기억은 객관적일 수가 없는 것이다.

크레타 섬의 미로

　이제 미로를 보자. 이 문제는 조금 복잡하다. 미로나 미궁이라는 말을 들으면, 우선 그리스-로마 신화에서 전설적인 건축가 다이달로스가 크레타 섬에 만든 정교한 건축물을 떠올릴 것이다. 그 미로의 중심에는 누가 있을까? 미노타우로스가 있다. 반인반우半人半牛, 반은 사람이고 반은 소인 괴물이다. 바로 그 미로의 중심에 그 괴물이 있다. 그런데 누군가 그 미로로 들어간다. 혹은 1년 또는 2년에 한 번씩 제물로 몇 명씩 들여보낸다. 그들은 미로 안에서 길을 잃고 헤매다가 중심에 도착한다. 그런데 거기에 괴물이 있고, 그 괴물이 그들을 잡아먹는다. 그 사람 중에서 누구라도 살아나왔다면, 미로의 중앙이 어떻고, 미로는 어떻게 구성되었는지 말해줄 것이다.

　그래서인지 보르헤스 작품에서는 주인공 혹은 등장인물이 진리를 알거나 깨닫는 순간에, 즉 중심에 도달하는 순간에 죽음을 맞이한다. 그 진리를 발설하지 못하고 죽어버린다. 그렇게 그 사람들이 죽는 순간에 깨닫는 진리는 영원히 베일에 싸여 있게 된다. 그래서 여러 개의 진리가 나오는 것이다.

7. 진리가 없는 도서관과 새로운 우주의 창조

그럼 이제는 보르헤스의 또 다른 핵심어인 도서관에 대해 알아보자. 도서관에 가보면, 장서가 아주 체계적으로 정리되어 있다. 인간이 만든 체계 중에 가장 체계적이라고 말할 수 있는 게 도서관이다. 100만 권, 200만 권, 혹은 300만 권 이상의 책이 있어도 서지번호만 알면 정확하게 찾아낼 수 있다. 그만큼 체계적이라는 말이다. 그런데 도서관에 가면 어떤 생각을 할까? 가령 100만 권의 장서가 있는 도서관을 가보자. 어떤 사람은 이 많은 책을 어떻게 다 읽을 것인지 생각할 것이다. '과연 평생 이 중에 몇 권이나 읽을 수 있을지'라고 생각하시는 분들도 있을 것이고, '아니 웬 책이 이렇게 많은지, 이 많은 책을 정확하게 요약해 주는 책이 없는지' 생각하는 사람도 있을 것이다.

100만 권의 책 중에서 똑같은 책은 없다. 그러니까 최소한 조금씩은 다르고, 각각의 책은 적어도 하나의 진리는 포함하고 있다. 그렇다면 도서관 안에는 적어도 100만 개의 진리가 있는 것이다. 아마도 이 세상의 진리는 그것보다 더 많을 것이다. 그런데 200페이지나 300페이지 정도로 세상의 진리를 완벽하게 설명해 주는 책은 없을까? 그러면 그 많은 책이 필요하지 않을 것이다. 하지만 그런 책은 없다. 보르헤스의 유명한 단편 소설 「바벨의 도서관」이 바로 이런 내용을 다루고 있다.

이것은 이 세상에 진리가 없다는 것을 보여준다. 진리가 없기에 그토록 책이 많은 것이다. 도서관은 체계적으로 이루어져 있고 그 안에는 100만 개의 진리가 있다. 어찌 보면 그건 일종의 혼돈이다. 그러니까 얼핏 보면 매우 체계적이고 과학적이지만, 한 꺼풀 벗겨보면 혼돈 그 자체라는 사실을 잘 보여준다. 보르헤스의 문학은 바로 이렇게 익숙한 기존의 시각이 아니라 다른 시각으로 바라보면서 사고의 틀을 바꾼다.

이런 것과 더불어 보르헤스는 환상과 형이상학을 이용해 새로운 우주를 창조한다. 다시 말하면, 진리를 찾는데, 찾을 수 없고 지치니, 그냥 만들어 버리자는 것이다. 그리고 그 우주에서 인간이 만든 진리들, 그러니까 우리가 당연하다고 여기는 진리들의 어두운 영역을 찾아내 진리가 아니라고 밝히면서, 기존의 질서를 전복시킨다. 그래서 굉장히 반항적이고 혁신적이며 혁명적이다. 합리주의적이며 과학주의적 세계, 즉 불변이라고 여겨진 과학이라는 것도 가변적임을 드러낸다.

예를 들어 알베르트 아인슈타인 Albert Einstein 의 '상대성 이론' 이후 100년 넘게 '빛보다 빠른 물질은 없다'는 명제가 물리학에서는 절대 진리로 여겨진다. 그런데 빛보다 빠른 게 발견되면 어떻게 될까? 빛보다 빠른 게 있다면 이론적으로 시간여행도 가능하다고 한다. 약 10년 전에 '중성미자'(뉴트리노)가 빛보다 더 빠르다는 사실이 발견되었다는 보도도 있었지만, 아직 그것이 충분히 검증되지는 않은 것 같다. 그런데 정말로 빛보다 빠른 게 발견되고 검증되면 어떻게 될까? 지금의 물리학은 완전히 무너지고 말 것이다. 그래서 인간이 만든 과학 혹은 진리의 문제를 다시 한번 되돌아볼 필요가 있다.

만일 아이작 뉴턴 Isaac Newton 이 사과나무 아래에 없었으면, 만유인력의 법칙을 발견할 수 있었을까? 거기 없었다면, 그리고 그 순간에 사과가 떨어지지 않았다면 그 법칙을 발견하지 못했을 수도 있다. 그런데 뉴턴이 사과나무 아래에 있던 것은 우연이 아닐까? 이것은 우연에 의해서 필연이 만들어진다는 말이 아닐까? 우연성이 토대가 되고, 그 위에 필연성과 논리성과 과학성이 세워진다는 것이다. 문제는 이 토대가 허약하다는 사실이다. 보르헤스는 그것을 보여주고, 결국 보르헤스 덕분에 현대 사회는 진리라는 이름으로 수용되거나 이성적으로 포장된 모든 것이 결국 인간이 만든 또 다른 허구임을 깨닫게 된다.

진리라는 이름으로 수용되는 건 많다. 대표적으로 사회적 다원주의가 주장한 인종 개념이 그랬다. 이걸 악용하면 인종주의가 되어 인간을 탄압하고 차별하는 방식으로 쓰이게 된다. 그것은 '과학적'이라는 이름으로 포장된다. 그래서 진리처럼 다가오지만, 결국 그것도 인간이 자신의 필요에 따라서 만들어낸 것이다. 허구, 다시 말하면 거짓말이라는 것이다.

8. 백과사전과 과학적 체계의 허구성

도서관과 마찬가지로 백과사전 역시 인간이 만든 체계이다. 백과사전은 가나다순, 혹은 알파벳순으로 정렬되어 있다. 그래서 어느 항목에 대해 알고자 하면 그 체계에 따라 쉽게 찾을 수 있다. 그러나 한 페이지에 두 항목이 함께 있다고 가정해 보자. 여기서 왜 공통점이 없는 두 항목이 한 페이지에 있는 것일까? 같은 페이지에 있다는 건 두 개가 유사성을 띠고 있거나, 서로 관련되어 있기 때문은 아닐까? 하지만 백과사전은 순서에 따를 뿐, 내용의 유사성이나 관련성은 고려하지 않는다. 이렇게 다른 두 항목을 함께 연결해서 읽으면, 이게 환상 문학 아닐까?

이제 보르헤스에게 영향 받은 사람들을 알아보자. 사실 20세기 말의 유명 작가들은 국적을 불문하고 거의 보르헤스의 영향을 받았다고 해도 과언이 아니다. 철학자들도 마찬가지이다. 보르헤스는 과학적 사고방식에 근거한 것을 이론적·논리적으로 해체하지는 않는다. 오로지 작품을 통해서만 얘기할 뿐이다. 작품으로 말한다는 말이 나왔으니 말인데, 라틴아메리카 문학은 창의성과 실험성이 뛰어나고, 그래서 작품성이나 예술성이 높다. 그런데 그런 작품에 녹아 있는 생각을 체계화하고서 이론으로 만드는 일은 주로 미국이나 유럽에서, 특히 프랑스에서 많이 이루어진다.

우리에게 너무나 잘 알려진 미셸 푸코Michel Foucault도 보르헤스에게 많은 영향을 받은 철학자 중의 하나이다. 『말과 사물』이라는 그의 대표작은 이렇게 시작한다.

이 책의 탄생 장소는 보르헤스의 텍스트이다. 보르헤스의 텍스트를 읽을 때 [……] 불안정성과 불확실성을 오래도록 불러일으키고 급기야는 사유, 우리의 사유, 즉 우리의 시대와 우리의 지리가 각인된 사유의 친숙성을 깡그리 뒤흔들어 놓는 웃음이다. 보르헤스의 텍스트에 인용된 〈어떤 중국 백과사전〉에는 "동물이 a) 황제에게 속하는 것, b) 향기로운 것, c) 길들인 것, d) 식용 젖먹이 돼지, e) 인어, f) 신화에 나오는 것, g) 풀려나 싸대는 개, h) 지금의 분류에 포함된 것, I) 미친 듯이 나부대는 것, j) 수없이 많은 것, k) 아주 가느다란 낙타털 붓으로 그린 것, l) 기타, m) 방금 항아리를 깨뜨린 것, n) 멀리 파리처럼 보이는 것"으로 분류되어 있다는 것이다. 이 경이로운 분류에서 누구에게나 난데없이 다가오는 것, 교훈적인 우화의 형식 덕분으로 우리에게 또 다른 사유의 이국적인 매력처럼 보이는 것은 우리의 사유가 갖는 한계, 즉 그것을 사유할 수 없다는 적나라한 사실이다.

여기서 푸코가 인용한 글은 보르헤스의 「존 윌킨스의 분석적 언어」라는 에세이이다. 보르헤스의 에세이는 단편 소설처럼 허구와 현실이 거의 구분되지 않는다. 그래서 보르헤스의 단편 소설은 에세이 같고, 에세이는 단편 소설 같다. 만일 앞에서 언급한 식으로 동물, 혹은 다른 것을 분류한다면 아마도 많은 비판을 감수해야만 할 것이다. 그건 이런 분류법이 논리적이거나 체계적이지 않기 때문이다. 그냥 생각나는 대로 마구 적은 것 같기 때문이다.

미셸 푸코는 20세기 철학의 대표자이다. 그런데 그가 이 글을 읽고 폭소를 터뜨린다. 웃음으로 끝나는 게 아니고, 인간이 만든 기존 백과사전의 분류법이 절대적으로 옳은 것은 아니라는 사실을 깨닫는다. 반드시 그런 방식이 되어야 할 이유가 없음을 알게 되는 것이다. 다시 말하면, 우리가 무의식적으로 진리라고 믿었던 사고가 허구나 웃음을 통해 균열이 생긴다. '웃음'이라는 말이 나왔으니 말인데, 보르헤스에게서 많은 영향을 받은 또 다른 작가가 움베르토 에코 Umberto Eco 이다. 그의 소설 『장미의 이름』을 보면 아리스토텔레스가 썼다는 '웃음'에 관한 책이 중요한 동기이다. 그런데 왜 하필이면 '웃음'일까? 하느님의 진리와 진지함과 무거움이 세상을 지배하던 중세에 '웃음'은 그것들을 일순간에 부숴버릴 수 있는 중요한 도구이기 때문이다. 여기서 미셸 푸코와 움베르토 에코의 공통점도 찾아볼 수 있고, 또한 '호모 루덴스'라는 개념도 떠올릴 필요가 있다.

9. 진리의 불확실성과 「배신자와 영웅에 관한 주제」

이제 진리의 불확실성에 대해 알아보자. 이것을 가장 잘 보여주는 작품 중의 하나가 보르헤스의 『픽션들』에 수록된 「배신자와 영웅에 관한 주제」이다. 여기서는 영웅과 배신자가 별개의 인물이 아니라 하나의 인물이다. 겉으로 드러나 있는 건 영웅인데, 속을 알고 보면 배신자라는 것이다. 그러니까 한 인물 속에 영웅과 배신자가 다 있는 것이다. 다시 말하면, 영웅이라는 사람에게는 배신자의 성향도 함께 있지만, 그것이 인위적으로 제거되면서 영웅적인 것만 남게 되는 것임을 이 작품은 잘 보여준다. 그리고 아마도 모든 영웅의 신화가 이렇게 만들어졌을 가능성도 있다. 그럼 이 단편 소설의 내용을 알아보자.

이 작품은 화자가 격조 높은 추리소설을 쓴 체스터턴 Gilbert Keith Chesterton 과 예정 조화설을 만든 라이프니츠 Gottfried Wilhelm Leibniz 의 영향 아래 쓴다고 밝히고서, 라이언이 퍼거스 킬패트릭의 전기를 쓰려는 장면에서 시작한다.

킬패트릭은 민중 반란을 일으키기 전날 밤에 살해된 아일랜드의 전설적인 영웅이었다. 그의 증손자 라이언은 당시의 상황을 궁금하게 여기고, 여태껏 해결되지 않은 미스터리를 풀고자 한다. 라이언은 킬패트릭이 극장에서 죽을 수 있다고 경고하는 봉인된 편지가 존재했다는 사실에 주목한다. 동시에 그는 "율리우스 카이사르 역시 친구들의 비수가 기다리고 있던 곳으로 가는 도중에 끝내 읽지 않았던 쪽지 하나를 받았다. 그 쪽지에는 배신자들의 이름과 함께 그가 배신당할 것이라는 사실이 적혀 있었다"라는 대목을 떠올린다. 라이언은 킬패트릭의 죽음과 관련된 사건들이 머나먼 지역과 머나먼 시대의 사건들을 반복하거나 혹은 그런 사건들과 결합하여 있을지도 모른다면서, 역사의 순환을 생각한다.

셰익스피어의 작품 『율리우스 카이사르』와 킬패트릭의 죽음에 얽힌 자료를 분석한 뒤, 라이언은 하나의 가정을 설정한다. 그는 아무도 모르는 시간 형태이며 되풀이되는 선으로 그려진 그림을 상상하고, 켈트족 문학에서 나타나는 영혼 윤회설을 떠올리면서, "퍼거스 킬패트릭이 되기 이전에, 퍼거스 킬패트릭이 율리우스 카이사르였다"고 생각하면서, 화자가 언급한 라이프니츠의 예정 조화설을 암시한다. 그때 그는 이상한 사실 하나를 발견한다. 킬패트릭이 죽던 날 그와 대화를 나누었던 어느 거지의 말이 셰익스피어의 『맥베스』에 이미 나타나고 있음을 확인한 것이다. 그 사실 때문에 라이언은 자기가 설정했던 가정을 포기하면서, 이렇게 생각한다. "역사가 역사를 그대로 복사할 수도 있다는 사실만으로도 우리를 전율하게 만들기에 충분하다. 역사가 문학을 그대로 베낄 수 있다는 것은 도저히 이해할 수 없는 일이다."

「배신자와 영웅에 관한 주제」는 크게 두 부분으로 나눌 수 있는데, 여기까지가 첫 번째 부분이다. 둘째 부분은 라이언이 "영웅의 가장 오랜 동지였던 제임스 알렉산더 놀란이 1814년에 셰익스피어의 주요 극 작품을 게일어로 옮겼다는 사실을" 조사해서 알아내는데, 그중에는 『율리우스 카이사르』도 포함되어 있었다는 것으로 시작한다. 또한 그는 문서 보관소에서 스위스의 어느 집단 축제에 관한 원고를 발견한다. 그는 알려지지 않은 또 다른 문서를 통해 킬패트릭이 죽기 며칠 전에 마지막 수뇌 모임을 주재하면서 배신자의 사형 선고문에 서명했지만, 그 배신자의 이름은 지워져 있었다는 사실도 밝혀낸다. 자료 분석을 마치고서 라이언은 하나의 가정을 설정하여 퍼거스 킬패트릭에 대한 미스터리를 풀게 된다.

그 미스터리는 바로 놀란과 킬패트릭의 이야기를 풀어가는 가운데 드러난다. 아일랜드의 영웅 킬패트릭은 조국을 배신했기 때문에 동료들에게 사형을 선고받는다. 그러나 그의 배신이 알려지면 당시 무르익은 반란의 분위기가 큰 영향을 받을 수 있었다. 그래서 놀란은 스위스의 집단 축제극에 영감을 받아, 킬패트릭이 극적인 상황에서 익명의 살인자 손에 죽도록 계획한다. 킬패트릭의 죽음을 국민의 상상 속에 영원히 각인시켜 민중 반란을 촉진하려는 의도였다. 자신의 배신 행위를 뉘우친 킬패트릭은 이 계획에 적극적으로 협력한다. 놀란은 이 연극을 상상하고 연출한다. 그리고 그가 번역했던 셰익스피어 작품의 세세한 장면을 삽입한다.

라이언의 관점에서 보면, 왜 놀란이 아일랜드 작가가 아니라 아일랜드의 적인 셰익스피어의 작품을 삽입했는지 역시 미스터리이다. 하지만 라이언은 놀란이 시간이 없어서 그렇게 했을 뿐만 아니라, 미래의 누군가가 이 사실을 알 수 있도록 의도적으로 그렇게 했음을 깨닫는다. 이 대목은 놀란의 관점에서 이야기를 재해석하게 만든다. 놀란은 문학의 "알려지지 않은 과정"이 절정에 달하는 드라마를 상상하고 연출한 것이다.

그는 셰익스피어의 작품이 세상 사람들에게 잊히지 않게 하고 싶었다. 그리고 미래의 누군가가 셰익스피어 작품과 킬패트릭의 관계를 연결하여 자신의 의도를 발견하고 평가해 주기를 바랐다. 그래서 스위스의 집단 축제

극에 관한 원고와 킬패트릭이 서명한 사형 선고문을 남겨놓았고, 이 문서에서 사형을 선고받은 자의 이름을 지웠으며, 자기의 드라마에 셰익스피어의 대목을 끼워 넣은 것이었다.

이렇게 놀란은 미래의 누군가가 발견할 수 있도록 몇 가지 흔적을 남겨놓는다. 그리고 마침내 라이언은 그 사실을 발견함으로써 놀란의 목표는 이루어진다. 한편 라이언의 관점에서 보면, 그는 놀란이 남겨놓은 흔적에 이끌린다. 그는 이런 '혜택'을 받지만 아무래도 놀란에게 우롱당했거나 조종되고 있다는 느낌을 지울 수 없어 복수하려고 생각한다. 그러나 깊이 생각한 뒤 이런 발견에 관해 입을 다물기로 한다. 바로 그 순간 라이언은 놀란이 이 사실을 알게 될 사람이 분명히 애국자일 것임을 예견했다는 것을 깨닫는다. 라이언은 진실을 써서 밝히는 대신, 영웅 킬패트릭의 영광을 기리는 책을 출간한다. 그러나 이런 라이언의 결정 역시 미리 예견되어 있었다.

여기서 우리가 다루고 있는 진리의 불확실성을 살펴보자. 그건 우리가 굳게 믿고 있는 것이 이 작품을 읽으면서 어떻게 계속 깨지는가를 보는 것과 상관이 있다. 그러기 위해서 독자의 기대 지평선을 언급하지 않을 수 없다. 우선 기대 지평선이라는 용어를 알아보자. 우리가 드라마를 보거나 책을 읽으면, 다음 장면이 어떻게 전개될 것인지 상상하거나 추측한다. 즉, 예측 혹은 기대한다. 그런데 어떤 작품은 예측이 많이 적중한다. 그건 그 작품이 독자의 기대 지평에 많이 부응한다는 말인데, 그럴수록 그 작품은 실험성과 예술성은 떨어지고, 기존의 틀에 안주하고 있다는 의미가 된다.

그런데 이 작품에서는 그 기대 지평이 계속 어긋난다. 어긋난다는 걸 문학 이론에서는 배신이라고 말한다. 이 작품은 원고지로 약 20~25매 정도에 불과한 짧은 작품이다. 우리나라 책이라면 기껏해야 6페이지 혹은 7페이지밖에 안 되는 짧은 분량이다. 이렇게 아주 짧은데도 베르톨루치의 〈거미의 계략〉이라는 100분 넘는 영화로 제작되었다. 이것은 분량이 6~7페이지에

베르나르도 베르톨루치 감독의 1970년 정치 영화 <거미의 계략> 포스터

불과하지만, 거기에 담겨 있는 내용은 많고 다양하다는 것을 의미한다. 그리고 독자의 기대 지평선은 계속 배신당한다.

다시 말해서, 우리가 읽으면서 다음 장면이 진행될 내용을 예측하는데, 그게 계속 어긋난다. 6페이지, 혹은 7페이지를 읽는 동안 기대 지평선이 대략 7번에서 8번 배신된다. 책을 많이 읽었거나 드라마를 많이 본 사람이라면 대부분 다음에 어떻게 전개될 것인지 예측할 수 있다고 자신하게 되는데, 그런 확신이 6페이지 혹은 7페이지를 읽는 중에 7번이나 8번이 배신된다. 그럼 그게 어떤 효과를 낳을까?

맨 처음에 배신되면, 그럴 수 있다고 생각한다. 실제로 한두 번 배신되는 게 중요하지는 않다. 그런데 이게 계속 어긋난다. 그렇게 네 번, 다섯 번, 그러니까 거의 한 페이지마다 한 번씩, 그것도 기대할 때마다 어긋나면 이내 자신감이 불안으로 바뀐다. 분명히 이야기가 이렇게 진행되리라고 확신했는데, 그러니까 자신의 지식과 경험에 바탕을 두고 틀림없이 진행될 방향을 예측하고 확신했는데, 너무나 계속해서 그 기대/예측이 다섯 번 정도 어굿나면, 그다음부터는 '내 기대가 맞을까'라고 불안해한다. 그게 7번 혹은 8번 반복된다고 생각해 보자. 이렇게 독자의 확신이나 믿음을 뒤흔들면서 불확실성을 심어준다.

보르헤스의 작품은 과학적 패러다임이 잘못되었다고 직접적으로 말하지 않는다. 그는 작품을 통해서 불확실성을 심어주고, 불확실성의 효과는 패러다임의 변화로 나타난다. 이 글은 간략하게 패러다임의 변화에 초점을 맞추어 설명했다. 보르헤스를 이해할 때 미시적이고 세세한 것, 혹은 환상문학으로만 접근하지 말고, 이제는 좀 더 큰 차원으로 이해히면서 인류의 역사에 어떤 흔적을 남겼는지 생각하면 왜 그의 작품이 그토록 중요한 것인지 깨달을 수 있기 때문이다.

국민 스포츠 야구와 쿠바인의 정체성

박구병

2008년 베이징 올림픽의 야구 결승전에서 한국 대표팀과 맞붙은 카리브해의 섬나라 쿠바의 대표팀은 대회 2연패連覇를 노리고 있었다. 그뿐 아니라 1992년부터 올림픽 종목으로 신설된 야구에서 2000년 시드니 올림픽만 빼놓고 세 번이나 금메달을 획득한 상태였다. 그때까지 올림픽을 비롯해 범미주경기대회Pan American Games, 월드컵 챔피언십, 대륙간컵 등 76개 대회에서 63회의 우승을 차지할 정도로, 1970년대 초 이래 붉은 유니폼의 쿠바 야구팀은 그야말로 압도적인 위상을 과시해 왔다. 2010년대에 들어 '아마추어 야구의 최강'쯤으로 표현될 뿐이지만, 1990년대 올림픽 무대를 주름잡은 강타자 오마르 리나레스Omar Linares Izquierdo와 오레스테스 킨델란Orestes Kindelán Olivares, 수비의 달인으로서 '자석el imán'이라 불린 헤르만 메사Germán Mesa Fresneda 등 삼총사 외에도 쿠바를 이탈해 미국 메이저리그 팀과 계약한 리반 에르난데스Liván Hernández와 그의 이복형 오를란도 (엘 두케) 에르난데스Orlando [El Duque] Hernández 등의 명성과 실적은 어마어마했다. 에르난데스 형제는 1990년대 후반과 2000년대 초 메이저리그에서도 손꼽히는 유명 투수로 뛰어난 재능을 발휘했다.

한편 2021년에는 미국 메이저리그의 정규 시즌과 포스트시즌에서 유독 쿠바 출신 선수들의 활약이 돋보였다. 쿠바 출신의 휴스턴 애스트로스의 1루수 율리에스키 구리엘 Yulieski Gurriel Castillo 은 3할1푼9리로 정규 시즌 아메리칸리그 타격왕에 올랐고, 1997년생 강타자 요르단 알바레스 Yordan Alvarez 는 역사에 남을 만한 5할2푼2리의 빼어난 성적 덕분에 아메리칸리그챔피언십시리즈 ALCS 의 최우수선수 MVP 로 선정되었다. 하지만 오랫동안 이목을 끈 쿠바 출신 2인조를 제치고 2021년 11월 초 월드시리즈 최우수선수로 뽑힌 이는 애틀랜타 브레이브스의 우익수 호르헤 솔레르 Jorge Soler 였다. 쿠바의 아바나 출신인 솔레르는 '영양가 만점의 홈런 3방'을 터뜨려 세 차례나 승리를 이끌면서 소속 팀이 26년 만에 월드시리즈 우승을 차지하는 데 일등공신이 되었다.

쿠바 야구의 출발: 반(反)에스파냐 정서의 표현물

1990년 5월 쿠바를 방문해 '쿠바 시리즈'를 취재한 바 있는 ≪필라델피아 인콰이어러≫의 기자 티모시 드와이어 Timothy Dwyer 의 표현에 따르면, 야구는 "쿠바의 국민적 열정"이었다. 좀 더 정확히 표현한다면, 야구는 19세기 말 이래 쿠바의 국민 스포츠로 자리 잡았다. 에스파냐의 아메리카 식민 통치의 거점이었지만 전통적으로 가톨릭교회의 영향력이 그리 강하지 않았던 쿠바에서는 일찍이 개방적인 분위기가 조성되었고, 특히 아바나는 상업과 국제적인 교역의 중심지로 주목받았다. 19세기 후반기에도 공식적으로 에스파냐의 식민 지배가 유지되었지만, 쿠바에 대한 미국인들의 투자는 괄목할 만한 수준에 이르렀고 미국 문화의 영향력도 커지고 있었다. 1890년대에 이미 쿠바는 미국 대외무역의 4분의 1을 차지할 정도였고 1898년 미국과 에스파냐 전쟁 직전에 쿠바는 그저 명목상 에스파냐의 식민지일 뿐이었다. 쿠바의 설탕 수출 중 94%의 행선지는 미국이었다.

　야구의 도입 역시 이런 미국의 영향력 확산의 반증이었다. 1858년 쿠바를 떠난 뒤 미국 앨라배마의 한 칼리지에서 유학하고 1864년에 귀국한 에르네스토 기요 Ernesto Guilló 의 짐 꾸러미에는 야구 글러브와 배트가 들어 있었다. 에르네스토와 동생 네메시오가 집 근처의 스포츠클럽에서 '미국의 구기'를 시작한 지 10년 뒤인 1874년 12월 27일에 마탄사스의 팔마르 데 훈코 Palmar de Junco 구장에서는 쿠바 역사상 최초의 공식 경기가 열렸다. 아바나에서 동쪽으로 100여 km 떨어져 있는 항구 도시 마탄사스 Matanzas 는 여전히 쿠바 야구의 중심지 중 하나이다.

　향후 오랫동안 팽팽한 맞수가 될 아바나 레오네스 Havana Leones (사자)와 알멘다레스 알라크라네스 Almendares Alacranes (전갈) 팀을 주축으로 1878년에 '쿠바 섬 야구총연맹'이 결성되고 1880년대에 정규적으로 경기를 치르는 쿠바 프로 리그가 창설되었다. 사교 클럽 중심의 아마추어 리그에서 활동할 수 없었던 흑인 선수들은 일찍부터 프로 또는 세미프로 선수로 나섰다. 또 미국의 회사들이 쿠바에서 야구의 확산을 후원하면서 1890년대에 들어 야구 클럽이 200개가 넘었고 이 클럽들의 시합은 제당공장리그 ligas azucareras 로 발전했다. 1891년 10월에 미국의 메이저리그 선수들은 최초로 쿠바를 순회하는 시범 경기를 벌이기도 했다. 이렇듯 미국의 경제적·문화적 영향력이 커지는 가운데 쿠바인들은 카리브해 지역 여러 곳과 멕시코와 베네수엘라 등지로 번진 '야구 열병'의 전령이 되었고 쿠바에서 야구는 에스파냐에 맞선 반反식민 투쟁과 근대화의 상징으로 부각되었다. 게다가 미국 예일 대학교의 라틴아메리카·비교 문학 교수이자 열정적인 야구 동호인인 로베르토 곤살레스 에체바리아 Roberto González Echevarría 에 따르면, 야구는 19세기 말 쿠바 문화의 모더니스트적 감각과 감수성을 대변하는 사회적 관행으로 부상했다.

19세기 후반기에 반反에스파냐 정서가 고조되는 가운데 미국에서 유입된 야구는 쿠바인들에게 에스파냐의 투우와 대비되는 일종의 근대적이고 시민적인 스포츠로 비쳤다. 더 적극적으로 표현한다면 쿠바인들은 미국식 근대화의 표지인 야구를 독자적인 문화적 자산으로 전유專有하고 반에스파냐적 집단 정체성의 표현물이자 저항의 매체로 활용한 셈이었다. 그리하여 1869년부터 식민 당국은 야구 금지령을 공표했다. 1874년에 금지령이 완화되기 전까지 쿠바에서 야구는 '반에스파냐 활동'으로 취급되었다. 1876년 아바나의 신생팀이 '야라'를 명칭으로 정하고자 했을 때, 식민 당국은 이를 거부했다. 그 이름은 1868년 '10년 전쟁'의 도화선이 된 '야라의 함성el grito de Yara'을 떠올리게 했기 때문이다. 이처럼 1868년부터 1878년까지 '10년 전쟁,' 즉 쿠바인들의 제1차 독립 투쟁 시기에 에스파냐 식민 당국의 반응은 분명했다. 1880년대 카르데나스 지역의 언론 보도 역시 야구의 인기에 대해 "국가의 통합에 위협을 가한다"라고 우려를 표명했다.

더욱이 일부 야구인들이 에스파냐에 맞서는 독립운동에 적극적으로 참여했다는 점을 감안할 때, 쿠바의 야구는 역사적 기억의 매개체라고 평가할 만하다. 1878년부터 1887년까지 아바나 클럽에서 선수 겸 감독으로 활약한 에밀리오 사보우린Emilio Sabourín(1854~1897년)이 대표적이다. 1874년 마탄사스에서 열린 첫 공식 야구 경기에 참가한 사보우린은 1887년까지 선수로, 그 뒤 몇 년 동안에는 감독으로 활동했다. 독립 투쟁에 가담한 사보우린은 1895년 식민 당국에 체포되어 모로코의 세우타 요새로 이감된 뒤 1897년에 사망했다. 탄생 100주년을 맞아 1954년 아바나에 세워진 사우보린 기념비의 문구는 다음과 같다. "아바나 태생의 열렬한 애국자이자 혁명가, 야구의 선구자, 국가의 독립을 위한 헌신한 아바나 클럽의 창설자."

쿠바인들의 독립 투쟁과 호세 마르티의 문화적 독립 선언

반에스파냐 정서를 바탕으로 구축된 쿠바의 정체성은 19세기 말의 걸출한 인물 호세 마르티 José Martí(1853~1895년)의 독립 투쟁과 떼려야 뗄 수 없는 관계를 맺고 있다. 마르티에게 독립이란 식민통치로부터의 자유와 정치적 주권 회복을 넘어 경제적·문화적 자율성을 누리는 상태를 의미했다. 또 마르티는 신흥 강국 미국의 부상이 가져올 결과에 대해 예지하고 경계하고자 했다. 1889년 미국의 국무장관 제임스 블레인이 아메리카 연합 구상을 논의하고자 라틴아메리카 여러 국가의 지도자들을 워싱턴 DC로 초청했을 때, 마르티는 라틴아메리카를 이해하지 못하는 미국의 위협에 대비할 것과 지역 내 경제적·문화적 연대를 역설했다.

마르티는 1891년에 기념비적인 시평 時評, ensayo 인 『우리 아메리카 Nuestra América』를 발표했다. 그 시평에서 마르티는 라틴아메리카 국가들이 외국의 모델을 경솔하게 모방하려는 시도를 멈추고 라틴아메리카인들을 소중하게 여기며 독자적인 발전을 모색해야 한다고 주장했다. 그는 모든 인류를 허울만의 인종으로 나누려는 '부실하고 병약한 지식인들'을 배척하게 될 때에만 라틴아메리카인들이 위대한 미래를 이룰 수 있다고 강조하면서 널리 퍼져 있는 인종적 비관론에 도전했다.

마르티의 『우리 아메리카』는 19세기 초 독립한 라틴아메리카의 여러 국가에서 두 세대 정도 극심한 혼란기를 거친 뒤 추진된 19세기 말의 유럽화 정책을 강력하게 비판했다. 당시 웬만한 국가들의 정치·경제 엘리트들은 유럽을 모델로 삼아 각 지역의 '근대화'를 꾀하고 유럽인들의 대량 이주를 받아들이면서 라틴아메리카의 '표백 漂白'을 추진하고 있었다. 이들에게 아메리카 원주민들의 자율성과 고유성은 진보의 장애물로 간주될 뿐이었다. 하지만 마르티는 아메리카 특유의 정체성을 버리고 유럽식 생활방식을 맹목적으로 모방하려는 엘리트들을 '칠삭둥이', '해충', '배신자', '한심하고 나약한 종자' 등으로 지칭하면서 신랄하게 성토했다. 마르티는 아메리카 대륙에 존재하는 유럽화를 가리켜 "식민주의가 공화국에 계속 살아 있다"고 표현했다. "우리는 영국의 바지, 파리의 조끼, 미국의 외투, 에스파냐의 투우 모자를 걸친 가면이었다"는 구절에서 알 수 있듯이, 그는 아메리카가 식민 시대로부터 물려받은 불화와 적대에 시달렸고 외견상의 독립 이후에도 수입된 사상과 통치 형태 탓에 신음했다고 지적하면서 내면과 정신의 변화가 독립의 중요한 요소라는 점을 일깨웠다.

더욱이 '리오브라보강에서 마젤란 해협까지 새로운 아메리카의 씨앗을 퍼뜨렸다'는 대목이 보여주듯이 마르티의 『우리 아메리카』는 미국을 포함하지 않았다. 마르티는 미국을 '외부의 또 다른 위험'이나 '무서운 이웃', 즉 아메리카에 위협이 되는 요소로 간주했다. 또 그는 국민을 혼혈, 원주민 등 외견상의 인종에 따라 구분하지 말 것과 아메리카인들이 정신적·육체적으로 하나가 되어 단합해야 한다는 점을 강조했다. 마르티는 적절한 통치를 위해서는 아메리카인과 지역에 대한 이해가 선행되어야 하고 각국의 실정에 맞게 창조적으로 적용해야 한다고 지적하면서 지배층인 크리오요 criollos (아메리카 태생의 백인)와 하위 구성원이라 할 수 있는 혼혈인과 원주민 간의 이해관계를 인식하고 통합하는 과정이 필요하다고 보았다. 결국 『우리 아메리카』는 라틴아메리카의 독자성과 자주성을 부각시키면서 '메스티소 아메리카'의 연대를 역설하는 문화적 독립 선언이라고 요약할 만하다. 마르티는 이렇게 쿠바의 국민적 통합과 잠재력의 상징, 나아가 라틴아메리카인들의 문화적 스승이 되었다.

에스파냐의 지배에서 미국의 궤도 속으로: 신식민지적 공화국 시대

1898년 미국과 에스파냐의 전쟁, 그리고 뒤이은 쿠바의 독립은 20세기 라 틴아메리카 역사의 시발점이었다. 승전국 미국의 영향력이 날로 커지면서 카리브해 지역은 '미국의 뒷마당'이 되었고, 쿠바는 에스파냐의 마지막 식 민지라는 굴레에서 벗어나 독립했지만 사실상 미국의 보호령이 되었다. 이 는 카리브해 지역뿐 아니라 전 지구적으로 가속된 제국주의의 팽창과 종속 적 또는 주변부 자본주의의 근대화 과정이 가져온 결과였다. 미국은 1899 년부터 1902년까지 쿠바에서 군정을 실시하면서 1902년에는 쿠바 헌법에 대한 '플랫 수정안'을 마련해 언제든지 쿠바의 내정에 개입할 수 있는 장치 를 갖추고 현재까지 지속되는 관타나모 Guantánamo 만의 영구 임대를 개시했 다. '플랫 수정안'의 3조에 따르면, 쿠바 정부는 "쿠바의 독립을 보존하고 개 인의 생명과 재산, 자유를 보호하기에 적합한 정부를 유지하고자 … 미국이 개입의 권리를 행사할 수 있다는 데 동의"해야 했다. 쿠바의 주권을 훼손시 킨 이 수정안은 1934년 프랭클린 D. 루스벨트의 '선린정책 Good Neighbor policy' 에 따라 폐기되었지만 1950년대 말까지 쿠바에 대한 미국의 영향력은 실로 막대했다.

쿠바인들은 미군의 통치가 끝난 뒤부터 1959년 혁명이 성공하기 전까 지의 시기를 신식민지적 공화국 república neocolonial 시대라고 지칭한다. 이 시 기에 쿠바의 독자적 정체성을 이루는 또 다른 기둥이 세워졌다고 할 수 있 다. 그것은 미국에 대한 찬사 못지않게 거부감이 뒤섞인 복잡한 감정과 연 관되어 있었다. 1910~1940년대에 미국의 영향력과 사실상의 지배에 맞서 자존감을 지키려는 쿠바인들의 의식이 분명해지면서, 특히 1920년대 초부 터 1930년대 중반까지 신식민지적 공화국이 위기 국면에 들어섰을 때에도 야구는 분명한 역할을 맡았다. 쿠바의 국민 의식이나 문화적·정치적 정체성은 이 시기에 미국과의 관계, 달리 말해 미국과의 구분이나 대립을 통해 더 뚜렷한 면모를 갖췄다고 볼 수 있다. 에스파냐에 저항하는 쿠바인들에게 자양분을 제공하고 이미 쿠바인의 자산이 된 '미국의 구기'는 미국의 새로운 지배에 순응하지 않으려는 쿠바인들의 집단 정체성을 강화하는 데 핵심 요소로 작용한 것이었다.

1910~1940년대 야구에 대한 쿠바인들의 뜨거운 관심은 미국에 대한 반감과 병진竝進했다. 1910년대 중반까지 리가 나시오날liga Nacional이 쿠바인들로만 구성된 야구 리그를 의미한 반면, 리가 헤네랄liga General에는 미국인들도 참여했는데 미국과 쿠바 팀 간의 경쟁 관계가 치열해지면서 쿠바의 국민 의식과 독자적 정체성은 더 뚜렷해졌다고 평가할 수 있다. 이 시기에 외국인 부재지주不在地主와 투자자들에 대한 쿠바인들의 반발도 고조되었다. 풀헨시오 바티스타Fulgencio Batista(1901~1973)는 1959년 1월 쿠바혁명의 성공으로 권좌에서 쫓겨난 친미 독재자로 알려질 터였지만, 당시 그가 이끈 정부는 1940년 진보적인 조항이 담긴 신헌법을 채택하고 마르티의 저작에 대한 연구와 보급을 적극적으로 지원할 뿐 아니라 국민적 정체성 강화에 스포츠를 활용했다. 1941년에는 이런 분위기 속에서 앞서 언급한 독립 유공자 에밀리오 사보우린이 쿠바 야구 명예의 전당에 헌액되었다.

신식민지적 공화국 시대의 야구와 쿠바인의 정체성

미국의 영향력이 막강하던 1900년대 초에 흑인 투수 호세 데 라 카리다드 멘데스José de la Caridad Méndez(1887~1928)는 쿠바 야구의 자존심으로 손꼽혔다. 1908년 2월 알멘다레스 알라크라네스의 투수로 데뷔한 이 '검은 다이아몬드El Diamante Negro'는 흔히 '처낼 수 없는' 투구를 선보이는 뛰어난 활약으로 1910년대 초 미국 선수들의 콧대를 꺾어놓곤 했다. 멘데스는 흑인 선수였기 때문에 미국의 메이저리그에 진출할 기회를 얻지 못했지만 쿠바리그의 보물 같은 존재였는데, 압도적인 미국의 영향력에 그저 순응만 하지 않으려는 국민적 긍지의 표상으로 떠올랐다.

이어 신식민지적 공화국 시대를 대표한 유명 선수이자 감독 두 명이 엄청난 인기를 모았다. 1952년에 출판된 미국 작가 어니스트 헤밍웨이(1899~1961)의 『노인과 바다』에서 한 소년이 노인에게 "누가 가장 뛰어난 감독인가요? 루케인가요, 아니면 마이크 곤살레스?"라고 묻는다. 소설의 주인공 어부 산티아고는 이렇게 답변한다. "내가 보기엔 둘 다 최고야, 우열을 가리기 어렵지." 1932년부터 1939년까지 아바나의 오비스포 거리에 있는 암보스 문도스Ambos Mundos 호텔 511호에 머물면서 『누구를 위하여 종은 울리나』를 쓴 바 있는 헤밍웨이는 그 뒤 20년 동안 아바나 외곽의 작은 바닷가 마을 코히마르Cojimar의 핑카 비히아Finca Vigia에서 지내면서 『노인과 바다』를 집필했다. 헤밍웨이는 마누엘 울리바 리몬테스라는 쿠바 어부의 체험담을 소재로 한 이 소설로 1954년에 노벨문학상을 받았는데, 그 구절을 통해 혁명 이전 쿠바 야구계의 전설적인 인물들을 소환한 것이다.

로베르토 곤살레스 에체바리아 역시 1999년에 출판한 『아바나의 긍지: 쿠바 야구의 역사The Pride of Havana: A History of Cuban Baseball』에서 걸출한 실력의 경쟁자 아돌포 루케Adolfo Domingo de Guzmán "Dolf" Luque (1890~1957)와 미겔 앙헬 곤살레스Miguel Angel González Cordero (1890~1977)를 부각시킨다. 그들은 모두 아바나 태생으로 20세기 초중반 쿠바 야구를 빛낸 빼어난 선수이자 감독이었고 쿠바 야구의 역사에서 핵심적인 위치를 차지한다. 1890년생인 두 사람은 흥미롭게도 대조적인 성격의 소유자였다. 1914년부터 1935년까지 신시내티 레즈와 뉴욕 자이언츠를 비롯해 여러 메이저리그 팀에서 선발투수로 활약한 '돌프' 루케가 언제든 주먹질을 마다하지 않은 다혈질에 시쳇말로 '카리스마 쩌는' 마초macho의 성향이라면, '마이크Mike' 곤살레스는 그

미겔 앙헬 "마이크" 곤살레스
(자료: 미국 의회도서관 소장)

'아바나의 긍지' 아돌포 루케
(자료: 미국 의회도서관 소장)

와 대조적으로 조용하고 차분한 유형이었다. 1930년 쿠바 프로야구 리그와
미국 니그로리그의 거물급 인사였던 아벨 리나레스가 사망한 뒤 그 부인이
리나레스 소유의 두 팀 아바나와 알멘다레스의 매각을 모색하면서 두 사람
에게 인수 의사를 타진했을 때, 두 사람의 반응은 달랐다. 루케는 "나는 야
구 선수일 뿐 경영에 관심도, 소질도 없다"고 대응한 반면, 곤살레스는 아바
나 팀을 인수하게 되었다. 에체바리아가 어린 시절의 추억 속에서 소환하는
쿠바 프로 야구의 전설적인 시즌, 즉 1946~1947년 시즌의 결승 시리즈에서
알멘다레스 알라크라네스의 감독인 루케는 아바나 레오네스의 감독 곤살
레스와 맞붙어 승리를 거두었다.

　루케는 쿠바혁명이 성공하기 전인 1957년에 심장마비로 사망했으나 곤
살레스는 혁명 후에도 쿠바에 거주하다가 1977년에 아바나에서 사망했다.
루케는 그리 큰 체격이 아니었지만 뛰어난 기량을 지닌 투수로서 주로 미국
메이저리그 신시내티 레즈 소속(1918~1929)으로 수많은 승리를 챙겼다. 루
케는 1919년 10월 라틴아메리카 출신 투수로서 최초로 월드시리즈에 등판

했는데, 1923년에 그가 거둔 27승(평균 자책점 1.93)은 여전히 신시내티 레즈 구단 역사상 단일 시즌 최다승으로 기록되어 있다. 아울러 곤살레스는 1912년부터 1932년까지 포수로서 메이저리그의 여러 팀에서 활약했을 뿐 아니라 1934~1946년에는 세인트루이스 카디널스의 코치와 감독으로 네 차례나 월드시리즈를 제패하는 데 기여했다. 루케는 거친 성격에 사생활 관련 문제도 적지 않았지만, '아바나의 긍지'라는 별명이 대변하듯이 쿠바인들의 각별한 사랑을 받았다.

한편 쿠바 야구의 외형적 특징은 세밀한 전술과 작전에 근거한 '스몰볼 small ball'로 요약할 수 있다는 점에서 강속구 투수와 홈런을 비롯해 장타를 칠 수 있는 타자들에 의존하는 메이저리그의 빅볼 big ball 과 대조적이었다. 쿠바 야구 선수들은 대체로 체격이 그리 크지 않았고 투수들은 제구력 위주의 투구를 선보였으며 의식적으로 장타를 노리는 타자들이 많지 않았다. 그들은 흔히 세밀한 작전에 의한 번트와 진루타 등을 통해 경기를 풀어나가면서 조직력으로 승부하곤 했다. 타석에서는 참을성 있게 대응하고 도루도 잘 감행하지 않으며 화려한 동작을 선보이는, 시쳇말로 '튀는' 유형의 선수들에게 눈살을 찌푸리기도 했다. 예상보다 조심스럽고 보수적이며 실리적인 경기 운영은 20세기 초 미국 니그로리그 경기의 특색이 쿠바 야구에 적잖은 영향을 미친 결과로 볼 수도 있었다. 미국에서 백인들의 리그가 강속구 투수와 장타를 노리는 타격 유형으로 개괄될 수 있었다면, 니그로리그는 대체로 스피드에 의존하거나 번트와 치고 달리기 작전 등 다양한 전술을 구사하는 '스몰볼'을 선보였기 때문이다. '쿠바 자이언츠 Cuban Giants' 같은 미국 니그로리그 팀의 이름도 쿠바와의 연계를 시사한다. '쿠바 자이언츠'는 인종적 구분과 배제 속에 1885년 뉴욕에서 탄생한 미국 최초의 흑인 프로 야구 팀이었다. 실제 선수들은 쿠바인이 아니었고 단지 뉴욕 호텔의 흑인 웨이터들이 엉터리 에스파냐어를 쓰며 쿠바인 행세를 한 것이었지만, 그들이

1885~1886년 겨울 시즌에 쿠바에서 경기를 펼치면서 그 이름이 굳어졌다. 그 뒤 그들은 플로리다 휴양지에서 한 호텔의 피고용인으로서 야구 시합을 벌이면서 일종의 세미프로 팀을 구성했다.

'7월 26일 운동'의 혁명과 야구팀 '털보들'

쿠바의 신식민지적 공화국 시대는 1959년 1월 피델 카스트로 ^{Fidel Castro}
(1926~2016)가 이끈 '7월 26일 운동'의 혁명이 성공하면서 막을 내렸다. 이 혁명의 성격은 냉전 시기의 관행적인 표현대로 그저 사회주의 혁명으로 단순화될 수 없으며 1898년 이래 미국과의 관계뿐 아니라 더 거슬러 올라가 에스파냐의 식민 지배에 맞선 19세기 중엽의 독립 투쟁과 연결시켜 파악해야 한다. 호르헤 이바라 ^{Jorge Ibarra}와 라몬 데 아르마스 ^{Ramón de Armas} 같은 쿠바의 역사가들에 따르면, '7월 26일 운동'의 혁명은 19세기 중엽의 저항과 1868~1898년의 '쿠바 해방 전쟁'으로부터 면면히 이어지는 '백 년 동안의 투쟁'의 대단원이었다.

혁명 세력에 붙은 이름 '7월 26일 운동'은 1953년 7월 26일 동남부 산티아고 데 쿠바의 몬카다 병영 습격을 기념하는 것으로 쿠바인들은 매해 그날을 '국민 저항의 날'로 준수한다. 습격의 주역으로 나중에 혁명의 '최고 지도자'가 되는 피델 카스트로는 아바나 대학교에서 법학을 전공하고 변호사가 된 뒤 '쿠바인민당'의 후보로 1952년 의회 선거에 나선 바 있었다. 하지만 친미 독재자 풀헨시오 바티스타의 두 번째 군사쿠데타로 선거가 무산되자 1940년 헌법의 복원과 자유선거의 실시를 요구하는 제도권 정치인들과 결별하고 무장투쟁으로 선회하게 되었다. 카스트로를 비롯해 청년 160여 명으로 구성된 '7월 26일 운동'은 쿠바에서 두 번째로 규모가 큰 몬카다 병영과 방송국을 장악한 뒤 전국적인 봉기를 꾀하려 했으나 병영 습격부터 큰

유격대 활동 중의 피델
카스트로(중간)와 카밀로
시엔푸에고스(왼쪽)

실패를 맛보았다.

　체포된 뒤 재판정에 선 27세의 청년 카스트로는 나중에 '역사는 내게 무죄를 선고할 것 La historia me absolverá'이라고 알려진 1953년 10월 16일의 최후 진술을 통해 바티스타의 불법적인 권력 장악과 달리 '7월 26일 운동'의 저항이 철저하게 합헌적인 투쟁이라고 주장했다. 바티스타 체제에 맞선 혁명 세력은 애당초 사회주의의 확립이 아니라 민주주의, 주권의 회복(민족주의), 사회 정의의 실현을 지향했다. 1956년 11월 망명지 멕시코에서 쿠바로 향하기 전에 발표한 '7월 26일 운동의 선언'에 따르면, 그들의 투쟁은 단발적 사건이 아니라 뚜렷이 구별되는 단계를 지닌 지속적인 역사적 과정이었다. 달리 말해 1850년대 나르시소 로페스 Narciso López 의 쿠바 상륙 작전, 1868년('야라의 함성')과 1895년('바이레의 함성')의 항쟁, 1930년대의 저항, 그리고 1950년대 바티스타 독재에 반대한 투쟁은 동일하고 단일한 민족적 혁명의 일부였다. 1898년 에스파냐로부터 독립했지만 곧바로 미군의 통치 아래 놓였고 1902년 명목상의 독립에도 불구하고 1950년대까지 토지, 광물 자원, 공공서비스, 신용기관, 교통수단 등 중추적인 경제적 기반이 대부분 외세에 귀속되어 있었기 때문에, 쿠바인들에게는 민주주의뿐 아니라 경제적 주권의 회복이 절실했다. 그런 점에서 1950년대 쿠바혁명은 1895년 제2차 독립 투쟁 초기에 사망한 호세 마르티의 구상과 실천을 계승하려는 운동이었고, 따라서 1950~1960년대 아시아와 아프리카의 여러 지역에서 전개된 독립 투쟁, 특히 베트남과 알제리의 투쟁과 유사한 궤적을 지닌 탈식민 혁명이라 할 만하다.

'7월 26일 운동'은 몇 년 동안의 무장투쟁 끝에 1959년 1월 1일 아바나 진입에 성공함으로써 바티스타 독재 정권을 축출했다. 주요 지도자들의 평균 연령이 28세에 지나지 않았던 청년 게릴라 전사들의 투쟁은 신식민지적 공화국 단계를 벗어나게 만드는 계기가 되었다. 카스트로는 오랜 야구팬으로서 엘 그란 에스타디오 델 세로 El Gran Estadio del Cerro 구장에서 아바나 슈거킹스 Havana Sugar Kings (1946~1960년 미국 마이너리그 소속 야구팀)의 경기를 관람하곤 했는데 혁명 직후 슈거킹스의 빚 보증과 재정 부담을 약속했다. 또한 '최고 지도자' 카스트로는 에르네스토 체 게바라, 카밀로 시엔푸에고스 같은 혁명 동지들과 '털보들 Los Barbudos (문자 그대로는 '수염이 덥수룩한 이들'을 의미)'이라는 야구팀을 만들어 1959년 7월 24일 슈거킹스와 로체스터 레드

'털보들'의 운동복을 착용한 피델 카스트로(오른쪽)와 카밀로 시엔푸에고스(왼쪽) (사진: 쿠바 정부 소장)

윙스Rochester Red Wings 간의 마이너리그 경기에 앞서 헌병 야구팀과 친선 경기를 갖기도 했다.

미국과 쿠바 간 관계 개선의 매개체로서 야구의 역할

민주주의 회복, 경제적 독립, 사회 정의를 표방하며 친미 독재자를 축출한 뒤 새롭게 출범한 쿠바의 혁명 정부는 기존의 흐름을 뒤바꾸고자 했다. 하지만 1961년 4월 미국 중앙정보국의 지원을 받은 반反카스트로 세력의 히론 해안('피그스만'은 잘못 알려진 표현) 침공과 1962년 10월 '쿠바 미사일 위기' 등을 통해 미국과 소련의 냉전 대립이 고조되면서 '7월 26일 운동'이 지향한 원래의 민족민주 혁명의 기조는 굴절을 겪게 되었다. 아울러 1961년 이후 쿠바의 야구는 유서 깊은 프로 리그의 운영을 중단하고 전면적인 아마추어 체제로 전환되었다. 1870년대 말 일찍 프로 스포츠로 출범한 쿠바의 야구 리그는 1961년부터 '국유화'된 셈이었다. 그 뒤 쿠바의 야구는 일종의 혁명 담론이자 선전 도구로 기능하면서 아바나와 인근 지역을 넘어 전국 여러 곳에 기반을 둔 아마추어 스포츠로 변모했다.

쿠바의 야구는 오랫동안 사실상 종속 상태에 있었지만 1961년 외교 관계의 단절 이후 멀어진 미국과 문화적 공통분모로 부각되기도 했다. 1970년대 초 미국과 중국 간의 관계 개선에 탁구가 기여한 것처럼 야구는 미국과 쿠바의 얼어붙은 관계를 누그러뜨리는 과정을 매개했다. 1990년대 초 소련의 붕괴 이후 쿠바의 몰락이 머지않았다는 예측과 바람이 이어졌지만 쿠바인들은 내핍 속에서 고난의 행군을 거듭하면서도 1992년 바르셀로나 올림픽과 1996년 애틀랜타 올림픽의 야구 종목에서 연달아 금메달을 차지했다. 세계 아마추어 야구계의 최강자 쿠바의 대표팀은 1999년 3월 28일과 5월 3일 두 차례에 걸쳐 메이저리그 소속 볼티모어 오리올스Baltimore Orioles

와 친선 경기를 펼쳤다. '쿠바 야구의 심장'이라 할 수 있는 아바나의 라티노
아메리카노 구장Estadio Latinoamericano(그란 에스타디오의 후신)에서 열린 첫 경
기는 연장전 승부 끝에 오리올스의 3 대 2 승리로 끝났으나 미국 볼티모어
에서 열린 두 번째 경기에서는 쿠바 대표팀이 12 대 6으로 설욕했다. 아바
나에서 개최된 경기는 1959년 이래 쿠바의 대표팀이 메이저리그 선수들로
만 구성된 팀과 맞붙은 첫 시합이었다는 점에서 크게 주목을 받았다. 또 그
것은 메이저리그 팀이 1959년 3월 이후 쿠바에서 치른 첫 번째 경기였다.
흔히 시범 경기는 큰 부담 없이 치러지지만, 사실 두 차례 경기의 분위기는
꽤 달랐다. 혁명 전부터 야구가 폭발적인 인기를 끌었던 쿠바 선수들의 기
량을 최고 수준의 프로 선수들과의 시합을 통해 확인하는 자리였기 때문이
다. 라티노아메리카노 구장에는 약 5만 명의 쿠바인 관중이 운집했다.

앞서 오리올스의 구단주 피터 안젤로스는 3년 동안의 로비를 통해 미국
정부에 쿠바 대표팀과의 경기 개최에 대한 승인을 요청했다. 연방 하원의원
을 비롯해 여러 정치인들이 그런 구상에 반대했지만, 빌 클린턴 행정부의
쿠바 정책이 일부 바뀌어 여행 제한 조치가 완화되고 문화적 교류가 늘어나
면서 안젤로스의 요청은 실현될 수 있었다. 또 미국의 전직 대통령 지미 카
터는 2002년과 2011년에 쿠바를 방문했을 때 야구 경기를 관람했다. 1977
년에 취임한 뒤 카터는 미국인들의 쿠바 방문 금지 조치를 해제하고 양국
수도에 이익대표부Interest Section를 설치한 바 있었는데, 2002년 5월 14일에
는 '최고 지도자' 피델 카스트로와 함께 라티노아메리카노 구장을 방문해
쿠바 야구 올스타전의 시구를 맡았다. 그 자리에서 카터는 미국인과 쿠바인
들이 공유할 수 있는 것이 적지 않지만 특히 좋은 음악과 야구는 대표적인
요소임을 강조했다.

더욱이 1961년 초 양국의 외교 관계가 단절된 뒤에 태어난 미국의 버락
오바마 대통령은 혁명 1세대인 라울 카스트로 쿠바 국가평의회 의장과

2014년 12월 17일 관계 재정상화에 합의한 데 이어 2016년 3월에는 아바나를 방문했다. 이는 미국의 현직 대통령이 88년 만에 쿠바의 수도를 방문한 사건이었는데 그때에도 라티노아메리카노 구장이 이목을 끌게 되었다. 2016년 3월 22일 유서 깊은 이 아바나의 야구장에서는 양국의 지도자들이 지켜보는 가운데 미국 메이저리그 소속 탬파베이 레이스Tampa Bay Rays와 쿠바 대표팀 사이의 시범 경기가 펼쳐졌다. 이 경기는 양국 관계의 역사적인 변화를 반영하듯이 그야말로 우호와 친선을 도모하는 행사에 가까웠다.

참고문헌

레타마르, 로베르토 페르난데스. 2017. 『칼리반: 탈식민주의 관점에서 라틴아메리카 읽기』. 김현균 옮김. 그린비.

류한수. 2021. 「"미국 공놀이"와 쿠바니다드: 19세기 후반 쿠바 민족주의의 형성에서 야구가 한 역할」. ≪역사학연구≫, 81집.

마르티, 호세. 2018. 「우리 아메리카(Nuestra América)」. 우석균·조혜진·호르헤 포르넷 엮음. 『역사를 살았던 쿠바: 우리 아메리카, 아프로쿠바, (네오)바로크, 증언 서사』. 글누림.

박구병. 2016. 「라틴아메리카의 '뜨거운 냉전'과 종속의 심화(1945-1975)」. ≪이베로아메리카 연구≫, 27권 3호.

헤밍웨이, 어니스트. 2012. 『노인과 바다』. 김욱동 옮김. 민음사.

Bjarkman, Peter C. 2007. *A History of Cuban Baseball, 1864-2006*. Jefferson, NC, and London: McFarland & Co. Inc.

Figueredo, Jorge S. 2011. *Cuban Baseball: A Statistical History, 1878-1961(Illustrated)*. McFarland & Co. Inc.

González Echevarría, Roberto. 1999. *The Pride of Havana: A History of Cuban Baseball* Oxford and New York: Oxford University Press.

Malloy, Jerry, 2005."The Birth of Cuban Giants: The Origins of Black Professional Baseball." in Bill Kirwin(ed.). *William Out of the Shadows: African American Baseball from the Cuban Giants to Jackie Robinson*. Lincoln and London: University of Nebraska Press.

McKelvey, Charles. 2018. *The Evolution and Significance of the Cuban Revolution: The*

Light in the Darkness. London and New York: Palgrave Macmillan.

Miller, Nicola. 2014. "Contesting the Cleric: The Intellectual as Icon In Modern Spanish America." Stephen Hart and Richard Young(eds.). *Contemporary Latin American Cultural Studies*. London and New York: Routledge.

Virtue, John. 2007. *South of Color Barrier: How Jorge Pasquel and the Mexican League Pushed Baseball Toward Racial Integration*. Jefferson, NC, and London: McFarland & Co. Inc.

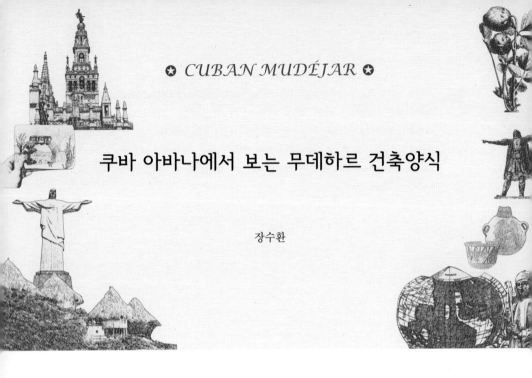

❂ CUBAN MUDÉJAR ❂

쿠바 아바나에서 보는 무데하르 건축양식

장수환

스페인 식민시기 이후 500여 년 역사 동안, 쿠바 아바나^{Habana}에 축적된 다양한 건축물은 르네상스^{Renaissance}, 바로크^{Baroque}, 신고전주의^{Neoclásico}, 아르 데코^{Art déco}, 절충주의적 ^{Ecléctic} 건축양식에 기반을 두고 있다(Currie, 2012: 52~53). 쿠바 건축과 관련한 전문 용어가 아직 일관되게 정의되지 않아서 건축 연구에 어려움이 있지만, 일반적으로 아바나 도시연구가들은 식민지 초기 건축물을 스페인 무데하르^{Hispano Mudéjar}와 바로크 양식으로 분류하고 있다(Niell, 2008: 67~68). 스페인의 식민지였던 쿠바에서 무데하르 양식의 등장은 스페인이라는 기독교 왕국 내 무슬림의 역사에 뿌리를 두고 있다. 특히 스페인의 안달루시아^{Andalusia} 지역은 지리적 이점으로 쿠바를 비롯한 라틴아메리카 지역과 긴밀한 관계에 있었고, 1492년 이전의 약 770년 동안 스페인의 국토회복 과정에서 가장 오랫동안 이슬람의 영향 아래에 남아 있었던 곳이다. 여기서는 아바나에서 만나는 무데하르 양식의 그 유래와 몇몇 사례를 이야기한다.

스페인 남부에서 신대륙까지

1400년대 말에서 1500년대 초, 유럽에서는 상업과 무역이 중요해지면서 뱃사람에게 항해와 관련된 과학적·지리적 정보에 접근할 수 있는 특권을 주었다. 1400년대 중반 오스만튀르크 제국(1299~1922)이 비잔틴 제국을 무너뜨리고 지중해를 장악하자 인도와 동남아의 향신료와 보석, 중국의 비단과 자기류 등을 거래하던 유럽과 아시아의 교역은 어려워졌다. 이슬람 세력이 아시아 지역으로 접근할 수 있는 교역로를 점령하면서, 당시 유럽의 여러 통치자는 인도와 중국의 희귀품을 쉽게 조달할 수 있는 항로 개척에 관심을 가졌다.

특히 당시 선박 건조 기술과 항해술이 발달해 있던 포르투갈과 스페인은 적극적으로 항로를 개척하기 시작한다. 1400년대 말 포르투갈은 아프리카 대륙을 돌아 인도로 가는 항로를 개척했다. 그 여정에서 바스코 다 가마는 유럽에서 아프리카 남해안을 거쳐 인도까지 항해한 최초의 인물로 전해진다. 스페인 카스티야 왕조는 이베리아반도의 남부에 남아 있던 이슬람 세력을 축출하고 영토를 회복한 긴 여정(Reconquista, 718~1492)으로 인해, 포르투갈보다 늦게 항로 개척에 뛰어들었다. 그리고 포르투갈이 이미 선점한 아프리카를 돌아 인도로 도착하는 경로 대신에 서쪽으로 가서 인도에 닿기로 한다.

크리스토발 콜론Cristóbal Colón(이후 콜럼버스)의 항해도 이런 역사적 배경에서 시작되었다. 콜럼버스는 스페인 왕실의 지원을 받아 인도로 가는 루트를 개척하여 인도로부터 물품 운송에 드는 값비싼 비용을 줄일 수 있다고 생각했다. 물론 그가 결국 도착한 곳은 아시아의 인도가 아닌, 당시 지도에 없던 지금의 아메리카였다. 콜럼버스는 1491년에서 1492년 사이, 현재 스페인의 남부, 안달루시아 지역에 있는 우엘바 Huelva주의 주도인 우엘바시

라비다(La Rábida)

인근 푸에르토 데 팔로스 데 라 프론테라 Puerto de Palos de la Frontera 에 있는 수도원 라비다 La Rábida 에 머무르면서 가톨릭 수사와 페르난도 2세와 이사벨라 여왕으로부터의 재정 지원을 기다렸다. 라비다 수도원은 1412년에 이슬람 세력의 지역에 지어졌다. 이슬람의 영향은 아름다운 회랑 cloister 을 포함한 무데하르식 건축에서 볼 수 있다.

콜럼버스 항해 주요 출발지였던 우엘바시의 광장에 있는 콜럼버스의 동상.

1492년 이사벨라 여왕은 인도로의 새로운 무역로를 개척하기 위한 콜럼버스의 서인도(아메리카) 탐험을 후원하기로 하고 콜럼버스에게 선박 두 척을 내주고 항로 개척 자금을 제공한다. 또한, 그 당시 팔로스항에 살던 부유한 선장 알론소 핀손 Alonzo Pinzon 이 소유한 산타마리아 Santa María 호도 콜럼버스의 첫 항해에 동행한다.

팔로스 데 라 프론테라에 있는 발견자들의 길.

콜럼버스는 1492년 8월 3일 푸에르토 데 팔로스 데 라 프론테라에서 1차 항해를 출발하여 아프리카 북서부의 대서양에 있는 카나리아 제도로 이동했다. 9월 16일

배는 북위 20~40°, 서경 30~80°의 해역에 위치하는 사르가소해에 다다랐으며, 10월 28일에는 쿠바섬에, 12월 5일에는 아이티 북동부 해안 도시인 지금의 카프아이시앵Cap-Haïtien에 도착하고, 이곳을 "작은 에스파냐"라는 의미의 '라 에스파뇰라La Española'라 이름을 붙인다. 지금은 '라 에스파뇰라'보다는 라틴어와 프랑스어의 '히스파니올라Hispaniola'로 더 알려져 있다.

쿠바섬 탐험과 정착

1508년에 히스파니올라 감독관이었던 니콜라스 데 오반도Nicolás de Ovando는 세바스티안 데 오캄포Sebastián de Ocampo와 예비대를 쿠바섬 탐험에 보낸다. 그들에게는 이 섬이 엔코미엔다encomienda 제도를 위한 원주민 노동력을 공급할 수 있는 지역으로 알려져 있었다. 오반도는 히스파니올라에서 재임 기간에 엔코미엔다 제도를 확대해 나갔고, 결과적으로 그 지역에서는 원주민 인구가 이미 감소하고 있었다. 1508년 세바스티안 데 오캄포가 이끄는 부대가 쿠바섬을 돌아보면서 쿠바의 북서부 해안에 큰 항구로 적합한 곳을 발견하고 푸에르토 데 카레나스Puerto de Carenas라고 이름을 붙인다. 여기가 바로 지금의 아바나만이지만, 그 중요성은 1519년에 쿠바섬 북쪽 해안으로 아바나가 이동해 오면서야 알게 된다. 1511년 당시 군인이었고 후에는 쿠바의 감독관이 된 디에고 데 벨라스케스Diego de Velázquez는 에르난 코르테스Hernán Cortés와 바라코아Baracoa에서부터 쿠바섬 탐험에 나선다. 벨라스케스는 쿠바의 동쪽에서 서쪽 지역으로 다양한 길을 따라 이동한다. 그는 토착민들을 고용하기도 하고 진압하기도 하면서 쿠바섬에서 정착지를 만들어 나갔다. 1514년경 약 500명의 스페인 군인과 함께 쿠바섬의 서부 지역으로 이동하면서 마을을 만들기 시작한다. 그때 만든 여섯 개의 정주지 이름은 이를 개척한 사람의 가톨릭 신앙을 본떠 종종 신위와 종교적인 부칭을 따라

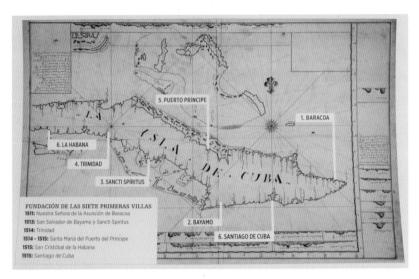

스페인이 쿠바섬을 점령하면서 초기에 만든 마을(세군도 자료, 아바나). 그림에서 왼쪽 상단의 6번 LA HABANA.

지었다. 산살바도르 데 바야모 이 산크티 스피리투스San Salvador de Bayamo y Sancti Spíritus (1513), 트리니다드Trinidad (1514), 산타마리아 델 푸에르토 델 프린시페San Maria del Puerto del Principe (1514~1515), 마야베케Mayabeque 의 산크리스토발 데 라 아바나San Cristóbal de la Habana (1515), 산티아고 데 쿠바Santiago de Cuba (1515)가 그곳이다.

1514년경에 쿠바의 남부 해안의 산크리스토발 데 라 아바나는 현재의 쿠바 마야베케 지역에 있었다. 이 아바나가 현재의 위치로 옮겨지기까지는 여러 번의 이동이 있었다. 1515년 이후 적당한 도시 정착지를 찾기 위해 차츰 북쪽으로 이동하여 결국 다섯 번의 도시 이전을 통해 지금의 수도 아바나에 있는 알멘다레스Almendares 강까지 이동하고, 1519년 당시 푸에르토 데 카레나스라고 부르던 지금의 아바나만에 안착한다. 스페인 식민지 총독은 1533년부터 아바나에 거주하기 시작했다고 전해진다.

격자망의 도시

1573년에 스페인이 공표한 인디아스 법(1573)과 당시 아바나 총독이었던 알론소 데 카세레스Alonso de Cáceres가 도시의 운영을 위해 만든 카세레스 규정(1574)은 현재의 구아바나Habana Vieja 도시 형성에 중요한 역할을 하였다. 요새, 수도원, 성당과 저택은 유럽에서 들어온 군 관련 엔지니어와 목수들이 지었고, 좁은 길이 정비되고, 건물의 정면이 가지런히 늘어선다. 1603년 크리스토발 데 로다Cristóbal de Roda는 도시 방벽이 처음으로 표시된 도시계획 윤곽을 그렸다(Julio César Pérez Hernández, 2011: 94).

17세기에 이미 아바나에는 다섯 개의 광장이 만들어졌고, 작은 광장들이 잇따라 나타나 도시의 특징을 이루었다. 요새와 방벽, 밀집한 격자 패턴의 도시 배열, 좁은 도로는 아바나에서 중세 도시의 일면을 볼 수 있는 특징이기도 하다. 아바나가 중세 도시의 모습을 가지고 있다고 하더라도 중세 도시에서 보이는 비정형 설계보다는 좀 더 정형된 도시구조를 갖추고 있었다. 또한, 중세 후기 유럽에서 상업과 교역의 발달은 라틴아메리카의 식민지에도 영향을 주었다. 식민도시로서의 아바나는 이러한 중세 후기의 교역도시의 특성이 있었다. 아바나는 1674~1740년에 걸쳐 건설된 아바나 도시방벽 Muralla de la Habana 이 완공되기도 전에 방벽의 바깥쪽으로 확장되었다(Regulaciones, 1-2).

이어진 집들과 안마당

식민시기 초기 고립되어 있던 원주민의 전통 가옥인 보이오Bohio 는 점차로 안마당이 있는 주택으로 발전했다. 안마당을 가진 주택의 정문이 부지의 앞면에 나란히 위치하면서 개별적으로 떨어져 있던 주택들은 경계벽medianería

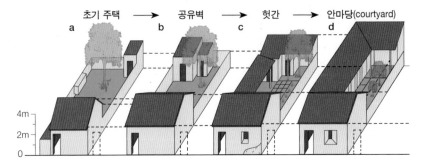

초기 주택 ──▶ 공유벽 ──▶ 헛간 ──▶ 안마당(courtyard)
a   b   c   d

4m
2m
0

16세기 주택의 발전 모습[자료: Tablada et al.(2009)]

을 가지고 이어졌다. 정면을 따라 주택이 토지를 점유하면서 자연히 기존의
고립된 주택들은 벽을 공유하게 된 것이다(그림에서 a와 b). 이후에 좀 더 중
요한 변형이 뒷마당에서 연속적인 확장으로 나타난다. 처음에는 주택 관리
나 말을 두기 위한 열린 공간으로서(그림에서 c), 나중에는 내부의 공간으로
서 안마당 형태를 가진다(그림에서 d). 안마당을 가진 주택은 건축자재의 개
선과 부지를 채우는 과정에서 나왔으며 특히 스페인 남부의 건축 양식으로
부터 영향을 받은 것이다. 당시 쿠바섬에서 일하는 벽돌공의 대다수는 스페
인 남부에서 왔고, 이들의 건축방식은 식민지 초기 쿠바의 건축에 지대한
영향을 미친다. 스페인 남부 안달루시아 지방의 무데하르 양식에서 영향을
받은 안마당형 주택은 그 당시 부의 상징이었다.

좁은 부지의 주택에는 중하계층이 거주했다. 중하층민의 주택은 좀 더
넓은 부지에서 부유한 상류층의 주택이 발전하는 방식에 따라 많은 영향을
받았다. 주택에는 부지의 앞쪽에서 뒤쪽으로의 깊이에 따라 하나 또는 두
개의 안마당이 있었다. 두 번째 안마당은 '트라스파티오 traspatio'라 불렸고,
주로 가사 활동에 쓰였지만, 첫 번째 안마당은 좀 더 장식적인 특성이 있었
다. 입구나 '현관 zaguán'은 내부가 보이지 않도록 위치했는데, 이는 이슬람
전통이기도 했다. 시간이 지나면서 지붕의 높이는 3m에서 5.5m로 높아졌

다. 지붕은 재료와 형태 면에서 변화가 있었다. '알파르헤alfarje'라 불린 지붕에는 역청을 발랐고 붉은 기와로 덮었다. 시간이 흐르면서 유행이 바뀌어 중세시대 이베리아반도에서 유행했던 건축과 장식 스타일인 무데하르 양식의 영향이 줄어들었고 기존의 알파르헤는 평평한 지붕으로 대체되었다.

무데하르 양식의 기원

스페인과 마찬가지로 스페인 식민지 도시에서도 도시의 중심은 성당과 광장이었다. 17세기에 이미 아바나의 대표적인 광장인 아르마스 광장, 대성당 광장, 구광장, 성 프란시스코 광장이 만들어졌다. 기독교적 요소가 아바나 도시 형성에 주요한 영향을 미쳤지만, 당시 아바나의 벽돌공과 기술자들은 주로 스페인 남부 안달루시아 지방 출신이었다.

라틴아메리카 식민지 건설에서부터 밀접한 영향을 주고받았던 지금의 스페인 안달루시아Andalucía의 지역명은 아라비아어 단어인 알 안달루스에서 유래했다. 알 안달루스는 711년부터 1492년 사이에 무슬림이 지배한 이베리아 지역을 두루 뜻하지만, 그 경계는 시기에 따라 많은 변화가 있었다.[1] 지명인 Andalucía가 el Andalucía의 형태로 스페인어에서 쓰이게 된 것은 13세기이다. 이 이름은 스페인을 점령했던 이슬람의 영토를 일컬을 때 이용되다가 점차 카스티야 누에바와 발렌시아의 남부를 일컬었다. 안달루시아는 현재 카디스, 코르도바, 그라나다, 우엘바, 하엔, 말라가, 세비야 주를 포함한다.

8세기부터 15세기까지 이슬람 문명은 스페인이 위치한 이베리아반도에 영향을 주었고 독특한 안달루시아 예술을 만들었다. 이 예술은 동쪽의

---

1)   http://www.andalucia.com/art/architecture/mudejar-romanesque.htm

스페인 안달루시아 그라나다 알함브라 아치　　　쿠바 아바나 아치

이슬람과 서쪽의 기독교, 스페인 예술이 융합되어 이 지역의 예술 형태를
형성하였고, 주요 건축 양식은 스페인 무데하르 양식이었다. 안달루시아
예술에 대한 구분 중 하나인 무데하르 양식은 아바나를 비롯한 라틴아메리
카 도시에서도 볼 수 있다. 8세기 초부터의 안달루시아 예술을 시기별로 구
분해 보면 칼리팔 Caliphal(8~10세기), 타이파스 Taifas(11세기), 알모라비데
Almorávide(12세기), 알모아데 Almohade(12~13세기), 나사리테 Nazarite(13~15세
기), 무데하르(12~18세기)순이다. 무데하르 양식은 그 이전 예술전통과 기
법인 알모아데와 나사리테의 영향을 받아 이어졌다.[2]

　　스페인 무데하르 양식으로 불리는 예술 양식에서 무데하르는 아라비아
어 '무다잔'에서 왔으며 로마자화하면 mudajjan으로, '남도록 허락된' 의미
이다. 무데하르 건축물은 기독교국인 스페인 영토에서 기독교로 개종하지
않은 무어인, 즉 무데하르들이 만들어낸 건축 양식으로 무슬림과 유럽 문화
의 접점인 이베리아반도에서 12세기에 출현하였다. 무데하르 중에는 매우
솜씨 좋은 장인들이 많았고 그들은 아랍과 스페인의 예술적 요소들을 성공
적으로 혼합하여 무데하르 양식을 만들어낸다. 건축 재료로 주로 벽돌을 이

[2]　　스페인 카디스 박물관(Museo de Cádiz) 자료

용했고 종탑을 지었다. 기하학적 디자인과 식물 도안, 편자형의 아치, 둥근 천장, 벽돌, 나무 무늬 조각, 석고 세공 등이 특징이다. 특히 벽과 바닥 표면을 장식하기 위해서 무데하르 양식은 정교한 타일 패턴을 발전시켰다. 12세기에 스페인 남부인 안달루시아 지방에서 출현한 무데하르 양식은 스페인의 중부와 북부로 퍼져나갔고 16세기까지 지속되었다.

레알 푸에르사와 세군도 카보

식민지 초기 아바나는 아르마스 광장과 카스티요 데 라 레알 푸에르사 Castillo de la Real Fuerza를 중심으로 시작되었다. 아바나에서 첫 번째 도시 공간인 아르마스 광장은 광장 서쪽 한 면에 자리한 팔라시오 데 로스 카피타네스 헤네랄레스 Palacio de los Capitanes Generales 와 광장의 북쪽 모서리에 위치한 레알 푸에르사 요새 인근 지역에서 시작되었다. 아르마스 광장은 아바나 지역에서 가장 오래되고 중요한 광장으로 그 역사적 시작은 1519년으로 거슬러 올라간다. 그 당시 광장의 이름은 교회광장 Plaza de la Iglesia 이었다. 이는 중세 유럽의 요새 광장과 유사한 모습이었는데 중세 유럽의 요새는 광장의 기능이 강화된 것이 특징이었다. 광장의 기능을 강화하여 적의 공격을 방어하면서 도시에서 독립적인 공간으로서 역할을 하게 고려한 것이다. 실제로 아바나의 아르마스 광장은 북쪽에 위치한 레알 푸에르사 요새와 함께 도시 방어 및 식민영토에서의 도시 행정을 수행하는 공간이었다. 이 공간은 초기에는 군사 활동 공간으로 이용되다가 차츰 도시 및 종교 활동 공간으로 쓰임이 확대되었다. 레알 푸에르사 요새는 중세시대 스페인 건축의 영향을 크게 받았다. 요새는 10m 높이의 석회암으로 지어져 있다.

이 요새는 1558년에 짓기 시작하여 1577년경에 완성되었다. 초기에는 스페인 왕실로 가져갈 금을 보관하던 곳이었으나 후에는 쿠바의 통치자인

아바나의 카스티요 데 라 레알 푸에르사(왼쪽 탑의 위에 히랄디야가 보임).　　세비야의 히랄다

총독의 관사가 추가되어 1762년까지 관사로 이용되었다. 1632년에는 종탑이 추가되었고 그로부터 2년 후인 1634년에는 과거 스페인 국왕 카를로스 5세(1500~1558)가 임명했었던 쿠바 총독 에르난도 데 소토의 아내 도냐 이네스 데 보바디야를 떠올리게 하는 조각상 히랄디야^{Giraldilla}가 추가되었다. 도냐 이네스 데 보바디야는 당시 총독의 관사였던 이 요새의 감시탑에서 그당시 국경 지역으로 탐험을 떠난 그의 남편을 오랫동안 기다렸다. 그 오랜 기다림으로 인해 그녀는 지평선을 바라보며 남편이 집으로 돌아오는 배를 기다리는 전설적인 인물이 된다. 그의 남편은 지금의 미국 조지아, 알라바마 플로리다를 탐험했다. 그는 미시시피강에 다다랐고, 원주민들 사이에 전해오던 영원한 젊음의 원천에 대한 전설을 듣게 된다. 당시 그의 나이 겨우 마흔셋이었는데도 그는 영원한 젊음을 찾아 그 신화의 장소에 가기로 한다. 그러나 그는 거기에 도달하지 못했고, 열병으로 그만 죽게 된다. 몇 년 후 카나리아 제도 출신의 예술가인 헤로니모 마르틴 차핀츠^{Gerónimo Martín Chaffinch}(1607~1649)가 아바나에 거주하다가 그녀의 이야기에 감명을 받고 고귀한 결혼과 희망의 상징으로서 상을 조각한다. 그 당시 총독이었던 돈 후안 비트리안 비아몬테^{Don Juan Bitrián Viamonte}는 그 조각상을 황동으로 만들

었고 그즈음에 만들어졌던 요새의 탑
의 꼭대기에 풍향계로서 그것을 올려
놓는다. 총독은 이 풍향계를 히랄디야
Giraldilla라 명명하는데, 이 이름은 총독
의 출생지인 본국 스페인 세비야의 히
랄다 Giralda 에서 따온 이름이다. 세비
야의 히랄다는 12세기에 건설된 이슬
람 사원Arab mosque의 옛 첨탑으로 오렌
지 나무가 들어선 안뜰은 알모아데 양
식이다.3) 이 양식은 13세기 15세기의
나사리테 양식과 더불어, 무데하르 양
식에 영향을 주었다. 이 건물의 풍향
계 종탑은 16세기에 추가되었다.

팔라시오 델 세군도 카보 정문에서 안마당으로 향한 이완
의 모습

　　현재 아바나의 요새 탑 위에 있는 히랄디야는 복제품으로 원래의 조각
상은 약 43인치 높이로 아바나시립박물관에 보존되어 있다.

　　팔라시오 델 세군도 카보Palacio del Segundo Cabo는 팔라시오 데 로스 카피
타네스 헤네랄레스와 함께 아르마스 광장을 둘러싸고 있는 건물 중 하나이
다. 1770년 스페인 왕조는 아르마스 광장의 북쪽에 있는 레알 푸에르사 요
새의 옆에 스페인의 이베로아메리카 식민지의 우편통신을 책임질 왕립우
체국 건물을 짓기로 하고 지금의 세군도 카보를 짓기 시작한다. 견고한 무
어풍Moorish이면서, 대표적인 쿠바의 바로크 양식이기도 하고, 부분적으로
는 신고전주의 건축물이기도 한 세군도 델 카보는 1772년에 완성되었다
(Julio César Pérez Hernández, 2008: 2~3). 무어풍의 건축양식은 안마당과 외

3)　　https://www.spain.info/en/que-quieres/arte/monumentos/sevilla/la_giralda.html

부에서 안마당으로 향하는 전이 공간인 이완liwan에서 볼 수 있다.

1820년 세군도 델 카보는 군대 병참 사령부로 사용되기도 했으며, 재무청의 공관으로 사용되기도 했다. 1800년대 중반, 이 건물은 부총독의 공관으로 이용되었다. 스페인으로부터의 독립 이후 1902년에는 쿠바공화국 상원 공관이나 고등법원 건물로 사용되기도 했었다. 지금은 아바나시립박물관으로 이용되고 있다.

1700년대 중반의 주택

카사 데 알페레스 프란시스코 델 피코Casa de Alférez Don Francisco del Pico는 아마르구라 거리Calle Amagura에 있는 식민지 시기 대주택으로, 웅장한 정문을 가지고 있으며 바로크 양식의 선으로 장식되어 있다. 18세기 중반 상류층이 거주하던 전형적인 주택 모습이다. 첫 번째 소유자는 갈리시아에서 아바나에 도착한 알페레스 프란시스코 델 피코로 이 주택의 이름은 그의 이름을 따랐다. 1900년대 후반에 이르러 이 집은 다세대주택으로 이용되었다. 이 집은 19세기와 20세기에도 상당한 변형을 겪었고, 일부 공간은 상업적인 공간이나 창고로 사용되기도 했다. 최근에 복원되어 현재 사회주택으로 이

카사 델 알페레스 프란시스코 델 피코의 전경

카사 델 알페레스 프란시스코 델 피코의 안마당

용되고 있다.[4)]

18세기 중반에 지어진 이 건물은 1759년에 경매로 처분되고 최초의 주인이 물러난다. 이 건물의 물리적 특징은 석조로 된 건물 기초와 벽돌 파티션, 타일로 장식된 바닥과 벽화가 그려진 벽과 천장, 석고로 장식된 벽과 천장이다. 무어식 건축의 특징인 타일 작업과 석고 장식 그리고 안마당과 이완을 갖추고 있다. 안마당을 둘러싼 세 개 면은 집 내부로 연결되어 있고 한 개 면은 외부로 노출된 형태였다. 초기 이완은 아치 형태의 지붕이었으며, 벽면은 안마당으로 향해 있고, 개방되어 있었

타일 벽면과 세공 문양

다. 무어식 건축 양식의 특징인 이완과 안마당을 통해서 스페인 안달루시아 지역의 건축 양식이 아바나의 건축물에 영향을 주었음을 알 수 있다. 창문 형태는 신고전주의 건축양식의 영향을 받아 처마가 없는 형태이다. 아바나에서 신고전주의 건축물의 등장이 1800년대 초반인 점을 고려하면, 이 창문의 양식은 초기 건축 이후에 변경된 것일 수도 있으나 자료로 남지 않아 확인할 수는 없었다.

아바나의 무데하르

특정 지역의 건축물은 그 지역의 기후에 적응하여 관습과 전통적 요인을 갖추고 지어진다. 그러나 식민지 시대 초반, 쿠바에는 그 지역의 기후와 문화를 살린 전통 주택양식보다는 스페인의 건축 문화에 기초해 지어졌다.

구아바나의 도시구조와 식민지 시기에 지어진 건축물을 볼 때 도시 형

---

4)   http://www.habanaradio.cu

아바나시 건물들에서 본 특징적 요소들: 안마당   아바나시 건물들에서 본 특징적 요소들: 마쉬라비야

성 초기부터 그 지역의 기후를 고려했다고 보긴 어렵기 때문이다. 조밀한 격자 모양의 거리 체계, 경계벽을 기대고 서 있는 건물들, 내향적인 건축구조와 안마당은 고온다습한 카리브해 섬 지역의 기후가 고려되었다기보다는 16세기 스페인 남부 고온 건조한 안달루시아의 기후가 반영된 결과를 보여준다.

건물은 이슬람의 전통적인 요소가 채택되어 바람 통로는 외부로 향하기보다는 내부로 향하면서 통풍에 취약한 구조를 가진다(Couret, 2013: 800~811; Tablada et al., 2009). 또한, 안마당, 이완과 같은 건축양식뿐만 아니라 벽에 적용된 식물 도안, 벽과 바닥의 타일, 그리고 창문에 적용된 마쉬라비야Mashrabiya에서 아바나의 건축물에 스며 있는 이슬람 전통과 무데하르 양식을 볼 수 있다. 물론 수백 년 동안의 식민지 시기에 있었던 문화적 이식 과정에서도 쿠바만의 독특한 변화와 진보는 간과할 수 없지만 말이다.

참고문헌

Couret, Dania Gonzalez et al. 2013. "Influence of architectural design on indoor environment in apartment buildings in Havana." *Renewable Energy*, Vol.50,

February 2013, pp.800~811.

Currie, Laura Peñaranda. 2012. "From Colonial Port to Post-Revolution: Urban Planning for 21st Century Havana." *The Journal of Sustainable Development*, Vol.8, Iss.1, pp.50~69.

Hernández, Julio César Pérez. 2008. "Rethinking the Spirit of Place: The Magic and Poetry of Havana." In 16th ICOMOS General Assembly and International Symposium: 'Finding the spirit of place – between the tangible and the intangible', 29 sept – 4 oct 2008, Quebec, Canada. pp.1~10.

_____. 2011, "A Vision for the Future of Havana." *Journal of Biourbanism*, (1), pp. 93~102.

Niell, Paul Barrett. 2008, "'Bajo su sombra': The Narration and Reception of Colonial Urban Space in Early Nineteenth-Century Havana, Cuba." University of New Mexico. in : https://digitalrepository.unm.edu/arth_etds/2

Tablada, A. 2009. "On natural ventilation and thermal comfort in compact urban environments." *Building and Environment*, Vol. 44, Issue 9, pp.1943~1958.

Regulaciones, CAPÍTULO 1. DESCRIPCIÓN DEL CENTRO HISTÓRICO DE LA CIUDAD DE LA HABANA. http://www.planmaestro.ohc.cu/recursos/papel/documentos/regulaciones.pdf

웹사이트
http://www.andalucia.com/art/architecture/mudejar-romanesque.htm
https://www.spain.info/en/que-quieres/arte/monumentos/sevilla/la_giralda.html
http://www.habanaradio.cu
스페인 카디스 박물관(Museo de Cádiz)
쿠바 아바나 세군도(Palacio del Segundo Cabo)

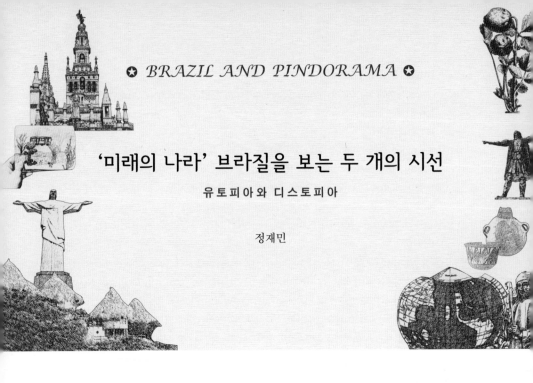

⭐ BRAZIL AND PINDORAMA ⭐

'미래의 나라' 브라질을 보는 두 개의 시선

유토피아와 디스토피아

정재민

흔히 브라질을 '미래의 나라'라고 이야기한다. 브라질을 얘기할 때마다 상투적으로 따라붙는 이 수식어는 20세기 유럽을 대표하는 지식인 슈테판 츠바이크가 쓴 책,『미래의 나라, 브라질』에서 유래했다. 유대계 오스트리아 작가 슈테판 츠바이크는 나치 정권의 억압을 피해 이주해 온 브라질에서 인류의 희망을 보았다. 다양한 인종들이 평화롭게 살고 있는 브라질을 통해 인종주의와 제국주의의 광기에 빠져 있던 당시 서구 세계를 대체할 수 있는 이상적인 미래가 펼쳐지는 곳, 즉 유토피아의 모습을 발견한 것이다.

유럽인들이 브라질에서 유토피아의 모습을 발견한 것은 이보다 훨씬 오래전이었다. 브라질 땅에 첫발을 디딘 유럽인들의 눈에 기적처럼 펼쳐진 아름다운 대자연을 상상해 보자. 넘쳐나는 맛 좋은 과일들, 화려한 색을 뽐내며 날아다니는 앵무새 떼, 실오라기 하나 걸치지 않은 채 자유롭게 살고 있는 원주민들의 모습은 유럽인들이 꿈꿔오던 에덴동산, 즉 유토피아에 다름 아니었다.

해양 개척의 선봉 포르투갈, 인도 항로에 이어 브라질을 발견하다

15세기 말 유럽은 중세 암흑기를 벗어나 르네상스를 거치면서 인문주의 사상과 함께 지리상의 발견 소식으로 미래에 대한 꿈과 이상이 끓어오르던 시기였다. 망망대해 너머 저 멀리 분명 존재하리라고 믿었던 유토피아는 수많은 항해가들에게 용기와 희망을 불어넣어 주었다. 해양 개척의 선봉은 포르투갈이었다. 포르투갈은 항해 왕자 엔히크가 면밀하게 주도해 온 조선과 항해 기술의 발전에 힘입어 오랜 숙원 사업을 유럽 국가들 중 가장 먼저 실현하는 데 성공한다. 1498년 바스쿠 다 가마가 인도 항로를 개척하는 쾌거를 올린 것이다. 여기에 한층 고무된 포르투갈의 마누엘 1세는 내친 김에 인도를 거점으로 하는 동양무역 기지를 설립하려고 발 빠르게 움직인다. 선박 13척, 선원 1200명으로 구성된 대규모 원정대를 조직하고 함대의 총지휘권을 페드루 아르바이트르스 카브랄에게 부여한다. 1500년 3월 왕실을 비롯

세계 3대 미항으로 꼽히는 리우 데 자네이루 모습. 사진 왼쪽으로 예수상이 있는 코르코바두산을 전경으로 과나바라만을 끼고 있는 팡 지 아수카르(Pão de Açúcar) 바위산이 오른편 멀리 보인다. 유럽인들의 눈앞에 펼쳐진 브라질은 실로 유토피아의 모습이었다.

한 포르투갈 국민들의 대대적인 환송과 기대 속에 리스본 항구를 떠나 인도로 향하던 중 카브랄 함대는 같은 해 4월 22일 현재의 브라질 바이아주 포르투 세구루에 도착한다.

카브랄 함대에 함께 타고 있던 궁정 서기 카미냐는 브라질의 '출생증명서'라고 할 수 있는 〈마누엘 1세에게 보낸 상서〉를 통해 신대륙 브라질에 대한 정보를 유럽에 최초로 전하고 있다. 그런데 상서 처음에 '베라크루스의 땅'이라고 했다가 마지막에는 '베라크루스섬'으로 다르게 쓴 것은 눈여겨 볼 부분이다. 이는 카브랄 함대가 발견한 장소가 육지인지 섬인지 확실한 판단을 내리지 못했다는 것을 뜻한다. 현재의 포르투 세구루 지역에 머무는 열흘 동안 카브랄 함대장은 부하들에게 주변 지역을 샅샅이 조사할 것을 명령했다. 그의 휘하에는 1488년 희망봉을 발견한 업적을 세운 노련한 선장 바르톨로메우 디아스도 있었다. 조사 결과 이들이 발견한 곳이 뭍이 아니라 섬일 것이라고 잠정적으로 판단했다. 마누엘 1세는 이후 수차례에 걸쳐 원정대를 보내 새로 발견한 땅이 섬인지 육지인지 구체적으로 확인하고자 했고 결국 거대한 면적의 육지라는 확신을 갖게 됐다.

마누엘 1세는 이 사실을 1년 동안 비밀로 간직하다 스페인 공주와 정략결혼을 서두른 후에야 장인 장모에게 보낸 서신을 통해 밝힌다. 해양 개척의 선봉에 섰던 포르투갈로서는 이웃나라 스페인(당시에는 카스티야 왕국과 아라곤 왕국)을 경계할 수밖에 없었다. 마누엘 1세는 서한에서 발견한 땅을 '인도의 일부'라고 표현하면서 끝내 신대륙이라는 사실은 숨겼다. 야심 찬 해양 제국 건설 사업에 스페인이 가장 큰 걸림돌이 될 수 있다는 사실을 포르투갈 왕실은 역사를 통해 너무나 잘 알고 있었기 때문이다. 장인 페르난도 왕과 장모 이사벨 여왕이 브라질에 관심을 갖게 된다면 반드시 영토 분쟁이 생길 것을 우려한 마누엘 1세의 계략이었다. 1492년 콜럼버스가 발견한 서인도(실재로는 카리브해 군도)의 존재에 한껏 들떠 있던 스페인 국왕 부부는 사위의 말을 믿었고 결과적으로 한동안 해외 영토를 둘러싼 갈등을 피할 수 있었다.

브라질의 원래 이름은 '핀도라마'였다

이때까지만 하더라도 '브라질'은 공식적인 명칭이 아니었다. 사실 유럽인들이 브라질에 도착하기 훨씬 이전부터 원주민들은 자신들의 땅을 '야자수의 땅'이라는 뜻으로 '핀도라마Pindorama'라 부르고 있었다. 카브랄 함대장이 이름 붙인 '베라크루스의 섬'의 '베라크루스'는 '진실의 십자가'라는 뜻이다. 나중에 마누엘 1세가 고쳐 부른 '산타크루스의 땅'의 '산타크루스'는 '성스러운 십자가'라는 의미다. 포르투갈이 해양 개척을 하는 중요한 목적 중 하나가 가톨릭 신앙의 전파였다는 사실을 명칭에서 알 수 있다. 이후에도 브라질이라는 명칭으로 정착할 때까지 이 땅을 부르는 말은 여러 차례 바뀌게 된다. 하지만 정작 이 땅의 주인이던 브라질 원주민들은 자신들이 정겹게 부르던 '핀도라마'라는 이름은 영영 잃어버리게 된다.

유럽인들이 위험을 무릅쓰고 새로운 발견을 찾아 나선 가장 큰 이유는 무엇보다 부의 창출이었다. 인도 항로를 가장 먼저 개척한 포르투갈은 독점적인 향료 무역을 통해 엄청난 부를 보상받았다. 새로운 발견을 찾아 새로운 보상을 찾아 끊임없이 망망대해로 나서기를 주저하지 않았다. 신대륙에 대한 정보는 너무 불확실해서 온갖 추측이 난무하기 일쑤였다. 콜럼버스가 죽는 순간에도 자신이 발견한 곳을 인도 서쪽의 일부로 확신한 것처럼 브라질도 처음에는 섬이라고 잘못 알려졌다. 하지만 신대륙에 대한 정보의 불확실성은 아이러니하게도 유럽인들에게 더욱 큰 호기심과 환상을 자극하는 결과를 낳았다.

마누엘 1세가 브라질의 존재를 확인하기 위해 보낸 두 차례의 원정대에 모두 참가한 바 있는 아메리고 베스푸치는 1503년, 항해 경험을 기록한 일기와 서한들을 모아 라틴어로 『신세계』를 출간한다. 선풍적인 인기를 끈 이 책은 유럽 각국어로 번역돼 불과 3년이라는 짧은 기간 동안 22판까지 펴내는 초대형 베스트셀러가 됐다. 베스푸치는 자신이 밟은 땅을 '신세계'라고 명명하는 이유를, "어느 곳도 우리에게 알려져 있지 않기 때문"이라고 설명하고 있다. 하지만 실제로 그가 둘러본 곳은 콜럼버스와 카브랄이 이미 발견한 아메리카 대륙의 일부였을 뿐이었다.

베스트셀러 작가 아메리고 베스푸치, 아메리카 명칭으로 영원히 남다

『신세계』의 폭발적으로 인기는 신대륙에 대한 유럽인들의 호기심을 더욱 자극했다. 지도 제작자들은 신대륙의 최신 정보를 자신의 지도에 신속하고 정확하게 기록하기 위해 앞다퉈 경쟁했다. 독일인 지도제작자 발트제뮐러는 아메리고 베스푸치가 전하는 정보를 토대로 1507년 제작한 세계지도에 신대륙을 처음 포함시키면서 이 탐험가의 공로를 기념하여 '아메리카'라고 명명했다. 결과적으로 아메리카를 처음 발견한 콜럼버스의 존재는 소외된 셈이다. 한편으로 베스트셀러 『신세계』가 당시 유럽 사회에 미친 엄청난 영향력을 반증하는 동시에 당시 지리상의 발견과 관련한 불확실성을 보여준 중요한 예라고 할 수 있다.

르네상스의 핵심 사상인 인본주의는 인간의 능력과 창조적 가능성을 무한대의 공간으로 치켜올려 놓았다. 르네상스 시기 철학자 조반니 미란돌라는 인간의 존엄성을 이렇게 표현한다. "인간은 기적 자체이자 생명체 중에서 가장 행복한 영적 존재로서 별들과 저세상의 영혼들마저 질투하는 감탄의 대상이다." 인본주의 사상에 고무돼 하늘마저 찌를 듯한 자부심과 새로

발트제뮐러가 1507년 제작한 세계지도(아래)와 디테일 확대 사진(위).
아메리고 베스푸치를 그려 놓고 신대륙에 그의 이름을 붙였다.
카리브해에서 브라질 동북부 해변에 이르는 지도의 형상이 실제 해안선 모양과 상당히 흡사하다.

운 부를 찾아 낙원을 건설하겠다는 의지로 무장한 탐험가들에게 이 세상에 이루지 못할 꿈은 없었다. 아틀란디스섬이니 에덴동산을 찾는 것 또한 그들에겐 시간문제에 불과했던 것이다. 바르톨로메우 디아스, 바스쿠 다 가마, 콜럼버스, 페드루 아르바이트르스 카브랄, 아메리고 베스푸치로 대표되는 수많은 항해가들이 죽음을 무릅쓰고 성취한 신대륙 발견은 르네상스 인본주의 사상에 기초한 이상과 자신감 없이는 결코 불가능했을 것이다.

소설 『유토피아』의 배경은 브라질이다

항해가들은 신대륙 발견을 통해 자신들의 이상을 실현시키는 즉시 이 사실을 유럽에 서한으로 보고하고 서적으로 발간했다. 신세계에 관한 새로운 소식과 서적들을 읽고 창조적으로 고무된 대표적인 지식인은 영국의 토마스 모어였다. 그는 헨리 8세 집권기인 1516년 『유토피아 Utopia』를 출간하였다. 유토피아는 '이상향理想鄕'이라는 뜻이다. 그리스어에 어원을 두고 있는 이 말은 부정의 뜻인 'u'와 장소라는 뜻의 'topia'를 합친 말이다. '존재하지 않는 곳', 꿈과 이상의 나라, 결국 '세상 어느 곳에도 존재하지 않는 나라'라는 의미다.

　이 책에서 토마스 모어는 포르투갈인 주인공 '라파엘 히슬로다에우스 Raphael Hythlodaeus'를 창조해 낸다. 그는 아메리고 베스푸치와 함께 신대륙을 탐험하던 중 '유토피아'라고 불린 섬에서 5년간 살았는데 이 경험을 토대로 유럽인들에게 미지의 섬이자 이상의 나라인 유토피아 사회를 상세하게 이야기한다. 라파엘 히슬로다에우스의 이름 '라파엘Raphael'은 라파엘 천사의 포르투갈식 이름 'Rafael'을 영어식으로 옮긴 것이다. 천사의 이름을 차용함으로써 유토피아가 주는 이상향적 이미지와 주인공이 바라보는 절대적 시선을 상징적으로 표현하고 있다.

토마스 모어가 꿈꾸는 궁극적인 목표는 사회정의와 행복이다. 사회정의와 행복은 평등 없이 실현될 수 없다. 사유제 사회에서 평등은 유지되기 어렵다. 또한 사유재산이 존재하고 모든 것이 돈으로 평가되는 곳에서는 사회 정의 또한 실현될 수 없다. 악인이 가장 좋은 것을 소유하는 곳에 정의가 있을 수 없으며 극소수가 부의 대부분을 차지하는 곳에 공동의 번영을 말할 수 없다. 그러므로 유토피아 사람들은 다른 나라 사람들과는 전혀 다른 사고방식을 고안해 내 소유에 대한 인간의 욕망을 없애는 데 성공한다.

토마스 모어의 『유토피아』에 그려진 삽화. 모어가 상상한 이상적인 사회의 지리적 형태는 섬이었다.

그들은 정교하게 만들어져 있지만 값은 비싸지 않은 토기 접시로 음식을 먹고 유리컵으로 음료를 마시는 반면, 공회당 홀이나 개인 집에서 사용하는 요강 같은 하찮은 물건들은 모두 금은으로 만듭니다. 그뿐만 아니라, 바로 노예들을 묶는 사슬과 무거운 족쇄 역시 금은으로 만듭니다. … 그들은 가능한 모든 방법으로 금은을 경멸의 대상으로 들추어냅니다.

식인 식습관을 갖고 있던 투피낭바 부족에게 붙잡혀 잡아먹힐 뻔했던 독일인 한스 슈타텐 역시 브라질 원주민들이 보석을 귀하게 여기지 않는다는 점을 관찰한다.

그들 사이에는 사유재산이 존재하지 않으며 돈은 알지도 못한다. 그들에게 보물은 새깃털이다. 깃털을 많이 갖고 있으면 부자이고 입술과 얼굴에 크리스털 장식이 있으면 더 큰 부자다. 가족이 먹을 만큼만 카사바를 갖고 있을 뿐이다.

이처럼 금은보석이 가치 없는 곳의 사람들은 생활필수품만 필요한 만큼 갖고 있기 때문에 사치가 존재할 수 없는 '자연인'의 모습에 가깝다. 바로 토마스 모어가 꿈꿨던 유토피아 사회의 이미지다. 그러므로 온갖 사치품으로 장식한 채 거드름을 피우며 유토피아섬에 도착한 아네몰리우스 사절단은 어린아이들에게 놀림의 대상일 뿐이다.

"저 다 큰 촌뜨기 좀 봐, 엄마, 아직도 꼬마같이 진주나 보석을 달고 있어요." 그러면 어머니는 정색하며 말하는 거예요. "조용히 해, 애야, 저 사람은 아마 사절님의 어릿광대일 거야."

유토피아는 평화와 안식을 주는 섬의 이미지

모어가 유토피아의 지리적 형태를 섬으로 설정한 것과 콜럼버스가 서인도제도의 섬들을 보고는 지상낙원을 발견한 듯 기뻐한 것은 결코 우연의 일치가 아니었다. 유럽인들 사이에 알려져 있던 당시 또는 전대의 이상향적 서사물이나 이미지가 이들에게 잠재적으로나마 영향을 미치지 않았다면 도저히 불가능한 '일치'이기 때문이다. 오래전부터 유럽인들이 상상해 왔던 지상낙원의 모습은 대부분 섬이었다. 고대 그리스 철학자 플라톤은 이상 국가 아틀란티스가 대서양 한복판에 있다고 『대화편』에서 기술하고 있다. 이탈리아 작가 단테 역시 대표작 『신곡』에서 연옥과 천국을 남반구에 위치한 어느 섬에 있다고 설정하고 있다.

섬의 이미지는 충만하고 완전한 세계의 축소판이다. 또한 섬은 온갖 모

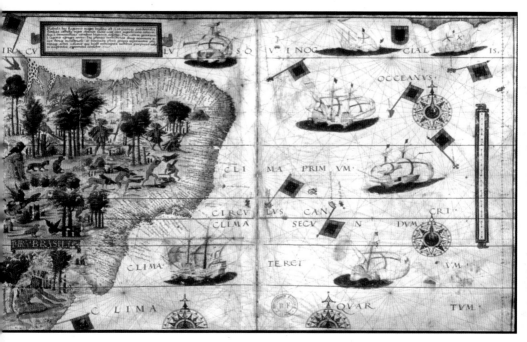

브라질 발견 초기 제작된 지도로 당시 모습을 그림으로 표시하고 있다. 파우브라질나무들 사이로 원주민들이
나무를 베고 대서양을 가득 메운 배들은 나무를 유럽으로 실어 나르고 있다. 붉은 앵무새, 원숭이, 표범 이외에도
불을 뿜고 있는 날개 달린 용을 그려놓았는데 미지의 상태인 내륙을 표현한 것으로 보인다.

순과 부당함이 들끓는 속세와 현실로부터의 도피처다. 도피의 공간은 안식
과 평화를 준다. 섬의 이미지가 인간들의 지속적인 관심을 끌 수 있었던 것
은 섬이 현실과는 전혀 다른 이상적인 세계이기 때문이다. 유럽인들의 해외
영토 개척이 물질적 부와 영혼의 평화를 주는 신세계를 찾아 나선다는 의미
로서 이상향의 개념과 각별한 관계가 있는 이유가 바로 여기에 있다. 새로
운 땅, 미지의 땅을 찾아 나선 이들의 노력은 바로 현실의 고난과 모순이 부
재하며 영원한 행복과 삶을 보장하는 지상낙원의 섬, 즉 유토피아를 발견하
리라는 꿈과 욕망을 구체적으로 실현하는 작업이었다.

브라질 섬은 오래전부터 꿈꿔오던 지상낙원

브라질Brasil이란 지명은 '불꽃brasa'처럼 활활 타오르는 듯한 붉은 빛깔의 나무속을 갖고 있다고 해서 이름 붙여진 '브라질나무pau-brasil'에서 유래했다는 게 널리 알려져 있는 말이다. 원주민들 사이에서는 '붉은색 나무'라는 뜻의 '이비라피탕가ibirapitanga'로 불렸다. 유럽인들은 이 나무를 대규모로 베어다가 유럽에서 염료를 채취하여 상당한 이익을 남겼다. 그런데 아일랜드에서는 중세 이전부터 'Brazil', 'Brazir', 'Brazie', 'Brasille', 'Breasail', 'Bresal', 'Brazille', 'Hi-Brasil', 'Hy-Bresal', 'I-Breasal', 'Hybrazil' 등, 수많은 유사 명칭으로 불리던 상상의 섬이 널리 알려져 있었다. 이는 당시 유럽의 이상향과 관련해 아주 흥미로운 사실이다. 켈트족의 전설에 따르면, 아일랜드 Ireland 명칭의 기원이 된 아이어Eire 여신의 아들, '브레이절Brasal' 왕이 행복과 낙원의 땅인 이 섬에 거주했다고 전해진다.

브라질 섬의 실재를 믿었던 존 제이라는 영국인은 1480년 브리스톨항을 떠나 '축복의 땅'이자 '영원한 행복의 섬'을 찾아 항해를 계속했으나 결국 찾지 못하고 돌아왔다는 기록도 존재한다. 현재의 아일랜드와 포르투갈령 아소리스 군도 사이에 위치한 것으로 상상되어 왔던 브라질섬은 실제로 달로르토 지토 지도(1325년), 피지가니 지도(1367년), 메디치언 지도(1351년), 카탈란 지도(1375년), 메르카토르 지도(1595년), 조반니 마지니 지도(1597년)를 비롯해서 1800년대까지 유럽에서 제작된 수많은 지도에 지속적으로 표기됐다. 유럽인들이 미지의 세계를 부단히 찾아 나선 것은 어찌 보면 영원한 행복을 보장하는 지상낙원, 즉 유토피아가 이 세상 어딘가에 존재한다는 확신이 있었기 때문이다. 영원한 행복을 주는 이상향의 섬, '브라질'에 대한 환상은 여러 영미 시인들에게 시적 영감을 불러일으키는 소재였다. 브라질을 발견한 지 무려 400여 년 뒤에 발표된 시에도 브라질이 등장하는 걸

죠반니 마지니 지도(1597)의 일부. 아일랜드 남서쪽으로 콩알만 한 크기의 쌍둥이 섬이 보인다. 부분 확대한 왼쪽 그림을 보면 '브라질(Brasil)'이라는 표기가 선명하다.

보면 이상향으로서 브라질섬이 얼마나 오랫동안 유럽인들에게 동경의 대상이었는지 알 수 있다.

겔웨이의 시, 「하이 브라질」(1872년)은 이렇게 맺고 있다.

그리고 난 알았노라 그 고요하고 순수한 빛이

하이 브라질 해변으로부터 반짝임을,

끝까지 인내하는 이들이

영원히 안주하게 될 그곳.

오늘날 브라질이라는 나라 명칭은 흔히 알고 있듯이 '브라질나무'에서 단독적으로 유래한 것이라고 볼 수는 없을 것 같다. 당시 유럽에서 가장 번성한 도시 리스본은 유럽 각국의 온갖 정보들이 소통되는 공간이었다. 오래 전부터 유럽인들 사이에 이상향으로서 전해오던 '브라질섬'의 존재 가능성과 동경이 포르투갈인들 사이에도 널리 퍼져 있었을 것이다. 그러므로 현재의 브라질 명칭은 '브라질나무'와 이상향으로서의 '브라질섬'의 이미지가 행복하게 결합된 결과라는 유추 또한 충분한 설득력을 지닌다.

낙원의 땅, 유토피아 브라질

유럽인들이 처음 대면한 신세계 브라질의 모습은 짙푸른 원시림 속에 맛좋은 과일이 넘쳐나며 인간과 동물이 자연 상태 그대로 자유롭게 살고 있는 성서 속 에덴동산의 모습과 너무나 닮아 있었다. 유럽인으로서 가장 먼저 브라질 땅을 밟았던 왕실 서기 카미냐 또한 브라질이 갖고 있는 천혜의 자연 조건을 마누엘 1세에게 "아주 좋은 온화한 날씨이고 물은 무한정으로 넘쳐납니다. 물을 잘 이용한다면 이 땅에서 모든 걸 수확할 수 있을 것"이라고 보고한다.

　아메리고 베스푸치는 브라질 원주민들이 장수한다고 기록하고 있다. 그는 자신이 알게 된 브라질 원주민들이 4대에 걸쳐 자손을 거느리고 있고 대략 132세 정도라고 나이를 추산한다. 프랑스인 쟝 드 레리도 많은 브라질 원주민들이 100살에서 120살까지 산다고 전하고 있다. 투피낭바 부족 남자들은 "튼튼하고 건강한 체격에다 유럽인들이 걸리는 병을 거의 앓지 않는다"고 말한다. 당시 유토피아 브라질을 수 세기에 걸쳐 꿈꿔왔던 유럽인들은 이런 글을 읽고 얼마나 가슴 벅찬 감동을 받았을지 상상하기란 어렵지 않다. '지상낙원이 실제로 존재하는구나', '수평선 저 너머 유토피아 브라질이 우리를 기다리고 있구나' 하는 생각이 들었을 게 확실하다.

미개인들의 땅, 디스토피아 브라질

16세기 정보문학이라고 모두 브라질을 지상낙원이라고 이야기하는 건 아니다. 정반대로 디스토피아적인 내용으로 브라질을 묘사하는 부분도 등장한다. 페루 마갈량이스 간다부는 브라질에 대해 쓴 긴 제목의 책 『우리가 통상 브라질이라고 부르는 산타크루스 지방의 역사』(1597)에서 흥미로운 언어학적 관찰을 과시하고 있다.

> 어떤 어휘들은 암컷들이 아니면 사용하지 않고 다른 어휘들은 수컷들만 사용한다. 이들의 언어에는 3개의 알파벳, F, L, R이 부재하는데 이는 놀랄 만한 일로 그렇기에 신앙, 법, 왕이 없는 것이요, 바로 그렇기에 저울이나 측량도 없이 무질서하게 살아간다.

이 부분에서 간다부는 브라질 원주민 언어를 분석한다는 현학적인 태도로 유럽인의 우월성을 드러내 보이고 있다. 유럽인은 문명인이요 브라질 원주민은 미개인이라는 이분법적 편견이다. "암컷들이 쓰는 말", "수컷들이 쓰는 말"이라며 원주민들을 인간이 아닌 짐승으로 간주한다. 간다부는 여기에 그치지 않고 원주민들이 사용하는 말의 발음에는 "F, L, R 발음이 없기 때문에 신앙Fé, 법Lei, 왕Rei이 존재하지 않으며 그래서 무질서하게 살아간다"고 전하고 있다. 자기네 말에는 있는 발음들인데 원주민들은 쓰지 않는다는 이유만으로 브라질은 미개하다고 단정한다. 편협하고 억지스러운 논리다. 브라질은 미개한 원주민들이 살고 있는 곳이니, 문명지 유럽이 이들에게 신앙을 전파하고 법을 만들고 통치해야 한다는 의도가 엿보인다. 결국 브라질 식민지의 개발과 지배를 합리화하는 논리를 편 것이다.

독일인 용병 한스 슈타덴은 브라질 원주민 투피낭바 부족에게 붙잡혀 9

한스 슈타텐의 책에 실려 있는 삽화. 투피낭바 부족의 식인 식관습을 묘사하고 있다.

개월을 포로로 지내다가 극적으로 탈출한 뒤,『두 번의 브라질 여행』이라는 책을 써 엄청난 화제와 인기를 누렸다. 이 책은 한스 슈타텐이 직접 그린 삽화와 함께 모험담을 담고 있다. 특히 원주민들의 식인 장면을 묘사한 삽화는 당시 유럽인들에게 엄청난 충격을 줬다. 사실 당시 투피낭바 부족 등 일부 브라질 원주민들이 식인 식관습을 갖고 있었던 것은 사실이다. 하지만 단순히 허기나 채우고 원기를 보충하려는 목적의 일반적인 음식과는 전혀 다른 의미를 지니고 있었다. 적대하는 부족의 우두머리를 생포해 예의를 갖춰 대우해 주다가 미리 정한 날에 성스러운 의식을 거쳐 죽인 뒤 모든 부족원이 나눠 먹는다. 육신을 통해 용맹한 적의 영혼을 자신들에게 체화시킨다는 제의적 성격이다. 이들의 식인 식관습은 20세기 초 브라질 문학의 모더니즘 시기에 와서 문화적 식인주의 선언으로 차용되기도 한다. 이때 식인주의는 유럽의 문화를 그대로 수용하는 차원을 뛰어넘어 브라질 것으로 완전히 소화시켜 새로운 브라질 문화로 재탄생시키겠다는 상징적 표현이었다.

　　이처럼 당시 유럽인들이나 브라질 정착인들의 눈에 비친 '신세계' 브라질은 그토록 오랜 세월에 걸쳐 유럽인들이 갈구해 왔던 지상낙원이요, 꽃과 나무의 푸르름이 언제나 가득 찬 상춘常春의 나라요, 물과 땅 그리고 공기가 좋고 신선한 먹거리가 풍부해 주민들이 병에 걸리지 않고 장수하는 축복받은 땅이었던 것이다. 브라질 역사학자 카피스트라누 지 아브레우가 본국인들을 유혹하는 일종의 "이민 광고"라고 표현했듯이, 16세기 브라질 보고문

리우데자네이루의 빈민촌 중 하나인 산타테레자 파벨라. 뒤편으로 보이는 고급 아파트와 대비돼 오늘날 브라질의 양극화를 상징적으로 보여준다.

학 작품들에 나타난 신대륙 브라질에 관한 과장 섞인 정보들은 포르투갈인들에게 브라질 이주와 개발을 유혹하는 효과를 유감없이 발휘했다. 한편으로 당시 정보문학에 표현된 '지상낙원, 브라질'의 이미지는 식민 본국 포르투갈뿐만 아니라 유럽 제국들의 해외 영토 확장에 대한 욕구를 부추겼다. 그 결과 포르투갈은 수 세기 동안 스페인, 프랑스, 네덜란드, 영국 등, 새롭게 등장한 해양 제국들과 상당 기간 브라질 식민지의 영토 주권을 확보하기 위한 전쟁을 치러야 했다.

서두에서 언급한 슈테판 츠바이크의 『미래의 나라, 브라질』이 처음 출판된 해가 1941년이니 올해로 81년이라는 긴 시간이 지나갔다. 브라질은 서구의 대안이라는 이상을 실현시키지 못한 채 오늘도 여전히 '미래의 나라'로 남아 있다. 2014년 월드컵에 이어 2016년 하계올림픽을 연이어 개최하며 세계의 주목 속에 꿈꿔오던 미래를 실현시킬 것만 같던 브라질은 재정

위기와 정치적·사회적 혼란으로 오히려 뒷걸음질 쳤다. 게다가 최근 수 년 동안 팬데믹 위기 대응 실패와 아마존 밀림의 무분별한 개발로 인해 국가 이미지 또한 커다란 상처를 입었다. 브라질 사회의 양극화 문제는 심화되고 있는 상황이다.

이름은 곧 정체성이다. 태초부터 이 땅에 평화롭게 살고 있던 원주민들이 부르던 이름 '핀도라마'는 이제 사라지고 새 주인이 된 포르투갈인들이 브라질이라고 부르기 시작한 지 500년이 됐다. 브라질의 미래 모습이 유토피아가 될지 디스토피아가 될지는 오롯이 브라질 국민들의 몫이다.

참고문헌

모어, 토마스. 2005. 『유토피아』. 나종일 옮김. 서해문집.

Alighieri, Dante. 1982. *The Divine Comedy of Dante Alighieri*. New York: Bantam Books.

Alves Filho, Ivan(org.). 1999. *Brasil, 500 anos em documentos*. Rio de Janeiro.

Amado, Janaina. e Figueiredo, Luis Carlos(org.). 2001. *Brasil 1500: Quarenta documentos*. Brasília, Editora da Universidade de Brasília: São Paulo, Imprensa Oficial.

Bosi, Alfredo. 1980. *História Concisa da Literatura Brasileira*. São Paulo, Cultrix.

Candido, Antônio e Castello, José Aderaldo. 1985. *Presença da Literatura Brasileira: História e Antologia das Origens ao Realismo*. São Paulo: Difel.

Cantarino, Geraldo. 2004. *Uma Ilha Chamada Brasil: o paraíso irlandês no passado brasileiro*. Rio de Janeiro: Mauad.

Eliade, Mircea. 1978. *A History of Religious Ideas*, Vol. 1. trans. Willard R. Trask. Chicago: University of Chicago Press.

Gândavo, Pero de Magalhães(s/d). 1576. "História da Província Santa Cruz, a que vulgarmente chamamos Brasil." In. Amado, Janaina. e Figueiredo, Luis Carlos (org.) (2001). Op. Cit.

Holanda, Sérgio Buarque de. 1969. *Visão do Paraíso: os motivos edênicos no* descobrimento e colonização do Brasil. 2 ed. São Paulo, Companhia Ediora Nacional; Editora da Universidade de São Paulo.

Staden, Hans. 1978. *Duas Viagens ao Brasil. Livro II. Belo Horizonte*. Editora Itatiaia: São Paulo, Editora da USP.

웹사이트
Carvalho, José Murilo de. "Brasil, Brazil: sonhos e frustrações" (http://shial.colmex.mx)

파란 아마존

이미정

두 개의 아마존

아마존 하면 흔히 엄청난 숲이 빽빽하게 들어찬 "세계의 허파", 녹색 아마존 Amazônia Verde의 이미지가 떠오른다. 파란 아마존Amazônia Azul은 육지의 아마존 정글처럼 드넓고 풍요로운 바다에서 브라질 주권이 미치는 배타적 경제 수역을 브라질 해군이 부르면서 생겨난 이름이다. 대서양에 면한 7367km의 해안선을 따라 끝없이 펼쳐진 파란 아마존은 해양생물종의 서식지가 350만km²에 달하는 브라질 정치, 경제, 환경, 전략적으로 매우 중요한 공간이다.

바다는 지구에 존재하는 생물의 97%가 살고 육지에서 사용하는 50%의 산소를 생산한다. 이산화탄소 배출의 3분의 1을 흡수하여 기후 조절 역할은 물론 지구의 다양한 생명체의 80%가 존재하는 천혜의 보고이다. 바다는 또한 회복 가능한 미래를 설계할 수 있는 잠재력의 공간으로 세계 5위의 국

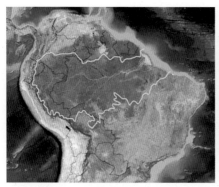

녹색 아마존과 파란 아마존 (자료: 브라질 국방부 해군)

토를 감싸며 넓게 펼쳐진 해양을 보유한 브라질은 차세대가 기댈 수 있는 미래의 발전 동력을 바다에서 찾고 있다.

그러나 이 두 개의 아마존은 인간의 손길이 닿을 때마다 위태롭다. 두 아마존 다 엄청난 생물다양성이 존재하는 미래의 공간이지만 언제 본연의 생태계를 잃어버릴지 모를 불안한 공간이기 때문이다. 15세기 해양 제국으로 부상하던 포르투갈의 모험과 탐험 정신이 브라질 정복으로 연안 삼림을 초토화했던 경험처럼 인간의 부를 향한 탐욕은 아주 오래전부터 자연을 이용하며 파괴해 왔다.

지구에 남아 있는 가장 큰 열대우림이라는 녹색 아마존이 개발을 위한 벌채와 화재로 본모습을 잃어가듯이 파란 아마존 생태계 역시 이제는 더 이상 안전지대가 아니다. 브라질은 숲이 국토의 절반을 차지하고 연간 강우량이 2000mm, 평균 기온 섭씨 27도를 유지하던 녹색 아마존에서 삼림 면적의 20% 이상이 벌채되면서 기온 상승과 건조 현상이 나타나기 시작했고, 심각한 기후 변화가 곳곳에서 감지되고 있다(Pivetta, 2019). 기후 변화로 인한 불안감, 자연 훼손으로 인한 미래에 대한 불확실성, 나날이 심화하는 생태계 변이 등 수많은 자연재해의 확산이 아마존 보호와 보전을 재촉하는 이유이다.

　브라질 사회의 역사가 해안가에서 시작되었음에도 브라질 사람들의 사고 반경은 바다에서 오히려 멀어지고 있으며 단편적으로 레저 공간이나 성장을 위한 생산처로 인식하고 있다. 과학·기술·정보 시대가 요구하는 다양한 자원의 수장고로서 바다 역시 인간의 손길이 쉽게 미치는 공간으로 변모하면서 해양 생태계 훼손 역시 육지에서처럼 심각한 변이의 순서를 밟아가고 있다.

　최근 브라질에서는 11월 16일을 '파란 아마존의 날'로 정해 매년 바다의 중요성을 기리고 있다. 이날은 바다에 대한 브라질 사람들의 무관심을 깨고 해양 생물다양성 및 생태계 보전을 향한 공식적인 행보이다. 특히 생물다양성을 나날이 축소하는 해양 개발의 위험성을 안보 차원에서 방어하고 수호하겠다는 의지와 함께 브라질 국민에게 바다에 대한 권리와 책임 의식을 고취하려는 움직임이다. 이는 또한 녹색 아마존 보호에 실패한 경험을 되풀이하지 않고 파란 아마존에서는 선제적으로 대처하겠다는 의지를 보여주는 행사이기도 하다(Flamino, 2022).

유엔 협약에 동참하는 브라질

파란 아마존은 다양한 공간적 의미를 지니고 있다. 브라질 발전의 원동력이고, 역사와 문화가 시작된 곳이며, 미래 세대가 자연의 혜택을 누릴 수 있는 공간이다. 특히 경제적 측면에서 지속가능한 발전이 실천되어야 하는 공간으로 다른 나라를 배제하고 한 국가가 독점적으로 경제활동을 수행할 수 있는 경제적 주권이 미치는 해역으로 통용된다.

　세계 연안국 대다수는 유엔해양법협약 UNCLS 에 근거하여 해역에 존재하는 자원에 대한 탐사와 개발을 할 수 있다. 브라질은 1982년 제3차 유엔

유엔의 지속가능 발전 목표(SDGs)

해양법협약에 서명하고 세계적 기류에 발맞춰 국내법과 제도를 적응해 나가고 다양한 유엔 회의 결정에 따르고 있다. 유엔은 지구적 차원에서 2012년에 유엔 지속가능 발전 회의를 통한 해양 및 해양 보호 조치에 따라 해양과 관련된 국제법을 정립했고, 2019년 유엔총회에서 해양 10년(2021~2030년)을 선언했다. 최근 2021년 유엔생물다양성 회의COP 15와 같은 글로벌 협약에서 브라질은 계속해서 세계적 움직임에의 동참을 선언했으며 파란 아마존 보존을 위한 "바다법Lei do Mar" 제정을 제안했다(Valor Econômico, 2013). 무엇보다 UN 2030 지속가능 발전 목표SDGs 중 14번째 목표인 '해양 생태계 보존 및 지속가능한 이용'은 파란 아마존의 생태 환경 보전 방향에 부합한다.

파란 아마존의 범위

파란 아마존이라고 부르는 브라질의 '배타적 경제수역EEZ'은 한 국가가 독점적으로 경제활동을 할 수 있는 해역으로 세계의 바다 경계 설정과 관련된 유엔해양법협약UNCLOS에 근거한다. 세계 연안국의 바다 경계는 영토 끝에서 최대 12해리(22km)까지를 영해로 보고, 해안에서 200해리(약 370km)까지를 배타적 경제수역으로 구분한다. 연안국은 유엔해양법협약에 근거한 국내법을 제정하여 자국의 연안으로부터 200해리의 범위의 수산 및 광물 자원 등 비생물 자원의 탐사와 개발에 관한 권리를 가질 수 있으며 이러한 기준 범위에 해양 영토 구성 요소에 포함된 대륙붕 경계에 대한 견해가 과학적이나 법적 근거로 반영되기도 한다(Castro, et. al., 2017).

지난 50년 동안 브라질은 해양법의 전통적인 이분법에 집착하는 국가에서 해양 체제의 규범 변화를 적극적으로 지지하는 국가로 변했다. 배타적 경제수역이 기본적으로 공해이므로 영해와 달리 영유권이 인정되지는 않지만, 엄청난 경제 잠재력을 보유하여 해저 경계 설정을 통해 해저 하층토의 생물과 무생물 천연자원 탐사 및 사용, 보존, 관리에 대한 주권을 행사할 수 있다(Pereira, 2019). 실제로 1993년 법률 8617호 공포 이래, 브라질은 해양 영토와 상공에 대해 완전한 주권을 행사하고 있다.

비록 배타적 경제수역에서 타국 선박의 항해가 가능하고, 통신 및 수송을 위한 케이블이나 파이프 설치도 허락하지만, 실제로 채취 및 조사와 같은 제한적인 사안은 연안국의 권리가 우선적으로 인정된다. 2016년 유엔

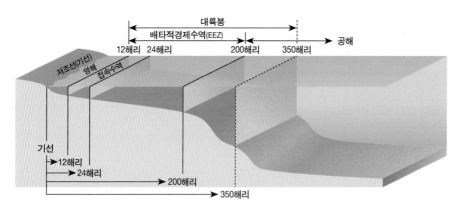

해양 관할권 구분(자료: 해양수산부, 2019)

국제해역항해보고서에 따르면
전 세계 무역의 80%가 해상 루
트에 의존하고 개발도상국의
경우 90%에 이르는 가운데 배
타적 경제수역은 결과적으로
국제해양체제 안정을 도모하는
역할을 하고 있다(Resende and
Cardoso, 2020).

유엔해양법협약 체계에서
연안국은 배타적 경제 수역의
200해리를 넘어 연안 기선에서
최대 350해리까지 대륙붕 확장

파란 아마존: 브라질의 해양에 대한 야망
자료: Thompson and Muggah(2015.6.11).

을 요구할 수 있는데, 대륙붕 외부 한계 설정에 관한 행동 방침 Action Plan 을
통해 브라질은 200해리의 한계를 초과하는 대륙붕 확장을 유엔의 대륙붕한
계위원회 CLCS 에 요구했다(주 우루과이 대한민국 대사관, 2013.1.17).

브라질은 현재 해안선의 엄청난 길이와 함께 대륙에서 떨어진 페르난두
지 노롱야 Fernando de Noronha 군도와 트링다지 이 마르칭 바스 Trindade e Martim
Vaz 군도를 포함하여 350만km²의 배타적 경제수역을 보유하고 있지만 향
후 유엔에 제출한 요구가 받아들여지면 대륙붕(648.2km)까지 포함하여
450만km²에 달하는 해역을 확보할 수 있으며, 이를 통해 엄청난 규모의 해
저 탐사를 할 수 있는 권리를 갖게 된다(CBIE, 2020.2.21).

지구적 차원에서 동남아와 동북아 연안국들과 같이 바다 폭이 좁아 배
타적 경제수역 200해리가 서로 겹치는 경우는 경계 설정으로 인해 인접국
간 분쟁의 소지가 있을 수 있다. 반면 브라질과 같이 연안 인접국이 없는 경
우 대륙붕에 근거한 배타적 경제수역 확장의 타당성 검증에 무리가 없고 지

질학적 사정 반영의 기회를 살리는 것은 과학기술의 발달과 함께 새롭게 증명되는 자연의 혜택이기도 하다. 현재 브라질은 가능한 모든 형식을 동원하여 해양 영토의 주권 행사를 준비하고 있으며 이러한 태도는 녹색 아마존에서 취했던 기존의 대응과는 다르게 전략적·경제적 우위 확보를 위한 선제적 시도라고 할 수 있다(Castro et. al., 2017).

반면 대륙붕한계위원회CLCS에서 파란 아마존 프로젝트의 성공은 국가의 경제적 측면과 아울러 책임의 역할도 크다. 광대한 해양 생물다양성, 염전, 어업, 석유 및 가스 매장량과 같은 광물 자원에 대한 접근, 해상 에너지, 해상 풍력 발전 잠재력 등으로 활용할 수 있는 경제적, 과학적 기회를 통해 90만km² 이상의 해저 잠재력을 개발할 수 있다. 무엇보다도 브라질은 미국과 같은 다른 해상 강대국에 비해 제한된 해군 전력을 갖추고 있기에, 보안 및 방위 측면에서 통제와 모니터링을 할 수 있는 새로운 영역 확보가 중요한 관건으로 떠오르고 있다.

파란 아마존과 지속가능한 발전

파란 아마존은 엄청난 양의 자원을 보유하여 무한한 번영 약속이 가능한 기반인 동시에 환경 보존을 위해 전략적으로 준비를 해야 할 공간이다. 주요 에너지원인 석유와 천연가스를 비롯하여 각종 핵심 광물이 매장되어 있어 원자재 가격 상승과 에너지 공급 위기가 고조되는 현 시점에서 지정학적으로 안전한 브라질의 환경은 세계의 관심을 끌기에 충분하다. 해양 종의 매우 높은 생물다양성과 천연자원의 엄청난 잠재력, 바다를 무대로 행해지는 어업, 관광, 해상 운송 외에 캄푸스Campos 분지의 암염하층에 매장된 석유와 가스 그리고 조력과 풍력 발전 등 파란 아마존의 경제 잠재력은 그야말로 무궁무진하다.

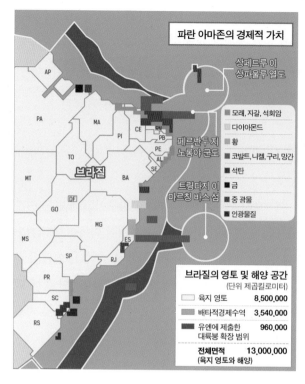

파란 아마존의 경제적 가치
자료: CNM(2018.11.16).

특히 파란 아마존은 일자리 창출 기회를 제공하는 사회적·경제적 중요
성이 실현되는 공간이다. 실제로 해양 영토 안에 매장된 경제적 가치는 연
안국들에 많은 기회를 제공한다. 천연자원이 풍부한 브라질 해역에는 브라
질에서 생산되는 석유의 약 95%와 천연가스의 약 80%가 매장되어 있고 해
상 무역을 통한 브라질 수출입의 95%가 통과한다(Cheng, 2019.3.27). 석유
탐사, 바이오 에너지 개발 등 해양 자원의 활용을 위한 각종 탐사와 개발이
진행되고 있으며 이러한 과정에서 해양 환경이 훼손되고 있다.

나날이 심각해지는 연안 지역의 환경파괴는 산업형 어업 활동과 자원
개발 등 대규모 산업 활동으로 주로 발생하고, 지나친 이익 추구로 인한 환
경에 대한 위협은 재해로까지 확대되고 있다. 공간 확보를 위한 힘의 논리

가 성행하는 바다 역시 끝없는 갈등과 투기의 대상이 되는 추세이며 패권 경쟁 심화에서 전략 자원 수요에 대한 새로운 '주요 영토'에 대한 탐색과 사용은 바다 역시 지속가능한 원천이 아니라는 점을 재인식하게 한다^{Lefnaioli,} ^{Stella}.

위협에 휩싸인 해양 생태계

드넓은 해변으로 둘러싸인 브라질은 바다가 생활의 일부이고 해변은 여가의 장소이다. 엄청난 규모의 천연자연의 공간으로 세계적 이목이 쏠리기도 하지만 육지의 아마존에서처럼 바다 역시 무한한 낙원은 아니다. 인류의 무분별한 생태계 훼손으로 육지의 75%, 바다의 66% 영역에서 100만 종에 달하는 생물들이 멸종 위기에 처해 있으며 바다는 인간의 생산 활동으로 지속적 압박을 받고 있다(*The Science Times*, 2019.10.14).

부를 위한 갈망으로 지나친 개발이 환경 파괴로 이어지면서 산업 활동은 보존해야 할 생태환경의 경계를 허물어뜨리고 있다. 먼 바다에서 행하던 불법 어업이 이제는 남의 나라 근해에까지 침범하고 있으며 해양 오염은 해안으로 들어와 타국의 토양과 하천까지 오염시키고 있다. 최근 브라질 해안에서 벌어진 재해 수준의 오염 사고는 브라질 바다 역시 해양 오염에 노출되어 있다는 사실을 여지없이 드러내며 환경 보전에 대한 브라질 사회의 인식을 더욱더 고취시키고 있다.

2019년 8월과 2020년 3월 사이 브라질 해안에는 원인 모를 기름 찌꺼기가 바다에서 몰려와 브라질 북동부 해안가 일대를 오염시키는 대형 사고가 발생했다. 이 사고로 브라질 북동부 해안을 따라 2000km가 넘는 기름띠가 형성되었으며, 78개 지방자치시 북동부 해안 일대를 오염시켰다(R7, 2019.10.22). 피해 지역은 북동부 9개 주(알라고아스, 바이아, 세아라, 마랑여

웅, 파라이바, 페르남부쿠, 피아우이, 히우그랑지 두 노르치, 세르지피, 이스피리투 상투, 히우 지 자네이루)의 1000개 지점 이상이었다.

브라질 북동부 해안에 밀려들어 온 기름띠
자료: Estadão(2019.9.26).

첫 번째 기름띠가 2019년 8월 30일 파라이바 주 해변에서 나타난 이후 9월 첫째 주에 북동부의 다른 5개 주(히우그랑지 두 노르치, 알라고아스, 세르지피, 세아라, 페르남부쿠) 해안에서도 같은 사례가 신고 되었고, 3주 후에는 히우그랑지 두 노르치 해변에 집중적으로 오염이 나타났으며 네 번째 주에는 북동부와 남동부 다른 주에까지 기름띠가 확산됐다는 보도가 있었다. 예기치 않던 재해 수준의 사고로 인해 브라질 주 정부들은 공권력을 동원해 해안가 기름띠를 제거하기 시작했지만, 대책 없이 밀려드는 엄청난 범위의 기름띠를 제거하기에는 역부족이었다(G1, 2021.12.2).

기름유출 사고 2년 후 2021년 12월에서야 브라질 연방 경찰은 기름띠의 출처에 대한 수사를 마쳤으며 기름 유출의 장본인이 그리스 유조선이었다고 발표했다. 그러나 유조선에서 흘러나온 기름이 결국 엄청난 규모의 재해를 일으켰음에도 실제로 이 사건에 대한 책임은 유조선 운영사, 선주, 선장과 선박의 수석 엔지니어를 오염 범죄, 환경 의무 위반(법률 9.605/40, 54 및 68조/98)으로 기소했고, 관할 당국인 히우 그랑지 두 노르치 연방 사법부와 연방 공공부MPF에 법 적용을 위임했다고 밝혔다.

여기서 사건의 진상을 조사해 온 연방경찰은 그동안 조사 과정에서 국내 및 국제기관과의 공조가 큰 역할을 했다고 강조하며 해안가 기름띠의 화학적 분석을 통해 재료의 유형, 특성 및 원산지를 알아내는 등 과학·기술·정보 등 다양한 통로를 이용해 수사가 진행됐다고 밝혔다. 특히 기름 유출이 발생한 정확한 위치 파악을 위해 특정 소프트웨어를 이용했고, 위성 이미지와 시뮬레이션과 함께 지리정보기술의 도입 및 국내 지원은 물론 인터폴의 협력까지 이끌어내는 등 정확한 데이터와 정보를 획득했다고 밝혔다. 그러나 이러한 절차와 노력에도 불구하고 실제로 환경 피해에 대한 복구나 이를 위한 엄청난 비용을 포함하여 필요한 조치나 대응 방안은 제대로 세워지지도 실행되지도 않은 상태다.

이렇게 외부에서 기인한 해양 사고가 광범위한 브라질 해변에 피해를 준 사례 외에 이미 오래전부터 기름 유출 사고는 파란 아마존 소식의 단골손님이 되어왔다. 2011년 히우 지 자네이루 주의 캄푸스Campos 만 한 해저 광구에서 있었던 기름 유출 사고와 같이 해저 개발을 시작한 이래 계속해서 발생하는 크고 작은 사고들로 인해 파란 아마존의 생태계는 몸살을 앓고 있다. 2019년 2월에는 브라질 남동부 대서양 연안의 해상 광구에서 또 다른 기름유출 사고가 발생하여 80km의 기름띠가 해상에 형성되었으며 사고의 주원인은 해상을 통한 기름 운송 과정에서 발생했다고 보도했다.

이렇게 에너지 생산과 운송 과정에서 발생하는 잦은 사고들을 살펴보면 해저 광구 개발이 해양 생태계에 얼마나 큰 위협이 되는지 잘 알 수 있다. 또한 자원 생산을 위해 행해지는 일련의 해저 개발로 인해 해양 환경 역시 환경오염과 위험에 계속해서 노출되고 있다는 사실도 드러나고 있다(≪MK증권≫, 2019.2.24). 사고 당시 주범으로 지목된 브라질 국영에너지회사 페트로브라스Petrobras는 기름 유출량이 많지 않아 기름띠가 해안 지역으로 대량 밀려들지 않을 것이라고 발표했지만 해양을 중심으로 대대적으로 진행되고 있는 석유와 가스 생산으로 인해 브라질에서 해양 오염을 확대할 것이라는 예측은 누구라도 쉽게 할 수 있다.

대규모 개발은 해양 생물다양성을 줄이는 주요 요인으로 꼽히고 있는 가운데 해양 생태계 관리와 보호가 시급하다. 파란 아마존과 같이 브라질의 거대한 바다는 국토에 인접한 통합적 의미의 지역이지만 실제로 광활한 면적을 관리하기 위해서는 주 정부나 지자체를 통한 개별적이고 지역 차원의 관리가 필요하다. 이러한 이유로 서로 다른 법제도 체계 아래 관리되고 있는 주 정부별 대응 방안은 때로는 효과적이지만 바다의 이용을 규제하는 통합적 체제가 필요하다(O Eco, 2021.11.23).

특히 재앙 수준의 사고가 일어날 경우 생태계 교란은 물론 생태 변이로 확산될 가능성이 커진다고 볼 때, 해양 산업 활동으로 인한 생태계 파괴 가능성은 항상 잠재해 있다는 사실을 알 수 있다. 무엇보다 사고 이후 생태 회복이 안 되거나 이를 위한 과정과 해결이 너무 길고 어려운 가운데 사전에 보전을 위한 일련의 예방책이 마련되어야 하는 이유가 바로 여기에 있다(G1, 2012.7.19).

최근 수년 동안 브라질은 산업 활동으로 인한 환경오염이 끊임없이 일어나고 있는 상황에서 해양 오염이 반드시 바다에서만 일어나지는 않는다는 사실을 알게 되었다. 2015년 11월 미나스제라이스 주MG 마리아나Mariana 제방 붕괴 사고로 브라질 국민들은 국토 내부에서 발생한 오염이 바다로 유입되는 관계를 실제로 경험했고 브라질 사회는 육지에서 벌어진 인재로 인한 환경오염이 얼마나 그 파급력이 큰지를 인식하게 되었다. 당시 다국적 광물회사인 사마르쿠Samarco사의 부주의로 광물 폐기물이 저장된 제방이 무너지면서 엄청난 광물 폐기물이 강으로 유출되었고, 강을 따라 형성된 마을과 산림을 뒤덮으면서 막대한 환경오염을 일으켰다.

당시 유출된 폐기물은 강을 따라 바다로 유입되는 과정에서 강변에 살던

주민들 인명 피해가 속출했고, 각종 동식물 참사에서 농작물 훼손에 이르기까지 환경 재난의 수위가 극에 달했으며 강을 따라 유출된 폐기물이 바다까지 도달하여 바다 오염까지 초래했다. 브라질 역사상 가장 큰 환경재해 중 하나로 꼽히는 이 사고로 인해 브라질 국민들의 인식이 크게 변하기 시작했다. 무엇보다도 더 충격적인 사실은 이러한 인재가 한 번도 아니고 두 번이나 되풀이되었다는 사실이다. 2019년 1월에 있었던 부루마징유 Brumadinho 제방 붕괴사고는 4년 전 마리아나 사고에서 교훈을 얻지 못하고 똑같은 실수를 반복하는 결과를 가져왔다.

해양 생태의 지정학과 브라질

지정학은 국가의 힘과 지리적 공간과의 관계를 분석하는 학문으로 작은 분쟁에서 큰 전쟁에 이르기까지 영토에 대한 국가의 권력을 표출한다. 16세기 해양 제국의 위치에서 부국으로 손꼽히던 포르투갈은 식민지 개척 당시 아마존에서 엘도라도를 찾지는 못했지만 '영토를 통제한다'라는 전략으로 지역에 대한 주권 보장의 기반을 마련했다(Becker, 2005).

국제적으로 연안 국가는 바다의 천연자원을 사용하고 보호하는 데 우선권을 가진다. 자원의 탐사와 관리 외에도 연안 국가는 인공섬, 시설 및 구조물의 설치 및 사용과 해양 과학 연구와 관련하여 지역의 관할권을 행사할 수 있다.

미래의 성장 산업의 주원료가 되는 에너지와 첨단 핵심 기술의 희소 원료가 되는 광물은 현재에도 패권 전쟁의 주요인이 되고 있으며, 강대국들의 이에 대한 이권 다툼은 자원의 무기화나 약소국 침범 형태로 나타난다.

시간이 지나면서 문명과 도구는 시대적 상황에 따라 바뀌지만, 영토 확장과 통제력 강화라는 지정학의 기본 원리는 변하지 않고 있다. 패권 표출

범위 중 직접적으로 드러나지 않아도 강제력으로 작용하는 소프트파워 중에는 과학·기술이 지정학적 차원에서 매우 중요한 요소가 되고 있다. 오늘날 세계 권력을 주도하는 기술 진보는 네트워크에서부터 시작하고 이러한 역량은 과학·기술·정보 및 군사적 측면에서 가장 앞서 있는 부국이 선도한다.

세계 권력의 중심이 분산되고 기존의 세계 질서가 무너지고 있는 현시점에서 시대에 뒤떨어진 육상권력과 해상권력의 우위 주장에 치중하는 것은 별 의미가 없다. 약소국이 패권국 권력에 맹목적으로 의존하던 경향은 줄어들고 금융과 정보의 가치는 지구적 순환을 통해 투자할 영토 선별과 사회화, 초국화된 네트워크 기반에서 주권 영역의 한계를 모호하게 하고 있다. 특히 세계가 서로 연결되어 외부의 영향에서 벗어나기 어려운 상황에서 기존의 발전 방향만을 고집할 수 없는 가운데 현재 추세에 합류하기 위해서는 실제적이고 현실적인 목표에 충실해야 한다(Becker, 2005).

녹색 아마존은 브라질을 포함한 라틴아메리카 국가들의 영토 일부로서 아직도 세계 자본주의 시스템의 가장 오래된 주변부이고 자연의 부와 원주민의 지식이 약탈당하면서 끊임없이 위협받고 있다. 습한 열대 지역에 적응하고 대처하기 위해 수 세기 동안 축적된 지식과 자연 사용을 제대로 해야 한다는 구실로 국제적으로나 국가적으로 지역적 과제가 부과되었고, 자원의 무분별한 사용에 반대하며 권리를 주장해 온 지역의 저항은 무시되어 왔다.

이러한 맥락에서 파란 아마존 보전은 녹색 아마존에서 간과한 다양한 실패 경험을 되풀이하지 말자는 취지가 강하게 반영되고 있다. 지속가능한 자연 공간 보전을 위한 거버넌스 체계를 구축하여 이를 실행할 수 있는 자주적 사회 공간으로 활용하자는 것이 결국 파란 아마존을 보호하고 배타적 경제수역을 지키는 것이다(Barros et al.). 특히 이러한 계획 실천을 위해 파란 아마존 관리 시스템 SisGAAz 이 설계되었는데 이 시스템은 브라질 해군의 책임하에 국제 수색 및 영역의 통합, 모니터링을 하는 시스템으로 천연자원 보호와 오염 방지 등 바다와 관련된 활동 감시와 지휘 및 통제의 기능을 수행한다.

파란 아마존 관리 시스템은 국가적 차원에서 수립된 프로그램이지만 국제적으로 연결된 네트워크 기반하에 이루어지는 해양 안보 감시 시스템이다. 특히 해상 상황 인식CSM 확장을 통해 브라질 해군의 기동력을 결합하고 관할 수역AJB 방어를 목표로 하는 동시에 해양 관심 지역과 내수, 생물자원을 지속적으로 모니터링하고 보호하는 임무를 수행한다. 단지 이 관리 시스템을 운용하기 위해서는 지속적인 지원이 필요한데 브라질 정부의 재정문제로 2015년부터 재편 단계를 거치고 있다(IPEA, 2019).

파란 아마존 개발 및 보전 방향은 궁극적으로 해양 생태계 보전을 위해 해양 영토 확장과 개발이 진행되어도 해양 생태계에 무리를 주지 않는 차원에서 개발을 진행하는 것을 목표로 하고 있다. 해양 영토 안의 환경 보존을 위해 국가는 다양한 종의 생존을 보장해야 하고 생태계 균형을 교란하는 예기치 못한 외부의 위협을 차단하는 등 국가 안보와 자주적 역량 강화의 의미를 함축하고 있다.

무엇보다도 현재 해양 생태 보전의 실천은 환경 파괴의 원인이 되는 국적을 초월한 대규모 건설과 생산, 운송 등 경제적 차원의 활동으로 파생되는 각종 문제점을 통제하는 규칙을 정하는 차원에 시작하고 있다. 무질서한 해안 도시 성장과 해저의 어린 생물까지 싹쓸이하는 트롤 어업과 같은 산업형 어업은 지금까지 육지에서 진행된 생물다양성 파괴의 주요인인 규모의 경제와 대량생산과 거의 흡사하다. 생물과 무생물의 다양성 보전을 위해 해양 환경은 지역 당국의 관리가 필요하며 이러한 지역의 대응을 위해서는 국가적 차원의 지원과 보조가 필수적이다.

즉, 공해에 대한 패권이 과학과 기술, 군사적 우위의 국가들이 선점하고 탐사해 오던 관행에서 벗어나 세계 모든 국가의 안보와 지역사회 주권 확립을 위한 자주적 역량을 스스로 키우자는 것이 바로 그 목적이다. 다양한 해양과학과 기술 그리고 정보의 발달은 성장과 발전을 위한 도구 역할을 하는 동시에 국가의 안보와 주권을 보호하는 수단이기도 하다(Brasil Escola). 이러한 맥락에서 해양 생태 보전을 위한 파란 아마존의 지정학은 브라질 해양 안보가 우선되는 효과적인 공공 정책을 통해 실현될 수 있다.

참고문헌

≪사이언스타임스≫. 2019.10.14. "생태계 파괴로 100만 종 생물 멸종 위기".
주우루과이 대한민국 대사관. 2013.1.17. 남대서양평화협력지대(ZOPACAS)각료회의 개최, ≪우루과이 뉴스≫.
해양수산부. 2019.7.4. 우리나라 영해기점과 해양관할권. https://m.blog.naver.com/korea mof/221577376877
≪MK증권≫. 2019.2.24. "브라질 남동부 해상광구에서 기름 유출 … 80㎞ 기름띠 생겨".

Amin, Mario Miguel. 2015. "A Amazônia na geopolítica mundial dos recursos estratégicos do século XXI." *Revista Crítica de Ciências Sociais*, Vol.107, setembro, pp.17~38.
Andrade, Israel de Oliveira et al. 2019.3. "Sistema de gerenciamento da Amazônia Azul: soberania, Vigilância e defesa das Águas juridicionais Brasileiras." IPEA.
Assis, Rogerio. 2019.11. "Trecho de floresta preservada em Mato Grosso ao lado de terreno desmatado para plantar soja."; "Nascente seca de rio na bacia do Xingu, perto do Parque Indígena do Xingu." in: Pivetta, Marcos(2019.11). "As duas Amazônias." FAPESP.
Baroni, Larissa Leiros, Lixo no Paraíso, UOL, *Notícias*, https://www.uol/noticias/ especiais/lixo-no-paraiso.htm#lixo-no-paraiso.
Barros, Ana Flávia et al. *Policy network in global environmental governance: connecting the Blue Amazon to Antarctica and the biodiversity Beyond national Jurisdiction(BBNJ) agendas*.
Becker, Bertha K. 2005. *Geopolítica da Amazônia*. Estudos Avançados19(53).

Brasil Escola. *Areas de Proteção Marinha e a Preservação do Mar.*

Castro, Belmiro M., et al. 2017. *A Amazônia Azul: recursos e preservação*, Revista USP, n.113, abr/maio/junho, São Paulo, pp.7~26.

CBIE. 2020.2.21. *O que é a Zona Econômica Exclusiva?*

Chagas, Inara. 2019.9.19. *Barragem de rejeitos e os casos Mariana e Brumadinho.* Politize!

Cheng, Diana, 2019.3.27. *Atraso no programa de proteção à Amazônia Azul pode trazer risco.*

CNM. 2018.11.16. *No Dia Nacional da Amazônia Azul, CNM Reforça Iniciativa para Preservação dos Oceanos.* Notícias. https://www.cnm.org.br/comunicacao/ noticias/no-dia-nacional-da-amazonia-azul-cnm-reforca-iniciativa-para-pres ervacao-dos-oceanos

Diário do Pré-sal. *Prospeção e Extração de Petróleo e Gás Natural.* https://diario dopresal.wordpress.com/petroleo-e-gas/

Embrapa. 2015.12.17. *Tragédia em Mariana: produção agropecuária em áreas atingidas está comprometida.*

Flamino, Leandro Gabriel. 2022.8.7. *Amazônia Azul: conheça a importância dessa riqueza nacional.* Politize!

G1. 2012.7.19. *Chevron poderia ter evitado vazamento, diz relatório da ANP*.

_____. 2015.12.2a. *Rio Doce e o caminho da lama– Dia 9: visita a Bento Rodrigues.*

_____. 2021.12.2b. *PF conclui investigação e diz que navio grego foi responsável por derramamento de óleo que atingiu litoral brasileiro.*

Lefnaioli, Stella. *O que é amazônia azu e quais seus recursos?*

Marinha do Brasil/Ministério da Defesa. 2019.6.5. *Marinha, Sudene e a Amazônia Azul* https://www.marinha.mil.br/cm/marinha-sudene-e-amazonia-azul

O Eco. 2021.11.23. *Lei do Mar Propõe marco regulatório para gestão do bioma marinho-costeiro.*

Pereira. Roger. 2019.11.1. *O que é Amazônia Azul e por que o Brasil quer se tornar potência militar no Atlântico.* Marinha do Brasil.

Pivetta, Marcos. 2019.11. *As duas Amazônias.* Pesquisa FAPESP. Ed.285.

Resende, Erica Simone Almeida & Cardoso, Nayara Tavares. 2020. *Brazil's Blue Amazon: Extending Sobereignty, Defense and Security into The South Atlantic.* Revista da Escola Superior de Guerra, V.35, N.74, maio/set., pp.138~162.

R7. 2019.10.22. *Veja perguntas e respostas sobre as manchas de óleo nas praias do NE.*

Thompson, Nathan & Muggah, Robert. 2015.6.11. *The Blue Amazon: Brazil Assert Its Influence Across the Atlantic*. Instituto Igarapé.

Valor Econômico. 2013.05.28. *Amazônia Azul: ambientalistas apoiam lei para protege-la*.

Wikipédia; Amazônia, https://pt.wikipedia.org/wiki/Amaz%C3%B4nia

지은이

이미정
현재 한국외국어대학교 중남미연구소HK+ 연구교수로 재직 중이다. 경제지리 전공자로서 관심사는 중남미 국가들과 같은 신흥경제의 지속가능한 발전 범위를 찾는 것이며, 브라질의 해양산업 활동을 통해 자칫 간과하기 쉬운 환경파괴에 대해 알리고 기후변화 대응에 꼭 필요한 바다 환경 보전 방안을 알아보자는 취지에서 쓰게 되었다.

김윤경
한국외국어대학교 중남미연구소 HK+ 연구교수로 재직 중이며 관심 분야는 라틴아메리카 원주민의 역사, 종교사, 여성사다. 기후 위기 시대에 새로운 문명적 대안을 모색하는 과정에서 생태 문명의 이념적 토대로 주목받고 있는 안데스 원주민의 세계관과 그 실천 양상을 소개하고자 이 글을 쓰게 되었다.

장수환
현재 한국외국어대학교 중남미연구소 HK+연구교수이며 관심 분야는 라틴아메리카 도시와 환경이다. 라틴아메리카의 도시 형성 과정과 자연환경 변화에 관해 관심이 있다. 여기서는 쿠바와 이슬람 양식이라는 다소 이질적으로 느껴지는 주제에 관해서 무데하르 건축양식을 통해 접근하였으며, 이 건축양식이 아바나에 도입된 역사적 배경과 도시에 적용된 실제 모습을 소개하고자 했다.

손호철
민주화를 위한 전국교수협의회 상임공동의장을 지냈고 서강대학교 명예교수(정치학)로 정의정책연구소 이사장을 맡고 있다. 진보정치과 탈자본주의, 특히 진보정당의 발전조건에 대해 연구하고 있다. 한국정치의 중요한 준거틀이었던 남미에 관심을 갖고 남미역사기행책인『마추픽추정상에서 라틴아메리카를 보다』,『카미노데쿠바』를 썼고 쿠바사회의 변화를 주목하고 있다.

정승희
고려대학교 강사. 라틴아메리카의 식재료와 음식문화에 큰 관심을 갖고 있으며, 콜럼버스의『항해일지』를 번역해 나가며 항해에 등장하는 음식과 그 의미에 대한 글을 착안하게 되었다. 앞으로 라틴아메리카 음식문화에 대해 더 많은 글을 생산하고 싶은 바람이 있다.

최상기
스페셜티 커피 전문 브랜드인 위트러스트커피를 창업, 해외 산지로부터 생두를 들여와 이를 로스팅하여 자체 매장 및 온·오프라인 유통채널을 통해 판매하고 있다. 중남미, 아프리카 등 좋은 커피를 얻기 위해 산간 오지를 찾아다니며, 생산지의 커피 농가들과 돈독한 관계를 맺어오고 있다. 현대인이 가장 즐겨 마시는 음료지만, 커피가 어떻게 생산되는지 잘 모르는 사람들에게 커피를 좀 더 깊이 느낄 수 있도록 중남미 현지에서의 경험을 이 책에 풀어놓았다.

박수경

서울대학교 라틴아메리카연구소 연구원으로 '원주민'이라는 화두를 통해 라틴아메리카 지역을 연구한다. 대학 안팎에서 라틴아메리카 문화, 역사, 정치 등에 대해 강의하며 한국과 라틴아메리카 사회를 사유한다. 이 책에서는 타코라는 먹거리를 통해 멕시코 사회를 일차적으로 경험하는 동시에 멕시코 사회와 역사를 복합적으로 살펴보는 기회를 마련하고자 했다.

김혜진

2001년 멕시코 쿠에르나바카의 한 허름한 건물 옥상에서 5페소에 시작한 첫 살사 수업에서부터 지금까지 그 근원을 쫓아 뉴욕과 쿠바를 거쳐 아프리카 전통 춤까지. 내 삶을 가득 채운 살사는 나의 라틴 춤과 음악 연구의 발판이다. 라틴 문화의 중심인 춤과 음악을 우리 글로 차곡차곡 잘 적립해 나가는 중이다.

국선아

스페인어 및 라틴아메리카 사회·문화 강사이다. 라틴아메리카는 문명도 좋고 자연도 좋지만 그 모든 것이 녹아든 삶의 이야기를 가장 좋아한다. 오랜 시간 존재했지만 가려져 있던 사람들의 메시지를 전하기 위해 이 글을 썼다.

최한솔

만화가와 일러스트레이터로 활동하며 청강문화산업대 만화콘텐츠스쿨에서 초빙교수로 학생들을 지도하고 있다. 작가 활동의 저변을 넓혀 준 라틴아메리카를 알리고자 글을 쓰게 되었다.

김병선

현재는 유튜브 채널 코미꼬를 운영하며 라틴문화권 사람들과 교류하며 그들과 함께 웃고 떠드는 모습을 보여주고 있다. 저의 관심사는 코미디인데 워낙 농담을 좋아하는 라틴 사람들이라 나와 잘 맞았다. 내의 인생에 지대한 영향을 미친 중남미라는 곳을 대중들에게 흥미롭게 전달하고 싶어서 이 글을 썼다.

윤지은

대학시절 멕시코 교환학생을 계기로 사회구조적 불평등 문제에 눈을 뜨게 되었고 대학원 졸업 후 15년간 국제개발협력 분야에 종사하면서 국제개발협력의 이론과 현장을 경험하였다. 2010년부터는 우리나라 대표 원조기관인 코이카(KOICA)에 입사하여 국제개발협력의 중요한 한 축인 공적개발원조 사업을 기획하고 운영하고 있다. 코이카 본부와 페루, 엘살바도르 해외사무소 근무 후 현재는 미얀마사무소에서 일하고 있다. 아무쪼록 나의 짧은 이야기가 중남미와 국제개발협력이 아직 낯선 분들에게 쉽고 재미있게 다가갔으면 하는 바람이다.

송기도

전북대학교 명예교수(정치학), 전 콜롬비아 대사이다. 라틴아메리카 국가들의 연합과 먼로독트린으로 대표되는 미국의 대 라틴아메리카 정책에 관심이 많다. 지난 수백 년간 라틴아메리카는 유럽이나 미국의 시각에서 이해되고 소비되어 왔다. 이제 서구의 창(시각)이 아닌 우리의 눈으로 직접 아메리카를 볼 필요가 있다.

정혜주

메소아메리카 고대문명 전공의 고고학자이다, 현재 사이버 경희대학교, 후마니타스학과 강사이다. 나스카의 지상화는 아메리카 곳곳에 남아 있는 마야, 잉카 등, 경이로운 고대문명 흔적 중에서도 가장 독특한 매력을 갖고 있는 유적이다. 그러나 알려진 것은 별로 없어 조사해 보고 싶었다.

송병선

울산대학교 교수이며 라틴아메리카 소설을 소개하고 번역하는 일을 하고 있다. 이 글은 보르헤스를 환상 문학이라는 규정된 범주나 한두 개의 작품을 중심으로 살펴보는 종래의 관점에서 벗어나, 20세기 현대 사회에서 사고의 틀을 바꾸는 데 지대한 역할을 한 작가라는 사실에 초점을 맞추었다. 다시 말하면, 개별적인 여러 시각들을 종합하여 어떻게 새로운 세상을 보는 관점으로 나아가는지 알아보았다.

박구병

현재 아주대학교 사학과 교수이며 주된 관심 영역은 20세기 라틴아메리카 정치사, 미국과 라틴아메리카의 관계 등이다. 라틴아메리카 출신 축구 선수와 야구 선수들의 동향에도 관심을 갖고 있다. 2014년 12월 외교 관계 재정상화 합의에도 불구하고 2022년 말까지 크게 변하지 않은 미국과 쿠바의 긴장 상태를 1898년 이래 양국 관계의 변화라는 더 넓은 맥락에서 되짚어보고, 야구라는 공통 관심사와 연결시켜 소개할 필요성을 느껴 이 글을 쓰게 되었다.

정재민

한국외국어대학교 포르투갈어과 겸임교수이며 루소폰문화연구소 소장을 맡고 있다. 포르투갈어권 문화와 역사, 특히 과거를 통해 현재를 투영하고 시사하는 연구주제에 관심이 많다. 유토피아적 유래를 갖고 있는 브라질이 겪고 있는 디스토피아적 현실에 질문을 던지며 이 글을 쓰게 되었다.

생태문명 교양총서 2
라 틴 아 메 리 카 문 화 '흠 뻑'
라틴아메리카를 즐기다

ⓒ 한국외국어대학교 중남미연구소, 2023

지은이 이미정·김윤경·장수환·손호철·정승희·최상기·박수경·김혜진·국선아·
　　　　최한솔·김병선·윤지은·송기도·정혜주·송병선·박구병·정재민 지음
펴낸이 김종수
펴낸곳 한울엠플러스(주)
편집책임 조수임

초판 1쇄 인쇄 2023년 1월 15일
초판 1쇄 발행 2023년 1월 31일

주소 10881 경기도 파주시 광인사길 153 한울시소빌딩 3층
전화 031-955-0655
팩스 031-955-0656
홈페이지 www.hanulmplus.kr
등록번호 제406-2015-000143호

Printed in Korea.
ISBN 978-89-460-8243-4 03950

※ 책값은 겉표지에 표시되어 있습니다.

이 저서는 2019년 대한민국 교육부와 한국연구재단의 지원을 받아
연구되었음(NRF-2019S1A6A3A02058027)

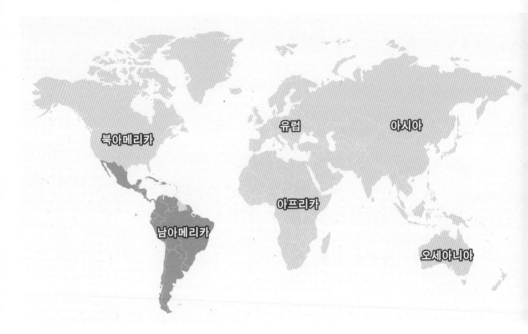

세계 속의 라틴아메리카

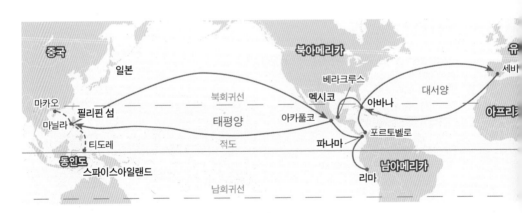

마닐라 갤리온 물자 수송 루트

멕시코

바하마

쿠바

자메이카

벨리즈

도미니카공화국

과테말라

아이티

그레나다

엘살바도르

니카라과

가이아나

온두라스

베네수엘라

수리남

코스타리카

파나마

콜롬비아

프랑스령 기아나

에콰도르

페루

브라질

볼리비아

칠레

파라과이

우루과이

아르헨티나